맑스 너머의 맑스

Marx oltre Marx

맑스 너머의 맑스

개정판 1쇄 발행 2020년 9월 10일
개정판 1쇄 발행 2020년 9월 15일

저 자 안토니오 네그리
역 자 윤 수 종
작 업 이 동 영
디자인 EG 디자인
CTP 허 용 범
인 쇄 재원프린팅
제 본 광명제책사
발행인 이 미 숙
발행처 **새길** 아카데미
판매처 도서출판 **중원문화**
주 소 서울특별시 마포구 서강로 11길-24
주문처 02-325-5966 FAX 02-324-6799
ISBN 978-89-7728-597-2(93120)

맑스 너머의 맑스

Marx oltre Marx

정치경제학비판 요강에 대한 강의

안토니오 네그리 지음 ● 윤수종 옮김

새길 아카데미

2020

Marx oltre Marx

Lessons on the Grundrisse

by

Antonio Negri

맑스 너머의 맑스 —『정치경제학 비판 요강』에 대한 강의

차 례

일 러 두 기

※ [ ] 역자가 삽입한 것이다.

다만 ( ) 속에 중복된 괄호 안에는 [ ]로 한 곳도 있다.

※ 원문에 이탤릭체로 되어 있는 강조 표시는 고딕체로 하였다.

▣ 영어판 편집자 서문

이 책은 유럽 맑스주의에서 언제부턴가 가장 중요한 문건 가운데 하나로 알려진 것을 영역한 것이다. 아우토노미아(Autonomia)로 가장 흔히 알려져 있는 이탈리아 좌익에 관한 다채로운 운동의 일부로서 안토니오 네그리(Antonio Negri)의 저작은 계급투쟁의 이론 및 실천에서 매우 새로운 일련의 가능성들을 현실화한다. 1970년대에 세계의 어떤 정치운동도 이탈리아의 아우토노미아보다 해방을 향한 더 많은 혁명적 잠재력을 열어젖히지 못했으며, 그 정치운동사의 어떠한 표현도 개념적 명료함과 변혁적 힘 면에서 네그리의 표현을 넘어서지 못한다. 네그리의 거의 모든 저작과 마찬가지로, 이 책은 지적으로 불충분하며 무관심한 독자들에게는 종종 신비하고 까다로우며 모호하게 느껴진다. 부분적으로 이것은, '숙련된' 맑스주의의 독자라면 분명하지만 폭로적이라고 생각할 일련의 —— 엄밀하고 정확하지만 새로운 —— 반대 용어 때문이다. 또한 부분적으로 책의 어려움은 언어 그 자체의 정치적 효과에 대한 네그리의 이해와 관심 때문일 수도 있는데, 이러한 통찰력과 태도는 구조주의, 의미론, 그리고 그들의 선구자들이라는 전후 흐름이 지닌 가장 공통적인 유산이다. 그러나 부분적으로 네그리가 제시한 이러한 읽기 투쟁은 —— 분리하면서 일관성을 유지한다는 은유 속에서 —— '전향'이라고 할 수 있는 과정과 같은 것이다. 변화 —— 전복, 거부, 지양, 전도 —— 로 인해 전적으로 달라져 버리지만, 네그리에 따르면 '넘어서고' 있는 것은 그래도 최종적으로 바로 맑스다.

이 책은 네그리가 루이 알뛰세(Louis Althusser)의 초청으로 1978년 봄에 고등사범학교(École normale supérieure)에서 개최한 일련의 세미나의 산물이다. 이에 대해 더 자세한 것은 미국 독자를 위한 네그리의 (감옥에서 쓴) 후주와 더불어 이 뒤에 첨가된 저자 자신의 서문에서 읽을 수 있다. 1979년 프랑스 및 이탈리아어판의 영역은 해리 클리버(Harry Cleaver), 마이클 라이안(Michael Ryan), 그리고 모리치오 비아노(Maurizio Viano)가 했다. 그들 각자는 독자들을 위해 자신들의 글을 썼다. 해리 클리버는 우선 전투적이고 적극적인 청중들에게 다가가서 네그리의 저작이 미국 운동에 현존하는 조류들에 가져올 즉각적이고 직접적인 결과들을 지적한다. 마이클 라이안은 네그리의 다른 저작들을 전체적으로 요약하면서 **아우토노미아**에 대한 이론적 역사적 맥락을——특히 전에 이러한 경향을 접하지 못한 독자들을 위해서——제시한다. 모리치오 비아노는 '과학적' 텍스트들, 다른 무엇보다도 '사회주의적' 텍스트들이 지닌 중복 또는 천편일률, 또는 호선적(互選的) '중심성'〔텍스트를 서로 교차 인용해 줌으로써 갖는 텍스트의 중심성〕에 관해 약간 암시하는 한편, 정치란 창조하는 것, 상상하는 것, 또는 '가공(fict)하는' 것이라는 시사적인 주석을 제공한다. 이러한 텍스트들을 접하려는 독자들은 먼저 즉각 텍스트를 접해서 스스로 선택한 어떤 방향에서 읽어야 한다. 여기서 나는 몇 가지 중요한 용어에 대한 간단한 주석, 감사의 말, 그리고 이 책에 인용된 텍스트들에 관한 노트를 덧붙이겠다. 『맑스를 넘어선 맑스(*Marx beyond Marx*)』를 쓰기까지 네그리가 겪은 사건들에 대해 영어로 쓰인 것은 그 필요성에도 불구하고 전혀 없기 때문에 간단한 전기를 먼저 첨가하겠다.

안토니오 네그리는 1933년 이탈리아의 파두아(Padua)에서 태어났다.

23세에 그는 독일 역사주의에 관한 논문으로 박사학위를 받았다. 그 후 1957년에서 1958년까지 2년 동안 나폴리에 있는 베네데토 크로체 역사연구소에서 카보드(Chabod)와 함께 연구 활동을 했다. 1959년에 ―― 당시 이탈리아의 기준으로 볼 때 매우 젊은 ―― 그는 법철학 교수 자격을 획득했다. 1967년까지 파두아에서 학습 조교로 있었으며, 그 해에 국가론 교수 자격을 획득했다. 파올라 메오(Paola Meo)와 결혼한 네그리는 1964년에 딸을, 1967년에는 아들을 둔 아버지가 되었다.

파두아에서는 1960년대 후반에 들어 명성 있는 학자 집단이 형성되기 시작했고, 이것은 세르조 볼로냐(Sergio Bologna), 루차노 페라리 브라보(Luciano Ferrari Bravo), 페루초 감비노(Ferruccio Gambino), 구이디오 비안키니(Guidio Bianchini), 산드로 세라피니(Sandro Serafini), 알리사 델 레(Alisa del Re), 그리고 마리아로사 달라 코스타(MariaRosa Dalla Costa, 이 사람의 여성해방이론에 관한 저작들은 국제적인 논쟁을 불러일으켰다) 등을 포함하게 되었다. 이들로 인해 정치과학연구소는 급진적 사상의 국내적, 국제적 교차로가 되었다.

학문적 활동 이외에도 네그리는 강한 정치적 저널리즘적 개입을 계속했다. 1956년에 그는 이미 파두아대학에 있는 학생대표 잡지인 『일 보(*Il Bo*)』의 책임자였다. 1959년에는 이탈리아사회당 지방평의원으로 뽑혀 파두아 지역 당지인 『일 프로그레소 베네토(*Il Progresso Veneto*, 진보 베네토)』의 책임을 맡았다. 첫 중도·좌익 연합(이탈리아 정부 내 기독교민주당과 사회당의 동맹)의 해인 1963년까지 그는 그 책임을 맡았으나 이 해에 사회당을 떠났다. 1963년 여름은 '뜨거웠다'. 베네토는 잠자는 농촌 마을에서 도시적인 산업 중심지로 급속한 변화를 겪었다. 이탈리아에서 공산당이 대외적 목표(예를 들어 이탈리아를 나토에서 탈퇴시키는 것)에 매달리고 있던 그 시기에 이탈리아 노동자계급은 거의 노조에 가입하지 않았고 조직되지도 않았다. 그러나 이러한 노동자들 사이에서 네그리는 움직이기 시작했다. 1963년 8월 『일 프로그레소 베네토』에 「노동자의 권력("Potere Operaio")」이란 제목의 부록을 실었다. 또한 그 달에 네그리, 파올라 메오, 그리고 마시모 카차리(Massimo Cacciari, 유명한 철학자이며 나중에 공산당 의원이 됨)는 포르토 마르게라(Porto Marghera) 석유화학단지의 노동자들을 대상으로 맑스의 『자본』을 읽는 강좌를 조직했다. 같은 시기에 『붉은 노트(*Quanderni Rossi*)』가 튜린에서 출판되기 시작하여 밀라노, 로마, 파두아에도 편집진이 있었다. 『붉은 노트』는 라이니에로 판치에리(Rainiero Panzieri)와 로마노 알콰티(Romano Alquati)의 지도하에 처음으로 노동자계급 아우토노미아이론을 제기한 잡지였다. 네그리, 세르조 볼로냐, 마리오 트론티(Mario Tronti), 알베르토 아소르 로사(Alberto Asor Rosa), 그리고 많은 다른 훌륭한 이탈리아의 좌익 인텔리들이 그 간행에 참여했으며, 『붉은 노트』 내에서의 (보통 우호적인) 분립을 통해 『노동자계급(*Classe Operaia*)』, 『반대 계획(*Contro-piano*)』, 그리고 아우토노미아론의 개념틀을 가진 여러 잡지들이 차례로 생겼다. 1967년까지 『노동자계급』은 거대한 마르게라 석유화학단지에서 노동자들의 잡지가 되었다. 거기에 협력함으로써 네그리는 나중에 엔초 파치(Enzo Paci)가 편집한 철학 잡지인 『이것인가 저것인가(*Aut-Aut*)』와 법철학에 관한 에세이들을 실은, 민주주의적 치안판사들의 잡지인 『법 비판(*Critica del Diritto*)』과 같은 다른 많은 출판 사업에 정기적으로 협력하게 되었다.

혁명에 가까운 상황을 가져와 시끄러웠던 프랑스의 1968년은 이탈리아에서는 1967년에 시작되었고 10여 년 동안 지속되었다. 학생과 노동자들이 활발하게 움직였지만 서로 갈라져 나가게 된 유럽에서의 다른 경험과는 반대로, 이탈리아에서는 학생 및 노동자들의 투쟁이 나타났다. 1969년의 '뜨거운 가을'까지, 네그리는 자신의 정치적 활동을 대공장과 노동조합들이 거의 적절하게 제시하지 못한 쟁점들——안전, 일관생산라인에서의 속도 감축, 노동자 기율——에 집중했다. 1969년 가을에는 '투쟁은 지속된다(Lotta continua)', '노동자의 전위(Avanguardia Operaia)', '학생운동(Movimento Studentesco)'(나중에는 '노동자 및 학생 운동'), '노동자의 권력'과 같은 수많은 그룹들이 만들어져 이탈리아공산당의 좌익을 이루게 되었다. 이 정치구성체는 독자적인 잡지를 내면서 네그리가 자신의 가장 유명한 이론가임을 선언했다. 이 그룹은 집권 기독교민주주의자들과의 동맹이라는 공산당의 '역사적 타협' 전략에 자극받아 유사하지만 덜 조직화된 많은 그룹들을 자체 해산토록 했던 1973년까지 존속했다.

1973년까지 네그리의 기본적 개념들 가운데 많은 것이 형성되었고, 바로 이 시기부터 공장들 내부의 '자율(autonomous)위원회'로 시작된 아우토노미아의 탄생을 확정할 수 있다. 이들 자율위원회는, 좌익이든 우익이든 모든 성문화한 이데올로기와 정당에 대해 아주 적대적인, 더욱 젊고 전투적인 노동자 세대로 대부분 채워져 있었다. 1960년대부터 생겨났고 지금은 흔히 부질없고 반복적이라고 여겨지는 조직적 형식에 대한 거부, 그리고 일상생활을 노동시간으로부터 해방하기 위한 새로운 요구와 목표들에 대한 규정이, 분립되어 있고 실천 면에서 매우 이질적인 이들 집단들을 통합하는 주제들이다. 여성 집단, 학생, 근로자, 급진 청년, 문화인들, 생태학자들, 환경론자들 등 '자율적' 집합체들이 전통적인 '노동자계급' 분석에서는 볼 수 없었던 영역들에서 증가했다. 볼로냐에 있는 '라디오 앨리스'와 같은 자유 라디오 방송국이 이른바 '봄 반란'에서 커다란 역할을 했다. 이 반란에서 많은 아우토노미아 논자들은 모든 사람——노조들과 공산당을 포함하여——들이 '노동자계급'에 대해 요구했던 '내핍'과 '희생' 정책에 대항하여 거리로 집결했다.

이러한 항의는 네그리에게 감명을 주었다. 파두아에 있는 대학에서의 시위와 집회는 정치과학연구소에 보관된 자료들을 포함한 많은 것들의 파괴와 무질서를 가져왔다. 저항이 도시의 다른 지역으로 확산되자 네그리는 폭동을 교사한 혐의로 체포되어 폭력을 전국적 규모로 도발한 자로 고소당했다. 바로 이때 네그리는 심한 정치적 압박과 도발적인 수배에 직면하여 파리의 고등사범학교로 갔다. 1977년 후반에 네그리는 이러한 수배에서 벗어났고 그 해 말 파두아에서 가르치기 위해 되돌아왔지만, 1978~1979년의 많은 시간을 프랑스에서 보냈다.

『맑스를 넘어선 맑스』는 이러한 격정적 시기의 모든 징표들을 보여주지만, 귀국 후의 몇 달에 대해서는 대부분 알 수 없게 되어 있다. 1979년 4월 프랑스에서 밀라노로 되돌아 올 때, 네그리는 붉은여단이 저지른 알도 모로(Aldo Moro) 살해에 대한 조사라는 이유로 체포되었다. 붉은여단은 1970년대에 이탈리아에서 만들어진 새로운 집단들 가운데 하나인데, 네그리는 이 단체와 어떤 가시적인 연관도 가지지 않았다. 붉은여단 성원들 가운데 많은 사람들이 '노동자의 권력' 같은 이전의 조직들에 속하는 것으로 확인되지만, '무장대'조직이라는 엘리트 스타일의 전술과 전망은 분명히 참여적이고 자율적인 '운동' 집단과는 거의 공통점이 없었다. 『맑스를 넘어선 맑스』(이 책은 이탈리아의 논픽션 베스트셀러에 올랐다)가 출판될 때까지 저자는, 수많은 다른 훨씬 더 가혹한 죄명이 이탈리아 신문들의 제목을 장식하고 있었지만, (결국에는) '전복 관련'이라는 죄목으로 감옥에 갇혔다. 아우토노미아운동을 하던 20여 명 이상의 교수, 작가, 언론인, 그리고 기타 사람들이 네그리가 체포된 날 체포되었고, 곧 자신들이 붉은여단과 이전 10여 년간 이탈리아에서 일어났던 모든 '테러' 행동의 배후에 있는 '비밀두뇌'였다고 선전되고 있음을 알았다. 네그리의 경우, 이탈리아의 전수상인 남편이 유괴되어 볼모로 있을 동안 모로 여사에게 걸려 온 붉은여단의 전화 녹음테이프에 네그리의 목소리가 있다는 주장에 따라 일찍 기소되었다.

'4월 7일' 체포, 특히 네그리의 체포는 매스컴의 주목을 받았고 곧

'유명한 소송'이 되었다. 이탈리아는 파시스트 법률의 잔존물로서 12년 동안이나 지속된 '정상적' 소송 절차에서 재판 이전의 구류를 허용하는 조항들을 결코 성공적으로 또는 완전히 대체하지는 않았다. 재판을 기다리는 몇 주 몇 달이 계속될 때, 이탈리아의 형벌체계가 정치적으로 남용되고 있다는 의심이 커져 갔다. 그의 모든 저작이 보여 주듯이 네그리가 이탈리아의 주류 좌익 정책의 지지자였고 공산당조차 지지했다는 것은 누구도 의심하지 않았다. 그러나 범죄에 대한 사법적 법률적 증거는 준비되어 있지 않았다.

네그리는 급진당이 조직한 캠페인 속에서 그가 이탈리아 의회에 등록된 급진당을 지도할 정도로 국민투표에서 충분한 득표를 했을 때인 1983년 여름까지 감옥에 갇혀 있었다. 이탈리아 법률의 또 다른 조항에 의하면 거의 시행되지는 않았지만 의원에 대한 기소 면제를 허용했으며, 격렬한 논쟁 후에 네그리는 출옥했다. 그는 1983년 늦여름에 이탈리아에서 공식 모임을 소집했다. 반면에 그가 실질적으로 의원이 될 수 있는지 없는지에 대한 더 격렬한 의회 토론이 벌어졌다. 결국 1983년 9월 논쟁이 그에게 불리하게 전개되자, 다시 감옥에 갈 것을 두려워한 네그리는 사라졌다. 1983년 가을에서 1984년 초까지 사람들은 그가 파리로 돌아갔다고 널리 믿고 있었다. 정치적 망명을 어떻게 보느냐에 따라, 1984년의 안토니오 네그리는 『맑스를 넘어선 맑스』의 미국판에 대한 자신의 서문에 있는 수인이거나 자유인이거나 또는 양자 모두다.

아우토노미아운동의 전반적인 어휘에 익숙하지 않은 독자들에게는 많은 용어가 유용할 것이다. 이탈리아에서는 지역에 따른 상이한 정치적 전통 때문에, 그리고 1960년대 초 남부 이민으로 인한 노동자들의 공격성 때문에, 『붉은 노트』는 아주 일찍이 노동자계급의 새로운 구성에 주의하기 시작했다. 자본과의 관계에 의해 규정된 정적이고 수동적인 노동자계급을 의미하는 '헤게모니'라는 용어에 대항하여, **계급 구성**(그리고 그것의 **정치적 재구성**)은 노동자계급의 사회화 과정을, 그리고 투쟁 속에서 **자본에 대항하여 밑으로부터 나오는 노동자계급의 적대적 경향**의 확산, 통일 및 전면화를 말한다. 새롭고 집단적인 노동자계급 주체 또는 역사적 변화의 대행자에 대한 이러한 탐색은 '혁명'의 새로운 전략적 내용이나 목표들뿐만 아니라 계급의 상이한 구성과 당이나 노조와 같은 조직형태에 대한 상이한 관계로 특징지어지는 전진적으로 '더 고도의', 더 사회화된 투쟁 영역들이나 주기들(cycles)에 대한 관심으로 나아갔다. 1960년대에 '대중 노동자'에게 제시된 많은 조직형태들을 전적으로 케인스적인 발전 계획, '사회주의적' 생산성주의 그리고 '노동의 가치' 내부에 있는 것으로 보았다면, 정당과 노조라는 매개형태들로부터의 **아우토노미아**는 공장을 넘어서 자본주의적 관계의 전면적 확산이나 확장에 대항한 투쟁 또는 **사회적 공장**과 **사회적 자본**에 대항한 투쟁에 기초를 둔 현재의 주기에 조응하는 것으로 보였다. 사회주의가 소비에트 단계에서의 '생산적 노동의 실현'이라면, 그것은 오직 '생산력의 계획된 발전' 또는 **자본주의적 사회주의**를 가져올 뿐이다. 그러나 마지막 주기는 '욕구의 실현'을 자신의 목적으로 하며, 이것은 **노동 거부**를 통해서 올 것이다. 노동자에 의한 노동이 자본가를 위한 잉여가치의 근원이라면 —— 맑스에게는 노동은 자본의 '밖에서'는 어떤 가치도 갖지 않는다 ——, 노동자계급 자율성은 노동에 종속된 욕구의 '일반적 사회적 이해'에 기초한 것이 아니라 사회 전체에 대항하고 그에 **적대적**인 그런 반자본투쟁을 위한 출발 또는 **분리**의 길을 나타내 주었다. 이러한 **경향**은 노동 거부를 통해서 **내재적인 공산주의** 전략으로 나아가는 전반적인 지향이었다. 투쟁 주기에서 이러한 전략이 없으면 공산주의는 무한히 늦춰질 수 있다. 공산주의를 향한 운동은 계급의 물질적 자기 이해를 **재전유**하기 위한 투쟁으로서 일어나는 **계급의 자기가치증식**(class self-valorization) 일

것이다. 자본의 반응은 위기 관리를 통해서 사회적 지배(command)를 통해 노동을 재강화하는 것, 즉 국가에 의해 임금노동 연계와 사회에 대한 불불잉여노동을 강화하는 것이다. 이것은 '사회적 노동자' 곧 '대중 노동자'를 자본의 사회적 재생산 국면 즉 재생산 속에 확장하는 것을 포함하고 있다. 여기서 싸움은 '불불노동', 가사노동, 교육, 자본주의적 사교형태, 임금 없이 노동관계를 띠는 모든 것을 둘러싸고 일어난다. 생산 영역에서 또는 공장에서, 투쟁은 '정치적 임금'을 위한 것이며 서열적 또는 차별적 자격 및 보상형태들을 없애려는 것이다. 자본이 임금노동관계를 강력하게 재부과하는 수단으로서 위기를 '관리하는' 방식에 대해 위기국가(crisis-State)라고 언급한다. 이것은 많은 어렵고 엄밀한 개념들에 대한 서툰 소개이며, 그것이 이 책의 어떤 구절들을 통해 독자들에게 도움을 줄지 모르지만, 아우토노미아에 관한 더 방대한 문헌을 진지하게 읽는 것을 대체할 수는 없다.

안토니오 네그리의 주요 저작과 아우토노미아에 관한 영어 저작들에 관한 문헌 목록을 책 뒤에 첨가했다. 대부분의 독자들은 심도 있는 독서나 이 책에 대한 조언을 위해서는 우선 영국에서 사회주의경제학자회의와 '붉은 노트'에 의해 그리고 뉴욕에서 세미오텍스트(Semiotext)에 의해 편집된 훌륭한 선집들을 참고하면 가장 좋을 것이다.

이 번역에서 『요강』의 인용은 마틴 니콜라우스(Martin Nicolaus)가 서문을 쓰고 번역해서 영국의 미들섹스와 뉴욕뿐만 아니라 오스트레일리아, 캐나다, 뉴질랜드에서 출판한 펭귄북판에 따른다. 인용 출전은 괄호 안에 '『요강』, 543;441~443'과 같은 식으로 밝힌다. 여기서 뒤의 페이지 숫자는 베를린의 디츠(Dietz) 출판사에서 출판한 1953년 독일어판에 따른다. 『자본』의 인용은 어네스트 만델(Ernest Mandel)이 서론을 쓰고 벤 포크스(Ben Fowkes)가 번역하여 뉴욕에서 출판한 빈티지북(Vintage

Books) 판 1권에 따른다. 맑스 엥겔스 서한은 영어로 출판된 경우에 텍스트에서의 인용은 사울 파도버(Saul K. Padover)의 『칼 맑스의 서한들(*The Letters of Karl Marx*)』(Englewood Cliffs, N. J., Pretice Hall, 1979)에서 했다. 다른 곳에서 인용할 수 없는 경우에 우리는 직접 번역을 했다. 로만 로스돌스키(Roman Rosdolsky)에 대한 인용은 피트 버게스(Pete Burgess)가 번역한 『맑스의 자본론의 형성(*The Making of Marx's Capital*)』(Roman Rosdolsky, London, Pluto Press, 1977)에 따른다. 이탈리아어판에서의 다른 인용은 네그리 자신이 한 대로, 'Vitalij Vygodskij, *Introduzione ai 'Grundrisse' di Marx*, La Nuova Italia, Firenze, 1974 ; Sergio Bologna, *Moneta e crisi : Marx corrispondente della New York Daily Tribune*, in Bologna-Carpignano-Negri, *Crisi e organizzazione operaia*, Feltrinelli, Milano, 1974'와 같은 식으로 했다. 원전의 저술 상황 때문에 일부 참고 문헌에 대해서는 무심한 태도를 취하지 않을 수 없었는데, 우리는 저자가 스스로 밝혀야 한다는 의무감을 느끼지 못한 것을 굳이 기록하려고 하지는 않았다. 이러한 판단에 대해 그리고 이 판의 성과에 관한 다른 전반적인 문제에 대해서 나는 일차적인 책임을 진다.

나는 여기서 이 책의 작업에 결정적인 역할을 했던 많은 사람들에 감사하고 싶다. 세 사람의 번역자, 해리 클리버, 마이클 라이안, 그리고 모리치오 비아노에게 가장 큰 빚을 지고 있다. 해리 클리버는 색인 작업과 대부분의 교정을 했다. 실비 코요드(Sylvie Coyaud)는 출판권과 출판 협정에 관련된 수많은 문제들의 처리를 도와 주었다. 버진과 가비(Bergin and Garvey) 출판사의 짐 버진(Jim Bergin)은 주제 자체에 관여했을 뿐만 아니라 책을 완성하도록 추진했다. 페루초 감비노, 실비아 페데리치(Silvia Federici), 제오르제 카펜치스(George Caffentzis), 그리고 존 다우닝(John Downing)은 번역과 해석을 도왔고, 충고와 격려를 해주었다. 피터 벨(Peter Bell)은 참고 문헌 대부분의 초안을 작성했다. 피터

라인바우(Peter Linebaugh)는 '붉은 노트' 및 런던에 있는 사회주의경제학자회의의 운영 관계를 도왔으며, 에드 에머리(Ed Emory)와 레 르비도(Les Levidow)는 나보다도 이 책과 관련한 더 좋은 통신원들이었다. 나도 '붉은 노트'와 사회주의경제학자회의에 자료와 관련하여 많은 도움을 받았다. 실버레 로트링거(Sylvere Lotringer)와 크리스티안 마라치(Christian Marazzi)가 편집한 세미오텍스트판은 이 프로젝트를 시작하는 데 유용했다. 그리고 르완 존스(Lewanne Jones)는 밖에서 이 프로젝트가 가능하도록 도왔다.

영어판 편집자

■저자 서문

I

이 책에서 나는 1978년 봄 고등사범학교에서 행한 『요강』에 관한 아홉 번의 세미나를 위해 사용했던 자료들을 모두 모았다. 무엇보다도 나는 이 세미나에서 가르치도록 나를 초청해 준 루이 알튀세에게 감사하지 않을 수 없다. 그 세미나는 로잔 실버만(Roxanne Silberman), 얀 물리에르(Yann Moulier), 다니엘 코헨(Daniel Cohen), 피에르 에웬지크(Pierre Ewenzyk), 다니엘 길러름(Daniel Guillerm)과 알렌 길러름(Allen Guillerm)의 도움 없이는 불가능했을 것이다. 나의 제안이 그들의 비판적 개입들보다 더 중요했는지를 나는 모르겠다. 모든 것을 텍스트 속에 섞어 넣었다는 것은 분명 진실이다. 다른 토론들은 내가 파리에 있는 동안에 나에게 유용했다. 한편 나는 펠릭스 과타리(Felix Guattari)에게 그가 나에게 해준 모든 것(그리고 그것은 행운이다)에 대해 고마움을 전하고 싶다. 다른 한편 파리대학에서 일했던 동지들에게도 감사하고 싶다. 마지막으로 나를 망명하도록 강요하면서 내가 전에 할 수 있는 기회를 가졌던 것 이상으로 나의 생각들을 더 잘 정리하도록 강요했던 얼간이들에게도 적지 않이 감사한다.

1978년 밀라노

안토니오 네그리.

Ⅱ

영어판 저자 서문

영어 독자들에게,

여러분들은 나로 하여금 『맑스를 넘어선 맑스』를 잠시 다시 생각하도록 합니다. 이것들은 내가 1978년 봄 파리의 고등사범학교에서 가르친 수업의 노트들입니다. 그 이후로 한 세기가 지난 것처럼 느껴집니다. 책을 다시 돌아볼 때가 좋습니다. 그러나 내가 아닌 다른 사람이 그것을 썼던 것 같습니다. 마치 내가 수 세기에 걸쳐 감옥에 있는 동안에 한 자유인이 쓴 것 같습니다. 나는 그 당시 그 책의 저자와 얘기하기 위해서 고도의 추상화 작업에 몰두해야만 했습니다. 저자는 자유인이고 나는 죄수입니다. 나는 전력을 다해 『맑스를 넘어선 맑스』의 저자인 자유인과 죄수(현재의 나) 사이의 대화를 제시하려고 합니다.

자유인 : 이 강의들은 올바른 강의들이며, 그것들을 반성과 논쟁의 계기로 취급해야만 합니다.

죄수 : 이것이 나에게는 사실인 것 같습니다. 당신이 이 논쟁과 경험을 생각하고 있을 때면, 공산주의가 살아 있는 실체인 것처럼 그 강의들이 아주 가까이 있는 것처럼 느껴집니다.

자유인 : 확실히 나는 아직도 그것을 생각합니다. 이 강의 내용들은

많은 한계를 가지고 있습니다만, 근본적인 장점 즉 신선하고 오염되지 않았다는 장점 역시 가지고 있습니다. 이러한 신선함으로 인해 분석에서 중요한 발전이 있었고 상당히 성숙하게 되었습니다.

죄수 : 그러면 과도적인 저작인가요? 그러나 당신은 어디로 가기를 원했습니까? 당신이 되돌아갈 맑스는 당신을 어디로 이끌었습니까?

자유인 : 맑스주의자들이 다른 맑스주의에 대한 훼손을 넘어서, 맑스주의는 맑스를 전사(militant)로서가 아니라 교수로서 보여 줍니다. 더욱이 맑스주의는 맑스를 현 단계의 사회적 자본주의를 다루지 못한, 낡은 경쟁적 자본주의에 관한 저자로서 제시합니다. 나는 미라화(mummification)를 싫어하는 만큼 이러한 배반을 싫어합니다.

죄수 : 나는 당신에게 그리고 당신의 동기에 동의합니다. 그러나 그것이 가능합니까?

자유인 : 맑스는 고전적인 가치론을 취합니다만, 무엇보다도 우리는 그에게서 잉여가치법칙에 대한 비판을 찾아냅니다. 그러나 맑스는 고전이 아니며 그 이상입니다.

죄수 : 그러나 가치법칙 비판은 그것이 스스로를 잉여가치법칙으로서 나타내는 한 파국론으로 갑니다. 당신의 주장은 바로 맑스주의에 대한 하나의 극단적인 형태가 아닌가요?

자유인 : 가치 및 잉여가치법칙에 대한 비판은 분명 파국론적 함의를 지닙니다만, 이러한 파국론적 함의가 『맑스를 넘어선 맑스』에서는 궁지에 몰려 있습니다. 거기서 주장하려고 한 것은 가치법칙의 위기와 함께 공산주의로 이행의 주체성을 발전하는 과정으로 규정하자는 것입니다.

죄수 : 이것을 잘 이해하지 못했기 때문에 나는 감옥에 있습니다. 그것을 나에게 좀더 잘 설명해 주실 수 있겠습니까?

자유인 : 물론. 맑스의 『요강』은 가치법칙을 정초하고 전개합니다. 『요강』에서 맑스는 가치에 관한 고전적 분석의 이론적 한계들을 돌파하고

공산주의적 희망을 정당화하는 공산주의 전사로서 나타납니다. 그는 그 과정의 직접성에 대해 자신을 속이지 않으며 그것의 주체적 필연성을 밝힙니다. 그리고 나의 친구인 당신은 멋진 사람입니다. 당신이 이에 동의하지 않는다면, 왜 당신은 그때 감옥 생활을 견뎌 냈습니까?

죄수 : 밖에 있는 사람들에게는 논쟁이란 항상 쉽지만 나는 개인적으로 논쟁을 좋아하지 않습니다. 실제로 여기 감옥에서 나는 확실히 가치법칙과 잉여가치법칙에 종속되어 있습니다. 거대한 지배체계 속에 뿌리를 내린 채 그 법칙들은 참을 수 없을 정도로 나를 억누르고 있습니다.

자유인 : 그것은 물론 『맑스를 넘어선 맑스』에서 말하고 있는 바로 그것이며, 나는 당신이 왜 그것을 실현하지 못하는가를 알 수 없습니다. 가치법칙의 자본주의적 지양——맑스가 실질적 포섭 과정이라 부른 것——은 착취관계 전체를 바꾸어 놓습니다. 그것은 착취를 전 지구적인 사회관계로 변형합니다. 공장과 감옥은 같습니다.

죄수 : 나에게 세상이 감옥이라고 설득할 필요는 없습니다. 그러나 어떻게 그것에서 벗어납니까?

자유인 : 『맑스를 넘어선 맑스』에서 제기된 커다란 문제는 이러한 실질적 포섭 속에서 적대를 규정하는 문제입니다. 그것이 의미하는 것은 자본이 모든 생활시간 즉 작업일뿐만 아니라 모든 시간을 장악하고 있을 때 자본에 저항해서 투쟁한다는 것입니다. 재생산은 생산과 같고, 생활은 노동과 같습니다. 이러한 수준에서 자본과 결별하는 것은 감옥을 부수는 것입니다.

죄수 : 나에게는 이러한 포스트모더니즘적 이론들이 자본의 사회적 잠재력을 나타내 주지만 또한 자본이 사회 전체를 장악하고 있다는 것을 인정함으로써 이러한 수준에서 계급투쟁의 가능성을 부정하는 것처럼 보입니다.

자유인 : 물론, 포스트모더니스트들은 신비화합니다. 실제로 실질적

포섭의 작동은 적대를 없애지 않고 오히려 그것을 사회적 수준으로 옮겨 놓습니다. 계급투쟁은 사라지지 않습니다. 그것은 일상생활의 모든 계기 속으로 변형되어 들어갑니다. 프롤레타리아의 일상생활은 전체로서 자본의 지배에 대립해 있습니다. 실질적 포섭은 적대를 없애기는커녕 그것을 엄청나게 증대시킵니다.

죄수 : 좋습니다. 가치법칙의 비판, 사회적 수준에서 그것이 지닌 효과, 지배 및 계급투쟁의 동시적 대체……. 자, 실질적으로 이 모든 것이 어떻게 작동하고 있습니까?

자유인 : 그것은 일상생활 전체에 작동합니다. '당신의 생활에 적대적인 나의 생활, 당신은 사회적 지배자(Master)의 종(dog)입니다! 당신의 시간에 적대적인 나의 시간!' 모든 착취 문제들은 지금까지 직접적인 정치적 문제입니다. 실질적 포섭이라는 틀 속에서 잉여가치 비판을 염두에 둘 때만이 우리는 현재의 근본적인 지배 계획에 대한 공산주의적 비판을 할 수 있습니다.

죄수 : 포스트모던 세계에서의 계급 적대, 아마 당신은 옳을 것입니다. 그런데 이 지점에서 그것은 권력에 저항하는 투쟁에 물질적 내용을 채우는 것을 의미합니다.

자유인 : 물론 생산, 직업시장, 노동일, 에너지의 재충전, 가족생활 등에 관한 자본주의적 조직에 대항하는 투쟁, 이 모든 것은 인민, 공동체, 생활방식의 선택을 포함한다는 확신에서 그렇습니다. 오늘날 공산주의자라는 것은 공산주의자로서 사는 것을 의미합니다.

죄수 : 내 생각에는 이것은 감옥에서도 가능합니다. 그러나 당신이 우리 모두를 자유롭게 할 때까지는 밖에서는 안 됩니다.

자유인 : 당신이 옳습니다. 『맑스를 넘어선 맑스』도 그렇게 말합니다. 그러나 이론이 대처할 수 있도록 해준다는 것을 당신이 잘 안다면 결코 조급해하지 마십시오.

대화의 끝. 자신이 홀로 있다고 느끼는 사람들은 당연히 희망한다. 진리를 말했고 그리고 그 진리는 혁명적이라는 것에 대한 희망. 여러분 모두를 맞이하며.

레비비아 교도소
안토니오 네그리.

I

무엇보다도 안토니오 네그리의 『맑스를 넘어선 맑스』는 혁명적 전사들을 위한 책이다. 형식적으로 이 책은 맑스의 『요강』에 대한 독해 —— 맑스의 1857년 노트가 지닌 핵심적인 주제와 특수한 전개에 대한 전반적인 재해석 —— 다. 그러나 그것은 그 이상이다. 『맑스를 넘어선 맑스』는 무엇보다도 『요강』이 계급투쟁과 혁명에 관한 맑스주의적 과학을 포괄하는 방식을 밝힘으로써 정통적인 맑스 해석에 대한 대안을 제시하기 위해 구상된 열정적인 정치적 저작이다. 그것을 밝히기 위해서 네그리는 텍스트 자체에 관한 격렬한 논쟁과 자세한 검토 및 해석을 종합 정리한다. 『맑스를 넘어선 맑스』는 어려운 책이어서 그 연구가 강단 맑스주의자들에 한정될 소지가 있다. 그렇게 되면 비극일 것이다. 우리는 영어권 맑스주의자들의 선반에 또 다른 책을 한 권 얹어 놓게 하기 위해서가 아니라 노동자계급 전사들의 손에 새롭고 관심을 끄는 무기를 건네 주기 위해 이 책을 편집하고 번역했다. 『맑스를 넘어선 맑스』가 아무리 어렵더라도 —— 그리고 어려운 것은 『요강』 자체가 지닌 다듬어지지 않은 복잡성과 네그리 자신의 이론적 언어 때문이다 ——, 그 연구는 현재의 위기 속에서 노동자계급 투쟁을 파악하기 위해 맑스주의를 이해하고 사용할 새로운 방법을 찾는 전사들에게는 노작 이상의 가치가 있다.

네그리에게 『요강』은 '맑스 혁명사상의 정점' —— 혁명적인 정치적 실천에 강력한 근거를 제공할 수 있는 정점 —— 을 나타낸다. 그는 올바르게 지적하고 있듯이, 종종 반동적 정치를 정당화하기 위하여 객관주의적이고 결정론적인 방식으로 해석되어 온 『자본』에 『요강』을 대비시킨다. 네그리는 『요강』을 해석하는 것이 더욱 어렵다고 주장한다. 이들 노트(『요강』)에서 우리는 1857년의 위기에 대해 밤 늦도록 열정적으로 쓰고 있는, 윤이 덜 나지만 더 정열적인 맑스를 발견한다. 『요강』은 『자본』의 서곡도 아니며, 좀더 성숙한 후기 저작의 개략적인 초안도 아니다.

오히려 『요강』이 『자본』보다 더 광범위하고 포괄적인 저작이며, 바로 『요강』에서 우리는 자본주의를 구성하며 결국은 폭발시키는 계급투쟁에 대한 맑스의 이해가 가장 풍부하고 가장 완전하게 완성된 것을 볼 수 있다. 이 점에서 네그리는 홉스봄(E. Hobsbaum)이나 로만 로스돌스키 — 이들의 입장 가운데 많은 부분을 그는 책 중간에서 다룬다 —— 와 같은 『요강』에 대한 이전의 많은 해석자들과 다르다.

네그리는 알프레드 다리몽(Alfred Darimon)의 화폐론에 대한 맑스의 분석이 부분적으로 맑스로 하여금 어떻게 화폐와 공황 간의, 화폐와 계급투쟁 간의 관계를 탐구하도록 하는 단초가 되었는가를 지적하면서 『요강』에 대한 자신의 평을 시작한다. 맑스에 관한 네그리의 해석을 읽을 많은 사람들은, 그의 『요강』 해석이 종종 계급투쟁에 관한 자신의 분석을 설계하기 위한 방편이라고 반대할지도 모른다. 그가 자신에게 맞는 것만을 맑스에게서 취했다고 항의할지도 모른다. 네그리가, 여기서는 (생산적 노동에 대한) 약간의 분석을 일축하면서, 다른 곳에서는 (노동자계급의 주체성과 임금에 관한 특별한 장이 빠진 것에 대해) 분석이 없음을 한탄하고, 다른 것들을 철학적 착오(역사 발전의 일반 법칙)라고 기각하고, 분석의 한계와 모호성의 여러 실례를 제시하면서 맑스의 노트들을 천착해 나갈 때, 그가 자신의 선별 과정을 통해 맑스 논의의 주요노선에 대한 해석을 정리했다는 것은 분명해진다. 그러나 우리는 맑스의 생각 가운데서 뽑아 내고 선별하는 것을 두려워해서는 안 된다. 이것은 그에 대해 정직하든 그렇지 않든 맑스주의자가 항상 해 온 것이다. 전통적 맑스주의자들은 항상 맑스의 객관주의적 요소들에 초점을 맞추어 왔다. 왜냐하면 그것이 그들의 정치적 성향에 맞기 때문이다. 비판이론은 위기 때 생겨난 뿌리깊은 회의주의 때문에 주체로서 노동자계급에 대한 맑스의 이론을 무시했던 것 같다. 우리 가운데 혁명적 실천을 계속 새롭게 하고 네그리의 개입을 공유하고 있는 그런 사람들에게, 우리는 우리 자신의 투쟁에 대한 분석에 정보를 제공해 주는 맑스의 그런 요소들에 초점을 맞출 수 있다. 몇 세대의 맑스주의자들이 우리에게 지배의 기제를 감지하는 습관을 주었다. 우리에게 지금 필요한 것은 해방의 기제를 발견할 수 있도록 맑스를 이용하는 것이다. 맑스가 **실제**로 어떻게 생각했는지에 대해 네그리의 판단이 옳은가 하는 논쟁은 맑스학 연구자들에게 맡길 수 있다. 우리는 네그리를 그 자체로서 읽을 수 있고 그의 논평들이 지닌 통찰력을 그것들 자체의 장점에 따라 판단할 수 있다. 제5강의 끝에서 네그리가 자신의 해석이 옳은지 질문했을 때, 우리는 그것은 문제가 아니다라고 말하고 싶다. 맑스가 의미했다고 네그리가 말하는 것을 맑스가 의미하지 않았다면, 그만큼 맑스에게도 좋지 않다. 이렇게 생각하는 것이, 진정 '맑스를 넘어설' 수 있는 방식으로, 맑스의 길로 우리를 이끌어 줄 수 있는 유일한 정신인 것처럼 보인다.

네그리의 『요강』 독해는, 맑스가 검토한 각각의 범주들과 관계들이 '계급투쟁의 적대적 성격을 어떻게 분명히 하고 그것과 어떻게 관련되는지'를 보이려 한다는 의미에서, 내가 **정치적** 독해라고 부르는 것이다. 동시에 —— 그리고 여기가 그의 논쟁 영역이다 —— 그는 노동자계급의 정치적 전략에 대한 분석이 지닌 의미를 검토하고 있다. 『맑스를 넘어선 맑스』의 제일 앞 강의들에서부터 권력 비판으로서 맑스의 화폐 분석을 검토하는 데서, 네그리가 보기에 맑스에게는 분리된 '정치적' 영역이란 결코 존재하지 않는다는 것을 우리는 알게 된다. 계급투쟁의 장으로서 이해되기 때문에 정치는 편재한다. 모든 범주들이 정치적이다. '정치적' 구절들을 찾기 위해서 『맑스를 넘어선 맑스』를 뒤적거릴 필요는 없다. 모든 구절이 정치적 계기다. 독자들로 하여금 좀더 어려운 구절들을 통과해서 더욱 구체적인 계급투쟁 분석으로 나아가도록 하는 정치적 자극이 여기 있다.

이러한 접근은 정치학을 여러 주제들 가운데 하나로, 특히 경제학과 구분되는 한 분과로서 항상 처리하고 때로는 신중하게 상부구조의 더그매〔지붕과 천장 사이의 공간〕 속에 감춰 놓는 전통적인 맑스주의와는 전적으로 다르다. 오랫동안 맑스주의는 자본주의 헤게모니와 그것의 '운동법칙들'에 대한 비판으로 축소됨으로써 거의 불모화되어 왔다. 맑스주의자들은 공장 독재, 문화적 지배, 그리고 노동자계급 투쟁의 도구화라는 자본주의적 기제에 몰두하여 진정 적대적인 주체가 있는지를 알지 못했다. 자본가계급이 그들이 인식하는 유일한 주체다. 그들이 노동자계급 투쟁을 볼 때, 그것을 거의 항상 자본 자체의 발전의 파생물로서 파악한다. 그들은 자본주의적 발전의 진정한 동학을 항상 경쟁과 같은 자본가들 사이의 '내적' 모순에서 찾는다.

네그리의 『요강』 독해는 자본주의 역사에는 항상 하나가 아니라 두 가지 주체가 있다는 것을 가르치기 위해 ── 또는 상기시키기 위해 ── 고안된 것이다. 그의 정치적 독해는 두 가지 상호 관련된 수준에서 이루어지는 노트들의 연대기적 발전을 추적한다. 그는 범주들이 지닌 정치적 내용을 분석함과 동시에 범주들의 전개 속에서 작동하는 맑스의 방법을 검토한다. 두 수준 모두에서 그는, 우리가 관찰하는 것은 자본의 변증법과, 분리라는 적대적인 노동자계급의 논리 사이의 점증하는 긴장이라고 주장한다. 변증법은 우주론적 발전에 관한 어떤 형이상학적 법칙이 아니다. 그것은 오히려 자본이 노동자계급의 투쟁을 묶어 두는 형식이다. 다른 말로 하면, 자본이 노동자계급 주체성을 자본주의 발전에 이용하는 데 성공할 때, 자본은 변증법적 관계의 모순적 통일을 강요한다. 그러나 노동자계급의 투쟁을 묶어 두고 통일성을 부여한다는 것은, 자신의 독자적인 논리에 따라 움직이고 발전하는 이 다른 주체 —— 노동자계급 —— 를 자본이 극복해야 한다는 것을 의미한다. 이러한 논리는 비변증법적인 논리라고 네그리는 주장한다. 다른 계급을 통제하고자 하는 것이 아니라 자신을 해방하기 위해 다른 계급을 파괴하고자 하는 계급을 특징짓는 것은 적대의 논리, 분리의 논리다. 적대적이며 상이한 두 계급에게는 두 가지 상이한 논리가 있다.

네그리는 맑스가 어떻게 자본주의 사회의 역사적 발전이 항상 별개의 적대적 주체 —— 체제를 위기로 몰아넣고 그것을 파괴할 수 있는 힘을 발전시키는 주체 —— 로서 노동자계급의 발전을 포함하는지를 분명히 알았음을 보여 준다. 그는 『요강』에서 맑스가 두 주체의 동시적 발전을 어떻게 추적할 수 있는지를 지적한다. 맑스는 화폐를 통한 자본 생산에 대한 형식적 지배에서부터 생산과 유통에 대한 직접적 지배를 거쳐 세계시장과 위기라는 수준까지 자본을 추적함과 동시에, 지배당하는 산 노동력에서부터 산업프롤레타리아트 단계를 거쳐 사회적 재생산의 수준에서 혁명적 계급으로서 충분히 발전하기에 이르는 노동자계급의 성장을 밝히고 있다. 두 주체는 노동자계급을 지배할 수 있는 자본의 권력에 의해 결합되어 있지만, 그럼에도 불구하고 **두 역사적 주체**는 각자 행동하고 계급투쟁 속에서 주도권을 장악할 수 있는 힘을 가지고 있다.

자본가적 헤게모니에 무슨 일이 일어났는가? 자본의 운동법칙의 객관성에는? 자본가들의 경쟁적 상호 작용 속에서 자본주의적 성장의 자원

배치에는? 발전하는 노동자계급 주체의 관점에서 볼 때, 자본가적 헤게모니는 기껏해야 노동자들의 투쟁으로 계속 파괴되고 있는 빈약한 일시적 통제다. 여기서 우리는 자본가들이 불가침의 헤게모니라는 개념으로 통제를 다시 획득할 수 있었다는 사실을 혼동해서는 안 된다. 두 적대적인 주체들의 세계에서는 유일한 객관성은 그들의 갈등의 결과다. 물리학에서 두 벡터 힘이 그 둘과는 다른 방향과 양을 지닌 합성력을 만들어내는 것처럼, 자본의 발전을 구성하는 계급투쟁에서도 '운동법칙'은 대결이 가져온 계획하지 않은 결과다. 그러나 이러한 주체성들이 충돌하는 전개 과정 속에서 노동자계급은 피지배적인 노동력에서 혁명계급으로 지속적으로 발전(노동자계급세력의 상대적 강도의 성장)함으로써 점증적으로 자본주의적 통제를 파괴하고 사회적 발전에 자신의 방향을 부과한다. 이 때문에 네그리는 자본가들 사이의 경쟁을 추동력이라기보다는 '지저분한 집안 다툼'이라고 부른 것이다. 이러한 다툼의 와중에서 노동자계급에게 규율을 부과하는 데는 경영자들이 가장 좋은 위치에 있다.

바로 이러한 노동자계급 주체에 대한 분석이 네그리의 저작을 투쟁하고 있는 사람들과 직접적으로 관련시키고 있다. 자본이 노동자계급에 대항하는 무기로서 재정 및 통화 정책을 사용하려고 하는 이 시기에, 네그리의 분석은 우리로 하여금 자본주의적 위기는 항상 노동자계급을 통제하는 자본이 지닌 능력의 위기라는 것을 알도록 도와 준다. 현재의 위기와 같은 전 지구적 위기는 생산 및 재생산에서 —— 최고의 사회화 수준에서 —— 동시에 작동하고 있는 세계 노동자계급들의 결집되고 상호 보완적인 투쟁에 의해서 발생할 수 있을 뿐이라고 네그리는 주장한다. 네그리의 독해에서 우리는 이 모든 것을 맑스가 1857년 위기의 와중에서 쓸 수 있었던 것과 같은 추상적이고 일반적인 수준에서 발견한다. 그러나 우리는 또한 이러한 추상들을 우리 자신의 구체적 상황 속에서, 그리고 자본주의 내부의 투쟁들 속에서 검토할 수 있다. 네그리의 저작은 그러한 기획을 염두에 둘 때 분명히 파악된다. 이것이야말로 항상 맑스주의의 가장 흥미로운 측면이, 즉 살아 있는 주체들로서의 우리 자신의 변혁의 힘을 탐구하는 데 맑스주의가 지닌 유용성이 아닌가?

독해는 맑스 자신의 첫번째 노트(화폐, 공황 속의 화폐, 그리고 궁극적으로 권력으로서의 화폐)에서 시작된다 화폐 속에서 그리고 화폐의 배후에서 맑스는 가치를, 그리고 사회적 생산관계들을 발견한다. 사회적 수준에서 화폐는 (무엇보다도) 노동에 대한 자본의 힘이다. 그러나 노동에 대한 자본의 힘은 인민을 노동시장으로 내몰고, 인민을 생산과정에 있는 자본을 위해 노동하도록 강요하고, 노동과정에서 잉여노동을 강제할 수 있는 능력이다. 자본이 노동자계급의 소비에 대항한 무기로서 국내적, 국제적 수준에서 통화 정책을 사용하고 있는 오늘날 무엇이 더 적합할 수 있겠는가? 더욱이 소비에 대한 통화 정책을 통한 그러한 공격은 인민들이 노동하도록 강요하고 노동과 자본 간의 교환을 이윤(잉여노동)이 증대될 수 있도록 통제하는 것을 직접 겨냥한다.

이 단계에서조차 맑스의 주장들——그리고 네그리의 맑스 분석——은 그것들이 지닌 능력과 시사성으로 현재를 잘 알게 해줌으로써 우리를 놀라게 한다. 그런데도 맑스가 여기서 멈췄다면 그는 단지 자본주의적 착취의 본성을 심도 있게 간파한 한 사람의 맑스주의자에 불과했을 것이다. 그러나 그는 여기서 멈추지 않는다.

네그리가 지적한 대로 맑스는, 잉여노동을 빼낼 수 있는 자본의 힘은 자신의 능동적 주체성을 자본의 의도에 따라 사용해야만 하는 '다른 사람'에게 가하는 힘이라는 것을 예리하게 인식하고 있다. 맑스는 이러한 주체성을 탐색했고, 그 주체성은 계급들의 본원적 축적에 대항하여, 즉 노동시장의 강제적 창출과 인민들을 노동자의 생활로 강제적으로 종속시키는 것에 대항해 싸웠다는 것을 알았다. 그는 이러한 주체성을 탐구했고 이 주체성은 노동하도록 강제되는 것에 저항해 싸운다는 것을 알았다.

비록 맑스는 자본가들이 통제하는 죽은 노동에 지배당하고 있는 산 노동의 진짜 끔찍한 역사를 그리고 있지만, 또한 산 노동을 완전히 죽일 수 없으며 그렇게 되면 자본 자체도 죽을 것임을 분명히 밝힌다. 자본주의적 재생산의 역설은 그것이 살아 있는 주체의 끊임없는 재생산을 확보해야만 한다는 것이다. 적대는 자본이 발전함에 따라 점점 더 높은 수준에서 재창출된다. 산 노동에 대항해서 소집된 강시 같은 죽은 노동의 공포로서 시작되는 것이, 시간이 지나면서 점점 더 강력해지고 적대적으로 되어 가는 노동자계급에 대항하여 자신의 존재를 보호하기 위한 자본의 점점 더 필사적인 시도로 된다. 자본은 단번에 완벽히 승리할 수는 결코 없다. 자본은 자신을 파괴하려고 끊임없이 위협하는 소외된 주체성의 존속을 참아야만 한다. 자신이 만들어 낸 적대적 계급에 대한 통제를 상실할까 끊임없이 두려워 떠는 자본이라니, 이 얼마나 대단한 광경인가! 이것은 전통적 맑스주의가 생각하는 평화롭고 평온한 자본주의적 헤게모니를 뒤집어 놓은 것이다. 이것은 지배계급에게는 악몽이다.

잉여노동(가치)이 이윤이라는 화폐형태를 취할 때, 그것은 사회적 자본의 수준에서 사회화된 잉여가치가 된다. 그것은 자본의 적대적 발전의 한 극(極)이자 척도가 된다. 이 점에서 자본주의적 위기의 법칙이 『요강』에서 필요노동으로서의 노동자계급과 잉여노동으로서의 자본 사이의 지속적인 모순으로 나타난다. 그러한 법칙의 가장 근본적인 동학이 이윤율 저하 경향을 만들어 낸다. 맑스주의자들이 그렇게 오랫동안 신비화해 온 이 경향이 네그리의 맑스 해석에서는 노동자계급이 자본주의적 발전을 가로막는 방식에 대해 쉽게 이해할 수 있도록 해주는 표현이 된다. 네그리의 정식화 가운데 일부를 비판할 수야 있겠지만(노동자계급의 투쟁은, 그 투쟁이 자본으로 하여금 상대적 잉여가치 전략을 통해 자본의 유기적 구성을 상승시키도록 하는 한, 필요노동을 증대시킨다고 주장할 필요는 없다), 기본적인 틀은 예리하고 폭로적이다. 모순을 강화하고 위기를 만들어 내는 것은 바로 자본에 대한 노동자계급의 지속적인 압박이다. 자본이 고정자본을 확대하고 노동과정을 재조직함으로써 노동자들의 요구에 대응할 때마다, 노동자계급은 투쟁의 새로운 순환 속에서 정치적으로 자신을 재구성한다. 이러한 과정의 온전한 함의는 맑스의 기계에 관한 단상에 대한 네그리의 독해에서 분명해진다. 우리는 고정자본의 광적인 축적이 자본이 노동을 강제하고 잉여노동을 추출할 여지를 점점 줄여서 자본주의적 지배 바로 그 기초를 침식하는 방식을 안다. 자본이 더 많은 가치를 움직이게 하면 할수록 자본이 추출할 수 있는 잉여가치 몫은 그만큼 적어진다. 오늘날, 자본이 점점 더 위협받고 있고 위협하고 있는 산업노동자들을 로봇으로 점점 더 대체해 나감에 따라, 자본은 맑스가 『요강』에서 예견한 바로 그 문제, 즉 인민을 사회적으로 통제하기 위하여 그들로 하여금 일하도록 하는 새로운 방법을 찾아내는 것이 점점 더 어렵게 된다는 문제에 직면한다.

생산 지점상의 노동자계급 주체에 대한 이러한 분석이 곧이어 맑스의 분석에서는 유통 부문으로 넘어간다. 여기서 네그리는 유통은 모든 개별적 생산 계기들뿐만 아니라 모든 사회적 재생산 조건들을 조직하고 묶어내는 근육이라는 맑스의 주장을 신중하게 내놓는다. 유통은 자본의 사회화——사회적 자본으로서 자본의 출현——를 함축한다. 그러나 우리는 자본주의적 헤게모니가 지닌 광범성만을 마냥 읊조리지는 않는다. 임금이 지닌 두 가지 측면의 성격에 대한 맑스의 분석을 검토함으로써 네그리는 임금이 노동자계급에게 어떻게 기능하는가를 밝힐 수 있게 된다. 이는 노동력과 임금의 교환 그리고 그에 뒤이은 임금과 사용가치

── 노동자계급의 욕구를 만족시키는 필요노동 생산물 ── 간의 교환이라는 소규모 유통 영역에 속한다. 여기서 임금은 자기 요구를 부과할 수 있는 노동자계급의 힘을 나타내며, 그 힘의 크기는 계급투쟁 자체에 의해 결정될 뿐이다.

다시 한번 우리는 잉여노동을 기화로 점차 자본주의적 통제를 거부함과 동시에 자신의 구상과 필요를 계속 확장하고 다양화하는 데, 자주적으로 발전하는 노동자계급 주체를 끌어들이려고 필사적으로 노력하는 자본의 비상하지만 매우 시사적인 모습을 연구할 수 있다. 우리는 다시 가장 현대적인 분석의 계기에 있지 않는가? 자본주의적 노동에 대한 자발적 요구와 거부 양자의 동시적 폭발이 아니라면, 1960년대와 1970년대는 무엇이었겠는가? 요구의 폭발을 봉쇄하고 소비에 대한 즉 임금에 대한 악랄한 공격을 통해 요구를 격퇴시키려는 새로운 자본가적 공세가 아니라면, 1980년대는 무엇이겠는가?

네그리는 자본주의적 제국주의가 국내에서 계급투쟁으로 인한 장애물들을 피해서 자신의 계급 갈등을 지구를 가로질러 확산시키는 장소인 세계시장 수준에서 맑스의 분석은 최고 수준에 도달한다고 주장한다. 이것은 세계시장의 계기이지만 또한 세계공장(global factory)과 국제적 노동자계급의 계기이기도 하다. 이 지점에서부터 자본은 자신의 현대적 산업장치를 국제적으로 재조직하고 전 지구적 노동 재생산을 재조직하고 노동시장을 재조직하려 함으로써만 노동자계급의 공격에 대응할 수 있다. 이것이야말로 위기에 빠져 있는 자본의 현재의 기획이 아닌가? 이른바 '재산업화'라는 것이 실제로는 위기를 창출한 노동자계급의 힘을 해체하고 새로운 발전 조건들을 만들어 내기 위해 고안된 자본주의적 재구조화가 아닌가? 물론 자본은 이것을 여러 방식으로 여러 나라들에서 실행하려고 노력하고 있다.

그러나 지금까지 자본이 이러한 해체를 이루지 못했기 때문에 위기는 지속된다. 동시에 이러한 실패는 자신이 획득한 지반을 보호하고 곳에 따라서는 공격을 취할 수 있는 노동자계급의 힘의 척도다. 자본주의적 권력에 대한 전통적 맑스주의의 단조로운 찬송 기도는 자본주의에 대한 사형 선고에 의해 압도되고 증발한다. 네그리를—— 그리고 그를 통해 맑스를—— 읽으면 노동자계급 운동 및 노동자계급의 역동성을 느끼게 된다. 그것은 자본주의적 통제의 완강성과 그것을 파괴할 수 있는 현실적이고 확실한 가능성을 보는 것이다.

이 책의 끝에서 네그리는 노동자계급 주체의 출현으로 제기된 중심적인 쟁점 즉 **혁명**, 자본주의 사회의 종언, 그리고 새로운 사회의 창조라는 쟁점을 직접 다룬다. 그가 자신의 『요강』 독해가 새로운 사회—— 공산주의(그는 맑스의 이 용어를 유지한다) ——의 출현에 대해 갖는 함의를 그려 내고 〔『요강』에 대한〕 다른 현대적 입장들을 기각함에 따라, 이러한 쟁점들에 대한 그의 논의 대부분은 『공산당선언』을 생각나게 한다.

전통적 맑스주의 언어에서 혁명과 새로운 사회의 출현은 항상 '이행'의 문제로, 즉 사회주의를 통해 공산주의로 옮아가는 문제로 제시되어 왔다. 네그리는 이것이 『요강』에서 맑스가 하고 있는 분석과는 전혀 맞지 않다고 강력하게 주장한다. 그 책에서 유일한 '이행'은 혁명적 주체에 의해 자본이 지닌 모든 결정들을 거부하고 전복하는 것이다. 자본의 사회적 지배의 중요 수단이 노동 및 잉여노동의 부과 즉 잉여노동에 대한 필요노동의 종속이기 때문에, 네그리는 노동자계급의 투쟁이 지닌 가장 근본적인 두 가지 측면 가운데 하나를 **노동에 반대하는** 투쟁이라고 본다. 이윤이 자본주의적 발전 및 통제의 척도이기 때문에, 네그리는 노동 거부가 자본에서 벗어나는 이행을 나타내 준다고 주장한다. 노동 거부는 자본주의적 관계가 전복되고 잉여노동이 전적으로 노동자계급의 필요에 종속하는 새로운 생산양식을 만들어 내는 구성적 실천으로서 나타난다.

혁명투쟁의 두번째 적극적 측면은 노동에서 해방된 시간에, 그리고 노동 자체의 변형 속에서, 노동자계급이 스스로 결정한 다양한 기획들을 가공하는 것이다. 이처럼 스스로 결정한 기획을 네그리는 **자기가치증식**이라고 부른다. 그러므로 공산주의는 자본이 부과한 통일성을 깨뜨리는 노동 거부와 다양성 및 '풍부하고 독립적인 다면성'을 만들어 내는 자기가치증식 양자에 의해 이루어진다.

네그리는 '사회주의'를 기껏해야 자본주의의 발전된 형태에 불과한 것으로서 거부하고 있다는 것이 이제 분명해진다. 그의 주요한 반대는 사회주의가 소득과 소유의 계획된 재분배로 이해되는 한, 그것은 여전히 노동의 계획된 부과를 유지하고 있어서 잉여노동의 자본주의적 착취라는 동학에서, 그리고 욕구가 축적에 종속되는 것에서 벗어나지 못한다는 것이다. 현존하는 사회주의 정부나 사회주의 정당의 강령을 예로 들 수 있다. 그러나 여기서 초점은 내핍을 강요하는 데 동참하는 이탈리아 공산당이나 소비에트 노동수용소에 대한 비판 이상이다. 그것은 사회주의 개념이 진정한 쟁점 즉 노동의 폐지와 협소한 생산 물신주의로부터의 사회의 해방이라는 진정한 쟁점을 결코 파악하지 못해 왔다는 확신이다. 사회주의는 시장자본주의의 붕괴에 대한 억압적 대안——국가 수준에서 더욱 진전된 수준의 자본주의적 계획——을 구성할 뿐이다. 미국에서 국가적 계획, 산업의 국유화, 그리고 '더 많은 직업'을 요구하는 '사회주의'운동이 일어나는 오늘날, 네그리의 주장은 상당한 관심을 끌 만하다.

네그리는 또한 자본주의의 종언을 개념화하는 데서 모든 **유토피아적** 접근법들을 기부한다. 유토피아주의에 대한 맑스 자신의 비난이라는 전통 속에서 네그리는 이행을 아무리 그럴듯하더라도 미리 구상된 어떤 목표를 달성하는 것으로 생각하기를 거부한다. 이 점에서 과학적 맑스주의는 현재의 운동을 따라 미래로 나아가야 한다고 주장할 뿐만 아니라, 네그리가 주장하듯이 우리는 이러한 운동이 결정성이나 목적론 없이 일어난다는 것을 인식해야 한다. 맑스를 이렇게 해석함으로써 우리는 맹목적인 유토피아적 낭만주의에서, 동시에 우리를 마비시키는 결정론의 압박에서 벗어나게 된다. 미래를 구성할 현재의 중심적 운동은 자본의 결정을 전복하고 자기가치증식을 해 나가는 혁명적 주체의 운동이다. 노동자계급의 분리(separation)라는 적대적 논리는 그것이 자본의 변증법을 폭발시키고 파괴할 때 그 결론에 도달한다. 그것은 네그리가 말하듯이 모든 이원적(二元的) 정식을 폭발시킨다. 그것은 변증법적 외피를 부수고 다차원적이고 끊임없이 변화하는 인간의 욕구 및 기획의 체계를 해방한다.

혁명적 주체가 자기 구성적이며 풍부한 다면성을 지니고 있음을 알게 됨으로써 우리는 또한 당이라는 전통적인 조직적 정식에서 암묵적으로 벗어나게 된다. 여기에는 한 혁명적 엘리트에 의해 해석될 협소한 '계급 이해'라는 정식이 설 자리는 전혀 없다. 자주적으로 결정된 요구들과 기획들만이 있을 뿐이다. 비록 네그리가 여기서 혁명조직 문제를 취급하지는 않지만 —— 그것은 이 지점에서 그의 기획이 아니다 ——, 그는 당에 관한 테마의 한 유형, 즉 혁명적 자기가치증식이라는 물질적 기초 위에서 조직되지 않음으로써 테러리즘으로 빠지게 되는, 단지 자본주의적 폭력을 부정할 뿐인 주의주의적〔자발적〕 폭력이라는 테마를 강하게 거부한다. 이것은 이탈리아 당국이 그를 감옥에 보내는 구실로 그와 연결시키려고 한 무장 '전위대'에 대한 반대와 그것에 대한 자신의 거리를 보여 주는, 그의 저작의 여러 요점들 가운데 하나다.

『요강』에 나타나는 맑스의 입론에 대해 네그리가 서술한 것을 요약하자면, 자본주의는 두 **주체**를 가진 사회체계로서 그 속에서 한 주체(자본)는 **노동** 및 잉여노동의 **부과**를 통해 다른 주체(노동자계급)를 통제한다는 것이다. 이러한 통제의 논리는 인간의 발전을 자본주의적 가치증식의 한계 내에 묶어 두는 **변증법**이다. 그러므로 독자적 주체로서 노동자계급의 중심적 투쟁은 **노동 거부**를 통해 자본주의적 통제를 부수는 것이다. 이러한 거부의 논리는 적대적 **분리**의 논리이고 그것의 실현은 자본의 변증법을 침식하여 파괴한다. 이러한 파괴로써 얻은 공간 속에서 혁명적 계급은 자신의 독자적 기획 —— **자기가치증식** —— 을 만든다. 그때 **혁명**은 자본의 동시적 극복이며 **새로운 사회 즉 공산주의의 구성**이다. 노동 거부는 다차원적 사회를 만들어 내는 새로운 양식을 구성하는 기초로서 노동의 계획된 폐지다.

맑스의 분석에서 나타나는 범주들을 정치적으로 독해한다는 것이 함축하는 것은 무엇인가? 먼저 우리는 지금 『자본』의 문제를 다시 이야기할 수 있다. 『자본』이 종종 객관주의적 방식으로 해석되어 왔다고 주장할 때 네그리는 절대 옳다. 그러나 대안이 있다는 것이 지금 분명하다. 우리가 객관주의의 함정을 인식하고 피해서 맑스의 범주들에 대한 정치적 또는 계급적 분석을 수행하게 되면, 우리는 『자본』(또는 맑스의 어떤 저작)도 이러한 방식으로 읽을 수 있다. 『요강』에 있는 맑스의 분석 가운데 많은 측면들이 『자본』에서 더욱 세심하고 충분하게 탐구되고 있다. 확실히 우리는 이 자료에 대한 연구로부터 얻을 수 있다. 내가 다른 곳에서 하려고 했던 대로 『자본』을 정치적으로 독해할 때, 우리는 네그리 책의 주요한 주장과 거의 일치할 뿐만 아니라 그 분석 —— 『자본』 1권이 나왔을 때인 1857년부터 1867년에 걸친 10년 동안의 맑스의 작업 성과 —— 을 강화하고 풍부하게 하는 하나의 해석을 만들어 낸다.

우리는 계급투쟁의 내부로부터 맑스를 정치적으로 독해할 때, 그리고 맑스를 우리 자신의 필요라는 관점에서 비판할 때, '맑스를 넘어서'

맑스의 길을 따라간다. 네그리는 정확히 이러한 독해와 비판을 행한 것이다. 바로 이 점 때문에 그의 작업은 가치 있고 관심을 끌 만하다.

해리 클리버.

Ⅱ

『맑스를 넘어선 맑스』는 그 역사적, 이론적 맥락에서 벗어나서는 온전히 이해할 수 없다. 번역에 이은 결론에서 나는 이 책의 이론적 맥락을 제시해 주는 네그리의 다른 저작들의 목록을 제시할 것이다. 여기서 나는 '아우토노미아' 개념에 대해 간단히 정의하고 그 역사적 맥락에 대해 간단히 기술하고자 한다.

이탈리아에서 '의회 밖' 생활(의정활동에 참여하고 있는 공산당과 사회당과는 반대로)은 60년대 초에 『붉은 노트』지의 발간 및 『노동자계급』이라는 신문의 발행과 함께 시작되었다. 이론가들은 마리오 트론티, 라이니에로 판치에리, 세르조 볼로냐, 그리고 안토니오 네그리였다(1967년에 트론티는 공산당에 가입했다). 이때도 1950년대의 장기간의 노동평화 기간 이후 새로운 투쟁 열기가 공장에서 나타나기 시작했다. 1960년대에 의회 밖의 비판 또는 좌익적 비판은, 1965년의 중도·좌익 연합정부와 더불어 이탈리아에 케인스식 계획을 도입하려는 최초의 시도가 있었기 때문에, '계획자로서의 국가'에 향해졌다. 좌익 비판가들은 자본주의가 잘못된 계획형태지만 계획에 의해 수정될 수 있다는 관념에 반대했으며, 그들의 분석 초점은 대중 노동자였다. 1960년대 후반 학생운동은 공장들(특히 자동차 공장들)에서 독자적인 노동자 봉기의 폭발과 결합하여 '투쟁은 시작된다'와 '일 마니페스토'와 같은 다른 집단들뿐만 아니라 '노동자의 권력' 집단을 형성했다. '노동자의 권력'의 슬로건은 '노동 거부'(경험적으로는 결근과 사보타주로, 원칙적으로는 노동시간과 지불임금 간의 허위의 동등성을 설정하는 반면에 지불임금과 생산된 가치 간의 진정한 불균등성을 작동시키는 가치법칙에 대한 부정으로서), 그리고 생산성과는 무관하게 더 많은 임금 요구인 '정치적' 또는 '사회적' 임금이었다. 그들은 자신들을 '봉기당'이라고 불렀다. 1974년 석유 위기는 노동자들을 압박하는 데 사용되기 시작했고 전후 이탈리아에서 처음으로 상당한 실업을 야기했다. 1973년에 '노동자의 권력'은 해체되었고 아우토노미아운동이 대두했다(해체에 대한 설명으로는 『노동자의 권력』 5권 50호, 1973년 11월을 보라).

이때 네그리와 같은 이론가들은 가치법칙의 종식, 자본주의적 지배에 의한 자본주의적 착취의 대체에 관해 말하기 시작하였다. 투쟁은 이제 순전히 정치적이었다. 노자관계는 더 이상 민주적인 교환 모델에 의해 규정되지 않고 대신 직접적인 힘관계로 규정되었다. 이 점에서 또한 네그리는 산업노동자들뿐만 아니라 청년, 학생, 불완전 고용자와 실업자들로 구성된 '사회적 노동자' 개념을 정식화하기 시작했다(가사노동자로서의 여성도 이 범주에 포함되었다. 그러나 단순히 실업자나 무급 노동자로 보는 것 이상으로 훨씬 더 넓은 의미에서 파악되지는 않았다. 이 쟁점에 관한 토론에 대해서는 「르 오페라이에 델라 카자("le operaie della casa", 가사노동)」, 『리비스타 델아우토노미아 페미니스타(*rivista dell'autonomia femminista*, 여성자주평론)』 격월간 4호, 1977년 1~4월을 보라). 정치적 또는 사회적 임금은 공장노동자와 실업자를 결집하는 고리가 되었다. 1960년대 산업노동자의 임금투쟁에 대한 강조가 자본가들이 인플레를 이용함으로써 그리고 노동력 재생산 비용의 증가로 인해 무효화되었기 때문에, 이와 같은 다른 혁명적 주체에 대한 정식화가 필요한 것으로 보였다. 그래서 투쟁은 에너지 비용, 정치적 거래(부의 직접적 전유), 공공 지출, 서비스 등의 자체 축소를 포함하는 데까지 확대되어야 했다. 재생산 부분이 투쟁의 영역으로 되었다(이러한 전환은 이 시기 이탈리아운동에 대해 짐 오코너(Jim O'Connor)의 『국가의 재정 위기』가 지녔던 중요성을 설명해 준다). 덧붙여 새로운 전략은 자본주의 발전이 결국은 생산적 노동자들의 개선을 가져오기 때문에 당이 자본주의 발전을 지지한다는 것을 뜻하는 '생산적 노동'이라는 이탈리아 공산당의 이데올로기에 반대하는 것을 의미한다. 자본주의 발전을 더욱 촉진하는 데 효율적인 내핍계획(실업자들에게 부정적으로 영향을 끼치는 공공 투자 삭감)을 받아들인 당은 불완전 고용자와 실업자 부문을 무시했다.

아우토노미아가 지닌 낡은 슬로건의 패배를 결정지은 분수령인 1975년까지는 어떤 주요한 발전도 없었다. 더 적은 노동에 대한 더 많은 임금이라는 요구는 노동자들의 힘이 약해졌기 때문에 더 이상 성공할 수 없었다. 인플레이션과 늘어나는 실업으로 노동자들은 희생을 치렀다. 덧붙여 새로운 수준의 억압이 나타났고 쿠데타 기도가 파시즘을 실제적인 대안인 듯이 만들었다. 새로운 사회적 주체가 나타났다. 바로 거대도시의 새로운 히피족이었다. 이들은 약물, 공동체, 욕구, 그리고 색다른 생존형태들에 대한 강조로 특징지어진다. 이 주체는 기율, 지도력, 그리고 이론을 거부했다. 여성운동과 더불어 그것은 전통적인 좌익의 조직모형으로부터의 주요한 이탈을 나타냈다. 이러한 발전들은 아우토노미아 운동의 노선 변화를 자극했다.

네그리가 이끄는 분파는 덜 레닌주의적이었고 프란코 피페르노(Franco Piperno)가 이끄는 분파가 더 레닌적이었다. 네그리는 공장에서 교섭하는 것은 더 이상 가능하지 않다고, 국가와의 관계는 이제 순수한 힘관계이기 때문에 힘에 호소할 수밖에 없다고 주장했다. 그는 직접적인 국가장악을 호소했다. 노동을 둘러싸고 교섭해서는 안 되고, 대신 공장들을 접수하여 생산력을 해방하고 공산주의를 예시할 해방구를 창설함으로써 대항권력을 행사해야 한다고 주장했다. 노동의 규제자인 가치법칙이 더 이상 관철되지 않기 때문에 노동 거부 호소는 침묵 속에 묻혔다. 테크놀로지가 노동자 없이도 생산해 낼 수 있게 만들었기 때문에 자본은 더 이상 노동자들을 필요로 하지 않았다. 기계가 노동자들을 대체할 수 있게 되어 파업의 중요성은 약화되었다. 네그리의 새로운 전략적 정식은 '자기가치증식', 즉 자기 자신의 요구를 가치에 대한 자본의 요구보다 선차적인 것이라고 내세우면서, 계급으로서 자신을 위해 노동하는 것이었다. 여러 면에서 자기가치증식은 1970년대 후반에 새롭게 나타난 사회적 주체들의 강령을 이론적으로 표현했다. 아우토노미아운동편에서 마지막 투쟁의 거대한 파고가 1977년에 일어났다. 1979년에 지도자들의 투옥이라는 방식으로 그 운동에 대한 직접적 탄압이 가해졌다.

아우토노미아운동도 그 한 부분을 차지하고 있는 의회 밖의 운동은 광의의 공산주의적 전통 내에 있지만 또한 그것은 공산주의적 전통에 대한 부정을 표시한다. 그러한 부정을 이해하기 위한 중요한 개념이 노동 거부인데, 이것은 부분적으로(테일러화와 노동의 비해방을 나타내는) 레닌주의와, 그리고 자본주의적 발전을 상이한 형태로 표현할 뿐인 제3인터내셔널 사회주의와 직접 대립하는 것이다. 운동으로서 그리고 이론으로서 아우토노미아는, 자본주의는 불합리한 체계지만 계획을 통해 합리화될 수 있다는 관념에 반대한다. 대신 노동자의 관점을 취하며, 노동자들의 행동을 혁명적 이행의 지렛대, 공산주의 사회를 건설할 수 있는 유일한 지렛대로 특권화한다. 경제는 전적으로 정치적인 것으로 파악된다. 경제관계는 계급 주체들간의 직접적인 정치적 힘관계다. 그리고 당과 같은 소외된 정치적 형태 속에서가 아니라 바로 사회적 노동자라는 경제적 범주 속에, 정치적 변화를 향한 이니셔티브가 자리 잡고 있다. '아우토노미아'라는 말은 이러한 역사적 이론적 맥락에서 이해되어야 한다. 그것은 대중의 자발적 급진주의(rank and file radicalism)와 재생산 영역의 행동주의와의 결합을 지칭한다. 처음에 '아우토노미아'란 말은 자본주의 발전으로부터 노동자계급의 독립 및 분리를 의미했다. 스스로를 특권화하고 자신의 요구를 가치증식함으로써 이 계급은 노동자들의 종속에 근거한 자본의 가치증식을 파괴할 수 있었다. 그 단어는 '생산적인' 노동자계급의 신성화한 제도들—— 노동조합과 정당—— 과는 독립적인 프롤레타리아적 관심, 투쟁, 조직의 영역이라는 부가적 의미를 획득했다. 그리고 마지막으로 아우토노미아는 그것이 자신의 다면적인 잠재력으로 구성해 내는 공산주의 사회 속에 있는 주체의 주요한 특징을 지칭한다.

마이클 라이안.

Ⅲ

해리 클리버가 이 아홉 개 강좌의 전투적 중요성을 보여 주고, 마이클 라이안이 서설과 결론에서 네그리 저작들의 역사적 텍스트적 성장에 관해 윤곽을 제시한 이상, 내가 이 서설에서 제시할 과제는 정보를 기술하는 것이라기보다는 흉금을 털어놓고 자극을 제공하는 것이라고 느낀다. 미국과 이탈리아 사이의 상상적인(imaginary) 경계선에 걸터앉아서, 나는 소리들을, 더 정확히 말해서 양쪽에서 나에게 들려 오는 어떤 목소리들을 환기하고자 한다. 그러므로 이것은 가장 적합한 정치적 독해를 제공하려는 것도 아니고, 텍스트가 지닌 결정들(determinations)의 총체를 남김없이 다 밝히겠다는 환상을 가지고 맥락을 구체적으로 제시하려는 시도 속에서 『맑스를 넘어선 맑스』와 다른 문화적 대상들 간의 관련을 제시하는 것도 아니다. 사실 맥락을 제시한다는 것이 다음과 같은 공간, 즉 마치 저작의 어떤 주관적 영유(appropriation)에도 대항하여 저작의 부동(不動)의 제 모습을 드러나게 하는 '올바른' 독해를 가능케 할 정도로 접합들——최소한 학술적인 연구들에서 문제가 되는 접합들——이 어떤 지점에 모두 빠짐없이 현존하고 있어서, 나뉜 조각들이 하나의 틀로 모두 딱 들어맞을 그런 공간을 그려 내는 것이 아니라면, 그 맥락의 목적이란 무엇이겠는가? 그것은 맥락이 아니라 핑계며, 정보가 아니라 도발이다. 내 말은 선형적, 계기(繼起)적인 서술이 아니라 겉보기에는 좌충우돌 방황하는 움직임이 될 것이다.

방황이란 통념에서 벗어나서 비정규적인 길로 나아가는 사람들의 행동이다. 방황이란 것은 정해진 목표점을 가지지 않으면서도 움직이지 않는 것을 경멸하는 사람들의 행동이다. 스피노자도 부정하는(pars destruens) 사고와 구성하는 실천이란 상궤를 벗어난 통일을 그려 낼 때까지 당대의 제도들을 거슬러 방황했던 것 같다. 맑스조차도 그가 공산주의의 다방향성을 마음에 떠올렸을 때 '인간'을 찾아 방황하고 있었다고 말할 수 있다. 그러므로 네그리 역시 정통적인 철학하기의 경계선을 넘어서 만족스런 존재론의 침묵과, 올바른 좌표를 가진 것처럼 움직이는 사람들의 목적론, 이 양자 사이의 어려운 균형 속에서 방황하고 있다는 것을 이해하는 것이 아주 중요하다.

이제 방황해 보자. 네온사인 깃발처럼 눈을 부시게 하고 눈을 속이는 당 노선의 장엄한 장식을 무시하고, 나는 내 말이 만들어 내는 상들을 사운드 트랙처럼 잘 그려 낼 수 있는 그런 소리를 녹음하려고 한다. 그리고 이탈리아에서 제도매체의 무자비한 웅웅거림이, 두 나라에서 들려 오는 소리를 잡으려고 귀를 쫑긋 세우고 있는 나를 사로잡는다. 이 제도 매체는 —— 채널의 독점으로 —— 자신들을 '인민의 소리'라고 속일 수 있는, 그리고 그에 입각하여 여론이 형성되는 정보 전체를 진짜 만들어 낸다.

이러한 매체 효과의 전형적인 실례가 내가 이 서설을 쓰고 있는 바로 요즈음 나타난다. 신문과 텔레비전 방송국은 프란코 피페르노가 캐나다에서 체포되었다는 것을 강조하고, 그를 아우토노미아의 지도자로, 또는 지도자늘 가운데 하나로 규성하면서 그에 대한 비난을 '공평하세' 보고한다. 그리고는 다시 뉴스 진행자는 테러리즘과 아우토노미아를 연결한다. 다시 아우토노미아와 '붉은여단'의 관련이라는 방향으로 국민의 집합적 이미지가 형성된다. 다시 여론은 아우토노미아를 문제시하고, 그것을 1면 기사로 받아들인다. 우익에서 좌익에 이르는 신문들은 테러리스트들이 여름 휴가 이후 가을에 감행하겠다고 공언했다는 체제에 대한 공격을 그려 내고 그에 대해 떠들어 댄다. "붉은여단, 그들은 무엇을 준비하고 있는가? 누가 우리를 지킬 것인가?"가 널리 읽히고 있는 '진보적' 잡지 『에스프레소(*Espresso*)』의 1면 머리 기사다. 테러리스트들조차 여름 휴가를 보낼 것이라는 웃기는 생각(이탈리아적 생활 리듬이 지니고 있다고들 가정하는 '자연성'을 강화하는 관념)은 논외로 하자. 이 모든 것이 지닌 실천적 결과는 사회에서 활동하고 있는 모든 전사들로부터 사람들을 '방어하려는' 목적에서 일련의 '예방적인' 경찰 작전을 위한 지반을 마련하는 것이다. 아우토노미아의 수많은 지지자들이 이른바 '민주세력'의 전반적 무관심 속에서 정확히 이와 같은 테러적 작전의 결과로 감옥에 갇혀 있다. 여기서 테러리즘은 —— 분명히 말하건대 —— 주민을 테러의 불합리한 발톱 아래 집어 던지는 실천을 의미한다. 이것은 특정한 정치적 분파들을 배타적으로 목소리 높여 악마시하고 이 나라에서 발본적 전투성(그러한 전투성 내에서 폭력적인 '소아적' 계파의 존재는 실상 피할 수 없다)을 요구하는 더욱 광범한 사회적 결정인들을 무시하는 폭력이다. 사람이 매일 마피아 처형으로 죽어 가고, 추문과 부패가 사람들로 하여금 그것에 익숙하게 만들어 더 이상 뉴스가 되지 않고, 무차별적인 대도시 폭력이 사회생활을 천천히 바꾸어 가고, 비포(Bifo)가 표현한 대로 이탈리아는 "법률이 긴급사태와 대중매체의 결합물로 바뀌고 대중매체와 동일시됨에 따라, 긴급사태의 형식으로 존재하고, 법률이 대중매체가 있음으로 해서 법률"인 나라다. 그리고 아우토노미아운동가들과 나폴리의 강력한 실업노동자조직위원회와 같은 후기 운동들이 무장집단들의 전략을 공개적으로 거부하고 그들을 '무장한 개량주의자들'로 규정하여, 인민의 요구가 무엇인지를 위로부터 결정하는 집중화된 권력이라는 점에서 매한가지라고 '붉은여단'과 국가의 공모를 지적해도 차이는 없다. 그 목적이 무장투쟁이 아니라 사회적 적대이기 때문에 차이는 없다.

매체가 합창하듯이 이것이 이탈리아적 비극이라고 단조롭고 심문하는 듯이 외치는 속에서, 우리는 안토니오 네그리에 대한 유별나고 주기적으로 되풀이되는 언급을 구별해 낼 수 있다. 이런 언급은 사건들을 재구성하는 데서 너무도 끈질기고 주제넘은 것이어서 대서양 너머까지 반향을 불러일으키고 있으며, 미국 이데올로기가 필요한 전략에 따라 만들어낸 것이긴 하지만, 미국에서도 그에 맞장구치는 소리가 들린다. 네그리 또한 **아우토노미아** 지도자로 취급되는데, 이 속에 —— 앞서 언급한 피페르노의 경우와 마찬가지로 —— 이미 근본적인 왜곡이 있다. 즉 **아우토노미아**의 범역에 속하는 집단들과 공식적 언론 · 이데올로기 사이의 바로 그 몰이해의 실례가 보이는 것이다. 사실 언론 · 이데올로기의 '경직된' 정신으로는, **아우토노미아**가 상당한 족적을 남긴 특출한 인사들을 정말 가지고 있기는 하지만 그러나 결코 **한 지도자**, 중심적인 대변인을 가지고 있지는 않다는 것을 이해하기 어려울 것이다. 자신의 전투성을 조금씩 드러내는 것, 당 노선의 거부, 욕구의 모든 위계적 고정화에 대한 거부가 이 이질적인 운동의 독특한 속성이다. 재구성된 프롤레타리아트의 다면성을 강조하고 차이 개념을 칭송하는 안토니오 네그리의 저작도 이 점에서 예외가 아니다. 전통적인 인간학으로부터의 발본적인 **분리**로 나아가는 경향을 띠는 범주들을 채택하여 이해하기가 어렵지만, 그러나 우리가 **아우토노미아**측의 얘기를 기록해 보면 그러한 의사소통 불가능성을 더 잘 보게 될 것이다.

네그리의 저작에 대한, 그와 그의 동료들이 사회 조사를 하고 있던 대학의 학과에 대한, 그리고 모든 종류의 대안적 경험들이 모아지는 탈중심화된 지점으로서의 **아우토노미아** 자체에 대해 주류 정보산업이 내린 평가도 '퇴조(refux)' 노선으로 강하게 특징지어진다. 사실 지난 몇 년 동안 '퇴조'라는 말은 '사회적 활동가들'의 정치투쟁의 상태를 패배주의적 용어로 묘사하기 위해 주조된 중추적인 용어였다. '사회적 활동가들(새로운 사회적 주체들)'이 1970년대를 통해 정치적 문화적 투쟁을 해 온 이후 매체 전체가 주입해 온 말은 운동이 전체로서 '퇴조' 상태, 썰물 상태에 있다는 것이다. 즉 테러리즘과 이상론으로 나아가는 '실수'가 일단 간파된 이상, 새로운 사회적 주체들에게는 어떤 출구도 없고 오직 청산적인 후퇴의 길만이 있을 뿐이라는 것이다. 말할 필요도 없이, 이러한 관점은 생활이란 같은 것의 계속적인 반복이라는 더욱 기본적인 믿음 때문에 부과될 수 있다. 모든 것은 그것이 그 자신과 동일하게 발전하는 경우에만 살아 있는 것이 되며 좋은 상태에 있는 것이 된다는 전통적인 믿음, 반복되지 않는 것은 죽음과 결핍을 의미하며 불변적인 자기 동일성만이 통합적 유기체의 삶을 성격짓는다는 전통적 믿음 말이다. 아마도 그러한 불변성은 사람의 삶을 자연적으로 만들고 확실한 존재론적 공간을 구성할 것이다. 그러나 아우토노미아운동에 적용된 이러한 해석 기준은 그것의 본질을 전적으로 왜곡한다. 그 운동은 결코 통일적인 유기체가 아니다. 그것의 실재는 어떤 특정한 투쟁 유형, 존재 유형에 집착하지 않으려는 노력 속에도 있다. 그것의 실재는 무엇보다도 필요하고 열려 있는 곳이면 어디나 자본 논리로부터의 분리가 가능한 곳을 찾아내려는 시도 속에 있다. 그리고 이른바 유로미사일에 반대하는 시위(페루자, 나폴리, 프랑크푸르트), 청년을 위한 사회센터의 창설을 지지하는 시위, 건물 및 아파트 점거(베를린, 암스테르담, 지진 후의 남부 이탈리아)와 조직화한 실업노동자들의 승인(나폴리)을 지지하는 시위는 운동이 스스로 공언한, 정체성을 결여하고 있는 상태는 아니라는 증거다.

'후회'가 요즘 이탈리아에서 또 다른 유행어이며 문화적 분위기가

후회하는 고백의 분위기라는 것이 우연은 아니다. 어떤 사람은 공산주의적 원리를 수용하는 것이 전도 · 반전의 가능성들에 대한 믿음을 지니므로 공산주의자(극좌적 함의에서)였던 것을 후회한다. 천국으로 간다라는 전통적 이행 개념에 대한 탈신비화뿐만 아니라 어떤 낙관주의를 의미하는 그런 특수한 공산주의에 대해 후회해야 한다. 염세주의적 관점을 본떠 청운의 꿈에 대한 후퇴하는 '후회'만이 한 세대, 한 시대의 집합적 상에 대한 문화적 모형으로 제시되고 있는 반면에, 프롤레타리아적 요구에 실재성을 부여하고 구조화하려고 노력하는, 자기가치증식하는 의지에 대한 낙관주의로서 공산주의에 대해 후회해야 한다. 아우토노미아의 여러 목소리로 크게 선언한 공산주의에 대한 필사적인 촉구는, 가설적인 권력의 장악에 의해서가 아니라 무차별한, 교환가치의 등가성이란 영역 속에 '자연화한' 존재가 지닌 경직성으로 동결되어 온 가능성의 발전 속에서 —— 여기서는 자본주의 세계의 틀 속에서 —— 나타나는 욕구의 표현이었다.

주변적인 목소리가 지닌 동질적인 흐름의 '퇴조', 그리고 변화를 추구했던 것, 이러한 변화를 가능하게 만들 수 있는 개념적 무기들을 찾던 것에 대한 '후회', 이것들이 이 나라에서 나타나는 지배적인 자기 표현의 핵심이라면, 우리가 보아 온 대로 이탈리아 인민들의 소리라고 생각하고 싶은 이 목소리들 내부에서 아마 더 깊은 신비화 수준을 추적할 수 있다. '자연적인', 상식적 논리를 지닌 이러한 목소리 부분을 적용하는 것은 역설적으로 우익, 좌익, 중도파에 공통적이다. 이러한 '자연적인' 논리는 어느 정도 음악 속에서 가락이 하는 역할을 하는데, 우리의 사고양식 속에 타고난 것이어서 쉽게 간과할 수 있고 정밀한 범주적 선택의 결과로 존재하는 것처럼 가장할 수 있다. 그 내부 기제들에서 이원적이지만(사회적 적대가 말하는 언어의 복잡성을 예/아니오라는 정보처리 모형으로 축소하는 것), 이러한 '자연적인' 논리의 특수한 성격은 새로운 사회적 주체들이 어떻게 다극적 투쟁의 수준으로 나아갔는가에 대한 해석에서 단선적 인과성을 전개하는 것이었다. 즉 지도자들과 피지도자들을 찾고, 네그리를 협박조직의 두뇌, 즉 통일적 유기체의 최고 부분, 책임성을 추구하고 씻어 내는 순화 작용을 할 수 있는 신체 부분이라고 기술하는 단선적 인과성 말이다.

나는 여기서 네그리의 무장투쟁에 대한 지향상의 실제적 참여에 대해 판단하고 있지 않다. 나는 어떤 판결도 하지 않는다. 내가 관심을 쏟는 것은, 인과적 발생론이 모든 수준에서 자본관계와 대립을 이루는 분자적 적대에 대해 설명할 수 있는 것처럼, 아무리 복잡할지라도 효과들을 어지럽히는 데 대한 책임의 분명한 원인을 파악할 필요성이다. 인과원리가 효과들의 문화적 창조물이라는 것을 무시하고 인과고리를 추적할 필요성, 모든 것을 신호로, 다른 어떤 것의 효과로, 그러므로 바로 이러한 인과관계 속에서 동일성을 내재적으로 확인하는 것으로 생각할 필요성이다. 이러한 방식으로 자기 동일성은 유지되지만, 반면에 어떤 것은 단지 그 자체의 신호일 뿐이라는 반대 관념은 불길하게 그 자신과의 구성적 비동일성, 자신의 모순적 본질을 의미한다. 부모가 자녀의 잘못된 행동의 원인을 어떤 나쁜 외부적 영향에서 찾듯이 (그리고 그렇게 함으로써 가족을 가능한 한 문제가 없는 근본적인 재생산 기제로 남겨 놓듯이), 여기서 집단적 상은 조심스럽게 하나의 생각으로 만들어진다. 즉 악의적인 중심 세력이 저항(그리고 이러한 다양한 저항 속에서 테러리즘도)에 대해 그리고 시간 및 육체의 대안적 가치증식에 대해 상부에서 지시한다는 생각——역사의 작동에 목적론적 모형('모든 것을 창조하는 신')을 전형적으로 투사한 것——이 그것이다. 미국에서 제시되는 그 상은 테러망과 '국제 공산주의적 음모' 사이의 연계를 세우는 것으로 나아가지만, 여기 이탈리아에서는 사회적 투쟁의 발생을 어떤 지도자들, 어떤 암세포들에서 찾아낸다는 점에서 표면적으로만 다르다. 그리고 네그리의 저작들은 이러한 부식 세포들에 속한다. 마치 10년 이상 엄밀하게 규정된 사회적 맥락의 틀 내에 잠재적 공간을 확보하려고 탐색해 온 대중적 문헌을 무시할 수 있는 것처럼. 그 텍스트는 네그리 저작이 지닌 학술적이고 다소 비교적인(esoteric) 흐름이 아니라 적대에 대한 '거리얘기'식 표현의 흐름인 대중적 산물, 즉 아우토노미아의 목소리를 지닌 공산주의적 전투적 전통을 살찌운 '사회적 노동자' 대중의 산물이다.

그러나 이탈리아 공산당이 이 『맑스를 넘어선 맑스』와 같은 저작으로 자신이 풍부해질 것이라고 전혀 생각하지 않는다는 것이 방황하는 나의 귀에도 분명하다. 사실 정통 공산주의 측에서 나오는 (내가 듣는) 소리는 아우토노미아노선을 지닌 가장 비타협적인 고발자들에서 나오며, 전통적 공산주의자들 자신이 반대라고 생각하고 싶어할지라도 그들의 파장은 내가 위에서 기록하려고 했던 '자연적' 논리의 영역에 위치해 있다는 것이 오히려 분명하다. 그것은 전통적 공산주의자들이 노동의 해방을 고집하려고 남성과 여성〔인간〕은 동물이라는 잘 규정된 모형의 반복(재생산)과 연결되어 있는 그런 논리다. 반면에 **아우토노미아노선은 노동으로부터의** 해방(노동은 인간 동물을 실현할 수 있는 존재론적 본질이기를 그친다)에 더 목표를 둔다. 이러한 균열에 대한 최근의 실례가 **아우토노미아**가 일정한 힘을 특히 일부 이웃들에게 유지하고 있는 로마에서 나온다. 지난 몇 년 동안 **아우토노미아**운동가들이 이탈리아 공산당의 헤게모니에 성공적으로 반대해 온 남부 로렌초와 대학 지역에서, 이탈리아 공산당은 **아우토노미아**운동가들에 대항하여 주로 그들의 일간지인 『루니타(*L'Unita*)』지의 칼럼을 통해 비방조의 속임수를 풀어놓는 것을 주저하지 않았다. 1981년 여름에 이웃의 **아우토노미아**운동가들이 빌라 메르체데(Villa Mercede, 주변에 정원을 지니고 있고 부근의 은행이 소유하고 있는 다소 황폐한 건물)를 점거했으며, 그들은 사회센터의 건설에 인민들을 참여시키기 위해 투쟁하고 있다. 단결한 프롤레타리아들이 자기 계급의 현재의 적들에 대항해서, 즉 죄와 후회의 문화에, 그리고 영웅에 대항하여('사회적 노동자들'의 잠재력을 질식시키고 패퇴시키려는 두 가지 유사한 전략들, 즉 모든 것의 가격은 하늘 높이 올라가고 있는 반면에 영웅의 가격은 기본적으로 10년 전이나 마찬가지다!) 더 잘 투쟁할 수 있는 장소로서의 센터, 그 지역의 어린이들을 위해 자유로운 유치원을 운영할 수 있는 센터, 이러한 유치원은 네그리가 그렇게 자주 말하는 분리된 프롤레타리아 제도 창출을 향한 첫 발걸음이다. 이제 아우토노미아운동가들은 전통적으로 그 지역을 지배해 왔고 그 지역을 선거 저수지로 만든 당 공산주의자들의 공개적 도발과 시기적 망설임에 대항해서도 싸워야 한다. 『루니타』지는 다시 한번 아우토노미아운동가들을 파시스트들이라고 부르는 익살극을 반복해 왔으며, 누군가가 합리적인 정치적 주장을 결여하고 있을 때마다 습관적으로 그러듯이 그들을 부도덕하다고 비난해 왔다.

그러나 이렇게 무시되고 있는 적극적인 지역 저항의 실례들을 제외하면 그렇게 멀리서 들리는 소리가 결국은 '인민의 소리'가 아니며 주민 전체를 대표하지 않는다는 것을 통계적으로 확인해 주는 신호가 있으며, 이러한 신호는 바로 로마에서 우리에게 들려 온다. 로마는 당의 영지로서 전통적인 선거 저수지다. 로마는 모든 사회적 사건들을 현존 정치지형학의 재생산을 위한 수단으로 전환시키는 광범한 거대도시 지역이다. 1981년 5월 선거 동안에 투표 불참자("투표하지 말자"는 게임을 하거나 받아들일 수 있는 논리를 가진 담론 수단이 되도록 하기 위해서가 아니라, 세심한 운동으로서의 '선거 캠페인'이었다)의 비율은 15%라는 예외적인 수치까지 올라갔다——그리고 우리가 미국과는 달리 이탈리아에서는 투표자가 항상 약 92~95% 정도였다는 것을 염두에 둔다면, 새로운 당이 그 당의 내밀한 구성에 대해 당 지향의 신문이 의도적으로 침묵했음에도 불구하고 당이 아닌 당이 최근에 어떻게 형성되었는지 알 수 있게 된다.

이것으로 우리는 우리가 느슨하게 아우토노미아의 영역이라고 규정한 영역에서 들려 오는 불협화음에 귀를 기울이게 되었다. 그것들은 불일치하며, 그 불일치는 차이 및 다면성에 대해 칭송하는 인간학적 선언이고, 우리가 보아 온 대로 집단적 상을 형성하면서 표현하는 목소리들의 대부분에 공통된 논리에 따라 정형화한 욕구체계에서의 분리를 말하는 선언이다. 앞서 말했던 의사소통 불가능성을 더 분명하게 규정해야 할 시간이다. 사실 우리가 이 아우토노미아의 목소리 가운데 일부를 들을 때마다 놀라운 것은 다른 구체적 근거들 대다수로부터 그들을 구분하게 해주는 언어 차이다. '아우토노미아운동가들의 거친 언어', 이것은 이탈리아 사회생활에 대한 가장 참여적인 관찰자들이 운동의 여러 분파들에 공통적인 산만한 형식을 묘사하는 방식이다. 그리고 '거칠다'는 것은 '부드럽지 않다' '거슬린다' '종종 폭력적이다'를 의미하지만 '어렵다'를 뜻하기도 한다. 그것이 정말 어려운가? 나에게는 아우토노미아의 담론이 동원하는 상이한 개념 범주들 속에 궁극적으로 난점이 있는 것 같다. 아우토노미아의 담론은 그 자신의 어원을 관찰하면서 자신의 규칙을 어떤 선험적인 원칙과는 분리하여 규정한다. 예를 들어 새로운 계급 구성에 대한 그리고 이러한 특수한 역사적 정세(계획국가에서 위기국가로의 이행) 속에서 새로이 나타나는 욕구에 대한 세심한 고려에서 바로 네그리는 텍스트 독해론에 대한 어떤 숭배에도 반대하여 그 특수한 관점에서 『요강』을 독해하게 된다. 그러면 아우토노미아의 담론 속에서 주체성의 잠재력은 객관화한 관계가 지닌 힘에 저항하여 분출되며, 그래서 계량할 수 있는 노동시간뿐만 아니라 지구적 삶이라는 질적으로 중요한 시간에도 관심을 집중한다. 결과는 그 어떤 주체가 지닌 잠재력에 대한 '야만적이고(savage)' '이례적인(anomalous)' 탐구이며, 여기서 이 주체는 풍부한 차이를 가지고 그렇지 않았으면 무차별적인 실재를 풍부하게 할 수 있다. 풍부화, 주체적 전유, 즉 자본에 의한 사회의 실질적 포섭하에서 생산, 유통, 소비되는 모든 것은 이미 현존하는 것의 재생산 바퀴의 단순한 톱니라는 인식에서 실천되는 자기가치증식이자 살아 있는 경제를 난폭한 국가로부터 비틀어 빼내려고 시도하는 자기가치증식이다. 더욱이 아우토노미아의 담론은 스스로를 맑스주의와 친밀하다고 주장하며, 자신의 궁극적 목적은 공산주의라고 말한다. 그러나 진정한 몰이해의 장막이 아우토노미아의 분석 및 행동을 자신의 체계로 번역할 수 없는 전통적 지위를 장악한 사람들과 아우토노미아운동가들 사이에 있다는 것은 놀랍지 않다. 사실 여기서 공산주의는 제도들에 대한 직접적 공격이 아니라 그들을 둘러싼 권력을 포위하려는 노력에 참여한 새로운 사회적 주체들의 '과학적' 조직화를 의미한다. 그리고 맑스주의는 또한 메시아적 이행이라는 동맥경화적 예언가로 경직화한 맑스에서 벗어나 맑스를 넘어서 이례적인 방식으로 주어진다. 그것은 오히려 스피노자와의 이례적인 연계를 찾아 헤겔주의적이고 실증주의적인 독해를 거부하는 맑스주의다. 그것은 '변증법'이란 말을 궁극적으로 부정적인, 스스로 지양될 어떤 것을 지시하는 용어로 보는 맑스주의다. 그것은 '변증법'이 어떤 종류의 종합적 통일로, 그러나 프롤레타리아 신체를 사회적 공장의 정신에 포섭한다는 명목하에서만, 대립을 재구성하는 것을 의미하는 맑스주의다.

아우토노미아의 다양한 목소리에 공통적인 것은, '차이', '대체', '도약', '상상'과 같은 말이 지속성, 통일, 인과성, 동일성에 관한 전통적인 논리틀을 해체하는 기획에서 중심적 용어라는 사실이다. 아마 사태의 이러한 상태를 더 잘 보여 주는 잡지는, 아우토노미아에 대한 유일한 대변자는 결코 아닐지라도 『메트로폴리(*Metropoli*)』였고 지금도 그렇다. 그러나 그것은 그것 주위에 일고 있는 영원한 폭풍 —— 그것을 침묵케 하려는 제도들의 시도를 나타내는 법적인 억압적 폭풍 —— 으로 인해,

자신에게 가해진 부정적 공공성 때문에 오히려 가장 인기 있는 간행물이다. 네그리는 아직도 감옥에 있는 다른 전사들이 그렇듯이 그 잡지에 몇 가지 논문을 썼다. 『메트로폴리』에서 정통적인 공산주의적 전망은 완전히 사라졌다. 러시아 사회주의는 국가자본주의의 최고 단계가 되었다. 미국——이탈리아 좌익의 통상적 목표——은 항상 일면적인 비판 대상으로 되지는 않는다. 반대로 세계의 가장 선진적인 자본주의 나라의 광대한 영토 내에서 일어나는 '자주적인' 경험에 대한 관심이 보인다. 미국에 대한 이러한 관심이 『메트로폴리』에만 특정한 것이라면, 이 잡지가 채택하는 용어는 그들을 분명히 아우토노미아의 영역에서 나오는 목소리라고 규정한다. 그 용어는 실재에 대한 상징적 질서의 적절성을 완성하려는 정밀한 노력, 즉 더 이상 무력한 정식 속에 꼭 맞출 수 없는 다면적인 실재와 이론 사이의 간격을 줄이려는 노력의 표현이다.

이 지점에서 나는 미국에서 이 책의 독자들이 제기한 반박을 경청할 수 있다고 생각한다. 사람들은 아우토노미아의 언어——『맑스를 넘어선 맑스』가 적절히 예증하듯이——가 주요 타격 대상이라고 선언한 그 실재로부터 극도로 추상되어 있다는 인상을 가질 것이다. 네그리의 책은 평균적인 프롤레타리아 독자가 전유할 수 없다고 하는 상식적인 그럴듯한 반박을 들을 수 있다. 이 때문에 독자들이 이 책에 대해 자신들의 관심을 추구하는 것을 방해받지 않기를 바란다. 반면에 이러한 반박에 대한 이중적 대답을 예상하고 싶다. 첫째로, 새로운 계급 구성에 대한 분석은 '사회적 노동자(social worker)' 개념을 시험했고 학생 및 지식인들이 이러한 변화무쌍한 형태 개념의 측면들이라는 것을 기억해야 한다. 그러면 네그리의 목소리——파리에서 바로 이 강의를 하고 이탈리아에서 그 강의를 조직한 목소리——가 재구성된 계급의 특정 부문을 향하고 있음을 알 수 있다. 네그리의 지적 훈련을 따를 기회를 지니지 못한 채 그의 저작에 대한 커다란 존경심을 지니고 있는 나폴리의 실업노동자들과 같은 아우토노미아의 비학술적인 지식인 분자들이 어떤 반박도 없이 이것을 공공연히 인정한다. 사회적 주체들 전체가 어떤 책을 무관심하게 소비하고 전유할 수 있다고 가정하는 것은 보편적 인간이란 부르주아적 관념에 뿌리박은 관념론적 오류일 것이다. 더욱이 이탈리아 서점들에서는 '번역된'(즉 '이월된') 동일한 담론을 지닌 유사한 실례들을 발견하는 것이 가능하다. 아우토노미아의 전 의사소통 맥을 통틀어 비학술적인 목소리들을 들을 수 있으며, 네그리의 가공된 언어는 국가와 평준화하고 동질화하는 국가의 전략들을 대립시키는 세력들 내에 자율적이고 분리된 조직들이 수없이 존재한다는 것에, 즉 차이에 대해 충실한 것일 뿐이다.

두번째로 텍스트가 어려운 것은 그것이 지닌 사회문화적 맥락의 작용, 즉 문화정치가 부과한 지향과도 관련될 수밖에 없다. 우리가 '정상적인', '자연적인' 목소리의 언어를 경청한다는 것은, 그것들의 담론이 음조의 음악과 같다는 것을 명확히 한다. 순서나 단위가 반복되지 않고 그럼으로써 그것들을 모든 사람들의 포괄 범위 내에 들어가게 하고 그것들을 잡을 수 있게 하는 시장 독점이 불가능한 그런 음악보다도 더 듣기 쉬운 음악과 같다. 어휘(와 범주) 획득 과정은 결코 중립적인 것이 아니며, 우리는 아우토노미아의 용어가 우리가 종종 접하는 어떤 것이라고 말할 수는 없다. 아우토노미아의 언어 일반과 특수하게는 네그리의 언어(결국 네그리는 이전의 '거친' 언어에 부수적인 학술적 어려움만을 부가한다)는 상징적 재생산이라는 현존 체계에 따라 주변에 위치한다. 더 분명하게는 그것들은 국가라는 집중화한 이데올로기로부터 ―― 실천적이고 담론적으로 ―― 분리라는 정치적 기획으로서 주변에 위치하고 스스로를 그렇게 위치짓는다. 그리고 바로 이러한 이중적인 대답의 여러 면을 세심하게 살펴보면 나는 『맑스를 넘어선 맑스』가 제기하는 '거친' 문제들에 직면하여 미국 독자들이 자신들의 비판을 누그러뜨린다는 얘기를 들을 수 있다. 자신들의 망설임을 누그러뜨리고 자신의 주체성(주체활동)과 잠재력을 풍부하게 할 이 강의에서, 어떤 것인가를 '야만적으로' 전유한다는 목표로 스스로 박차를 가하면서. 아마도 그것이 그리 특이하지는 않을 것이다.

모리치오 비아노.

■ 제1강의

『요강』, 개방적 저작

텍스트의 주체적 탄생 : 분석의 출발점으로서 '위기의 임박성' □ 텍스트에 대한 형식적 기술. □『요강』과 『자본』의 개요 : '방법의 마법, 연구(research)의 장애?' □ 문헌학의 지반에서 좀더 실체적인 지반으로 : 두 가지 길; 잉여가치의 발견, 유통의 고리들 : 사회적 자본 · 주체성 · 공산주의. □『요강』, 개방적인 저작 : 독해를 위한 몇 가지 다른 가설들. □ 맑스적 방법의 '다원적' 세계 : 연구(Forschung), 서술(Darstellung), 새로운 서술. □ 전통적 해석들 : (1) 망상으로서의 『요강』? (2) 변증법적 유물론(Diamat)의 쇄신? (3) 『자본』과 동형의 『요강』? (4) '위로부터의 혁명?' □ 이론에는 어떤 대표도 없다. □ 내적 역사나 혁명적 기획에서나 맑스 사고의 역동적 중심으로서의 『요강』. □ 독해의 개요. □ 맑스를 넘어선 맑스?

에릭 홉스봄은 『요강』 노트들에 대해서 "일종의 지적이고 개인적이며 종종 해독할 수 없는 속기"라고 말했다. 이러한 판단의 적절성을 엔초 그릴로(Enzo Grillo)는 자신의 주목할 만한 이탈리아어판의 서문에서 재확인한다. 그들의 독해와 번역을 놓고 볼 때 틀림없이 우리는 『요강』이 매우 어려운 저작이라고 판단하게 된다. 그러나 우리는 특정한 페이지들을 두고 맑스의 이 저작이 지니는 해독 곤란성이라는 특성을 과장해서는 안 된다. 사실 어려움은 추론의 실제 내용보다는 원고의 형태, 가공하기 곤란한 특성에서 더 발생한다. 우리가 맑스의 기획을 모든 범위, 모든 방향에서 검토하면, 지침은 아주 분명히 나타난다. 조급한 집필이 초래한 곤란, 일부 논쟁들의 정세적 성격, 그리고 일부 논리 전개들의 실험적 성격 같은 것이 문제가 되지만, 이러한 것들은 이 지침을 단지 부분적으로 혼동케 할 뿐이다. 맑스의 사고에서 이 첫번째 거대한 정치적 종합을 이루게 한 아주 긴급한 사태가 있었다. 1857년 11월 13일 맑스는 엥겔스에게 편지를 썼다. "우리가 1850년 11월호〔『뉴욕 데일리 트리뷴』지〕에 뉴욕에서 발생할 것이라고 예견했던 미국의 공황(위기)은, 비록 내 재정 상태가 비참하긴 하지만 환상적이네. 1849년 이래 이렇게 '기분 좋기는' 이번이 처음이네." "나는 경제학 저작을 정리하고 대홍수 이전에 『요강』을 엮어 내기 위해서 밤새 미친 사람처럼 일하고 있네." (엥겔스에게, 1857년 12월 12일) "나는 진짜 엄청나게 작업하고 있네. 보통 새벽 4시까지. 그것은 이중 작업이네. 1) 경제학의 몇 가지 근본적인 측면들에 대한 정교화……. 2) 현재의 위기." (엥겔스에게, 1857년 12월 18일) 라자노프(Ryazanov), 『요강』 편집자들, 로스돌스키, 비고츠키(Vygodskij), 그리고 마지막으로 누구보다도 특히 세르조 볼로냐와 같은 사람은, 각자 『요강』의 탄생, 『뉴욕 데일리 트리뷴』지를 통한 맑스의 작업과 『요강』의 관계, 뒤이은 작업과의 연계, 1857~1858년 공황이 낳은 정치적 상황, 그리고 맑스와 엥겔스의 기대와 희망을 상세히 밝혀 왔다. 나는 독자에게 이들의 논의를 참고하라고 할 수밖에 없다.

내가 주장하려는 것은 다른 요소다. 그것은 맑스의 기획에서 드러나는 이론적 · 실천적 수준 위에서 **'종합'**의 기초에 대한 질문이다. 임박한 위기는 단지 역사적 예견의 기회에 불과한 것이 아니다. 그것은 실천적 정치적 종합이 되기 때문이다. 대파국의 임박성은 그것이 **'당의 가능성'**, 당을 설립할 가능성인 한에서만 자본에 파멸적이다. 동시에 임박한 공황에 대한 묘사는 '진정 사회주의'에 대한, 공산주의에 대한 모든 신비화

(기만하기)와 희화화에 대한 논박이다. 이론 영역에서의 '엄청난 작업'은 실천에서 쪼그라드는 것에 대한 조바심 섞인 거부다. 이 실천이 주어져 있는 것이 아니라면——『서한』은 이 실천의 고통스러운 탄생을 치밀하게 추적한다——분석이 공황에 함축되어 있는 혁명적 주체성을 제시하는 것인 이상, 이러한 실천이 발생하는 대로 그것을 발견해야만 한다. 맑스 저작의 종합성은 예견과 대파국 간의 다음과 같은 관계 속에서 찾아야 한다. 즉 자본에 대한 대재앙은 당이며, 공산주의적 주체의 전개이며, 혁명적 의지 및 조직이다. 공황은 주체를 다시 활동하게 하고 생산력 발전에 의해 규정된 수준에서 주체의 모든 혁명적 잠재력을 나타나게 만든다. 종합은 공황의 일시적이고 파괴적인 성격, 발전의 규칙들, 그리고 주체의 역동성 간의 연결을 의미한다. 이러한 상이한 항들이 연결되는 경우에 변증법이 작동한다. 그리고 미국 신문을 겨냥한 시사평론가이자 논쟁가로서의 활동과 나란히, 또 정치경제학의 범주들에 대한 비판적 탐구와 나란히, 우리가 헤겔이 『요강』의 탄생을 주관하고 있다는 것을 발견하게 된다고 해도 그것은 우연이 아니다. "그 밖의 점에 대해서는 나는 상당한 진전을 이루고 있네. 예를 들어 나는 지금까지 존재해 온 모든 이윤론을 버렸네. **'방법'**에 관한 한 어쩌다 헤겔의 『논리학』을 다시 한번 훑어보았다는 사실이 큰 도움이 되었네." (엥겔스에게, 1858년 1월 14일) '어쩌다' 그러나 '우연치 않게'. 그리하여 맑스는 이렇게 말한다. "이러한 작업을 할 시간이 난다면 나는 헤겔의 방법 속에 합리성과 함께 기만이 얼마나 많은가를 보통의 지적 능력을 지닌 사람이면 파악할 수 있도록 만들 텐데……." 여기서 맑스가 찾고 있는 합리적, 방법적인 것은 혁명적 봉기의 이론적, 실천적인 사항에 관한 것이다. 헤겔에 대한 맑스의 빚은 오래 전에 청산되었다. 여기서 문제가 되는 것은 비판적이고 과학적인 방식으로 헤겔에게 돌아가는 것일 뿐이다. 그것은 이론적, 실천적 종합의 정신이라는 헤겔의 소거할 수 없는 기여를 실천적으로

취하는 문제다.

『정치경제학 비판 요강(*Grundrisse der Kritik der politischen Oeckonomie*)』이라는 제목으로 1939~1941년에 모스크바 맑스 엥겔스 연구소가 출판한 텍스트 또는 텍스트들을 검토해 보자. 그릴로〔"Prefazione ai Lineamenti" (『요강』의 「역자 서문」 I), pp. 10~11〕에게서 인용한 『요강』의 부분 구성과 저술 날짜는 다음과 같다.

1) 「서설("Einleitung")」은 한 권짜리 노트 M에 포함되어 있으며, 1857년 8월 23일과 9월 중순 사이에 쓰였다.

2) 7개 노트의 수고들(『요강』)에 대해서는, 첫번째 것을 제외하고는, 맑스가 직접 다음과 같은 순서로 번호를 매기고 이따금 날짜를 기록했다.

노트 1 : 1857년 10월.
2 : 1857년 11월경.
3 : 1857년 11월 29일~12월 중순 전후.
4 : 1857년 12월 중순경, 1858년 2월.
5 : 1858년 1월 22일~1858년 2월 초순경.
6 : 1858년 2월경.
7 : 1858년 2월 말~3월, 5월 말, 6월 초.

「부록("Anhang")」을 구성하며 앞선 텍스트들과 직접적으로 연결되는 두번째 텍스트들은 다음과 같다.

3) 「바스티아와 캐리("Bastia und Carey")」에 관한 스케치. 이것은 「서설」 이전인 1857년 7월에 쓰였다. 원래 이 텍스트는 『요강』의 세번째 노트의 첫 7페이지를 이루는 것이다.

4) 「일곱 개의 노트에 대한 색인("Index zu den 7 Heften")」. 이것은 1858년 6월에 쓰였고 「서설」을 포함하고 있는 노트 M에 삽입되었다.

5) 「원텍스트("Urtext")」. 이것은 1858년 8월과 11월 사이에 쓰였다. 이것은 날짜가 없는 두 개의 노트들로 이루어져 있는데, 첫번째 것은 B′로 표기되어 있고 두번째 것은 B″와 B″ II 두 부분으로 나뉘어 있다.

6) 「단평("Referate")」. 이것은 노트 M, 노트 2~8(『요강』), (「원텍스트」)의 내용과 관련되어 있다. 1859년 2월경에 쓰였고 노트 B″ 끝에 있다.

7) 「계획 초안("Planentwurf")」. 1859년에 쓴 것이다.

8) 리카도의 화폐론에서 뽑은 일련의 짧은 초록들. 이것은 1850~1853년에 쓴 24개 노트들 가운데 네번째에 있으며 "1850년 11월~1850년 12월, 런던"이라 기록되어 있다.

9) 리카도의 『정치경제학 원리에 관하여』 3판에서 뽑은 훨씬 긴 일련의 초록들. 이것은 위 시리즈의 여덟번째 노트에 있으며 1851년 3월과 4월 사이에 쓰였다. 이것 앞에는 아주 짧은 두 개의 텍스트들이 있는데, 그것은 리카도에게서 발견되는 도입 범주들의 목록과 『정치경제학 원리에 관하여』의 내용 목차다. 그것은 엥겔스가 쓴 1851년의 노트의 일부인데, 이 노트는 또한 아직 출판되지 않은 『완성된 화폐체계(*Das vollendete Geldsystem*)』라는 초고의 마지막 부분을 포함하고 있다.

여기서 나는 1857년 10월과 1858년 봄 사이에 쓰인 노트 M과 일곱 개의 노트들에 관심의 초점을 둘 것이다. 「바스티아와 캐리」에 관한 스케치도 프루동에 대한 논박과 맑스의 '미국에 관한' 저작들을 연결해 주기 때문에 매우 중요하다. 앞으로 보게 되겠지만, 「색인」과 「단평」은 텍스트와 인용된 텍스트들에서, 그리고 요약에서 전반적으로 다뤄지고 있다.

잠시 「서설」을 제쳐놓는다면, 『요강』은 첫눈에 대단히 불완전하고 파편화된 저작인 것으로 보인다. 그러나 이것은 노트들이 어떤 중심과 매우 강력한 역동성을 가지고 있지 않다는 얘기는 아니다. 논지는 다음 계기들을 통해 관철되고 있다. 노트 1권은 화폐 분석부터 교환(가치) 형태의 정의까지를 다루고, 두번째 노트는 화폐의 자본으로의 이행을 강조한다. 세번째 노트의 대상은 잉여가치부터 사회적 자본까지다. 잉여가치와 이윤이 노트 4권에서 고려되기 시작하는데, 이 가운데 가장 근본적인 부분은 유통에서 자본이 지니는 결정적 과정에 대한 것이다. 노트 5권에서는 전자본주의적 형태들에 대한 긴 삽입문(이 자료를 삽입한 이유를 뒤에서 살펴볼 것이다) 뒤에, 분석은 다시 유통과정과 사회적 자본의 재생산 조건들에 관한 문제를 다룬다. 여섯번째 노트는 명시적으로 집합적 세력으로서의 자본이라는 테마와 노동자와 자본가 간의 집합적 적대를 제시한다. 일곱번째 노트에서는 가치법칙 및 그것의 변형(transformation)의 위기(다시 한번 이윤이라는 주제)가 우리를 자본이 지닌 생산의 주관적, 객관적 조건들의 위기에 대한 더욱 정확한 규정으로 이끈다. 그러므로 우리는 『요강』을 통해서 '**이론 속의 전진운동**', 즉 우리로 하여금 위기의 형태로 나타나는 적대인 '**집합적 노동자와 집합적 자본가 간의 적대**'에 의해 구성되는 근본적 계기를 인식하도록 해주는 더욱더 규제적인 운동을 본다. 두 가지 근본적인 이론적 통로가 있다. 『요강』의 첫 부분에는 **잉여가치의 형태를 취하는 가치법칙**의 정의, 다른 말로 하면 잉여가치법칙에 대한 최초의 발전된 정식화, 두번째 부분에는 **자본의 재생산 및 유통의 기제 속에서의 착취이론**(잉여가치법칙)의 **확장**이 있고, 그리하여 착취법칙은 위기법칙과 공산주의를 위한 계급투쟁으로 번역된다.

우리는 이 지점에서 멈추어 『요강』의 특별한 중요성을 측정하기 시작할 수 있다. 그러나 『요강』에서 맑스의 작업이 앞으로 전개할 윤곽, 즉 『**자본**』의 윤곽을 읽을 수 있다는 사실도 이러한 중요성을 강조한다. 우리는 여기서 로스돌스키에게서 맑스가 예시한 윤곽의 목록을, 그리고 『요강』의 계획(로스돌스키는 이것을 '원래의 구조'라고 부른다)과 자본의 계획(또는 '수정된 구조') 사이에 일어난 가장 중요한 수정들에 관한 개요를 빌려 올 것이다(〈표 1〉을 보라).

〈표 1〉『자본』의 윤곽과 수정

(1) 1857년 9월 『요강』, 108쪽.
(2) 1857년 10월 『요강』, 227~228쪽.
(3) 1857년 11월 『요강』, 264쪽.
(4) 1857년 11월 『요강』, 275쪽.
(5) 1858년 2월 라살레에게 보낸 편지, 1858년 2월 22일, 『서한 선집』, 96쪽.
(6) 1858년 4월 엥겔스에게 보낸 편지, 1858년 4월 2일, 같은 책, 97~98쪽.
(7) 1858년 6월 『요강』, 독일어판, 855~859쪽.
(8) 1859년 1월 『정치경제학 비판을 위하여』, 19쪽.
(9) 1859년 2~3월 『요강』, 독일어판, 969~978쪽.
(10) 1862년 12월 쿠겔만에게 보낸 편지, 1862년 12월 28일, 『전집(*MEW*)』 30권.
(11) 1863년 1월 『잉여가치학설사』 1권, 414~416쪽.
(12) 1865년 7월 엥겔스에게 보낸 편지, 1865년 7월 31일, 『전집』 31권.
(13) 1866년 10월 쿠겔만에게 보낸 편지, 1866년 10월 13일, 같은 책.
(14) 1868년 4월 엥겔스에게 보낸 편지, 1868년 4월 30일, 『서한 선집』, 191~195쪽.

원래의 계획(여섯 권)	수정된 계획
1. 자본에 관하여	자본(3권)
(a) 자본 일반	

1) 생산과정	1. 자본의 생산과정
	1) 상품과 화폐
	2) 화폐의 자본으로의 전화
	3~5) 절대적, 상대적 잉여가치
	6) 임금
	7) 축적과정
2) 유통과정	2. 자본의 유통과정
3) 이윤과 이자	3. 자본주의적 생산의 총과정
	1~3) 이윤과 이윤율
(b) 경쟁	4) 상인자본
(c) 신용체계	5) 이자와 신용
(d) 주식자본	6) 지대
2. 토지 소유에 관하여	7) 소득
3. 임금노동에 관하여	

---

4. 국가
5. 무역
6. 세계시장

자료 : 로스돌스키 55~56쪽, 영어판. 또 매우 중요한 비고츠키의 129~39쪽을 보라.
주 : 실선은 첫번째 세 책들 내에서 이루어진 변화, 점선은 '자본에 관한 책' 내에서 이루어진 변화.

이러한 문헌학적 접근은 옳은가? 나는 약간의 의문을 가지고 있다. 그러나 잠시 그것을 그대로 놔두겠다. 이 연구를 진행함에 따라 우리는 이러한 의문들이 긍정적인 어떤 것으로 나아가는지를 보게 될 것이다. 이 지점에서 하나의 의문은 문헌학적인 것이라는 것을 말해 두자. 나는 맑스의 완성된 저작인 『자본』을 그의 모든 연구를 남김없이 포괄하고 있는 책이라고 생각하는 것이 옳은지 자문해 본다. 우리의 매우 뛰어나고 통찰력 있는 동지들이 우리에게 말해 주는 『자본』의 발생에 대한 논의는 『자본』이 맑스의 분석에서 가장 발전된 지점을 구성한다고 가정하는 사실에 의해서 무효화한다고 나는 생각한다. 그들이 그렇게 믿는다는 것을 알기 위해서는, 우리는 예를 들어 임금노동에 관한 책 한 권을 맑스가 '포기'한 것에 대한 로스돌스키의 설명(61~62쪽)을 보기만 하면 된다. 확실히 『요강』에서 언급되고 있는 이 책은 존재하지 않으며, 이 장을 위해 모은 자료의 일부는 결국 『자본』 1권에 삽입되었다. 그러나 이것이 맑스가 그것을 '포기'했다고 결론 내릴 충분한 증거인가? 이러한 문헌학적 의문점에 다른 좀더 실제적인 의문점들을 덧붙인다면 문제는 훨씬 더 어렵게 된다. 『자본』 1권에 나타나고 있듯이 임금은 한편으로 자본의 한 차원이고, 다른 한편으로 그것은 자본의 생산과 재생산에서 추동력의 역할을 한다. 노동일의 축소를 둘러싼 투쟁에 관한 페이지들은 이 질문에 대해서 근본적이다. 그것은 필요노동과 잉여노동 간의 변증법, 임금의 개량적 기능, 노동일의 수정과 규제에서 국가가 행하는 역할이라는 세 가지 점에서 근본적이다. 우리가 『요강』에서 발견하게 되듯이 이들 세 가지 점들은 나중에 임금 개념(이 개념 속에서 적대가 노동자계급 개념으로 되돌아온다)을 규정한다. 그런데 노동자계급 개념은, 이 개념이 『요강』에서 공산주의에 대한 매우 강력한 암시이기도 하다는 것을 제쳐 두고라도, 항상 자본에게는 위기와 대파멸의 개념이다. 『요강』의 계획에서 형식적으로 예견되고 있는 임금에 관한 이 특정한 책, 그리고 『요강』 속에서 노동자계급 개념 및 혁명적 주체 개념과 밀접하게 연결되어 있는 임금 개념 등, 이러한 연계를 『자본』 1권에서 정말 찾을 수 있는가? 우리는 이 질문에 대답해야만 한다. 가장 유명한 해석자들이 따른 통상적인 길이 우리에게는 옳은 것 같지 않다고 당장 말해 버리자. 준비 계획에서 제시되듯이, 『자본』이 맑스의 테마의 총체 속에서 단지 한 부분, 그것도 근본적이지 않은 한 부분이지 않을까? 충분히 발전된 유일한 것이기 때문에 과도하게 평가되는 한 부분, 그리고 덜 당당한 이유로, 그 부분적 성격 때문에 맑스의 전체 작업의 정신에 근본적으로 부적절한 해석의 장 안에 제한되고 막혀 버릴 수 있는 한 부분이지 않을까? 맑스의 모든 원고를 가지고 있었던 카우츠키(K. Kautsky)는 1903년에 「서설」을 (속류적인 오류들을 지닌 채) 출간했지만 (*Neue Zeit*, XXI, 1), 『요강』의 나머지 부분은 출간하지 않았다. 이것은 우연이었는가? 아마 그럴지도 모른다. 그러나 혁명운동의 변화는 그것이 우연이 아니었음을 증명한다. 『요강』이 오직 『자본』의 구성을 문헌학적으로 연구하는 데만 사용될 수 있는 텍스트가 아니라는 것은 사실이다. 그것은 '임박한 위기'가 산출한 혁명적 가능성에 대한 평가와 이러한 위기에 직면한 노동자계급의 공산주의적 행동을 적절하게 종합하려는 이론적 의지를 결합하는 '정치적 텍스트'이기도 하다. 『요강』은 이러한 관계의 동학에 관한 이론이다. 『요강』을 읽음으로써 우리는 다른 문헌들, 특히 『자본』과의 동질성보다는 차이를 인식하지 않을 수 없다. 반대로 『자본』은 정말 진지하게 말해서 아마 맑스의 분석의 단지 한 부분, 다소간 중요한 한 부분일 뿐이다. 어떤 경우에도 그것의 효과는 종종 그것의 범주적 서술에 의해 제한되고 변형된다. 우리의 이탈리아 동지들은 『자본』에서 '방법의 마법'은 약하다고 인식하고, 이것이 "연구를 방해한다"고 결론지었다. 『자본』에서 범주들의 대상화는 혁명적 주체에 의한 행동을 방해한다. 『요강』이 혁명적 주체성에 관한 문헌이라는 것이 사실 아닌가? 우리는 이 점을 곧 보게 될 것이다. 그것은 맑스주의 전통이 너무나 자주 찢어 버린 것, 즉 노동자계급 주체성의 구성과 노동자계급 주체성이라는 기획, 이 양자의 통일성을 재구성하지 않는가? 다른 문헌들이 맑스를 분해하고 일면적으로 규정하는데, 그것은 맑스를 전체로서 제시하지 않는가?

속삭임, 느슨한 말, 윙크, 이런 것들이 해석자들이 예외적으로 밀도 있는 『요강』에 접근해 온 방식이었다. 이러한 관점에서 보면 비고츠키의 테제는 결정적인 진전을 이룬다. 맑스는 1840년대에 고전적 가치론을, 그리고 1850년대에 역사유물론을 알게 된 후(「서설」은 맑스 사상의 발전에서 이 시기에 포함되어야 한다), 최종적으로 『요강』에서 잉여가치이론을 발전시켰다는 것이 그의 테제다. 예를 들어 로스돌스키는 이 점을 보지 못한다. (2쪽) 그에게 『요강』은 『자본』에 이르는 지속적인 사고 과정의 진화에서 중요한 한 단계일 뿐이다("1848년까지 '그의 경제학 체계의 주춧돌인 잉여가치론의 근본이 정립되었고', 이론의 세부 사항을 가공하는 일만 남았다. 이 작업 과정을 우리는 「초안」을 통해 상세히 연구할 수 있다"). 그것은 조정, 교정, 그리고 계속적인 정제 속에서 일어난 발전의 첫 단계일 뿐이었다. 그러나 비고츠키의 이러한 이론적 진전 조치――단절과 도약에 의한 전진운동을 파악하는 것이 맑스 사상에서 이론적 요소의 심화를 이루기 때문에――는 결정적인 결과를 가져오지는 않는다. 이것은 비고츠키가 잉여가치의 발견을 넘어서 나아가지 못하기 때문만이 아니라, 그가 이 발견의 중요성을 충분히 파악하지 못했기 때문이다. 잉여가치론으로서의 가치론을 발전시키는 것, 가치의 역사적 형태가 잉여가치라는 것을 인식하는 것은 '직접적으로 혁명적인 기획'의 발전을 의미한다. (라살레에게 보낸 편지, 1860년 9월 15일) 그것은 **'투쟁 주체로서의 계급 구성'**에 복무하기 위해 자본에 대한 적대적 이론과 사회적 착취 이론의 지렛대를 찾는 것을 의미할 것이다. 그러므로 잉여가치론은, 아이작 루빈(Isaac Rubin)이 이미 보여 준 것처럼, 자본에 대한 객관적 분석과 계급 행위에 대한 주체적 분석이 결합되고 계급 증오가 그의 과학에 스며드는 지점으로서 맑스 사상의 역동적 중심, 역동적 종합이 된다. 그러나 이것조차도 불충분하다. 여기까지 우리는 착취법칙의 발견이 지니는 중요성만을 고려하고 있을 뿐이다. 우리는 충분한 함의를 발견하고, 그 발견의 효과 및 반응을 완전히 추적해야 한다. 그러므로 우리는 잉여가치의 발견 및 그것의 이론적 가공에서, 생산·재생산, 순환·위기, 사회적 자본·노동자계급 주체성, 그리고 다시 발전·위기·공산주의 등의 연계들에 대한 분석으로 나아가야 한다. 우리는 이러한 과정의 총체가 어떻게 근본적 적대에 의해 영원히 만들어지고 어떻게 착취의 각인을 지니는지 알아야 한다. 다른 말로 하면, **잉여가치과정의 역동적 통일성은 어쨌든 주체들**(임금노동과 자본)**의 분리를 없애지 않고,** 오히려 각각의 매개(가치형태, 화폐, 노동형태 또는 교환형태 등)를 그것이 모순에 이르고 그 모순이 지양되는 지점까지 지속적으로 밀어붙인다. 위기와 계급투쟁은 심오하게 접합되어, 위기는 이러한 적대적 변증법 내에서 파국의 형태를 띠고, 반면에 계급투쟁은 공산주의의 형태――적을 제거하기 위해서 필요한 완강한 의지라는 현실적이고 물리적인 한 극――를 띠게 된다. 여기서 역사유물론――계급 구성에 대한 특수한 분석――에는, 정치경제학 비판이라는 추상 속에서 새로운 내용이 부여되며, 위기법칙들은 계급투쟁의 구체적 출현에 의해 매개된다. 어떤 모호함이 끼어들 여지가 여기에 있는가? 『자본』에 대한 해석들이 만들어낸 어떤 모호한 것들도 여기에는 게재할 여지가 없다. 나는 그렇게 생각한다. 왜냐하면 여기에는 역설의 형태로라도 이 과정을 실체화〔人性化〕하고, 또 그것을 누군가가 소유하거나 지배하거나 역전할 수 있는, 그 자신의 발전 법칙을 지닌 총체성으로 고정함으로써 이 과정의 역동성을 파괴할 가능성은 없기 때문이다. 여기서 지배와 역전은 적대적 관계에 참여하는 사람들에 의해서 이루어질 수 있을 뿐이다. 적대의 바깥에는 어떤 운동도 없을 뿐만 아니라 범주들이 존재조차 하지 않는다. 『요강』의 독창성, 교묘함, 참신성은 전적으로 그것이 지닌 믿을 수 없는 개방성에 있다. 과학의 역설적인 **'비결정론적 성격'**은 과학이 주체적 결정을 포함하고 있다는 사실에서 필연적으로 나온다. 그렇다면 왜 우리는 『요강』에 대한 해석과 독해에서 그러한 소심함을 발견하는가? 혁명의 가능성이라는, 그리고 혁명을 하고자 하는 의지라는 지침은 잉여가치에서 사회적 자본 · 위기 · 주체성 · 공산주의라는 접합으로 나아가는 운동 속에서, 따라서 자본주의적 관계의 재생산에서 적대가 수행하는 기능 속에서 찾을 수 있다. 『요강』은 자본의 과정 속에서 혁명적 주체의 분석에 대한 주체적 접근('임박한 위기')을 만들어 낸다. 노트들은 맑스의 혁명적 의지 속에서 가장 강력한 분석 지점과 상상력의 지점을 보여준다. 그 많은 논쟁을 불러일으킨 형식적 이중성 모두(자본에 대한 정치적 분석에 대립하는 이론적 분석, 유물론에 대립하는 변증법, 주체성에 대립하는 객관성)는 불타 버려 적대적으로 자본주의적 과정을 구성하는 그 이중성의 현실 속으로 녹아 든다.

앞에 말한 모든 것은 증명될 것이다. 나에게는 『요강』이 지니고 있는 평면성, 모호한 평가와 논의를 주어진 것으로 보고, 바로 나의 테제를 밝히는 것이 적절하고 정직한 것처럼 보인다. 여기서 내가 시도하려고 한 독해를 특정화하기 위해서, 나는 주로 단절 지점을 강조했다. 나는 지금 나에게 특별히 중요한 것처럼 보이는 어떤 다른 점들을 강조하고 싶으며, 이러한 점들을 중심으로 다음과 같이 분석을 전개할 것이다.

(1) **화폐형태에서 가치형태로.** 『요강』의 맑스에게 이 관계는 근본적인 것이다. 즉 화폐 분석은 정확히 우리에게 가치형태를 분석할 수 있게 해준다. 앞으로 보게 되듯이 이러한 관점에서 신비화라는 실재는 상품형태가 중심이 되는 맑스의 다른 이행들에서보다 더 분명한 형태로 나타난다. 반대로 사용가치는 그것이 화폐로부터 도출된 가치형태와 병존할 때 중요성을 획득하고 광범위한 발전을 이룬다. 그러므로 『요강』이 '2. 화폐'—— '1. 가치'를 참고한 것처럼 보인다——에서 시작하는 것은

우연이 아니다. 가치에 관한 첫번째 장을 결코 쓰지 않았지만, 우리는 노트 7(『요강』, 881;763)에서 '가치'라는 제목으로 시작하는 것을 발견할 수 있다. 우리는 이 모든 결과들을 신중하게 고려해야 한다. 한편으로 이것은 화폐에 대한 철저한 비판으로 나아가고 다른 한편으로는 신비화된 용어로 가치를 규정하는 데로 직접 나아간다.

(2) **노동에 대한 규정**. 『요강』에서 노동은 직접적으로 추상노동으로 나타난다. 우리는 이 수준에서 그것을 이해하고 이론 내에 통합할 수 있을 뿐이다. 노동은 생산의 사회적 관계 수준에서 직접적으로 인식할 수 있는 한에서만 추상적이다. 그러므로 우리는 교환관계 및 자본주의적 생산구조의 토대 위에서 노동을 규정할 수 있을 뿐이다. 맑스에게서는 자본의 재생산에 사회적으로 필요한 노동이라는 임금노동 개념 외에 다른 노동 개념을 찾을 수 없다. 그러므로 회복하고 해방하고 승화한다는 어떤 노동에 대한 개념도 찾을 수 없고, 오직 억압한다는 노동 개념과 실재만을 찾을 수 있다.

(3) 크리스티나 페나바자(Cristina Pennavaja)가 (비고츠키에 대한 그녀의 표현에서) 강조했듯이, 분석은 가치론을 결코 폐쇄된 이론으로 생각할 수 없고, 가치론에 기초를 두어 어떤 균형적인 재생산 및 유통이론을 정초할 수 없을 정도로 적대가 존재하는 수준에서 이루어진다. "『요강』에서 **맑스주의는 반(反)경제이론이며**, 비판은 정치경제학으로 되돌아가지 않지만, 반대로 과학은 적대적인 운동이다." 가치법칙을 이렇게 이해하게 되면 이른바 사회주의 경제학의 모든 것을 의문시하게 된다. 맑스주의는 공상적이든 이미 실현되었든 사회주의 경제학과는 전혀 공통점을 가지고 있지 않다.

(4) 위기와 혁명 주체의 발생 사이의 관계 문제가 하나의 역동적이고 개방적인 체계인 그 체계(『요강』)를 완전히 지배한다. 이러한 관계는 아주 근본적이어서 맑스주의를 **위기와 전복의 과학**이라고 이름 붙일 수

있다. 위기를 처리하고 고쳐야 할 병으로 생각하려 한다면, 그것은 맑스주의적 범주들과는 전혀 공통점을 가지고 있지 않은 우스개로 되는 것이기도 하다. 주체성을 착취로 환원하고자 하는 것은 전복과 이행(transition)으로 표현되는, 맑스에게서 주체에 대한 규정을 벗어나는 것이다. 이러한 관점에서 『요강』은 **이행**에 관한 —— 유일하지는 않지만 —— 가장 중요한 맑스의 텍스트다. 이행에 관한 수천의 평론들 가운데 어떤 것도 이 점을 고려하지 않는 게 얼마나 이상한지 주목해 보자.

(5) 『요강』 속에서 발견하는 **공산주의**에 대한 맑스적 규정은 보통 그것을 성격 규정하는 특징들을 훨씬 넘어서는 극단적으로 발본적인 형태를 취하고 있다. 그 중에서도 특히 공산주의와 계급 구성의 접합(articulation)이 근본적인 역할을 한다. 우리는 여기서 맑스주의를 포함한 전통적인 정치과학의 권력 개념들과는 전혀 공통점을 가지고 있지 않은 권력 개념을 만난다. 계급 구성과 권력, 계급 구성과 이행, 이 접합들의 관련은 행동, 욕구, 자기증식의 구조에 기초를 두고 있다. 맑스주의에서 권력이란 주제는 철저히 비판되어야 한다. 우리는 이러한 종류의 접합들을 탐구함으로써 새로운 토대를 제공할 수 있을 뿐이다. 이것은 오늘날 더 이상 과소평가할 수 없는 문제다.

(6) 마지막 특정한 쟁점은 『요강』에서 노동자계급을 규정하는 개념들의 역동성에 관해서 언급한다. 우리는 이미 임금노동(또는 임금)에 관한 책이 쓰이지 않았고 그것의 중요한 요소들 가운데 일부가 『자본』 1권에서 객관적으로 표현되었다는 사실이 지니는 부정적 효과들에 대해서 검토했다. 그러나 이것으로 문제가 적극적으로 해결되지는 않는다. 문제는 임금에 대한 비판적 규정과 공산주의 및 공산주의적 주체에 대한 혁명적 규정들을 개념적으로 통합하는 연결고리들을 추정하는, 즉 텍스트를 따라가는 것이다. 그것은 맑스가 예견한 임금에 관한 책의 개요를 인식하고 그 주요한 접합들을 파악하는 문제다.

여기에 『요강』에 있는 두 가지 커다란 분석의 계기들(잉여가치와 실현)을 이렇게 독해하고 규정하는 동안 우리가 보게 될 몇 가지 근본적인 문제들이 있다.

맑스 사상의 형성에서 『요강』의 특별한 중요성은 방법에 있기도 하다. 「서설」을 가지고, 그리고 『요강』의 기획에 「서설」을 창조적으로 적용함으로써, 맑스는 방법론 수준에서 이 영역에 대한 자신의 초기 관심들을 종합했다. 우리는 「서설」에 대해 길게 논할 것이지만 지금은 철저한 분석을 할 때가 아니다. 나는 잠시 **노트 M**이 **결정적 추상**(determinant abstraction)의 방법, **경향**의 방법, 역사유물론의 방법을 명확히 정교화하고 있다고 말하는 데 만족하겠다. 『요강』에서 구체화된 연구는 유물론적 방법을 정제된 변증법적 실천과 접목한 첫번째 적용이다. 두 변증법적 힘의 종합은 전적으로 개방적이다. 한편으로 변증법적 이성은 결정과 경향 간의 관계에 개입하며, 추상화 즉 논리적 · 색출적 매개를 주체화하고 그것에 어떤 자격과 역사적 역동성을 부여한다. 다른 한편 변증법적 방법은 완전히 주체화하는 한 전적으로 미래를 향해 열려 있고 창조적인데, 변증법적 총체성이나 논리적 통일성 속에 결코 갇힐 수는 없다. 결정성은 항상 모든 의미, 모든 긴장, 모든 경향들의 토대다. 방법에 대해서 말하자면, 연구에 총체성을 불어넣어 주고 그 연구가 앞으로 나아갈 수 있는 새로운 근거들을 끊임없이 규정하는 것은 바로 거친 호흡이다. 이러한 의미에서 『요강』은 본질적으로 개방적인 저작이라고 말할 수 있으며, 방법의 영역에서 더욱 철저하게 증명되어야 하는 가설이 아직 있을지라도 개방성이 『요강』을 특징화한다고 말할 수 있다. 마찬가지로 우리는 이 국면이 맑스에게는 전적으로 행복한 순간, 절충적이지도 않고 매개적이지도 않은 가운데에 위치해 있는 순간이라고 또한 주장할 수 있다. 힘이 어느 정도인가는 단지 평균적인 무차별적 용어로 환원되지 않고, 범주들은 단조로워지지 않으며, 상상은 정체하지 않는다.

이러한 일반적 고려 사항들은 중요하기는 하지만 아직 그리 구체적이지는 않다. 그것들은, 맑스의 방법이 지닌 '다원적 세계'라고 내가 부르고 싶은 것이 어떻게 실제로 나타나는가를 단지 지시하기 시작할 뿐이다. 그것들은 약간의 실례를 제공할 수 있을 뿐이며, 그 세계가 맑스 실험실에서 작동하고 있음을 보여 줄 수는 없다. 『자본』 1권 2판 발문에서 맑스는 **연구**와 **서술**, 즉 연구의 계기와 과학적 서술의 계기를 구분한다. "물론 서술방법은 연구방법과 형태상 다를 수밖에 없다. 연구방법은 자료를 자세히 다루고 그것의 상이한 전개형태들을 분석하고 그들의 내적 연관을 조사해 내는 것이다. 이러한 작업을 한 후에만 현실적 운동을 적절하게 서술할 수 있다." (『자본』 1권, 빈티지판, 102쪽) 『요강』에서 우리는 **연구**와 **서술** 간에 일어나는 논리적 과정을 그 모든 단계 속에서 추적할 수 있다. 자, 앞선 지적들을 고려한다면, 우리는 이 과정이 직선적이지도 않고 더욱이 일면적이지도 않다는 것을 아주 즉각적으로 깨닫는다. 반대로 변증법적 연구와 서술은 모든 측면에서 열려 있다. 연구의 서술형태를 띠는 모든 결론은 새로운 연구와 새로운 서술에 공간을 열어 준다. 이것은 계속되는 연구 영역을 단순히 수평적으로 모두 포괄함으로써가 아니라, 주로 새로운 주제에 대한 각각의 규정이 즉각 새로운 적대를 나타내고 작동하게 하는 역사적 경향적 운동, 그리고 이를 통해 새로운 주제들이 결정되는 과정을 통해서 일어난다. 그러므로 어떤 **새로운 서술**이 그 **서술**에 변증법적으로 뒤따른다. 그것은 과학적으로 이해되고 과학적으로 새로워지는 현실적 운동에 대한 총체성을 구성하는 과정의 문제다. 그러므로 직선적인 연속성이란 없으며, 적대가 지닌 각각의 결정적 순간과 서술의 각 도약마다 항상 새로운 서술들을 찾는 탐구 리듬 속에서 끊임없이 요구되는 관점들의 다원성이 있을 뿐이다. 이러한 의미에서 『요강』은 방법의 관점에서 볼 때 '다원적' 세계를 구성한다. 여기서 방법은, 유물론적 방식으로는 항상 역사적이고 구체적인 결정을 근본적인 것으로 생각하고, 변증법적 방식으로는 각 적대가 스스로를 구성하고 스스로 해결하며 스스로 다시 제시하는 그런 동일한 운동 속에서 각 결정의 역동성 및 경향을 찾아내는 것이다. 각 연구는 서술 속에서 적대의 내용을 특징화하려고 하며, 경향적으로 적대를 그 자체의 역동성 속에서 파악하려고 한다. 이러한 역동성이 없으면, 우리는 분명한 개념상의 폭발을 관찰한다. 앞으로 우리는 이러한 것들을 좀더 실제적으로 다시 기술하고, 새로운 서술을 구성할 시간을 갖고, 그리고 기존 서술양식 자체가 연구에 종속되고 이제는 새로운 서술의 자료를 구성하는 그런 방식으로, 즉 다른 실례들 가운데 항상 논쟁의 전면에 위치하는 그런 방식으로 실례들을 제시할 시간을 가질 것이다. 나의 가설들을 단순히 서술하는 데 집착한다면, 나는 『요강』의 방법이 지니는 이러한 힘, 개념을 폭발시키기 위해서 개념을 파악하는 능력, 재정의하고 특징화할 수 있는 그런 식으로 구성된 어떤 새로운 불확실한 영역 등으로 분석을 매번 옮겨 가는 이러한 능력을 언급할 뿐이다.

그러므로 우리가 『요강』의 방법, 맑스의 방법을 논쟁적이고 명증적인 방법으로 제시해 온 것은 결코 방법론적 물신주의에 따른 것이 아니다! 우리는 그 방법 속에서 총체성에 대한 열정을 볼 수 있지만, 단지 다양한 연속 및 비약의 형식 속에서이지 결코 획일적(monolithic) 의미에서는 아니다. 우리는 그 속에서 무엇보다도 다원성과 주체, 그리고 그와 동일한 다양성을 가지고 있으며 결코 닫혀 있지 않은 동학을 발견할 수 있다. 종종 특정 맑스주의적 전통 내에 나타나는 맹목적인 객관주의에 관한 논쟁에서 어떤 사람들은 결정론으로 타락한 유물론이라는 굴레에서 이른바 그것의 '실재론(realism)'을 해방하기 위해 이러한 방법적 유동성을 맑스주의의 정치적 담론 탓으로 돌린다. 그러나 이것은 이 중요한 문제를 해결하지 못한다. 그것은 오히려 맑스가 연구한 내용의 유동성,

즉 그가 표현하고 종종 좌지우지하는 주체화 과정의 풍부함을 특징화하는 문제다. 맑스적 방법은 실재의 다중성과 다원적 역동성을 파악하기 위한 적절한 수단인 한에서 과학이란 실재를 구성한다. 맑스적 방법은 계급투쟁이 폭발적 적대를 구성하는 한에서 구성적인 방법이다. 연구는 그 자신의 서술 계기를 찾아야만 한다. 서술에는 질적인 비약이 있는데, 이것은 단순히 서술의 결정적 종합이라는 독특한 사실과 부합하는 것이 아니라, 오히려 이러한 결정적 종합이 적대, 그것의 폭발 가능성 및 잠재력에 대해 새로운 확산 수준, 새로운 구성 영역을 정의해 준다는 사실에 부합한다. 우리가 잉여가치론에서 실현이론으로의 이행을 연구할 때, 그것은 첫번째 이론을 두번째 이론에 적용하는 문제는 아닐 것이다. 확실히 아니다! 문제는 전체 자본주의적 권력의 구성이 어떻게 사회적 수준에서 잉여가치의 역동성을 ―― 계급의 관점에서만큼이나 자본의 관점에서 새로운 형태로 ―― 재생산하는가를 아는 것이다. 세계시장의 구성, 국내시장과 세계시장의 관계 변화를 연구할 때, 여기서 우리는 새로운 수준의 일반성을 획득하기 위해 (연구와 서술이라는 두 가지 형태로) 연구를 계속해야 한다. **결정적 추상, 경향의 방법, 연구 영역의 새로운 서술과 명료화** 등의 방법이 지닌 이러한 역동성은, 작동하기에는 위험하며 이해하기 어렵고 전진하기에는 흥미로운 '다원적' 세계를 규정한다.

『요강』의 방법에 관한 우리의 출발 가설들 가운데 마지막 한 가지 요소는 맑스 연구의 정점인 가치법칙의 위기 문제다. 그 가설은 우리가 이미 가치법칙의 위기가 발전한 국면에 돌입했다는 것이다. 유물론적이고 변증법적인 우리의 맑스주의적 방법은 위기의 결과 나타나는 변화들을 고려해야 하며 그에 따라 변해야 한다. 문제를 제기하는 것으로는 충분하지 않을 것이다. 우리는 해답을 제시해야 한다. 이 문제보다 더 중요한 것은 없다.

잠시 숨 돌릴 기회를 갖자. 오늘날 우리는 인간과학의 방법론 문제를 자기가치증식, 역동성, 그리고 재구성이라는 계기들의 다원성이라는 문제와 자주 관련시킨다는 말을 듣는다. 이러한 방법론적 감각이 종종 맑스적 방법론과 대립된다. 맑스를 넘어서라고 말하기 위해서 재구성 차원들, 재구성 방법의 횡단성(transversality)이 지닌 다중성에 대해 말하는 것으로 충분한가? 그러나 어떤 맑스를 넘어서? 당 학교가 가르친 맑스? 아니면 노동자계급 및 프롤레타리아 투쟁의 실천적 이론적 계기 속에서 우리가 발견하는 맑스? 우리가 『요강』을 다시 읽을 때 한 가지 느낌이 지배한다. 여기서 우리는 진정 '맑스를 넘어서' 있지만 또한 다원주의 또는 횡단성이 지닌 모든 가능한 방법론을 넘어서 있다. 실제적 차원들이 지닌 다원성과, 적대가 지닌 폭발적 이중성 간의 지속적인 긴장이 연구 영역을 결정한다. 이러한 체계적 (또는 반체계적) 틀에 통일성을 부여하는 것은 적대인데, 이것은 이러한 총체성의 토대로서가 아니라 이 동일한 적대의 한층 더 강력하고 다원적인 확장의 근원으로서 적대다. 방법론에서 계급투쟁은 주체의 자유와 융합하는 한에서 한층 더 적대적이고 파괴적이다. 맑스를 넘어선 맑스? 『자본』을 넘어선 『요강』? 아마 확실한 것은 잉여가치론의 핵심적 특징이 가치론에서 집중 및 지배 개념을 도출하려는 모든 과학적 가식에 종지부를 찍는다는 것이다. 잉여가치론은 적대를 부숴 권력의 미시물리학으로 만든다. 계급구성이론은 통일성의 재구성이 아니라 욕구와 자유의 다중성의 재구성이라는 전망에서 권력 문제를 다시 서술한다. 맑스를 넘어선 맑스, 이것 또한 중요하고 당면한 가설이다.

『요강』에 대한 가장 저명한 해석자들은 『요강』에 사로잡혀서 그 내에서 자유로이 움직일 수 없다. 약간의 예외가 있지만 이것은, 그들이 텍스트를 스스로 독해하지 못하고 대신에 그것을 다른 어떤 것으로 강제하고 축소하려고 노력했던 이유다. 다음의 제목들만이 이 이야기를 말해

준다. '위대한 발견의 역사' 또는 좀더 분명히 '『자본』 개념 이전에' 또는 '맑스의 『자본』의 발생사를 위하여' 등등. 『요강』에 대해서 말하는 것은 아주 좋지만, 그것은 항상 그것을 다른 텍스트의 발생 속에서 말하는 것이지 그것 자체를 다루는 문제는 아니었다. 적용되고 있는 것은 비맑스적인 역사 편찬적 방법인데, 이것은 발생의 연속성, 관념의 발전에 만족하지, 비약, 단절, 수준의 다원성, 실천의 긴급성 등에 주의를 기울이지 않는다. 적어도 충분히 그렇지는 않다.

이러한 물질성을 고려할 때, 분류하고 체계화함으로써 생겨나는 또 다른 오류를 지닐 수밖에 없다는 것이 비극이다. 그렇다, 어떤 사람들은 『요강』은 상당히 창조적인 저작이라 말하지만, 맑스의 뜻을 말 그대로 그 문구 속에서 찾아내야만 할 그런 책이다. 맑스는 『요강』의 노트들을 강력한 영감 속에서, 극단적인 고립에서 오는 절망 속에서, 실천이 제지된 순간에 썼다. 맑스는 그것들을 새벽까지 열정적으로 썼다. 형식에 대해서도("사랑의 정신에서 우리는 상세한 내용을 보고 싶지는 않다. 수학적 계산은 모두 틀리고, 변증법적 방법은 개념을 혼동하고 있으며 규정들을 확대한다") 마찬가지다.

내용에 관한 한 『요강』을 맑스의 '이론'을 특징짓는 엄밀히 유물론적인 방법론적 단절 이전에 위치시켜야 한다. 그것은 청년 맑스의 마지막 저작이며, 제 개념의 접합과 분석의 진전은 아직 부분적으로는 위험스럽고 환상적이다. 잉여가치론의 발전이 유효하다면, 주체성을 폭발시키고 파국론을 지닌 실현이론의 발전은 완전한 실패작이다. 물질적 접합은 거의 형이상학적인, 적어도 유기체적인(「자본주의적 발전에 선행하는 제형태」에서처럼), 또는 인간주의적인(「기계에 관한 단상」에서처럼) 영향에 빠지기 때문이다. 그러므로 텍스트는 굉장한 혁신적 노력으로 특징지어지지만, 맑스가 지닌 젊은 시절의 인간주의 속에 아직 남아 있는 모든 것을 재확인하고 반복하고 발산할 수 있을 뿐이다. 그러므로 『요강』은 단지 관념론과 개인적 윤리의 냄새가 짙은 초안일 뿐이다. 우리가 「기계에 관한 단상」에서 발견하는 공산주의 규정에 관한 개요는 18세기의 과학적 관념론의 개인주의적이고 자유주의적인 태도와의 종합이다.

이러한 모든 비판들에 직면하여 나는 종종 무엇을 말해야 할지 모른다고 말하지 않을 수 없다. 나는 사실 텍스트에 대한 구체적 독해에 직면하여 이러한 비판들이 얼마나 잘못되어 있는가를 '독일적'인 신중함을 가지고 밝히고 싶다. 그러나 왜 그것을 하는가? 맑스가 자신의 비판적 도구들을 작동시켰던 그 자료의 오류를 맑스의 오류 탓으로 돌릴 수 없다는 것을 어떻게 보일 수 있는가? 가시적인 이러한 자료 속에서, 그것이 취하고 있는 가장 극단적인 결정성들 속에서, 바로 거기서 우리는 『요강』의 예외적 성격, 즉 적대가 해소될 수 없게 되는 지점까지 모순을 작동시키는 것에 대해 맑스주의 과학이 칭송하는 것을 발견한다. "우리는 (자본에 포함된) 제 모순을 밝힐 것을 제의한다."(『요강』, 351; 257) 모순이 적대가 되는 이러한 과학에는 자료 착오의 여지는 있을지라도 인간주의의 여지는 없다.

이제 발생(genesis)이라는 생각을 특히 중요하게 사용하는 가장 최근의 해석들로 되돌아가자. 그 해석들은 맑스에게서 이론적 전개 과정이 지닌 연속성에 많은 관심을 ——내 생각으로는 너무 많이—— 집중한다. 이 모든 해석들 가운데 비고츠키의 해석이 분명히 가장 두드러진 것이다. 그것이 『요강』이 추구한 방식의 중요성을 강조한다면 비난할 수는 없다. 연속성에 대한 강조는 그 규정과 주제의 재구성에서 중요하다. 그럼에도 불구하고 비고츠키의 저작은 **변증법적 유물론**(Diamat)이 지닌 '새로운 모습'의 일부다. 가치법칙의 작동('경제적 합리성'이라고는 조금도 없이 아주 순전히 명령을 따르는 작동)에 반대하는 계급투쟁 문제이고, 가치증식에 반대하는 고조된 반항의 문제라면, 소비에트 맑스주의는 수세에 몰린다. 낡은 **변증법적 유물론**에 새로운 모양을 갖추게 하는 것이 필요하게 된다. 『요강』의 변증법을 사용하면서 소비에트 이데올로기체계의 엄밀하지만 너무 경직되고 부적절한 장치를 강조하려는 것보다 어떤 것이 더 낫고 무엇이 더 기능적일까? 비고츠키가 시도한 독해의 중요성은 의문의 여지가 없다. 그것의 역할, 정치적 노선, 그것이 신비하다는 사실 또한 의문의 여지가 없다. 『자본』에 대한 소비에트의 속류적인 해석과 『요강』을 연결하기 위해, 이것은 소련에서의 계급투쟁에 의해 부과된 새로운 모습, '**변증법적 유물론**'에 '새로운 모습'을 부여하는 것 ── 그리고 권력 구조로 하여금 가치론 및 『자본』에 대한 경제주의적, 스탈린적 독해에 나타나는 지배의 잠재력을 더욱 변증법적이고 모순적으로 사용하도록 하는 것 ── 이며, 이것은 이러한 독해가 실제적인 지배 기능을 발휘하는 세계의 한 부분에서다. 그러므로 비고츠키의 해석은 악의적이고 교활하다. 그것이 종종 옳다는 사실은 그것이 지닌 부정적인 특성들 가운데 어느 하나도 제거하지 못하며 16세기 '국가 이성(raison d'Etat)'을 믿는 저자들이 지녔던 강한 과학적 사실주의도 자신들의 모호성을 제거하지 못했다. 더욱이 세심히 보면 비고츠키의 해석 ── 그것의 장점이 무엇이든 ── 은 내용에 관한 한 어떤 단절도 만들어 내지 않는다. 비록 그가 『요강』에서 변증법의 적대적 차원, 그리고 잉여가치론의 구체적이고 핵심적인 특성을 강조할지라도, 이러한 분석을 맑스적 범주들이 지닌 총체성으로까지 일반화하지는 않는다. 반대로 페나바자가 이미 강조한 대로, 그는 결국 맑스적 이론이 '폐쇄된 경제이론'이라는 것을 확인 ── 맑스주의를 '경제이론'으로 부르는 것과 그것을 '**폐쇄된**(geschlossen)' 것으로 정의하는 것 가운데 어느 것이 더 어리석은지 모르는 그런 확인 ── 한다. 따라서 폐쇄된 경제이론은 균형이론이다. 좋다,

비고츠키는 이렇게 대답하면서 덧붙일 것이다. 약간의 갈등과 약간의 자유를 지니고 있다고.

우리는 이제 로만 로스돌스키에게로 다가간다. 이 저자의 선구적인 작업을 비판하는 것은 어려울 뿐만 아니라 부당한 일이다. 로스돌스키가 『요강』과 『자본』을 연결시키면서 항상 매개 영역을 찾는다고 한다면, 더욱 그렇다. 그는 결코 『요강』을 『자본』으로 곧바로 환원하려고 하지는 않았다. 그는 오히려 혁명적인 해석을 시도했고 『자본』에 종종 독창적이고 혁신적인 독해를 제시했다. 그러므로 로스돌스키에게 『요강』과 『자본』이 서로의 내부에 있고, 강력한 모순이 그들이 형성하는 체계를—— 아직 그것이 하나의 체계로 이루어져 있기 때문에——, 맑스 그리고/또는 그로스만(Grossman)이 완고함, 고양, 그리고 파국에 도달한 지점까지 완전히 관통한다. 로스돌스키의 한계는(어떤 혼동과 오류를 넘어서. 우리는 이미 '임금에 관한 책'에 대한 그의 입장을 언급했다. 더 나아가 우리는 다른 점들을 보고 토의할 것이다) 내 생각으로는 그가 살았던 양차대전 사이라는 시기에 공산주의적 좌익이 지닌 이데올로기, 즉 한편으로 극단적 객관주의, 다른 한편으로 맑스주의적 정통을 회복함으로써 그 객관주의의 토대를 만들 필요성에서 비롯한다. 한 요소는 다른 요소를 돕는다. 객관주의는 광범위한 좌익 공산주의 소수파의 존립을 허용했으며, 정통은 그것을 정당화했다. 이러한 관점에서 그로스만은 이러한 필연성을 나타낸 가장 분명한 실례 가운데 하나다. 로스돌스키는 이러한 객관적 한계들 사이에서 매우 유연하게 움직였다. 그는 종종 비상한 독해를 할 수 있었다. 그러나 결국 그는 이러한 한계에 직면했다. 『요강』 독해에서 그는 텍스트의 비상한 새로움—— 로스돌스키는 종종 진정한 인텔리의 천재성과 만났다—— 과 정통의 연속성 간의 중간항을 찾으려 했다. 이것은 우리를 만족시키지 못한다. 우리의 불만은 이론적 관점, 텍스트의 독해라는 관점에서 분명하다. 우리는 이것을 곧 깊이 있게 살펴볼 것이다. 그러나 그것도 정치적 관점에서 우리를 만족시키지는 못한다.

우리는 혁명운동이 새로운 토대를 찾고 있는 국면에, 그리고 소수의 길이 아닌 길에 우리 자신이 있음을 발견한다. 우리는 정통과 전혀 관계가 없다. 그리고 우리가 맑스를 무시할 수 있다면 즐거울 것이다. 단절은 생겼고 그것을 부정할 수는 없다. 가치론은 우리의 투쟁에 관한 한 낡았다. 지금 『요강』의 발견은 맑스를 우리에게 돌아오게 한다. 우리의 충성심 때문이 아니라 그것의 힘 때문에. 우리는 더 이상 정통과 논의할 의무도 가지지 않으며 그것에 즐거움을 가질 수 없다. 우리의 언어들은 우리를 분산시키며, 모순적이기 때문이다. 그래도 『요강』은 여러 가지로 맑스를 우리에게 돌아오게 한다. 무엇보다도 그가 가치법칙의 위기라는 관점에서 자본의 거대한 대변동에 대한 이론가로서 우리에게 되돌아온다. 비록 부분적이지만 세르조 볼로냐가 이 주제에 관해 발전시킨 분석은 우리가 이미 말한 대로 매우 중요하다. 세르조 볼로냐는 『요강』의 이론적 맥락을 분석하고, 특히 화폐에 관한 논쟁, 미국 및 세계 위기(맑스가 『뉴욕 데일리 트리뷴』지에 기고한 기간 동안 그의 글들 속에서 발전된 것)에 대한 분석, 그리고 이론적 연구 등 이들 사이의 연결고리들을 분석한다. 비록 이러한 계기들에 대한 종합이 '이중화한' 혁명이라는 문학적 상 내에서 또는 자본주의적 권력 구조가 수행하는 '위로부터의 혁명'에 대한 이론적 대응 내부에서 이루어질 수 없을지라도, 『요강』의 맑스는, 이론적 대안이 없으며, 이러한 대안은 대중운동의 작용 결과거나 아니라는 것, 이론에는 대표가 없다는 것을 잘 알고 있다. 맑스의 분석이 지닌 상이한 요소들에 대한 종합은 혁명운동이 새로운 토대를 찾고 있는 계기로서 위기를 규정하는 데 기초를 두고 있다. 그것은 이론이 획득하고 포괄해야 하는 실천적 이론적 구조가 지닌 이러한 지속성에 기초를 두고 있다. 홉스봄의 주장을 전도시키고 바꿔 설명한다면, 우리는 맑스에게 『요강』은 일종의 전집과 같은 이론적 속기록이라고 생각한다. 그것은 실천을 위한, 그리고 실천의 내부에서 이론이 지니는 지독한 고집이다. 그러므로 『요강』에서 이루어진 종합은 여러 가지 의미를 지닌다. 『요강』은, 자신이 만들어 내고 있는 체계에서 폐쇄적이기는커녕 실천이라는 총체성에 개방하는 계기를 표현하기 때문에, 맑스의 이론적 발전의 핵심부다. 『요강』의 방법은 적대를 구성하고, 제범주의 총체성은 계급 적대의 심화와 확대를 허용할 뿐인 개념틀을 형성한다. 종종 얘기되고 있는 『요강』의 파국론은 실제로 이러한 정치적, 실천적 접합, 즉 노동자계급의 권력이 가치체계에 대항하여 부과해야만 하는 이 계기와 관련되어야 한다.

『요강』이 『자본』을 통과해 가는 한 우리는 행복할 수 있다. 이 경우 『자본』에 들어 있는 개념들은 적대의 발전을 이해하는 데 적당하다. 그럼에도 불구하고 『자본』의 범주들이 이런 방식으로 기능하지 않는 여러 사례가 있다. 결과적으로 우리는 종종 어떤 악화된 객관주의를 『자본』에 대한 엄밀한 독해로 정당화할 수 있다고 생각할 수 있다. 따라서 『요강』에서 『자본』으로의 운동은 행복한 과정이다. 우리는 반대의 운동에 대해 동일하게 말할 수 없다. 『요강』은 맑스가 지닌 혁명적 사상의 정점을 나타낸다. 혁명 행위와 그것의 이데올로기 및 객관주의와의 차이를 만들어 내는 이론적, 실천적 단절이 이 노트들과 더불어 생겨난다. 『요강』에서 이루어진 이론적 분석은 혁명적 실천의 근거를 형성한다. 여기서 한스 위르겐 크랄(Hans Jürgen Krahl)이라는 젊은 동지가 시도한 독해에, 또 그가 (그의 당대에) 『요강』의 범주적 전개 속에서 계급투쟁의 구성 계기들을 인식할 수 있었던 예리한 지적 능력에 경의를 표하자. 분명히 하자. 그것은 『자본』에 반대하는 추상적인 논쟁의 문제가 아니다. 우리 각각은 『자본』을 연구하면서 경험하는 계급 증오에 대한 반성과 이론적 의식 속에서 태어났다. 그러나 『자본』은 비판을 경제이론으로 축소하고 주체성을 객관성 속에서 말살하고 프롤레타리아트의 전복 능력을 자본가권력의 재조직 및 억압 능력에 종속시키는 데 봉사한 바로 그 텍스트이기도 하다. 『자본』 독해를 『요강』 비판에 종속시키면, 즉 『자본』을 프롤레타이라트의 능력에 따라 나타나는 절대적으로 넘을 수 없는 적대가 관통하고 있는 『요강』의 범주적 장치들을 통해 다시 읽으면, 우리는 『자본』에 대한 올바른 독해(지식인의 고통스러운 양심을 위해서가 아니라 대중의 혁명적 양심을 위하여)를 해낼 수 있다. 이러한 관점에서 『요강』은 현실운동 속에서 자본가적인 '위로부터의 혁명'에 대한 비판을 대표한다. 그것은 '아래로부터의 혁명'에 대한 확신이다. 그것은 현실운동과 동떨어진 어떤 종류의 이론적 또는 정치적 자율성을 파괴할 가장 강력한 잠재력을 지닌다. 이것이 『요강』이 (자신의 범주들을 통해서) 유일하게 가능한 근거라고 이해하는 것이다.

「서설」을 다시 읽고 일련의 방법론적인 문제를 제기할 제3강의를 제외하고, 우리는 다른 강의에서 『요강』이라는 텍스트의 내용을 추적할 것이다. 제2, 4, 5강의는 화폐 비판에서 가치론 규정으로, 그리고 이러한 첫번째 분석 정리의 이론적 결론을 이루는 위기 및 파국 규정으로 나아가는 과정을 기술할 것이다. 제6, 7강의에서는 실현 및 유통 분석을 통해 사회적 자본의 형성 방법, 자본의 집합적 형태, 그것의 대립형태를 볼 것이다. 그 대립형태는 있을 수 있는 '임금에 관한 책'의 윤곽을 추적하는 이 단계에서의 문제다. 제8, 9강의는 이 두번째 단계의 결론, 공산주의에 대한 최초의 규정과 주체성에서, 적대의 근거를 이루는 일련의 조건들을 수정하면서 그 적대를 진전시키는 분석에 대한 최초의 일반적 해명으로 나아간다. 그러면 그것은 파국과 프롤레타리아적 자기가치증식 사이에 있는 공산주의라는 주제에 대해 맑스주의적 용어들을 재구성하는 문제다.

이러한 가설들을 제시하고 어떤 해석을 제시하는 것 이상으로 내가 이 강의에서 무엇을 더 말할 수 있는가? 나는 이미 너무 많이 말한 것 같다! 그럼에도 불구하고 나는 맑스가 어떤 순간에 헤겔의 『논리학』을 가지고 있었을 때처럼 레닌과 마오가 『요강』을 손에 가지고 있었다면 무엇을 했을까 하고 상상하기를 매우 좋아한다고 덧붙이지 않을 수 없다. 나는 그들이 『요강』에 있는 좋은 양념을 가지고 실천을 위한 기막힌 음식을 만들어 낼 것이라고 확신한다. 꽃을 찾아 날아드는 벌들처럼. 이것은 내가 사랑하는 '맑스를 넘어서는' 길이다.

■ 제2강의

화폐와 가치

화폐에 관한 장에서 시작하는 이유는? □ 장의 전반적 구성. □ 화폐와 가치 : 가치의 직접성으로서의 화폐. 위기의 역사적 직접성으로서의 화폐. □ 화폐형태 및 그것에 관한 프루동의 신비화에 대한 비판. □ 맑스의 접근법이 지니는 극단적인 발본성. □ 연구를 위한 출발점으로서의 경향. □ 텍스트 분석 : (1) 화폐와 공황. '평균노동'과 '사회적 필요노동'의 의미. 프루동주의의 전도. 그리고 반대로 상징으로서의 화폐, (2) 화폐와 불평등 : 정치적 보록(補錄), (3) 화폐에 대한 체계적 분석 : 척도 및 일반적 등가물(그리고 노동 거부?)로서의 화폐, 유통수단으로서의 화폐, 화폐로서의 그리고 자본으로서의 화폐, (4) 화폐－가치－자본. □ 분석을 더욱 진전시키기 위한 계획. □ 화폐 비판에서 권력 비판으로 : 예상.

직접 문제의 핵심으로 들어가는 것을 더 좋아하기 때문에, 우리는 시기나 주제로 봐서 먼저 나온 노트 M(「서설」)보다 노트 1과 아주 작은 부분인 노트 2('화폐')에 있는 『요강』에 대한 내용 분석을 시작한다. 제3강의에서 우리는 노트 M과 방법이란 주제를 다룰 것이다. 우리는 이미 그 방법이 작동하는 것을 살펴보았다는 이점, 그러므로 이 방법을 체계화하여 그것이 사물들과 접촉하여 겪는 변형에 대응하게 할 수 있다는 이점을 갖고 있다. 이러한 방법으로 1857년 여름 자신의 방법론에 관한 맑스의 정의 속에, 노트 M을 특징화하는 '이행방법'이 지닌 성격, 특질은 더욱 분명히 나타날 것이고, 아마도 이러한 접근법이 지닌 특수한 효과를 확인할 수 있을 것이다.

이미 언급했고 여기서는 단지 다시 상기하려고 하는 다른 이유 때문에, 화폐에 관한 노트부터 시작하는 것이 좋다. 사실 바로 이 화폐에 관한 논쟁 속에 『요강』의 축을 이루는 방침들, 즉 '진정 사회주의'에 대한 비판, '임박한 위기'의 지연, 이론적 연구에서 비상한 노력 등이 연결되어 있다. 이러한 노트들의 토대 위에서 맑스의 연구는 질적 비약을 이룬다.

그러므로 화폐에 관한 노트들을 보자. 모든 것은 알프레드 다리몽의 「은행의 개혁에 관하여」(파리, 1856, 115쪽)에 관한 언급으로 시작한다. 그것은 맑스에게서 자주 나타나는 지적들과 비판적 반성들로 이루어진 평범한 노트인 것 같다. 그러나 사실은 그렇지 않다. 다리몽에 대한, 또 그의 테제가 지닌 불충분함에 대한(그러나 암묵적으로 푸르동에 반대하는 철저한 논쟁에 대한——이것은 우리가 보게 되겠지만 중요한 기초다) 언급은 즉각 핑계인 것으로 나타난다. 진실로.

A. (『요강』, 115~151;356~359). 맑스는 다리몽의 책을 요지마다 분석하고 비판하면서 시작하지만 곧바로 문제는 일반적이 되고, 다리몽에 대한 경고는 이론의 전개 과정 내에 있는 공백들을 야유하는 것이 된다. 실제로 여기에 있는 것이 '화폐와 공황'이라고 명명할 수 있는 원고의 제1부다. 공황 문제의 긴급성은 연구의 근본적인 요소가 되고 동시에 공황 현상은 분석의 추동력이 된다.

B. (『요강』, 153~165;71~82). 그리고 『이코노미스트』지에 관한 짧은 노트 뒤에 다리몽에게로 두번째로 돌아가고 '시간 전표'에 대한 논쟁과 생시몽적인 은행이라는 추한 공상에 반대하는 논박이 있다. 그러나 다시

문제는 즉각 일반화된다. 첫번째의 커다란 이론적 보록('사회관계로서의 화폐')을 지니고 있는 원고의 **제2부**는 「서설」에서부터 암시들을 반복하면서 맑스가 행한 비판의 핵심으로, 그리고 용어의 적절한 의미에서 이론적 출발점으로 나아간다. 우리는 이 부분을 '화폐와 불평등'이라고 명명할 수 있다.

C. (『요강』, 166~213;84~137). 정확하게 성격 규정을 한 또 다른 짧은 삽입구(165~166;82~84). 하나는 다리몽에서 끝나지만, 논쟁에서(A에서 B로의) 설명으로 나아가는 것은 현재 체계적이고 복합적으로 그 특성을 분석할 수 있는 대상을 만들어 낸다. 우리는 이 **제3부**를 '화폐에 관한 체계적 분석'이라고 명명할 수 있다. 이 제3부는 세 개의 체계적인 장으로 나뉜다.

C-1. **척도로서의 화폐**(166~172;84~89). 금속에 관한 삽입구와 함께(172~186;89~101).

C-2. **유통수단으로서의 화폐**(186~203;101~117).

C-3. **화폐로서의 그리고 자본으로서의 화폐**(203~213;117~137).

D. 이 지점에서(제4부), 분석은 **'가치와 화폐'** 관계 즉 논점 B에서 이미 언급한 일반적 이론 수준으로 돌아온다. 이것은 『요강』(213~218;137~148)에 적용되지만, 더욱이 새로운 노트 '3. 자본'(『요강』, 221;151~162)의 전제를 이루는 페이지들이 곧 이어진다. 이러한 틀에서 제1강의에서 이미 살펴본 가치에 관한 장에 대한 도입부의 개요를 염두에 둬야 한다.

우리는 무엇보다 먼저 화폐에 관한 장을 맑스가 자료 2라고 한 것을 지적한다. 아마 가치에 관한 1장이 앞에 있을 수 있었다. 사실, 이미 『정치경제학 비판을 위하여』에서 가치에 관한 첫 장은 상품에 관한 장으로 되고, 이러한 이행으로 『자본』의 자료를 명확히 체계화하는 것을 준비하고 있다. 그러나 여기서 상품에 관한 장은 없으며, 우리는 이 장이 빠진 것이 맑스의 추론 절차에 유용한 효과를 가져올지 아닐지를 자문하지 않을 수 없다.

이제 노트 1권과 2권에서 추론 경로는 곧바로 화폐에서 가치로 나아간다. 가치는 거기서 화폐형태 속에서 제시된다. 그러므로 가치는 화폐와 같다. 그것은 철학적 '외상(taumasestein)'이 아니다. 경이, 무감각, 지식욕은 관념적인 인식적 종합들로, 상상적 실재들로 나아가지 않고, 비판, 탄핵, 거부라는 실천적 긴급성으로 나아간다. 덧붙여 우리는 가치 앞이 아니라 가치 속에 있다. 우리는 화폐로 만들어진 세계 속에 있다. 화폐는 사회관계의 형식을 표현한다. 화폐는 사회관계들을 표현하고 규제하고 조직한다. 가치 자체에 접근하는 것이 아니라, 마치 화폐가 모든 가능한 가치를 포괄하고 있는 것처럼 화폐형태 속에 있는 가치에 직접적으로 접근하는 것은 너무 순진한가? 그럼에도 세계는 상품의 세계로 나타나며, 화폐는 이 세계를 완전히 표현하고 그 자신을 통해 상품의 가치증식을 결정한다. 다리몽은 '천재적인' 맑스에 대한 유용하고 우둔한, 그러나 포괄적인 접근법을 제시한다. 덧붙여 사회적 관계의 자본주의적 조직이 일상적인 사회적 교환과정에서 나타나는 형식에, 즉 화폐론에 직접적으로 종속되지 않고 필연적으로 밀접하게 연결되어 있지 않을 가치론이란 무엇을 의미할 수 있을까? 가치론이 있다면, 화폐, 자본주의적 교환조직, 그리고 교환 내에서 착취에 관한 이론에 직접적으로 근거를 두지 않을 수 있을까? 나는 (맑스의) 접근법의 천재성을 평가하기 시작한다. 자료에 접근하는 이러한 방식에는 상당한 계급 증오가 포함되어 있다. 화폐는 나에게 사회적 가치관계의 창백한 모습을 보여 주는 장점을 가지고 있다. 화폐는 나에게 착취를 위해 조직되고 요구되는 교환으로서의 가치를 즉시 보여 준다. 나는 상품, 화폐의 이중성을 발견하기 위해 헤겔주의에 빠져들 필요는 없다. 화폐는 단지 한 얼굴, 우두

머리의 얼굴을 가지고 있다.

이러한 접근법은 『요강』에 전형적이며, 우리는 그것을 어디에서든 느낀다. 그 접근법은 **모든 범주적 근원 내에서 일차적인 실천적 적대**를 두드러지게 한다. 가치론은 범주적 종합에 관한 이론으로서 혁명의 장에 들어가는 데 없어도 괜찮은 고전과 부르조아적 사기(거짓)의 유산이다. 『요강』의 공격이 보여 주듯이 그것은 고전에 대해서 어제는 진실이었다. 오늘은 아직 적용할 수 있는 이론 속에서 바로 이러한 방식으로 우리가 가치론을 반복하는 모든 사람들에 대항하여 **변증법적 유물론**에서 시작하여 스라파(Sraffa)로 나가야 한다는 것을 사람들은 보여 줄 수 있다.

그러므로 맑스의 화폐론에 대한 다른 해석들(로스돌스키에 따르면 『요강』에 대한 해석들을 포함하여 네 가지다)과 유사성을 발견하려고 하는 것은 소용없다. 여기서 분석은 직접적으로 가치형태하에 있으며, 그래서 적어도 우리가 A, B, D라고 번호를 붙인 논점들에서 분석은 이러한 주제로 치환될 것이다. 그것은 맑스의 화폐론에 대한 다른 해석들과 대결할 수 있는 논점 C하에서 우리가 모은 자료일 뿐이다. 그럼에도 불구하고 우리는 로스돌스키가 반대로 강조하듯이 단순한 말의 차이로 축소할 수는 없는 매우 비상한 관심과 차이를 알게 될 것이다. 그러므로 이번에는 문어적으로만이 아니라 실질적으로 미묘한 연속성을 찾는 것도 소용없다. 『요강』과 맑스의 후기 저작들 간의 차이는 『요강』에는 **가치법칙이 매개적으로만이 아니라 직접적으로 착취법칙으로서 제시된다**는 사실에 있다. 상품 분석에서 가치 분석, 잉여가치 분석으로 나아가는 어떤 논리적 경로도 없다. 중간 용어는 없다. 그것은 진리를 조금도 지니고 있지 않은 순수하고 단순한 신비화, 바로 문학적 픽션이다. 화폐를 가치형태의 대표자로 만드는 것은 화폐가 가치법칙이 작동하도록 하는 유일한 형태임을 인정하는 것을 의미한다. 그것은 직접적인 비판 지반을 한정한다는 것, 즉 직접성 내의 비판을 인정하는 것이다.

가치법칙의 현저한 표현형태라고 생각되는 화폐에 관해서 『요강』에서 행한 이러한 분석이 지닌 예외적인 중요성은 비판의 직접적 성격에만 제한되지는 않는다. 고려해야 할 다른 논점이 있다. 그것은 가치관계를 이렇게 극단화하는 데 내재하는 사회적 관계는 종합의 관점에서가 아니라 적대의 관점에서 파악된다는 것이다. 적대는 자본주의적 관계가 종합 속에서 스스로를 해소하지 않을 때 존재할 수 있을 뿐이다. 그러므로 가치관계가 직접적으로 사회적 적대의 직접적 이중성 · 다원성과 관련된다면, 또 가치관계가 다른 매개관계를 구성하지 않는다면, 그 경우 분석은 이러한 연극이 지닌 상이한 역할들을 해석하는 배우들을 고려할 것을 결정해야만 한다. 가치관계는 항상 그리고 단지 계급 갈등의 사회적, 정치적 과잉결정을 넘어 확산되는 허구다. 착취를 말하지 않고, 그러나 무엇보다도 가치증식의 기능을 계급투쟁이 지닌 구체적인 내용들의 과잉결정으로서, 한 계급의 다른 계급에 대한 관리와 지배로서 규정 —— 각 계급의 구성을 규정 —— 하지 않고서 가치에 대해 말할 수 없다.

마지막으로 화폐에 관해 『요강』이 이렇게 시작하는 것이 갖는 비상한 중요성을 완벽하게 이해하기 위해서도 세번째 요소를 고려할 필요가 있다. 가치법칙(그리고 그것의 예방적 비신비화)의 **위기로서의 화폐**는 첫번째 요소였다. 투쟁하고 있는 두 계급의 구성이란 지배를 향한 긴장 및 **과잉결정으로서의 화폐**, 이것이 두번째 요소다. 세번째 것은 직접적으로 자본의 사회화 수준이라는 분석 수준에 대해 맑스가 부여한 중요성이다. **자본의 사회화 과정을 전제로서** 파악하지 않고 가치의 현저하고 유일한 표현형태로서 화폐에서 시작하는 것은 불가능할 것이다.

우리는 아주 자세하게 이러한 주장들을 다룰 것이다. 잠시 처음에 제시된 질문, 즉 상품에 관한 장이 빠져 있다는 사실과 화폐 속에 직접적으로 나타나는 가치에서 분석을 시작한다는 사실이 『요강』에서 유용한 효과를 가져오는가 하는 질문에 대답하는 것이 나에게는 적절한 기회인 것 같다. 이 질문에 긍정적으로 대답할 필요가 있다. 화폐 형태하에서 가치법칙은 (1) 공황 속에서 (2) 적대적 방식으로 (3) 사회적 차원을 지닌 것으로 처음부터 제시된다. 이러한 가정에서 시작하면, 『자본』은 『요강』을 위한 하나의 입문인 것 같다는 점을 덧붙여야 한다. 『자본』은 자본주의 역사를 요약하는 개념들을 통해 『요강』이 자신의 비판 대상으로 택한 이 역사의 결론을 상세하게 제시한다.

이것이 『요강』의 이론적 분석이다. 그러나 자신의 역사적 현존 속에서 화폐는 공황 분석을 위해 제시된다는 사실을 덧붙여야 하며, 이것은 긴요한 것이다. 그러므로 이론적 접근이 암묵적으로 역사적 분석을 포함하고 있다는 것이 분명하게 드러난다. 세르조 볼로냐는 이와 관련하여 일련의 중요한 논증 요소들을 소개했다. 맑스가 시사적인 저작 속에서 사용한 자료들에 근거하여 1857~1858년경에 일어난 공황을 기술할 때, 공황이 지닌 화폐적 측면은 핵심적 요소로 나타난다. 그러므로 다리몽이 맑스 논쟁의 첫 대상인 것은 우연이 아니다. 다리몽의 저작을 통틀어 —— 프루동의 무상 신용(Gratuité du Credit)을 통해 훨씬 더 중요해진 용어들에서처럼 —— 부르주아 국가가 잉여가치의 수탈형태를 택하는 데 작용하는 역사적 이행은 신비화된다. 맑스는 자신이 '최초의 완전한 근대 국가형태, 사회적 자본의 정부, 즉 최초의 완전한 근대적 통화체계형태, 유동성이 집중화된 정부'와 대면하고 있음을 안다. 이 모든 것은 공황형태하에 제시된다. 맑스의 방법(route)은 공황(위기)에 관한 화폐적 상에 대한 집착(지금부터 공황은 항상 화폐형태로 나타날 것이다)에서 사회관계의 위기에 대한 분석으로, 유통 영역에서의 위기에서 필요노동과 잉여노동 간의 생산관계 영역에서의 위기로 하강한다. 마치 상당한 노력 속에서 예상했던 것처럼, 위기는 자본주의적 발전의 역사적 경향을 그리게 된다. 그리고 바로 이러한 역사적 기획 속에서 위기는 가치법칙의 위기가 된다. 가치의 현대적 기능이, 관리, 지배, 그리고 필요노동 및 축적의 사회적 지분에 대한 개입의 기능으로 변형되며 점점 더 사회적으로 되는 생산형태라는 역사적 기획 내에서. 국가는 여기서 '시민사회의 종합'(『요강』, 109;129)이다. 「서설」에서 정식화한 이러한 규정은 『요강』에서 계속 확인되고 있으며(228, 265;139, 175), 이미 국가에서 집합적 자본의 직접적 대표(엥겔스의 말을 빌리면 그 자체가 '집합적 자본가'다)를 인식하는 좀더 완전한 규정으로 성숙해 간다. 이행은 그 필연성을 규정하고 동시에 해결의 방향을 제시하는 위기로 나타나는, 실제적인 것이다. 그러므로 자본주의의 역사적 발전이 가져온 이러한 결과에 대해 비판해야 하며, 이러한 이행 내에서 경향적 운동 즉 적대에 대한 의식이 나타난다. 자본주의가 지배형태 속에서 자신의 사회화와 제도화를 통해 만들어 내려 하는 강력한 종합은 적절한 범주적 대응을 필요로 한다는 것을 염두에 두면서. 이론은 역사에 대한 집착에서 떨어질 수 없다. 그러므로 가치의 화폐형태로 진전해 나가는 화폐는 위기——그러나 또한 경향——가 지닌 역사적 직접성(immediacy)을 나타낸다.

프루동주의자들은 그것을 신비화하기 위해 이러한 이행을 만들어 냈다. 프루동과 다리몽은 위기가 제기한 질문에 사실 어떻게 대답하는가? 그들은 화폐는 등가물이라고 설명하고, 화폐가 지닌 이러한 특수한 성격에 근거를 두어 순수하고 열려진 그리고 풍부한 유통이 지닌 재가치증식을 주장하는 논쟁을 발전시킨다. 그러나 맑스는 화폐가 등가물이라고 해도, 그리고 등가물의 성격을 가지고 있다고 해도, 무엇보다도 **사회적 불평등의 등가물**임을 지적한다. 그러면 위기는 등가 제도하에 있는 유통의 불완전성에서 오는 것이 아니며, 그래서 등가 제도하에 있는 유통의 개혁을 통해 위기를 바로잡을 수 없다. 위기는 생산관계가 지닌 불평등에서 나오며, 그래서 이러한 불평등을 압박함으로써 위기를 억압할 수 있을 뿐이다. 화폐는 분명 불평등의 내용, 착취의 내용을 감춘다. **착취 관계는 화폐적 등가물이 지닌 내용이다.** 더욱이 이 내용은 밝혀질 수 없다. 그리고 맑스는 이 점을 증명한다. 그러나 증명은 거기서 멈추지 않는다. 결국은 화폐의 내용 자체보다 더욱 중요한 것인, 화폐가 화폐의 그 내용을 감추는 그 **형식**을 강조하는 것이 더욱 필요하다. 이러한 형태가 화폐 유통이 끝장내고 해결하려고 하는 적대와 모순의 형식이기 때문이다. '진정 사회주의'라는 개량주의는, 자신이 유통의 기제와 등가의 기제를 —— 위기의 한계와 순서를 넘어서 —— 완전하게 하려는 바로 그 순간에, 모슈의 형식은 (스스로가 감추려고 하는) 내용들의 적대에서 취하는 구체적 반성들을 무화하게 된다. 자본은 개량주의의 발전을 추구하며, 이 개량주의는 자본에 노동자측의 비판에 대항하는 보호물을 제공한다. 자본은 유통형태가 근본적인 생산관계가 지닌 적대로부터 축적하는 모순의 한계를 항상 더욱 앞으로 전위시켜야 하는 필연성과 관련하여 자신을 재구조화한다. 그러므로 '진정 사회주의'를 탈신비화하는 것은 자본의 이해와 개량주의의 이러한 합류가 전개되고 있음을 증명하는 것을 의미한다. 그것은 착취의 작동에서 형태가 지닌 중심성을 강조하는 것을 의미한다. 그것은 **가치의 모든 유통형태**, 가치 **전체** —— 이것은 단지 착취의 계산형태일 뿐이다 —— **로부터의 해방**이라는 의미에서 혁명이 착취의 내용으로부터의 해방으로 나타나는 그 지점까지 분석을 수행하는 것을 의미한다. 그러나 이것으로 충분하지 않다. 가치형태 및 내용이 착취 속에서 연결되어 있다면, 모든 반복형태(reform)가 착취 내용의 심화라면, 적대는 총체성과 발본성 수준에 위치한다. 부르주아 사회, 가치의 생산자로서의 임금노동, 그리고 가치 유통 및 지배의 수단으로서의 화폐 등의 파괴 없이 혁명은 없다. 유통형태의 사회화에서 모든 진보는 착취 내용을 두드러지게 한다. 그러므로 그 진보를 나타내고 움직이게 하는 모든 이데올로기적 제도적 형태들과 함께 —— 그것들이 더욱 '사회주의적'이라 해도—— 바로 그러한 연관의 진전을 파괴해야 한다. 착취와 관련하여 개량주의자의 과제인 화폐, 그것이 전부다. 다른 한편으론 "모든 난제의 작동과 해결이 이루어지는 결과로서의 계급투쟁이다."(엥겔스에게 보낸 편지, 1868년 4월 30일, 『서한』) 화폐에 관한 노트의 다양한 부분들은 바로 이러한 깊은 연계 위에서 결합되고 접합되어 있다.

그러나 분석을 훨씬 더 주의 깊게 해야만 한다. 프루동주의자들에 반대하는 논쟁은 세 가지 쟁점을 포함한다. 이것은, 우리가 보아 온 대로 맑스가 집중한 측면에서, 그 시기의 특정한 '사회주의적' 신비화에 반대하는 그의 이론적 정치적 비판이 은행과 일반적 등가물에 대한 논쟁에 파괴적인 방식으로 개입한다는 것을 말한다. 다른 한편, 그리고 두번째로 맑스는 자신의 눈에 더욱더 근본적인, 그리고 모든 사람의 눈에 더욱더 근본적인 것으로 되는 어떤 경향, 즉 부르주아 사회의 완전한 대표성에 의해 국가를 개혁하고 국가를 재정적으로 재구조화하려는 경향이 지닌 한계점에 이 논쟁을 위치시킨다. 즉 1850년대의 위기와 함께, 결국은 힐퍼딩(R. Hilferding)과 레닌으로 하여금 국가와 독점자본에 대해 표현하도록 한 그 시기가 열린다. 바로 이 경향적 요소를 맑스도 자신의 화폐에 대한 강조와 함께 추구한다. 다시 한번 결과는 전제다. 이제 이러한 두 가지 논쟁적인 움직임을 통해 이 시기의 화폐에 관한 저작들에서 가치론의 분명한 모습——세번째 근본적인 요소로서, 즉 불평등을 사회적 등가적으로 매개하는 가치, 잉여가치론의 일부로서의 가치론, 사회적 착취가 지닌 사회적 규칙으로서의 잉여가치론——이 결정된다. 바로 이 수준에서, 가치론과 그것에 대한 정의를 전적으로 잉여가치와 착취의 사회화라는 용어——우리가 『요강』에서 발견하는 용어——로 (함께) 특징화하도록 요구하는 논쟁(화폐, 국가형태 속에서의 시민사회의 종합, 사회적 착취형태의 심화)이 발전한다. 그러므로 『자본』에서는 범주들이 사적이고 경쟁적인 자본에 기초해서 일반적으로 모형화되는 데 반해, 『요강』에서는 **사회적 자본**이란 경향적 도식에 기초해서 모형화된다고 역설적으로 말할 수 있다. 이것이 프루동주의자들에게 반대하는 논쟁이 규정하는 화폐에 대한 분석의 의미다.

이제 다시 한번 화폐에 관한 노트 1, 2의 텍스트를 논점별로 독해해 보자. 우리가 '화폐와 공황'이라고 명명한 첫 부분은 이 두 용어 사이의 교차로에 있는 전적으로 고통스러운 운동이다. 즉 공황은 화폐가 무엇인지를 보여 준다. 다리몽에 대해서 보면, 그의 담론은 ―― 텍스트를 따른다면 ―― 통계적이고 산술적인 수준에서 실수의 연속이다. (『요강』, 108~122, 126, 130; 28~42, 46, 50) 그러나 단지 텍스트에 집착할 수 없다. 고려해야만 하는, 그리고 즉각 비난해야 하는 것은 프루동주의자들의 전반적 논의가 가지고 있는 정치적 결론이기 때문이다.

> 우리는 출발점과는 더 이상 관련이 없는 근본적인 질문에 다가왔다. 질문은 전반적인 것이다. 현존하는 생산관계와 그것에 조응하는 분배관계를 유통수단 ―― 유통조직 ―― 의 변화로 혁명화할 수 있는가? 더 나아가 현존하는 생산관계와 그것에 의거하는 사회관계를 건드리지 않고 그러한 유통의 변형을 이루어 낼 수 있는가? 모든 그러한 유통 변형이 다른 생산 조건의 변화와 사회적 봉기를 전제한다면, 이로부터 당연히, 한편으로 이러한 변화가 지닌 폭력적 성격을 피하고, 다른 한편으로 이러한 변화를 유통 변혁의 전제로서가 아니라 역으로 그것의 점진적인 결과로 유통이라는 요술을 제시하는 주장은 붕괴할 것이다. 이러한 근본 전제가 지닌 오류는, 비슷한 오해가 생산관계, 분배관계, 유통관계 간의 내적 연관에 대해서 일어난다는 것을 보여 주기에 충분할 것이다. (『요강』, 122; 42)

요약하자면, 이 신사들은 "화폐 범주 속에서 표현되고 있는 생산관계 자체를 지양하지 않은 채"(『요강』, 123;42) 자본주의와 화폐 유통을 개량하기를 원한다. 그러나 이것은 '자기 모순적인 요구'이며, 사실상 다음과 같은 것은 가능하지 않다.

> 관계를 형식적으로 변형함으로써 관계가 지닌 본질적 조건들을 피하는 것. 다양한 화폐형태는 다양한 단계에 있는 사회적 생산에 더 잘 조응한다. 한 형태는 다른 한 형태가 저항할 수 없는 폐해를 제거한다. 그러나 그들 가운데 어떤 것도, 화폐형태로 남아 있는 한, 그리고 화폐가 본질적인 생산관계로 남아 있는 한, 화폐관계에 내재해 있는 모순을 극복할 수 없으며, 이러저러한 형태로 나타날 뿐이다. 한 가지 임금노동 형태는 다른 형태의 폐해를 바로잡을 수 있지만, 어떠한 임금노동 형태도 임금노동 자체의 폐해를 바로잡을 수는 없다. (『요강』, 123;42~43)

확실히 이 프루동적인 신사들의 저작은 사물의 실재성을 신비화하려고 한다. 그러나 위기와 같은 우세한 어떤 것이 바로 그 담론이 지닌 이론적 용어들을 다시 제시할 때에도 여전히 그것은 어떻게 가능한가? 화폐는 사회적 적대의 매개 범주다. 정의(규정)는 위기의 **가능성**을 안정화하고 실행은 위기를 **행동으로** 증명한다.

그러나 이 점에서 화폐와 위기의 교차가 프루동주의적 신비화를 파괴한다면, 그것은 또한 훨씬 더 중요한 효과를 만들어 낸다는 논쟁으로 충분하다. 특히 그것은 가치가 무엇인가를 보여 준다. 가치의 정의는 완전히 위기의 와중에서 이 일반성은 화폐의 일반성으로 환원되므로 바로 화폐로서의 자신의 특성에서, 그리고 위기를 통해 나타난 경향하에서 가치론을 재정식화해야 한다. **화폐의 특징을 가치의 특징으로 추정해야 한다.** 지금까지 존속해 온 가치론은 적대의 사회적 매개를 구체적으로 표현하는 것으로써 화폐에 대한 암시일 뿐이다. 가치는 화폐가 이러한 틀 내에서 정의된다는 의미에서 **사회적 필요노동**을 통해, 평균노동을 통해 정의될 것이다. "가치를 결정하는 것은 생산물에 투하된 노동시간의 양이 아니라, 오히려 주어진 순간에 필요한 노동시간의 양이다." (『요강』, 135;55) 그러나 좀더 면밀히 살펴보면, 필요노동의 규정은 이미 사회적인 것이다. 결과적으로 "**시장가치**는 항상 다르며 어떤 상품이 지닌 평균가치의 아래 또는 위에 있다." (『요강』, 137;56) "가치로서 파악한다면 모든 상품은 질적으로는 동일하고 단지 양적으로 다르다." (『요강』, 141;59) 여기서 다시 한번 프루동적 가설은 전도된다. 개량주의자들이 적대의 해결책이라고 생각하는 것이 적대의 토대를 이룬다. 바로 이러한 사회적 매개의 수준에서 현저한 가치형태로서 화폐는, 이론이 근거하거나 반대하면서 발전할 영역을 이루고 있다. 가치의 형이상학은 결코 아니다! 맑스는 그것을 자신의 선배들에게 남겨 놓으며 아주 종종 그를 따르는 사람들에게도 남긴다. 가치는 화폐이며, 파괴(화폐에 대한 압박) 이외의 어떤 대안도 없는 것이다. 그러면 그것을 파괴하기 위해서 그것을 배우자.

그리고 이제 우리는 지속적으로 진동하는 것으로서 가치 · 화폐 · 위기라는 방정식을 본다.

> 한 상품이 지닌 평균가치와 **시장가치**는 항상 다르며, 시장가치는 항상 평균가치 이하거나 이상이다. 시장가치는 자신의 지속적인 진동으로 실질가치(real value)와 일치한다. 제3의 가치로서의 실질가치와 일치함으로써가 아니라 자신에 대한 지속적인 불일치(헤겔은 추상적 동일성에 의해서가 아니라 끊임없는 부정의 부정 즉 실질가치의 부정으로서 자신에 대한 부정을 통해서라고 말했을 것이다)를 통해 자신을 실질가치와 일치시킨다. (『요강』, 137;56)

이러한 진동은 곧 운동법칙이고 위기의 가능성이다. 이러한 진동은 가치의 존재형태이고, 가치의 지속적인 변환이자 가치의 근본적인 이중성이다. 이러한 진동은 실제로 스스로를 확장해 가는 사회관계의 발현이고 교환 가능성이 배타적 사회관계로서 공고화되는 양식이다. 그러므로 이러한 진동은 여전히 그리고 항상 위기의 가능성이다. 그러나 무슨 위기? 그 개념이 구성하는 위기는 실재적인(real) 것을 적대 및 위기로 정의하는 것을 말한다.

> 모든 생산자가 자신의 상품이 지닌 교환가치에 의거하는 정도에서 생산할수록, 즉 생산물이 현실적으로 교환가치가 되고 교환가치가 생산의 직접적 목적이 될수록, 제화폐관계는 더욱 발전할 수밖에 없으며 생산물이 화폐로서의 자신과 맺는 관계인 화폐관계에 내재하는 모순도 더욱 발전한다. 교환의 필요성과 생산물의 순수한 교환가치로의 변형은 노동분업과 같은 정도로, 즉 생산의 사회적 성격과 함께 진전해 나간다. 그러나 생산의 사회적 성격이 증대함에 따라 화폐의 힘도 성장한다. 즉 교환관계는 생산자들과는 독립적이고 그들에 외재적인 힘으로 자립화한다. 원래는 생산을 촉진하는 수단으로 나타났던 것이 생산자들에 소외된 관계가 된다. 생산자들이 교환에 의존하게 되는 만큼 교환은 생산자들과는 무관해지고, 생산물로서의 생산물과 교환가치로서의 생산물 사이의 간격은 확대되는 것 같다. 화폐는 이러한 대립과 모순을 만들어 내지 않는다. 오히려 이러한 모순과 대립의 발전이 화폐가 지닌 것 같은 초월적 힘을 만들어 낸다. (『요강』, 146 : 64~65)

요약해 보자. 가치는 화폐의 모습 속에서 모순으로 즉 "이들 두 가지 분리된 상품의 존재형태가 상호 전화할 수 있는 가능성"(『요강』, 147; 65)으로서 주어진다. 이러한 적대적 성격("반면에 방정식 그 자체는 외적 조건에 따르게 되며, 그래서 우연의 문제다." —『요강』, 148;66) 은 공간적으로(상업적 공황) 그리고 시간적으로(순환적 공황) 나타난다. 그러나 이것의 **토대**는 **사회적 관계**이며, 이것이 가치와 화폐라는 교환 가능한 형태의 필연성을 근거짓는다. 바로 여기서 위기의 **가능성**은 **현실성**으로 전화한다.

> 본질적으로 하나에 속하는데 강제적으로 분리된 요소들은 강력한 폭발에 의해 본질에서는 하나에 속하는 사물들의 **분리**로서 자신을 드러내는 것이 절대적으로 필요하다. 통일은 **강제로** 이루어진다. 적대적 분리가 폭발하자마자 경제학자들은 **본질적 통일**을 지적하고 소외에서 벗어난다. (『요강』, 150;68)

그러므로 '화폐와 공황'에 관한 담론은 실재적인 것(the real)에 대한 분석으로의 이행을 준비한다. 한편으로 맑스는 프루동적 가설(위기 속에서, 가치형태에서 화폐형태로 전개되는 일정한 이행의 신비화로서 그것을 독해하면서)을 이용하고, 다른 한편으로 이 가설을 전도시켜 그것이 현실적 적대를 감추려는 시도이자 왜곡임을 보인다. **그러므로 비판은 스스로를 정치적으로 만들어야 하며,** 적대의 사회적 조건을 공격해야 한다. 그리고 이것은 사실 맑스가 추구하는 방식이다. '화폐에 관한 노트'에서 두번째 이행은 이 영역에서 시작한다. 지금까지 우리가 검토해 온 첫번째 이행에 대해 말하자면, 그것은 유물론적 비판이 고려해야 하는 사물들 가운데로 들어가는 것, 즉 도약을 준비하기 위한 달리기처럼 보인다.

그러나 이 영역으로 들어가기 전에, 우리가 생각해 왔지만 분석해 보지 않은 페이지들 속에 있는——때로는 암묵적으로 때로는 명시적으로——한 가지 요소를 살펴보자. 그것은 **상징으로서의 화폐**에 대한 관심이다. 이것은 맑스가 공황의 가능성, 즉 화폐(가치)의 작동이 화폐가 구성하는 적대에서 벗어날 필연성을 고려하는 바로 그 순간에 이러한 분리(detachment)가 지닌 모호한 효과도 고려하고 있다고 말하는 것이다. 파열, 분열은 화폐관계 아래 놓여 있는 계급 차이(contrast)의 심화와 같다. 그러나 계급 차이라는 요소들은 매개되지 않으면 완전히 반대로 다시 나타난다. 더 나아가 『요강』에서 맑스는 이러한 차이의 수준에서 노동자계급의 구성에 대해 더욱 강하게 주장할 것이다. 여기서 그는 대신 상징으로서, 지배의 기능으로서의 화폐가 지닌 정치적 기능을 강조한다. '단순한 상징'으로서, '사회적 상징'으로서, '선험적 관념'으로서의 화폐, 간단히 말해서 '화폐 주체'(『요강』, 141, 144, 167;60, 63, 84)는 위기라는 계기의 결과일 수 있고 위기의 해결책일 수 있다. 이 점에 대해 면밀히 살펴보자. 여기서 맑스는 필연적 매개라는 헤겔적인 변증법도, 가치법칙에 대한 프루동적인 변증법도 아닌, 적대와 위험과 개시의 논리인 자신의 변증법을 설명한다. 상징은 주체가 될 수 있고, 가치는 지배가 될 수 있고, 과잉결정은 변증법을 깨뜨릴 수 있으며 권력과 지배력을 지닐 수 있다. 파시즘, 야만주의 그리고 퇴보는 불가능하지 않다. 상징은 현실의 의식적 분립에서 생겨나기 때문에 현실보다 더 강할 수 있다. 우리는 더 나아가 이러한 맑스주의적 직관이 지닌 비상한 중요성을 보게 될 것이다(145~147쪽, 로스돌스키의 독해는 너무 무미건조하다. 맑스의 화폐이론이 지닌 이러한 직관적 요소의 기초 위에서 잉여가치론을 획득할 가능성을 정당하게 주장하고 있는 반면에, 로스돌스키는 이러한 주제에 관한 새로운 서술의 가능성을 과소평가한다. 그는 이러한 논리적이고 이론적인 이행이 곧 역사적이고 정치적인 이행일 수 있다는 것을 알지 못한다).

'화폐와 불평등'. 다시 한번 현학적으로 그레이(J. Gray)에 대한 비판과 생시몽적인 은행에 대한 비판에서 시작한다. 맑스는 화폐에서 교환으로 나아가 화폐와 교환의 사회적 조건으로서 생산의 일반적 조건을 스스로 반복한다. "가장 거대한 교환은 상품들간의 교환이 아니라 상품과 노동 간의 교환이다."(『요강』, 155;73) 그러나 여기서 호황! 첫번째의 거대한 도약, 『요강』의 **첫번째 정치적 보론**이 있다.

좀더 간단한 논점부터 시작하자. 가치의 형태인 화폐는 일반적으로는 소유관계를 나타내고 실질적으로는 권력관계를 나타내는 불평등관계다.

> 서로 무관한 개인들의 상호적이고 전면적인 의존은 그들의 사회적 관련을 형성한다. 이러한 사회적 관련은 교환가치 속에서 표현되고, **교환가치** 속에서 각 개인의 행위나 생산물은 비로소 자신에게 하나의 행위와 하나의 생산물이 된다. 그는 일반적인 생산물——**교환가치** 또는 스스로 고립되어 있고 개별화된 **화폐**——을 생산해야만 한다. 다른 한편 다른 사람들의 행위나 사회적 부에 대해서 각 개인이 행사하는 권력은 그에게는 **교환가치** 즉 **화폐**의 소유자로서 존재한다. 개인은 자신의 주머니에 사회와의 관련뿐만 아니라 자신의 사회적 힘을 가지고 다닌다.(『요강』, 156~157;74~75)

교환의 힘이 작을수록 개인들을 묶어 주는 공동체(이것은 고대 사회의 형태다)의 힘은 훨씬 더 크다.

> 객관적 의존에 근거를 둔 개인적 의존은, 전반적인 사회적 물질대사, 보편적 관련, 전면적 필요성과 보편적 능력 등의 체계가 처음으로 형성되는 두번째 커다란 사회형태다. 개인들의 보편적 발전과 그들의 사회적 생산성에 기초를 둔 자유로운 개인성이 세번째 단계다. 두번째 단계에서는 세번째 단계의 조건을 만들어 낸다.(『요강』, 158;75~76)

이것은 역사철학인가? 적당히 그렇다고 말할 수는 없다. 왜냐하면 사실 기술된 역사는 즉각 살아 있는 구성적 관계로 전도되고, 동시에 변증법 속으로 너무 극단적으로 전도되어 결코 해결될 수 없기 때문이다. 그러므로 한편으로 "노동분업과 교환은 서로를 조건짓는다."(『요강』, 158;76) 이미 노동의 육체 속에는 그것을 전면적으로 흡수하는 화폐 및 교환의 이중성이 이식된다. 이것은 "물상화, 물상화한 관계, 물상화한 교환가치"(『요강』, 160;78)다. 그러나 다른 한편 이 모든 것의 파괴는 의식적이고 자발적이며 합리적이자 창조적인 파괴다. "자신들의 공동체적 관련으로서의 사회적 관계를 그들 자신의 공동체적 통제에 종속시키는, 보편적으로 발전한 개인들은, 자연의 산물이 아니라 역사의 산물이다."(『요강』, 162;79) 자세히 보면 이 발전은 투쟁, 파괴, 창조다. 결코 본래적인 본질의 회복이 아니다. 여기서 인간주의의 여지는 없다. "이렇게 완전히 공허하게 역사가 정지하게 된다고 믿는 것만큼이나 그 본원적인 완전함으로 돌아가려 하는 것은 우스꽝스럽다. 부르주아적 관점은 그러한 낭만적 관점과의 대립을 넘어서 결코 전진하지 못하며 그래서 그 낭만적 관점은 정당한 대립물로서 부르주아적 관점을 축복해 가면서까지 동반한다."(『요강』, 162;80) 확실히 이러한 두 가지 계기의 변증법이 필요하다. "보편적 매춘은 개인적 기교, 능력, 재능, 활동성 등이 지닌 사회적 성격의 발전에서 필요한 국면으로서 나타난다."(『요강』, 163;80) 그러나 훨씬 더 필요한 것은—— 역사적으로 그리고 의식적으로—— 이러한 매춘의 붕괴다.

이러한 이론적이고 정치적인 폭로는 내용이 없다. 다시 한번 그 이상으로 다루어야 할 것이다. 지금으로서는 자신들을 스스로 주인공으로 나타내기 위해 뿌린 씨앗의 숙성을 기다릴 수밖에 없다. 그러므로 이런 씨앗들을 자라게 하고 화폐 분석으로 돌아가 보자.

'척도로서의 그리고 일반적 등가물로서의 화폐'. 우리는 문제와 그 해결책을 알고 있다. "화폐는 물적인 매개물인데, 그 속에 교환가치들이 있고 그 속에서 교환가치는 자신의 일반적 규정에 조응하는 형태를 획득한다."(『요강』, 167;84) 그러나 노동시간만이 이러한 일반성을 만들어 낸다. "화폐는 일반적 대상으로서의 노동시간이다."(『요강』, 168;84) 다음에 오는 것은, 노동의 두 가지 결정성——생산하는 것과 화폐를 위해서 생산하는 것——이 양립하는 것으로 가정하는 애덤 스미스에 대한 비판이다. 이제 화폐를 위해서 생산한다는 것은 **동시에** 착취의 계기이며 사회화의 계기다. 자본주의적 사회화는 화폐의 사회성을 착취로서 찬양하는 반면에, 공산주의적 사회화는 화폐를 파괴하여 노동의 직접적 사회성을 확인해 준다. "두번째 경우 **전제 그 자체는 매개된다.** 즉 공동적 생산, 생산의 기반으로서 공동성은 전제된다. 개인의 노동은 처음부터 사회적 노동으로 설정된다."(『요강』, 172;88) "그의 생산물은 교환가치가 아니다." 맑스는 잠시 동안 이와 같이 계속한다.

여기서——더욱이—— 우리가 이미 만났던 요소들, 어떤 추론 요소들을 다시 거론해 볼 만하다. 화폐(가치)의 물상화한 일반성을 맑스가 **연합노동**(associated labor)**의 생산적 일반성**으로 전도하는 것이 근본적이라는 점이 계속 나를 놀라게 한다. 전도는 **결코 상동성**(homology)을 의미하지 않는다. 범주들과 맑스의 방법이 지닌 적대적 성격은 상동성을 배제한다. 화폐 형상으로서의 가치 표현이 근본적일수록 **가치의 거부, 그것의 전도의 발본성**은 더욱 근본적이다. 공산주의는 진정한 척도로서의 화폐의 힘 속에 있는 존재인 가치의 상호 교환 가능성을 실현하는 것이 아니다. 공산주의는 모든 척도의 부정이고 가장 격화된 다원성—창조성의 확인이다.

> 그러므로 다양한 생산 분야들 사이에 노동시간의 계획적인 배분과 같은 시간의 절약이 공동적 생산의 근거 위에서 첫번째 경제법칙으로 남는다. 그것은 정말 상당한 정도로 법칙이 된다. 그러나 이것은 노동시간에 의한

교환가치(노동 또는 노동 생산물)의 측정과는 본질적으로 다르다. (『요강』, 173;89)

시간의 절약과 자유로이 계획된 행동이라는 공산주의를 특징짓는 이 두가지 요소들을 여기 염두에 두자. **노동 거부**? 다시 한번 이러한 문제틀을 (우리가 하게 되듯이) 다루는 것이 완전히 무익하지는 않을 것이다.

'**유통의 척도로서의 화폐**'. 우리는 화폐의 '당당한 측면' 즉 사회화와 위기를 동시에 만들어 내는 그 측면 및 운동의 와중에 있다. 금속에 관한 긴 삽입구는 이러한 새로운 이론적 분석을 예상했다. "첫번째 과제는 '**유통의 일반 개념**'을 확고히 정립하는 것이다."(『요강』, 187;102) 그것은 『요강』의 중심적인 논점들 가운데 또 다른 하나다. 이러한 기초 위에서 사실상 분석의 두번째 커다란 줄기가 발전할 것이다. 그런데 이 분석은 이 수준에서 적대의 문제 및 사회적 자본의 문제와 관계를 갖는다. 그리고 여기서 이러한 저작의 극도로 치밀한 구조 속에서 항상 일어나듯이, 이미 이러한 풍부한 발전에 대한 **예상**이 포함되어 있다. 그러나 그 이행들을 하나하나 살펴보자. 처음에 화폐는 운동하고 있는 보편자로서, '**움직이는 영원한 것**'으로서, "지속적인 흐름 속에서 어느 정도 사회의 전 표면을 넘어 나아가는 교환의 원환, 교환의 총체 즉 교환 행동의 체계"로서 나타난다. (『요강』, 188;103) 그러나 두번째는 유통의 추동력으로서의 시장의 통일을 심도 있게 이루어 내는 행위자라는 이러한 역할에서, 화폐는 또한 **일반적 등가물의 자동화** 및 물상화의 응고물이다. "상품 유통의 전제 조건은 상품들이 교환가치로서 즉 **직접적인 사용가치**로서가 아니라 교환가치를 통해 매개된 것으로 생산된다는 것이다. 박탈(Entaüsserung)과 양도(Veraüsserung)를 통한 그리고 그것들에 의한 전유가 근본 전제 조건이다."(『요강』, 196;111) 그리고 다시 "유통은 일반적 양도가 일반적 전유로 나타나고 일반적 전유가 일반적 양도로 나타나는 운동이다."(『요강』, 196;111) 화폐는 '개인들에 대한 (자주적이 되는) 권력'으로 표상된다. 이로부터 어떤 근본적인 결과들이 도출된다. 즉 유통하고 있는 화폐에 대한 이러한 개념적 이중화 속에 있는 적대는 유통을 끝없는 '허위의' 과정으로 만들어 낸다는 점. 실제로 그 과정은 모든 관점에서 보아 모순적이다. 그것에서 표상되는 행위들은 서로 '무관하며' 시공간적으로 거리가 있다. 이미 일반적 능가불의 분석 수준에서 본래 취급한 위기의 가능성은 유통 수준에서 나타난다.

> 유통의 두 가지 본질적 계기인 구매와 판매가 서로 무관하고 시공간적으로 분리되어 있는 한, 그것들은 결코 일치할 필요가 없다. 그것들의 무관계는 구매의 판매에 대한 분명한 자립 및 확립으로 발전할 수 있다. 그러나 그것들이 단일한 전체의 본질적인 양 계기인 한, 거기에는 독립적인 형태가 폭력적으로 깨지고 내적 통일성이 폭력적 폭발을 통해 외적으로 정립되는 순간이 올 수밖에 없다. 그러므로 이미 매개자로서의 화폐의 규정 속에, 교환의 두 가지 행위로의 분리 속에, 위기의 근원 또는 적어도 위기의 가능성이 있다. 그런데 이 위기는 고전적으로 발전되고 개념적으로 적절한 유통의 근본적 전제 조건들이 현존하지 않으면 나타날 수 없다. (『요강』, .198;112~113)

그러나 다시 이것만으로 충분하지 않다. 『요강』에서는 유통의 적대성, 유통의 시공간적 결정성들을 둘러싼 담론이 만들어 내는 모든 전환점들은 즉각 노동분업, 적대의 사회적 조건으로 넘어간다. 이것은 『요강』의 이 부분에서 일어나는 것이기도 하다. 그리고 그에 상응하는 이행, 즉 전도의 이행, 계속적인 발전을 향해서가 아니라 파괴와 공산주의적 전유에 의해 자본과정을 부정하기 위해, 유통 내에 자본과정의 풍부함을 집적하는 것도 일어난다. 이러한 일련의 이행은 화폐 개념에 내재하는 위기의 가능성을 보여 주는 한편, 맑스의 범주적 절차가 지닌 성격을 증명해 주기도 하기 때문에 근본적이다. 사실상 위기의 변증법적 가능성이 아니라 전도의 적대적 폭력성이 논증 과정에 지속적으로 의미를 부여한다. 바로 그 범주들의 사용법이 수정되는 것이 분명하다. 범주들은 끊임없이 적대의 주체성으로 되돌아간다. 범주들은 이러한 관점에서만 분명하게 독해할 수 있다. 범주들은 이러한 식으로 기능할 수 있을 뿐이다.

그러나 계속 나아가자. 이 지점에서 화폐는 "여기서 처음으로 자기 목적으로서 나타나며, 상품 거래와 교환은 그 목적의 실현에 봉사한다." (『요강』, 203;117) "그러면 우리는 화폐의 세번째 규정에 관해 관찰해야 한다. 이 규정 속에는 화폐의 두 가지 특질, 즉 척도로서 기능하는 일반적 교환수단으로서, 그럼으로써 상품가치의 실현으로서 기능하는 규정이 포함되어 있다." 변증법적 설명 도식은 이렇게 결론을 내린다. 즉 종합은 그 과정의 실현된 총체로서, '**화폐 및 자본으로서의 화폐**'를 보여 준다. 여기서 맑스의 절차 속에는 일시 정지와 같은 것이 있다. 적대적 전도는 사실상 우선적 위치에 놓이지 않는다. 분석은 대개 긴 **화폐적 종합의 현상학**에 만족하고 있다. 이러한 현상학은 사실 자본측에서 모든 주체성, 모든 가능성을 증명하기 위해 시도되고 있다. 유통의 총체성 및 실현에 대한 전반적 지배의 대변자로서의 화폐의 힘을 극단적으로 강조하게 된다. 화폐의 지배는 이동성과 유동성이란 외양과 무차별성을 지닌다. 화폐는 자신의 지배를 사라져 가는 역설적인 형태 속에서 행사한다. 그것은 어디에든 있고 지속적으로 약해지지만, 동시에 총체성의 표시로서 회복된다. 화폐의 중재는 엄격한 만큼 나긋나긋하다. 그러나 그것은, 화폐의 사라져 가는 힘이 사물을 공격하고 자신의 상과 유사점 속에서 그들을 변형시킨다는 이러한 역설이 구체화되는 방식이다. 그것은 신호를 통해 현실을 수정하는 **조물주적인 힘**이다. 이러한 맑스에게는 화폐가 **권력의 동의어**(a tautology for power) 임이 분명하다. 어디든지 확장해 가는 권력. 그리고 화폐는 사실 **생산관계**로서("화폐관계는, 생산을 그 총체성 속에서 파악한다면, 그 자체가 생산관계다."—『요강』, 214;128), **생산수단**으로서("유통은 더 이상 그것의 최초의 단순성 속에서 상적 교환으로서가 아니라 생산 즉 실제적 물질대사 과정으로 나타난다. 그러므로 화폐는 그 자체 이러한 생산과정의 특수한 계기로서 규정된다."—『요강』, 217;130), **권력**으로서("상품 세계에서 확산 및 분절화"를 가져올 수 있는 그것의 능력에서"—『요강』, 218;131) 나타난다. 화폐는 "일반적 부의 **개별자로서**" "사회에 대한, 전체적인 향락과 노동 등의 세계에 대한 일반적 지배"를 행사하고(『요강』, 222;133), 특히 **임금노동에 대한 권력**("임금노동이 존재하는 곳에서만 화폐가 생산의 발전된 계기로서 존재할 수 있다는 것은 화폐 자체의 단순한 규정에 내재해 있다. 이 경우 사회구성체를 파괴하기는커녕 그것은 오히려 사회 구성의 발전을 위한 조건이며, 물질적이고 정신적인 모든 생산력의 발전을 위한 추진 바퀴다."—『요강』, 223;134~35) 으로서 나타난다. "**일반적인 부의 물질적 대표자로서, 개별화한 교환가치로서**, 화폐는 모든 개인들의 노동인 일반적 노동의 **직접적** 대상, 목적, 그리고 산물이어야만 한다. 노동은 직접적으로 교환가치 즉 화폐를 생산해야만 한다. 그러므로 그것은 **생산적 권력**으로서("여기서 목적으로서의 화폐는 일반적 근면성의 수단이 된다." "그러므로 화폐는 임금노동을 근거로 하여 해소되는 것이 아니라 생산적으로 작용한다는 것은 분명하다."—『요강』, 224;135), **보편적 권력**으로서("새로운 욕구를 생산하는 것", "부를 보편성으로 확장하는 수단", "현실적인 일반성을 만들어 내기 위하여"—『요강』, 225;136), **임금노동**이어야만 한다."(『요강』, 224;135) 그리고 마지막으로 화폐는 '임금노동 및 자본의 **진정한 공통적 실체**'로 나타난다.

화폐가 우리가 방금 분석해 온 이행 속에서 '자본과 임금노동의 진정한 실체'로서 나타나는 것은 우연이 아니다. 반면에 사실 화폐 속에 그리고 그 옆에 포함되어 있는 자본의 모습에 대한 특수한 변증법적 과정, 전도 과정, 화폐 분석 등 다른 이행들 속에서, '**화폐로서의 화폐**'에 대해 언급한 구절들 속에서 이러한 것은 일어나지 않는다. 그것은 화폐와 화폐의 주체성의 승리이기 때문에 일어날 수 없다. 그것은 화폐의 축 가운데 하나를 확인함으로써 그 관계를 극단적으로 강조하는 것이다. 그러나 그림은 여기서 즉각 변하고 전도되어야 한다. 범주들이 자신들의 구성과 전개 속에서 증명하는 모든 모순은 전도의 작용 속으로 모이고 있다. 논점 B하에서 우리가 수집한 테제들을 다시 사용하는 것이 가능할 것이다. 이미 그 페이지들 속에는 전도를 향한 긴장이 표현되어 있으므로. 그럼에도 불구하고 노트 1권의 말미와 노트 2권의 서두를 구성하는 그러한 새로운 테제들에 집중하는 것이 나을 것이다. 이 페이지들 속에는 약간 지루한 것이 있지만, 전도의 운동은 강하게 시작되고 발본적이다.

맑스는 세 가지 명제 즉 **화폐와 세계시장**, **화폐와 생산적 유통**, **사회적 재생산의 정치적, 제도적 형태**를 주장한다. 이것들은 밀접하게 관련된 세 가지 명제들이다. 사실 세 영역 모두에서 전도는, 이 지점에서 끝난 연구를 발전시킴으로써 만들어 내는 일반성 수준에서 제시될 수 있다. 논점 B에서와는 달리 여기서는 내포적 모순보다는 외연적 모순에 관심이 있다.

세계시장은 위기가 "전제에 대한 전반적 제거, 그리고 새로운 역사적 형식을 구하도록 하는 압력"(『요강』, 228;139)을 규정하는 특수한 영역이다. 세계시장은 화폐를 전적으로 운동하게 하면서 유통하고 있는 화폐의 모순을 증대시킨다. 그 관계는 최대의 차이를 만들어 내고 이러한 거대한 영역에서 차이들의 총체성을 획득한다. 세계시장은 **경향**이다.

화폐가 보편적 힘(potency)인 한에서 압도적으로 세계시장 차원을 향해 움직인다. 그러나 그렇게 함으로써 자신을 구성하는 모순들의 총화에 그러한 의미를 부여한다. 세계시장으로의 질적 도약은 적대 속에서 총체적 모순을 이룬다. 우리는 곧 이 쟁점을 다룰 것이다. 또한 '세계시장—화폐—위기' 관계에 대한 맑스의 서술이 즉각 제시하는 비판에 대답할 것이나. 사실 외연적 차원은 내포적 차원을 부정할 것 같고 모순의 축적과 적대의 소생 간의 관계는 연역이라기보다는 논리적 비약이라고 말할 수 있다. 그러나 우리는 곧 이 요소로 돌아올 것이다. 그러면 우리는 제기된 두번째 관계, 화폐와 유통 간의, 그리고 화폐와 재생산 간의 관계로 넘어간다. 이제 재생산적 힘으로서 화폐는 그 자신과 자신의 조건인 생산 세계를 함께 재생산한다. 화폐는 "유통과정을 통해서 스스로에 대한 관계로서" 나타난다. 그러나 이것은 다음과 같은 이유 때문에 일어난다.

> 유통과정은 마찬가지로 교환가치의 생산과정으로서 나타난다. 그러므로 한편에서 교환가치의 노동으로의 회귀, 다른 한편에서 화폐의 교환가치로의 회귀가 나타나며, 이것은 이제 좀더 심오한 규정 속에 제시된다. 유통에서는 결정가격이 전제되며, 화폐로서 유통은 결정가격을 단지 형식적으로 설정한다. 교환가치 자체의 **결정성** 즉 가격의 척도는 이제 스스로 유통 행위로서 나타나야만 한다. 이렇게 해서 교환가치는 **자본**으로, 유통은 동시에 생산 행위로 설정된다. (『요강』, 235;146)

'생산 행위로서의 유통'. 그러므로 전도는 또한 유통 내부에서, 생산적 유통 내부에서도 일어나야 한다. 그것은 자본의 전 과정을 종합한다. 그 속에서 "자신의 마지막 완성된 규정 속에서 화폐는 이제 전면적으로 하나의 모순으로, 스스로를 해체하는, 즉 자신의 고유한 해체를 향해 나아가는 모순으로 나타난다."(『요강』, 233;144). 그리고 이 경우에도 (그리고 세계시장의 경우에서보다 훨씬 더 확실한 방식으로) 유통과 생산을 종합하는 화폐의 경향은 **적대의 폭발**을 규정한다. 마지막으로 고려할 것은 화폐 및 제도 형태의 관계라는 세번째 논점이다. 여기서조차 화폐는 비상한 확산력을 가지고 있다. 그 점에서 "부르주아 사회의 모든 내재적 대립은 단순화한 화폐관계 속에서 사라지는 것 같고, 이러한 측면에 따라 부르주아 경제학자들 이상으로 부르주아 민주주의는 현존하는 경제적 관계에 대한 변호로 도피한다. 그들은 아주 일관성 있게 교환가치와 교환이 지닌 훨씬 단순한 규정들로 회귀한다."(『요강』, 240~241;152) "화폐체계는 정말 이러한 자유 및 평등 체계의 실현일 수 있을 뿐이다."(『요강』, 246;157) **근대 인민의 민주주의는 교환가치의 전면적 실현이다.** 민주주의의 모든 제도적 형식들은 단지 그것의 표현일 뿐이다. 그러나 여기서도 모순은 "이미 교환가치와 화폐에 대한 단순한 규정에는 잠재적으로 노동과 자본의 대립이 있다"(『요강』, 248;159)는 적대적 조건들을 보이면서 화폐, 교환가치의 효과의 누적을 통해 관철된다. 사회주의자들에게 그 결과는 이렇다.

> 그에 대한 적절한 대답은, 교환가치 또는 좀더 정확히 말해서 화폐체계는 사실 평등과 자유의 체계이며, 자유와 평등의 체계가 더욱 발전하는 데서 그들이 만나는 방해물들은 체계 속에 내재하는 방해물들이고, 그것들은 불평등과 부자유임이 증명되는 **평등과 자유**의 현실화일 뿐이라는 것이다. 교환가치가 자본으로 발전하지 않고 교환가치를 생산하는 노동이 임금노동으로 발전하지 않을 것이라는 것은 어리석고 헛된 소망이다. (『요강』, 248~249;160)

화폐에서 세계시장과 위기로의 이행은 화폐에 관한 장에서 다른 결론적 논점들이 지니고 있는 강도 및 동일한 개괄적 의미를 가지고 있지는 않다고 지적했다. 그러나 맑스의 논증이 지닌 한계를 부정하지 않은 채, 여기서 어떤 주석을 덧붙이는 것이 가능하다. **세계시장**에 관한 담론은 해야 할 작업의 지표로서, 맑스에게서, 즉 『요강』에서 나타난다. 그것은 노트 M(『요강』, 108~109;28~29)에서도 사실이며, 중심적인 노트들의 여러 곳에서도 사실이다.(『요강』, 228, 264;139, 175) 어쨌든 자본주의 사회에 대한 이론적 파괴가 지닌 전체적 작용을 정리하는 일단의 책들을 통한 작업 계획, 즉 맑스의 작업 계획은 세계시장에 대한 언급으로 끝맺는다. **세계시장 대 위기**. 자세히 보면, 맑스가 세계시장과 위기에 관한 책을 계획할 때 그는 그것을 자본의 동시적이고 조화로운 과정 및 국제화 과정이란 차원들과 일반적으로 혼동하지는 않는다. 그는 반대로 그것들을 분명히 구별한다. 그때 세계시장을 특수한 범주로 이해한다. 우리는 앞으로——방법에 관한 제3강의에서—— 이 경우 맑스의 방법이 지닌 종별성이 얼마나 적절한가를 살펴볼 것이다. 구체적 요소들의 누적은 새로운 범주적 수준을 결정한다고 말하는 것은 가치가 있다. 분석은 전위(displace)되고 전진적으로 **탈구된**(dislocated)다. 그러면 이러한 새로운 수준에서, 적대에 대한 분석의 강도는 분석의 범위와 밀도에 조응한다.. 여기서 지금 세계시장-위기라는 매듭을 분석하기 위해 맑스가 제시한 제안에 대해 불만스러운 것은 분석의 내용과 지표 간의 불균형이라는 시각적 효과다. 그러나 맑스식으로 우리가 수 세기 동안 세계적 수준에서 계급투쟁이 축적해 온 이론적 내용들을 가지고 그 형식을 채운다면, 그때 우리는 이러한 지적이 왜 무장해제되지 않는지를 잘 이해할 것이다. 다른 측면은 범주에 대한 고려보다는 화폐의 적대에 기초한 범주의 경향적 형성을 강조하는 것이다. 그러나 그것에 대해서 우리는 이미 말했다.

그러므로 우리는 이 화폐에 관한 장에 대한 막바지 독해에 이르렀다.

나로서는 처음에 제기된 질문들이 토론에 우선적으로 기여했고 적어도 근접하게는 발전시켜야 할 이유들을 제기했던 것 같다. 특히 화폐에 관한 이 장 서두의, 분석의 유용성과 관련하여 예상했던 판단에 대한 확인이 가능한 것 같다. 그러면 이렇게 화폐를 갑자기 끌어들이는 것이 지니는 이론적 장점은 무엇인가? 몇 가지 차원에서 대답할 수 있을 것 같다.

무엇보다도 단순한 독해의 수준에서. 여기서 즉각적으로 제시된 가치·화폐 매듭은 맑스에게서는 다른 어디에서도 결코 나타나지 않는 가치라는 주제를 구체화하는 것 같다. 화폐형태에서 상품형태로, 『요강』에서 『자본』으로의 이행은 단지 축약과 혼동을 가져온다. 그와 반대되는 어떤 시도 및 선언에도 불구하고 상품 문제에 대한 공격이 규정하는 것은 더욱 관념적이고 헤겔적인 방법이다. 두번째로 화폐에 대해 강조한다고 해서 가치론을 자율화하거나 분리하지는 않는다. 우리는 앞으로——제4강의에서——어떻게 가치론은 잉여가치론의 일부라고 말할 수 있는지를 살펴볼 것이다. 가치의 화폐로의 환원은 가치론을 자율화하려는 유혹을 제거하는 대신, 일련의 연구를 가져오게 한다. 그것은 좋은 길을 개시한다. 화폐는 가치에 관한 담론이 지닌 추상적 진공물을 지니지 않은 채 실체적인 관점에서뿐만 아니라 형태적 관점에서 가치의 모든 역동성 및 모순을 포함하고 있는 구체적인 사물이다.

형태적 관점에서 보자. 화폐는 경향의 역동성과 적대의 역동성을 기술할 수 있으며, 여기서 상당히 힘 있게 그것을 기술한다. 경향이라는 첫번째 수준에서, 맑스가 강조한 다음의 것은 진정 옳다. 화폐 "자체는 공동체이며 자신보다 우월한 다른 어떤 것도 용납할 수 없다. 그러나 이것(공동체)은 교환가치의 충분한 발전, 그러므로 그에 상응하는 사회조직을 전제한다."(『요강』, 223;134) 그리고 우리는 "임금노동을 근거로 해서 화폐는 해소되는 것이 아니라 생산적으로 작용한다"(『요강』, 224;135)는 것을 역시 상기한다. 그러나 이와 함께 적대의 기초는 직접 주어진다. 화폐와 노동분업, 화폐와 착취, **화폐의 확장의 결과로서 분리의 심화라는** 일정한 관계, 이 모든 것은 화폐의 직접성 속에서부터 비판을 가하고 전개하는 그런 전망 속에서 제시된다. 형태적 관점에서 볼 때, 가치론이 우리에게 주는 것은 아무것도 없으며, 화폐론은 여기서 좀더 효과적이고 다양한 형식으로 우리에게 모든 것을 준다.

실체적인 고려에서는 더욱더 그렇다. 여기서 화폐는 자신의 특수한 역동성 속에서 우리에게 직접적으로 **위기로서의 가치법칙**을 보여 준다. 화폐는, 가치운동이 순수한 불확실성이며 가치운동의 견고성은 단지 경향적이고 필요노동의 사회적 평균화와 필요노동의 강제적 과잉결정 간의 지속적인 변환 속에서 스스로를 규정할 수 있을 뿐이라는 것을 증명한다. 잉여가치론을 정립하고 그에 필요한 기반을 구성하는 이러한 동기들을 강조하는 것이 필요하다. 그러나 그것은 가치법칙이 자기 충족적인 범주가 아니라 하나의 지평이 된다는 의미에서만 계급투쟁의 법칙으로서 구성된다. 그리고 **화폐는 가치법칙의 단순한 지평으로의 이러한 환원을 잘 대표한다.** 한편 화폐론을 통해 우리는 가치론의 **찌꺼기인 가치―가격들**의 관련을 제거할 가능성을 지닌다. 화폐가 즉각적으로 이러한 관련을 구성하며 사회적 노동이 지닌 가치들의 사회적 평균화와 가격의 과잉결정 간의 진동을 해석한다. 화폐는 본질적으로 이러한 진동을 나타낸다. ――이러한 진동 밖에서는―― 어떤 다른 실재도 없다. 화폐는 사회적 노동이 생산한 완전한 가치를 매개하고 증명해 주는 구성적 진동추다. 다른 한편 화폐는 추상적 감각성으로서, 화폐라는 자신의 외양 속에서 사회에 대한 **자본가적 지배**가 착취의 진동을 끊임없이 과잉결정하기 위해 따라가는 경로를 보여 준다. 화폐는 우리에게 잉여가치가 사회적 지배 속에서 어떻게 공고화되는가를 이해할 수 있도록 해준다. 위기를 지배하는 방법이 자본주의의 정상적인 상황이다. 그러므로 화폐 분석에 집중함으로써 맑스는, 가치론을 사회적 노동의 평균화라는 형상으로 환원하는 것과 그럼으로써 가치론을 진동, 갈등, 적대의 잠재성으로 규정하는 것이라는 이중적인 차원에서, 고전파의 가치론과 관련하여 발본적으로 혁신할 수 있게 된다.

그러나 이제 이러한 적대를 규정하는 것이 필요하다. 분석이 화폐(가치) 비판에서 권력 비판으로 나아가는 것은 우연이 아니다. 지금까지 잉여가치론을 근본적 요소라고 규정하기 위한 영역을 준비해 왔다. 그러나 우리는 잉여가치가 사회적 노동에 의해 ── 동시에 부로서 ── 생산된 적대, 위기, 진동, 대결을 지배의 이름으로 칭하지 않는다면, 왜 잉여가치가 스스로 유지될 수 없는지를 살펴볼 것이다. 지속적인 정치적 과잉결정을 시도하는 지배. 그러므로 『요강』에서 화폐에 대한 분석은 화폐 비판에서 권력 비판으로 나아가는 이론적 경로에 대한 일반적 논조를 개시하고 예상하게 한다.

■ 제3강의

적대적 경향의 방법

「서설(노트 M)」에 대한 독해 가설. □유물론적 방법과 생산 개념. □생산에 대한 일반적 개념이 지닌 변증법과 방법. □생산에서 종합·분리 그리고 변증법 및 유물론의 방법에서 특수한 혼합 형식. □정치경제학 비판의 첫번째 세 가지 요소들 : (1) 결정적 추상, (2) 경향, (3) 실천 기준. □방법론적 연구를 전개하는 데서 자기 비판적인 일시 정지와 몇 가지 문제. □방법론을 심화하기 위한 몇 가지 추가적 요소 : ① '가치에 관한 스케치', ② 바스티아와 캐리. □그럼에도 불구하고 '경향'과 '기획(projection)' 사이에 갇혀 있는 방법에서 벗어날 수 없다. □방법적 종합의 네번째 요소 : (4) 전위(displacement)와 구성. □비판적 결론과 남은 문제들.

노트 M은 1857년 8월 23일과 9월 중순 사이에 맑스가 쓴 것이다. 이것은 앞서 지적했듯이 카우츠키가 처음 출판했는데, ——카우츠키판을 수정하기 위해서, 또 문헌학적인 이유로——『요강』의 편집과 함께 모스크바에서 다시 출간되었다. 「서설」과 『요강』을 같은 판에 함께 집어넣는 것이 문헌학적 이유뿐만 아니라 그 내용의 관점에서도 부적당하지는 않은 것처럼 보인다. 「서설」과 『요강』을 동시에 읽음으로써 우리는 각각을 더 잘 이해할 수 있다. 두 텍스트간에 연속성이 있다는 것은 두 저작에 어떤 수정을 가하더라도(제2강의를 보라) 같은 작업 계획이 반복되어 나타나는 것으로 증명된다. 여기서 제기하고 있는 것은 이러한 연속성이 단순한 시간적 연속성이 아니라 연구 대상의 성격과 관련된다는 것이다. 「서설」과 『요강』 사이에 있는 모든 실질적인 연속성을 부정하는 사람들도 있다. 예를 들어 『요강』의 변증법적 발견들을 강조하는 비고츠키는 「서설」의 방법론적 중요성을 완전히 낮게 평가한다. 그에 따르면, 「서설」이 1840년대와 1850년대의 역사적 유물론 및 맑스의 연구를 요약한 것으로는 유일하다. 그것은 아직 다른 노트들이 지닌 진정한 전진적 도약, 즉 창조성을 규정하는 변증법적 유물론(잉여가치론으로 나아가는)의 각인을 지니고 있지 않다. 수십 년 동안 지나치게 「서설」의 방법론에 의거해 온 프랑스 및 이탈리아 학파들에 대해 말하자면, 그들이 「서설」과 『요강』의 관련 문제에 결코 직접적으로 부딪히지 않았다는 것이 놀랍다. 사실 『요강』이 지닌 '광란적' 성격에 대해 그들은 그 문제를 피하고 「서설」을 직접적으로 『자본』과 관련시키기를 더 좋아했다. 결론을 내리자면, 1857년의 방법론은 『자본』의 유물론적 방법론이며, 그러므로 「서설」은 『자본』에 실려야 한다는 것이다. 1857년의 방법론을 엄밀히 유물론적인 수준에 한정하는 것에 대해 실질적으로 일치하고 있는 이러한 관점들 가운데 어떤 것에도 나는 그리 만족하지 않는다. 노트 M이 다른 노트들을 관통하고 있는 그런 정치적 변증법적 긴장 속에서 조명되고 있지 않다는 것은 의심할 여지없는 사실이다. 거기서 약간 속류적인 유물론의 한계를 강하게 느끼는 것도 마찬가지로 사실이다. 그러나 비고츠키의 테제와 관련하여 사람들은 「서설」을 읽으면 『요강』이 작동시키고 있는 이론적 비약 안에 이미 깊숙이 들어가게 되며, 두 텍스트는 동일한 창조적 과정에서 도출되어 각각은 다른 것을 비춘다고 나는 생각한다. 이탈리아 및 프랑스 학파의 테제들에 대해서 —— 결국 —— 나는 그 테제들을 부정해야 할 것 같으며, 「서설」과 『자본』 간에 존재하는 관계는 『요강』 전체와 『자본』 간의 유효한 관계와 같을 듯하다. 그러므로 나는 이제 텍스트 독해로 나아가자고 제기할 것이다. 독해 과정에서 나는 나의 가설들이 어느 정도 근거가 있는지를 증명하고자 한다. 그럼에도 나는 제2강의에서 사태의 핵심에 이미 접근해 들어간 이후에 제3강의에서 이러한 독해를 하는 것이 유용하다고 주장한다. 나는 이 강의에서 또한 지금부터 분석을 통해 각 텍스트들을 다른 텍스트와 계속 비교할 것이다.

"우선 우리 앞에 있는 대상은 **물질적 생산**이다."(『요강』, 83;5) **그러나 생산 개념이란 무엇인가?** 이 이상 더 고전적인 철학적 문제도 없다. 수 세기 동안 철학자들은 실재론적 정의와 명목론적 정의에 대해 논쟁해 왔다. 그러나 모든 이름은 항상 어떤 종류의 실재를 포함한다. 문제는 준거가 신비화되지 않아야 한다는 것이다. 이름과 실재 간의 매개에 대한 이러한 연구에서 예를 들어 가장 최근의 '철학자들'은 '크고 작은 로빈슨 크루소와 같은 사람들이라는 미학적 유사성'의 함정 속에 빠져든 것 같다. 실제로 그들은 생산을 진행 과정에 있는 부르주아 사회의 정치적 기능으로서 '발명하고' 미리 예상함으로써 생산을 신비화할 뿐이다. 어떻게 이름과 실재를 정확하게 일치시킬까? 신비화를 피하는 것은 어떤 정치적 기획을 피하는 것이 아니라 이 정치적 기획을 실재와 연결하는 것을 의미한다. 실재는 정치적이다. 그러나 정치적이기 때문에 역시 진실하다. 그러므로 실재는 정치학의 목표로 기능해야만 한다. 단지 하나의 진실되고 진정한 정치학이 있을 뿐이다. 18세기 '철학자들'은 생산 개념에다 개인주의를 칠하여 스스로 부르주아사회의 정치적 기획의 반향 속에 빠졌기 때문에 실재를 신비화한다. 그런데 그것은 잘못이다. 생산 개념의 기초를 이루는 유기적이고 일반적인 요소를 앞지르고 18세기를 앞지름으로써 생산 개념을 끌어 낼 수 있을 뿐이다. 그러나 일단 그것이 이루어지고, 이러한 일반적 자극, 즉 인간의 생산양식을 규정하는 집합적 연계가 달성되어도, 어떤 결론을 내리지 않는다. 실재와 이름은 아직 서로 떨어져 있으며, 생산에 대한 일반적 이름만을 만들어 낼 위험성이 있다. 물론 "모든 생산 시기는 어떤 공통 특징과 공통적인 규정성을 갖는다." 그러나 이러한 '생산의 역사 과정에 대한 규정'은 우리에게 그리 도움이 되지 않는다. 생산 일반이 하나의 추상이라 해도, 그것은 여전히 그렇다.

> 현실적으로 공통적인 것을 밝히고 확정하여 우리로 하여금 반복하지 않도록 해주는 한 그것은 분별 있는 추상이다. 아직 이 일반 범주, 비교에 의해 추출된 이 공통적인 것은 그 자체 다중적으로 접합된 것, 즉 다양한 규정들로 분기하는 것이다. 어떤 규정은 모든 시대에 속하고, 다른 규정들은 몇몇 시대에만 공통된다. (몇몇) 규정들은 가장 근대적인 시대와 가장 고대적인 시대에 공통된다. 이러한 제규정 없이는 어떠한 생산도 생각할 수 없을 것이다. 그러나 가장 발전한 언어가 가장 낙후한 언어와 공통적인 법칙 및 규정을 가지고 있을 때, 통일성——주체인 인간과 대상인 자연의 동일성에서 이미 생겨나는——속에서 이러한 본질적인 다양성을 잊지 않기 위해서는 바로 그 발전을 규정하는 것, 즉 일반적이지 않고 공통적이지 않은 요소들은 생산 일반에 타당한 규정들과 분리되어야 한다. 현존하는 사회관계의 영원성과 조화를 증명하는 그러한 근대 경제학자들이 지닌 모든 지혜가 이런 것에 대한 망각 속에 있다. (『요강』, 85;7)

이러한 이행은 일반적인 개념적 추상물의 구성, 차이에 근거한 그것의 특수한 규정, 유물론에 기초를 두면서 개념적인 것을 일반적이고 영원한 것으로 만들려고 하는 모든 그런 개념들에 (전처럼 경제학자들에 대항하여, 철학자들과 그들의 분명한 이데올로기에 대항하여) 반대하는 논박 등 거의 모든 것을 포함한다.

그럼에도 여기까지는 이러한 개념의 규정을 통해 커다란 독창성을 이룬다고 말할 수 없다. 어떤 실재론적 또는 유물론적 저술가(18세기에조차)도 동일한 것을 말할 수 있었다. 그러므로 문제를 더 밀고 나가는 것이 필요하다. **변증법적으로? 그러나 변증법이 존재하기 위해서는 주체가 존재해야 한다.** 그러므로 이것이 우리가 철저하게 탐구해야 할 문제다.

> 생산 일반이 없다면, 일반적 생산 또한 없다. 생산은 항상 하나의 **특수한** 생산 부문——예를 들어 농업, 목축업, 매뉴팩처 등——이거나 하나의 **총체**다. 그러나 정치경제학은 테크놀러지가 아니다. 어떤 주어진 사회 발전 단계에서 생산의 일반적 제규정이 특수한 생산형태들에 대해 가지는 관계는 다른 데서(나중에) 전개할 것이다. 마지막으로 생산은 단지 특수한 것만은 아니다. 생산 부문들의 보다 크고 작은 총체성 속에서 활동하는 것은 항상 사회적 신체, 사회적 주체다. (『요강』, 83;7~8)

여기서 **관계로서의 그리고 차이의 통일로서의 총체성** 개념이 나온다. 여기서 **총체성-주체성 관계**에 관한 문제(우리는 지금 그것을 암시할 수 있을 뿐이다)를 제기하는 것이 필요할 것이다. 아주 많은 연구자들이 이러한 총채성 개념을 가지고 씨름하는데, 그들은 총체성 개념을 비록 그것이 여기서 그와 반대로 아주 분명히 주체적 구조, 수행 주체의 구조일지라도, 관념론적 규정의 매듭에서 발산되는 것으로 총체성 개념을 축소한다. 맑스의 방법적 지평 내에서, 총체성 개념은 결코 내포적이지 않다. 그것은 외연적이고 추상의 규정성(결정성)에 의해 조직되고 마무리된다. 맑스의 방법적 지평은 결코 총체성 개념으로 차 있지는 않다. 오히려 **실재 과정이 지닌 유물론적 불연속성**으로 특징지어진다. 그럼에도 불구하고 이러한 이행은 아무것도 해결하지 못한다. 확실히 주체성은 물질적 구조의 변증법에 아주 중요한 역동성을 부여하며 그

구조의 차원을 확대한다. 맑스가 제시하는 예(그의 오래된 그러나 절대적으로 적절한 생각들 가운데 하나를 취하고 있는)는 사회조직 일반의 법적 형태와 소유를 그 사회구조로 직접 환원하는 것이다. **요약하자면, 여기서 유물론은 변증법을 자신에게 종속시키며** 구조가 지닌 주체적(자본가적) 총체성을 성격 규정하기 위해 변증법을 사용한다. 그러나 그것은 충분하지 않다. 변증법은 혁명적 방법을 규정하기에는 단순한 유물론만큼이나 무능력하다. 유물론과 변증법은 자신들을 주체적으로 통일하는 구조적 연결고리뿐만 아니라 총체성과 차이를 우리에게 제시한다. 그러나 그것은 충분하지 않다. 이 구조, 이 총체성이 **내적으로 분리되어 있지 않은** 한, 또 우리가 구조적(자본가적) 주체성이 **아니라** 그 구조(투쟁하고 있는 두 계급)를 변증법적으로 구성하는 주체성들을 파악하지 못하는 한, 그것은 불충분한 채로 남아 있다. "그러므로 생산, 분배, 교환, 소비는 완전한 삼단논법을 이룬다. 생산은 일반성, 분배와 교환은 특수성, 소비는 개별성이며, 이 개별성 속에 전체가 결합되어 있다."(『요강』, 89;11) 그러나 이러한 요소들이 하나의 삼단논법을 이루고 있다면, 그 요소들이 지닌 구체성, 개별성, 차이를 규정하는 것이 필요하다. 생산 범주를 특정화하는 본질적인 용어들 속에서, 그리고 생산 범주를 성격 규정하는 총체성——실재에 대한 타당한 사회적 접합체——속에서, **생산 범주는 차이 범주로서**, 주체, 차이, 적대의 총체성으로서 **구성될 수 있을 뿐이다.** 이것이 우리가 따르려 하는 길이다. 총체성을 구성하는 제적대를 강조하지 않은 채 총체성을 받아들이는 것은 "(이러한 계기들을) 그 통일성 속에서 파악하지 않는 것이다. 마치 이러한 분리가 현실에서 교과서로가 아니라 반대로 교과서에서 현실로 들어가듯이, 그리고 여기서는 실재 관계의 파악이 아니라 개념들의 변증법적 균형화가 문제인 것처럼."(『요강』, 90;11)

특정 범주(이러한 특별한 경우에는 생산의 범주)의 형성에 관한 이러한 논의 속에서, 범주에 대한 유물론적(18세기 이데올로기에 대항하여) 그리고 변증법적(경제학자들에 대항하여) 토대를 정립하게 되었고, 결정적 계기들이 지닌 주체성을 (개량주의자들과 합법주의자들에 대항하여) 주장해 왔다. 토대는 견고하지만 아직 불충분하다. 그러므로 생산 · 소비 관계(이것은 보편성과 개별성의 관계를 말할 때와 같은 것이다)를 이해함으로써 생산의 차이들을 더욱 심화시켜 보자. 이 관계는 형태상으로는 순환적이다. "욕구가 없으면 생산도 없다. 그러나 소비는 욕구를 재생산한다", "대상은 일단 대상 일반이 아니라, 다시 생산 그 자체를 통해 매개되는 특정한 방식으로 소비되는 특정한 대상이다", "생산은 욕구에 원료를 제공할 뿐만 아니라 원료에 욕구를 제공하기도 한다."(『요강』, 92;13~14) 그러나 이 관계의 순환성을 깨뜨려야 한다. "헤겔주의자에게 생산과 소비를 일치시키는 것만큼 쉬운 것은 없다."(『요강』, 93;15) 그러나 사람들은 맑스가 헤겔주의자가 아니라는 것을 안다. 그는 기꺼이 이러한 명칭을 사회주의적 문필가나 속류적 경제주의자들에게 넘겨준다. 맑스는 한 사람의 맑스주의자다. 즉 한 사람의 유물론자이고 변증법론자(우리는 이미 살펴보았다)지만, 무엇보다도 혁명가다. **관계는 분리(scission)의 가능성을 포함해야만 한다.** 분리의 가능성을 벗어나서 규정할 수 있는 범주는 없다. "그러나 사회 속에서 생산자의 생산물에 대한 관계는 일단 생산물이 완성되자마자 하나의 외적 관계이며, 그 생산물 주체(생산자)에게 되돌아오는 것은 다른 개인들에 대한 그의 관계에 달려 있다."(『요강』, 94;15)

그러므로 분배의 제관계 및 제양식은 단지 생산 행위자들의 이면으로서 나타난다. 임금노동의 형태로 생산에 참여하는 개인은 생산물 즉 생산의 결과에 임금의 형태로 참여한다. 분배의 접합구조(Gliederung)는 생산의

> 접합구조에 의해 전적으로 규정된다. 분배는, 생산의 결과물만이 분배될 수 있다는 그 대상의 성격에, 뿐만 아니라 특정한 생산 참여형태가 특정한 분배형태 즉 분배 참여형태를 규정한다는 그 형태의 성격에 비추어 볼 때, 생산의 산물 자체다. 토지를 생산에 위치시키고 지대를 분배에 위치시키는 것 등은 전적으로 환상이다. (『요강』, 95;16~17)

'생산의 담당자들.' 여기서 우리는 모든 증거로 보아 분석의 중심점에 와 있다. 생산의 일반적 개념은 **생산의 요소들 및 그것들의 적대적 관계가 지닌 주체성**을 고양하기 위해 자신의 유물론적이고 변증법적인 규정의 한계를 돌파한다. 이러한 적대적 관계는 개념에 총체성을 부여한다.

> 그러나 분배는 생산물의 분배이기 전에 (1) 생산수단의 분배이며, (2) 동일한 관계의 더 구체화된 규정인, 다양한 생산 종류 내의 사회 성원들의 분배(특정한 생산관계하의 개인들의 포섭)다. 생산물의 분배는 분명히 생산과정 자체 내에 포함되어 있고 생산 내에서의 이러한 내적 구조를 규정하는 그 분배의 결과일 뿐이다. 생산 분배를 도외시하고 생산을 검토하는 것은 분명히 공허한 추상인 반면, 반대로 생산물의 분배는 본원적으로 생산의 계기를 형성하는 이러한 분배와 더불어 저절로 주어진다. (『요강』, 96;17~18)

그러므로 "생산 자체를 규정하는 이러한 분배가 생산과 어떠한 관계에 있는가 하는 것은 분명히 생산 자체에 속하는 문제다." 그리고 생산 자체에 속한다는 것은 "일반사적 제관계가 생산에 개입하는 방식과 그들이 지닌 역사운동 일반과의 관계" 내에서라는 의미다. (『요강』, 97;18) 우리는 다른 관계(경제학자들의 삼단논법), 즉 생산과 유통 사이의 관계를 고려하면 생산과 소비에 관한 연구가 가져오는 동일한 결과를 얻는다. 이 경우에 똑같이 동일성은 차이로 분화되고 차이는 적대로 인식된다. "우리가 도달한 결론은 생산, 분배, 교환, 소비가 동일하다는 것이 아니라 그것들 모두가 하나의 총체의 분절들, 통일성 내의 차이들을 형성하고 있다는 것이다."(『요강』, 99;20)

차이, 차이들, 적대들. 우리는 맑스의 이행들을 달리 독해하는 방법을 모른다. **생산 범주는——가치 범주처럼——자신의 일반성과 추상성 속에서 생산 속에 살아 있으면서도 분리(separation)의 구성적 가능성을 지니고 있다.** 규정성(결정성)에 대한 총체적인 해결의 열쇠를 제공하기 위해서가 아니라, 구조적 총체성을 분리(scission) 가능성으로 인식하기 위해 유물론적 접근법에 변증법적 접근법을 부가한다. 변증법과 유물론의 융합은 「서설」에서 처음부터 특수한 분리형태로 작동한다. 다른 것들 가운데에서도 방법의 실례로서 채택한 범주인 생산 범주의 중요성을 과소평가해서는 안 된다. 어떠한 용어상의 주의에도 불구하고 생산 및 공장과 관련해서 맑스가 어느 한편에 서지 않는다는 것을 생각할 수 있을까? 노동자들의 편? 생산을 분리, 착취, 위기로 볼 수는 없을까? 그를 프루동주의자라고 비난하기를 원하지 않는다면!

여기서 담론은 한 걸음 더 나아간다. '정치경제학의 방법', 즉 정치경제학 비판의 방법으로 이 지점에서 맑스는 어떤 근본적인 기준을 세운다. 첫번째 원리는 **'결정적 추상'**의 원리다. 그 원리는 순진하게 '실재적인' 것 또는 '구체적인' 것에서 시작해서는 범주들을 만들 수 없고, 단지 주어진 직관과 표상에 대한 '종합 과정'의 발전 위에서 가능하다는 방법론적 주장에 있다. 순박한 방법론이 구체적인 것을 전제로 해서 시작한다. 맑스의 방법론은 **구체적인 것을 결과로서** 취급한다. "과학적으로 올바른 방법은, 구체적인 것은 수많은 규정(결정)의 총괄, 따라서 다양한 것의 통일이기 때문에 구체적인 것을 구체적이라고 생각하는 것이다. (『요강』, 101;21~22) 이런 식으로 구체적 표상을 추상적 결정성 속으로 날려보내기보다는, 반대로 "사고에 의해 구체적인 것을 재생산하는 데로 나아가는 추상적 결정성"을 구성하는 데 성공한다. 그러므로, 추상에서 구체로, 그리고 결정성으로 나아간다. 인식 과정은 대상을 물신화하는 과학적 행동이 지닌 공허한 구체화를 제지한다. 그것은 반대로, 결정성은 이러한 목적을 위하여 일반적 추상, 양극성, 제차원들을 사용하는 이론적 접근법의 산물임을 알고 있다. 진리는 객관적인 것이다. 이 점에서 인식론적 회의주의는 없다. "현실적 주체는 여전히 두뇌 바깥에 자립적으로 존재한다. 두뇌가 단지 사변적이고 이론적인 한 그렇다. 그러므로 이론적 방법에서도 사회라는 주체는 전제로서 항상 끊임없이 표상 앞에 떠올라야 한다." (『요강』, 102;22) 어떠한 인식론적 회의주의도 없지만, 반대로 구체적인 것을 물신숭배하는 모든 종류들을 파괴한다. 유물론과 변증법의 이론적 융합이 여기서 **작동하게** 된다. 우리는 우리가 추상을 통해 다가가려고 시도하고, 노력하고, 모험하는 구체적이고 복합적인 결정성을 지닌 그 실재 내에 잘 와 있다. 이러한 첫번째 방법론적 원리 속에는 의지와 지성 즉 일상적인 인간의 실천이 있다. 그러나 나는 그것에 만족하지 않는다. **추상적 지식의 사용가치와, 지식의 변형에 대한 요구 간의 관계도** 있다. 요약하자면, 데카르트식으로 나를 물 속에 던져 버리는 결정적 추상, 추상들을 규정하는 이러한 방법은 '단순한 것에서 복잡한 것으로 상승하는 추상적 지식의 길'을 지시해 주고, 그렇게 하는데서 실재를 발견하고 발명하게 도와 준다. 그러나 잘 생각해 보라. 나는 구체적인 것에 대한 추상적 파악, 접근, 결정적 추상 등의 과정은 **집합적 과정**, 집합적 지식의 과정이라는 이 요소가 맑스주의의 방법론 및 해석의 역사에서 충분히 밝혀지지 않았다고 생각한다. "모든 사회형태에는 하나의 특정한 생산이 나머지들에 대해 그리고 그것과 다른 것들과의 관계에 대해 영향력을 행사하고 서열을 매기는 능력을 가지고 있다. 그것은 여타의 모든 색채들을 물들이고 그것들의 특수성을 수정하는 일반적인 조명이다. 그것은 자신 내에서 드러나는 모든 존재의 고유한 무게를 규정하는 특수한 에테르다."(『요강』, 106~107;27) 이제 결정적 추상의 과정은 전적으로 이러한 집합적 프롤레타리아적 조명 내에서 주어진다. 그러므로 그것은 하나의 비판 요소이고 하나의 투쟁형태다.

결정적 추상은 하나의 역동적인 사실이다. 단순한 것과 복잡한 것의 관계, 주어진 것과 구성된 것의 관계, 근원과 투사물의 관계를 정립하는 것이 그것의 인식론적 성격에 적합하다. 맑스 방법론의 두번째 구성요소는 이러한 관계에 대한 하나의 해석으로 이루어져 있다. 그것은 **'경향'의 방법**이다. 맑스는 '교환가치' 범주를 생각한다. 그것은 우리 시회에서 다소 구체적인 범주다. 그것을 면밀히 분석해 보자. "그러므로 이 완전히 단순한 범주는 가장 발전한 사회 상황 속에서만 가장 밀도있게 역사적으로 나타나며", "그래서 더 구체적인 범주 이전에 더 단순한 범주가 역사적으로 존재했다 할지라도, 그것은 복잡한 사회형태에서 완전히(내포적이고 외연적으로) 발전할 수 있었던 반면에, 더 구체적인 범주는 덜 발전된 사회형태에서 더 충분히 발전했다."(『요강』, 103;24) 이 모든 것은 무엇을 의미하는가? 그것은 단순한 것과 복잡한 것의 관계가, 용어가 지닌 완전한 의미에서 **하나의 관계**이며, 따라서 역사적 주체성과 그것의 징표인 역동적 집합체에 의해 생명력을 부여받은 **하나의 역동성**임을 의미한다. 그것은 한편으로는 구체적인 것에서 실재적인 것을 추구하는 추상(결정적 추상), 다른 한편으로는 **추상 속에서 자신의 결정성을 추구하는 구체성**(경향의 과정)이라는 상이한 추상의 정도가 존재한다는 것을 의미한다. 역사적 운동은 생산과 계급투쟁에 의해 결정된다. 생산에서 '계급투쟁의 성격'으로, 첫번째 직접적인 구체적 진리에서 전도와 투사(project)의 진리로 나아가는 운동이다. "대개 가장 일반적인 제추상은, 어떤 하나가 다수에, 모든 것에 공통적인 것으로 나타나는 경우 가장 풍부하고 구체적으로 발전한다. 그렇게 되면 그것을 특수 형태로만 생각할 수 없게 된다."(『요강』, 104;;25)

이것은 **방법론상의 공산주의**다. 이론적 방법은 공산주의적이라고 규정될 수 있기 때문이다. 『요강』은 공산주의혁명의 정의에 대한 이러한 접근법을 어떻게 구체화할 수 있는지를 보여 줄 것이다. 그렇다면 맑스가 행한 분석이 전개되는 실체에서 「서설」을 분리하려는 것은 얼마나 추상적인가!

> 그러므로 경제적 범주들을 그것들이 역사적으로 결정적이었던 차례대로 순서 매기는 것은 불가능하며 잘못일 것이다. 오히려 그들의 순서는 근대 부르주아 사회에서 그들이 서로 맺는 관계에 의해 결정되며, 자연적 순서인 것처럼 보이거나 역사적 발전의 순서에 조응하는 것과는 정반대의 관계에 의해 결정된다. (『요강』, 107;28)

그리고 다시 말하면 "인간의 해부학에 원숭이 해부학의 열쇠가 있다." (『요강』, 105;26) 그러므로 맑스의 인식론적 관점에서 볼 때, 맑스의 저작에서 경향적 방법이 발생론적 방법에 대해 결정적으로 우세하다는 것은 분명하다. 우리는 나중에 이것을 다시 다룰 것이다. 잠시 강조해야 할 중요한 것은, 이러한 수준에서도 방법은 결정성을 단순한 개인이라는 맥락으로 환원할 수는 없는 실제적 조직(tissue)을 지닌 어떤 삽입물을 가정한다. 이러한 관점에서도 맑스의 방법론은 **집합적 모험**이다. 경향, 이것은 단순히 역사적 성과의 합계에 기초를 두고 범주들을 수동적으로 구성하는 것이 아니다. 그것은 무엇보다도 미래를 밝히는 기획을 만들기 위해 미래의 관점에서 현재에 대한 독해를 하는 것이다. 모험을 하는 것, 투쟁하는 것, 과학은 그것에 집착해야 한다. 그리고 종종 누군가가 원숭이라면, 그것은 좀더 민첩하기 위해서일 뿐이다.

추상과 결정 간의, 증명으로서의 추상과 기획으로서의 추상 간의 관계가 지닌 중요한 의미는 과학적 증명의 계기를 발견하는 것이다. 그것은 「서설」이 지닌 방법론의 세번째 요소이며, '실천상의 진리(true in practice)'다. 방법의 세번째 기준을 규정하기 위해, 맑스는 그의 전체 연구의 중심을 이루는 범주——'노동' 범주——와 관련하여 결정적 추상의 방법을 경향의 방법과 관련시킨다. 이제 "노동은 아주 단순한 범주처럼 보인다." 그럼에도 불구하고——그리고 여기서 결정적 추상의 방법이 작동하고 있다—— 그것이 경제적으로 이렇게 단순하게 파악될 때, "노동은 이러한 단순한 추상을 창조하는 관계들과 마찬가지로 근대적인 범주다."(『요강』, 103;24) 이 범주를 구성하는 일반적 관계에 대한 분석은, 이 통일성, 이러한 다양성의 통일 및 접합이 역동적 요소, 얽힘 요소, **주체적 힘의 결과**임을 분명히 한다. 노동 개념은 훨씬 더 고도의 추상형태를 향해 경제의 역사적 실재 속에서 움직인다. 이러한 운동을 규정하는 것은 자본주의적 생산관계다. 서서히——그리고 여기에 다시 경향의 작동이 있다—— 범주가 확장되는 그런 식으로, 노동은 다음과 같이 된다.

> 노동 일반에 대한 이러한 제추상은 단순히 노동들의 구체적 총체에 대한 정신적 산물만은 아니다. 특정한 노동에 대한 무차별성은, 개인들이 한 노동에서 다른 노동으로 쉽게 바꿀 수 있고 특정한 노동 종류가 그들에게 우연적이고 따라서 무차별적인 문제인, 그런 사회형태에 조응한다. 노동은 여기서 범주 속에서뿐만 아니라 현실 속에서도 부 일반을 창조하는 수단이 되며, 특수하게 개인들과 유착된 결정이기를 그친다.(『요강』, 104;25)

정확하게 말하자면, "근대 경제학의 출발점 즉 노동, 노동 일반, 노동 자체라는 범주의 추상은 비로소 실천상의 진리이게 된다."(『요강』, 105;25) 그러므로 '실천상의 진리'는, 추상이 초점을 둘 지점을 발견하고 역사적 실재와 충분한 관련을 획득하는 경우에 범주 발전의 계기가 된다. 추상과 경향의 이러한 접합 없이는, 그 접합이 실천의 진리로 통하고 현세의 역사로 통하는 이러한 계기 없이는, 과학적으로 전진하는 것은 불가능할 것이다. 변형력의 변형(transformation), 가능성, 현실성에 대한 개념이 되는 과학이 '실천상의 진리'다. 맑스주의적 범주들은 이러한 혼란 속에서 형성되지만, 그것들의 형성 기제는 이러한 세 가지 기준에 따라 자료를 완전히 만들 때 기능할 수 있을 뿐이다. "이러한 노동의 사례는 가장 추상적인 범주들조차 모든 시대에 대한 그것들의 타당성 —— 분명히 그들이 지닌 추상성 때문에 —— 에도 불구하고 어떻게 이러한 추상의 결정 속에서 스스로 역사적 관계의 산물이며, 이러한 관계 속에서 그리고 이러한 관계를 위해서만이 자신들의 충분한 타당성을 가지는가를 분명하게 보여 준다."(『요강』, 105;25) 이 단계에서 범주는 '생산물과 타당성'으로 즉 실재적 구성과 과학적 지평으로 제시된다. '노동' 개념을 생산 개념으로, '사회적으로 평균적인 필요시간'으로 설명해 보자. 이러한 개념 규정이 역사에 의해 만들어진다는 것은 아주 분명하다. 그러나 그것은 또한 개념이 발전되는 수준, 즉 나중의 모든 범주 발전의 초석을 규정한다. 일단 설명이 명확하게 자신의 윤곽을 추적하면, 또 일단 경향의 기제가 그 경향의 운동이 연출하는 모든 변증법적 접합을 보여 주면, 우리는 더 나아가 노동 개념이 결국 어떻게, 언제 투쟁의 중심에서 실천상의 진리로 나타나는지를 보게 될 것이다. 우리는 주체성으로 물든 이러한 개념이 어떻게 다시 한번 대체되고, 어떻게 이러한 대체가 그 이상의 결과를 결정하는지를 볼 것이다. 이러한 일련의 방법론적 이행들은 '노동' 범주에 관련될 뿐만 아니라(비록 그것을 예로 드는 것이 특별히 유용한 것으로 나타난다고 해도), 맑스의 모든 분석 범주들에 관련된다. 그러므로 바로 여기서, 이 페이지들에서 다루어야 할 자료에 대한 첫번째 구분, 방법의 도식화와 관련된 구분이 나타난다는 것은 우연이 아니다.

> 순서는 분명 다음과 같이 되어야 한다. (1) 다소 모든 사회형태에 속하지만 위에서 설명한 의미에서 통용되는 일반적인 추상적 제결정. (2) 부르주아 사회의 내부 접합구조를 구성하며 근본계급들이 의거하는 범주들. 자본, 임금노동, 토지 소유. 이들의 상호 관계. 도시와 농촌. 3대 사회계급들. 이들 사이의 교환. 유통. (사적인) 신용 제도. (3) 부르주아 사회의 국가형태로의 총괄. 사회와 관련한 고찰. '비생산적' 계급. 조세. 국채. 공공 신용. 인구. 식민지. 이민. (4) 국제적 생산관계. 국제분업. 국제교환. 수출입. 환율. (5) 세계시장과 공황. (『요강』, 108;28~29)

그러므로 이론적 접근법과 역사적 접근법의 접합이라는 맑스주의적 종별성이 무엇인지 알아보는 것은 어렵지 않다. 그것은 추상적인 것에서 구체적인 것으로 나아가고, 그리고 나서 경향과 지평의 역사적 확장에 비례하여 추상적인 것에서 구체적인 것으로, 점점 더 복잡한 것으로 다시 나아가는 과정이다. 그러므로 '세계시장과 공황'에서 전체의 동력인 기본적인 적대를 극단적으로 사회화하는 명확한 지점에 이른다. 실천적 관계의 역동성, 이러한 운동의 역사적 주체성, 즉 '실천상의 진리'라는 기준은 여기서 규정적이고 판별적인 요소다. '실천상의 진리'라는 기준은 '차이' 개념과 관련하여 우리가 이미 강조한, 주체적이고 개방적이며 구성적인 의미의 모든 차원을 유물변증법적 방법론에 복귀시킨다.

우리가 지금 「서설」에서 이 점에 대해 제시한 방법의 총체를 고려한다면, 그것이 제기하는 관점이 엄청난 중요성을 가지고 있다는 것을 강조해야 한다. 다른 용어를 사용하자면, 여기서 **연구**와 **서술**, 그리고 **새로운 서술** 간의 관계를 완전히 설정해야 하며, '**현실운동**'이 사실상 과학의 주체가 된다는 것을 인식해야만 한다. 그래도 뭔가가 부족하다. 연구 대상을 정신에 외재적인 것으로 생각하는 유물론적 방법이 과학에 속하며, 그 방법은 경향이 제시하는 전망에 의해 활기를 얻고, '실천상의 진리'라는 기준에 의해 주체화한다는 것은 정말 진실이다. 그러나 그렇게 말한다고 해도 여기서는 실재적인 것을 관념론적인 어떤 재구성물로 환원할 수 없다는 것을 인정해야만 한다. 실재적인 것, 그것의 법칙과 그것의 접합들이 지닌 역동성은 역사적 유물론의 근본적인 측면인 '차이'에 의해 —— 역사유물론이 역동화하고 주체화할 수 있는 만큼 —— 확보될 뿐이다. 반대로 『요강』에서는 적대가 범주 형성에서 지니는 직접적 중요성에 의해, 그리고 적대에 의해 그 운동은 확보된다. 차이는 적대로 되고, 방법의 틀은 훨씬 더 느슨해져 여러 차원으로 분산된다. 그렇다면 「서설」은 『요강』의 이념적 성숙성에 이르지 못하는가? 아마도 그렇지는 않다. 그럼에도 불구하고 그것은 **모든** 범주의 근본적 규칙으로서 적대의 규칙으로 나아가는 이행의 모든 조건들을 준비한다. 덧붙여 「서설」과 그것에 부가된 텍스트들은 이러한 마지막 이행을 언급하며 종종 그것에 대해 공개적으로 말한다. 우리는 이러한 새로운 전망이 어떻게 표현되는지 보아야 한다. 맑스 자신이 「서설」의 결론에서 이러한 어려움에 대해 경고하는 것 같다는 점을 지적함으로써 잠시 대답을 예상해 보자. '그리스 예술과 현대 사회'라는 이 두 페이지(『요강』, 109~110;30~31)는 일시 중단을 나타내고 앞선 노트들과 연결된다. 이것은 역사유물론이 지닌 고전적 문제들을 정의하고 상이한 수준에서 해결하기 어려움을 강조한다. 그러므로 맑스는 이렇게 일시 중단하고 미해결된 문제들에 대해 「서설」을 끝내면서, **역사유물론의 명제가 지닌 한계**를 인식하는 것 같고, 『요강』에서 그로 하여금 「서설」의 전제 조건에 대해 창조적인 결론을 제시하도록 유도하고 일반적으로 가장 발전한 단계의 방법에 이르도록 하는 생각을 여기서 부가하는 것 같다.

그러나 맑스의 방법론이 제대로 결론의 형태를 취하려면 내용의 어떤 요소들이 성숙하고 다른 조건들이 발전하는 것이 필요하다. 노트 7(『요강』, 881~882;763~764)의 끝에서, 우리에게는 특별히 중요한 것처럼 보이는(그것이 삽입된 위치에 관한 문헌학적 논쟁은 제쳐 두고) '가치에 관한 절'이 시작된다. 가치라는 주제가, 방법과 근본적인 범주들의 접합에, 명확히 여기서 우리의 문제인 이 근본적인 범주들의 특징화에 직접적인 영향력을 가지고 있기 때문에, 우리에게는 가치라는 주제를 고려하는 것이 적절해 보인다. 맑스는 '가치' 범주를 사용하기 위해서 방법을 작동시킨다. 그는 가치를 규정하는 차이 및 통일의 변증법을 강조한다. 가치의 차이는 사용가치로서 주어진다. 그러나 "사용가치는 근대적 생산관계에 의해 수정되자마자 정치경제학의 영역 내로 들어오며", 그때 사용가치는 과정의 통일로 환원된다. 그럼에도 불구하고 해당 차이의 형태, 강도, 힘을 파악하는 것만큼 맑스의 논리가 지닌 이러한 정상적 경로를 반복하는 것이 특히 흥미롭다. 분명히 이런 잠재력이 차이가 적대로 전화하도록 한다. 바로 이러한 영역에서 맑스는 주장한다. "그러나 사실, 상품의 사용가치는 주어진 전제 —— 특수한 경제적 관계가 스스로를 나타내는 물질적 기초 —— 다." 그러므로 맑스는 다음과 같이 주장한다.

> 비록 상품 속에서는 직접적으로 통일되어 있지만, 사용가치와 교환가치는 여전히 직접적으로 분리되어 있다. 교환가치는 사용가치에 의해 결정되는 것으로 나타나지 않을 뿐만 아니라, 오히려 상품은 그 소유자가 사용가치로서 상품과 관련하는 한에서만 비로소 상품이 되며 자신을 교환가치로

서 실현한다. 상품 소유자는 다른 상품들과 자기 것의 교환, 즉 자기 것의 양도를 통해서만 사용가치를 전유한다. 양도를 통한 전유는 생산의 사회적 체계의 근본형태이며, 그것의 가장 단순하고 가장 추상적인 표현으로서 교환가치가 나타난다. (『요강』, 881~882;763~764)

객관적 전제-소외된 전제. 이러한 이행으로 차이는 적대가 된다.

여기는 맑스의 사고에서 사용가치에 관한 논의가 지닌 장점들에 대해 파고들 장소가 아니다(그럼에도 불구하고 그것은 우리가 앞으로 길게 논의할 주제다. 잠시 이와 관련하여 아그네스 헬러 Agnes Heller와 부다페스트에 있는 그녀의 동지들의 저작뿐만 아니라 로스돌스키의 아주 균형 잡힌 페이지들인 112~140쪽을 볼 것을 제안한다). 우리는 여기서 방법론을 말하고 있으며, 우리의 관심사는 어떻게, 어떠한 형식적 기제에 의해 차이가 적대로 되는가를 규정하는 것이다. 객관적 전제를 소외된 전제로 변형하는 것, 즉 자신을 규정하기 위해 자신에게로 끊임없이 되돌아오는 역동적 성격을 자신에 부여하는 것은 사회적 관계 및 그것의 자본주의적 차원이 지닌 성격이다. 사용가치는 통일과 차이의 변증법이 스스로 작동하면서 가치운동, 가치의 무한한 형성을 계속 재가동하게 할 때만이 '소외된 전제'로서 정치경제학 비판의 범주가 된다. 사용가치는 양도를 통해서, 즉 양도를 통한 전유라도 계속 변화하는 단계 —— 그러나 덜 실재적이지는 않은 —— 를 통해 전제에서 벗어날 때, '실천상의 진리'가 된다.

우리는 마찬가지로 이러한 추론방식의 틀 내에서 「바스티아와 캐리」라고 명명되고 노트 3권(『요강』, 883~893;843~843) 시작 부분이자 1857년 7월에 쓰여진 텍스트를 —— 그러므로 「서설」에 앞서 그러나 「서설」과 『요강』의 지평을 이루는 논쟁들이 지닌 틀 속에서 —— 고려할 것이다.

그것은 바스티아의 『경제적 조화(*Economic Harmonies*)』(2판, 파리, 1851)에 대한 논평, 우리가 이미 화폐에 관한 노트(참고로 특히 『요강』, 248~249;160, 그리고 여기저기)에서 그 일부를 발견했던 특정 주제들을 정교화하기 위한 구실로서 맑스가 한 전형적 논평과 관련된다. 프랑스(바스티아)와 미국(캐리)에서 부르주아 정치경제학의 상황을 면밀히 검토함으로써, 맑스는 여기서 어떤 비판의 법칙——형식적이고 방법론적인 특징들을 강조하는 점에서 내가 관심을 가지고 있는 것——을 밝히는 수단을 가지고 있다. 맑스가 밝히려고 한 첫번째 법칙은 이전 세기의 운동이 지닌 한계를 앞질러 자율적으로 발전한 (미국이라는 사회와 같은) 부르주아 사회의 경향과 관련된 것이다. 그러므로 여기서 "부르주아 사회 자체의 대립들은 사라져 가는 계기들로서 나타날 뿐이다." (『요강』, 884;844) 그리고 국가는 시민사회의 직접적 종합이다. **자본은 직접적으로 사회적 자본이다.** 맑스가 자신이 풀 수 있다고 생각하는 두번째 법칙은 **자본의 집중과 국가의 집중** 간의 병행 현상을 정립하는 것이다. 이것은 자본주의적 사회화 및 집적이——미국과 같은 개방된 사회에서만큼이나 유럽 대륙과 같은 폐쇄된 사회에서도——국가권력의 누적적 팽창 및 집중의 필연성을 결정함을 의미한다. 이러한 과정은 직접적으로 자본주의적 집적에서 발생하는 생산과 유통 간의 적대로 유발된다. "처음에는 이 '경제적 조화들'의 유일한 방해자로 낙인찍혔던 국가가 이제는 이러한 조화들의 마지막 은신처" (『요강』, 886;846) 라는 결과를 가져온다. 기술된 세번째 법칙은 (국민)국가의 모습이 자본의 (매개된 또는 직접적인) 집중화로 됨에 따라 **세계시장 수준에서의 모순과 적대가** 항상 필연적으로 **심화된다**는 법칙이다. 부르주아 사회의 일반적 제관계는 "그것들이 가장 발전한 형태인 세계시장의 형태로 나타날 때 부조화하게 된다." "이 세계시장의 부조화는 경제적 범주들 내에 추상적 관계로 고정되어 온 부조화들에 대한 가장 적절한 표현일 뿐이다" (『요강』, 887;847) 라고 맑스는 결론 내린다.

맑스의 방법에서 범주들이 체계의 토대를 이루는 이 행복한 순간에 성숙 —— 무엇보다도 **적대가 체계 발전의 동력인** 역동적이고 적대적인 토대, 즉 자본의 역사라는 기획이 전진할 때마다 적대가 지속적으로 다시 나타나는 토대라는 의미에서 성숙한 —— 지점에 있다는 것을 알기 위해서는 이 정도로 충분하다. 마찬가지로 모든 유물론적 객관주의도 사라진다. 관계는 그것이 적대에 근거하고 있는 정도만큼 열려 있다. 그럼에도 불구하고 여기서 모순의 발전 —— 그리고 모순이 지닌 적대의 심화 —— 은 자본의 수준에, 자본 및 발전이라는 범주들의 수준에 남아 있고, 그래서 그 과정의 주체적 구성 요소를 과소평가한다는 것에 정당하게 항의할 수 있다. 그러나 맑스의 검토는 바스티아의 임금론과 관련하여 계속된다. 여기서 사람들은 '임금에 관한 책'이나 장이 어떠했을까를 눈치 챈다. 바스티아와 그의 어리석음과는 반대로, 맑스는 임금(임금노동, 노동자계급)을 직접적인 혁명적 힘이자 모든 발전 가능성의 동력이라고 주장한다. "이 모든 현실적인 역사적 이행 속에서 임금노동은, 노동이 소득, 내용, 위치, 규모 등 모든 측면에서 고정되어 있는 관계들의 절멸과 해체로서 나타난다. **그러므로 노동 및 그 보상이 지닌 고정성에 대한 부정으로서 나타난다.**"(『요강』, 891;851) 이러한 주체성으로의 몰입(해체, 파괴, 이동성, 독립성)은 자본의 범주들이 지니는 적대라는 의미에 새로운 토대를 제공하며, 그 적대를 새로운 방식으로 보여 주고 『요강』이 잉여가치론에서 분명하게 못 박을 긴장의 수준으로 끌고 간다. **방법조차도 이 지점에서 가치론의 최종적 정식화를 기다린다.** 그렇지만 이때까지 가치론의 정식화가 크게 진전되지 않았다는 것은 아니다. 수집된 모든 요소들을 체계적인 방식으로 조립할 때까지 기다리는 것이 필요할 뿐이다.

『요강』에서 맑스의 방법이 제시한 정식화는 「서설」에서 『요강』으로라는 일직선적인 것이 아닐 뿐만 아니라 『요강』 내에서도 그렇지 않은 과정이다. 사실 화폐에 관한 장의 어떤 구절들——우리가 이미 제2강의에서 살펴본——을 잠시 돌아보면, 방법에 관련한 몇몇 지체와 혼동을 미리 알 수 있다. 이것들은 적대를 규정하는 경향이 있는 힘이 극단적으로 나타나는 구절들——화폐에 관한 장에서 B 논점과 D 논점하에 정리된 텍스트들을 보라——속에서 특히 분명하다. 사실상 이 텍스트들 속에서 무엇이 이루어지고 있는가? 이루어지고 있는 것은, 범주들 속에서 적대의 심화가 자본주의 발전과 자본주의 위기 간의 연계, 공산주의로의 이행의 토대로서 기능하는 연계를 볼 수 있게 한다는 것이다. (『요강』, 159~164, 172~173, 173~174, 289;77~82, 88~89, 89~90, 148) 전도를 작동시키는 이러한 연계는 과정이 주체적으로 되는 결정적 문턱을 아직은 넘지 않았다. 적대는 매우 강하다고 우리는 말해 왔다. 그러나 우리는 그래도 적대를 혁신적인 비약의 모습이나 혁명적 자유의 모습으로서가 아니라, 어떤 기획의 결과로 본다. 공산주의에 관한 담론에서 우리는 경향을 '기획' 수준에서 평면화된 것으로 발견한다. 방법에서 이러한 기계론적 시도가 종종 『요강』 속에 나타나지만 거의 기대하지 않을 때 다시 나타나지는 않는다면, 우리는 이렇게 평면화되는 것(이것은 분석이 불충분하게 전개되었다는 표지다)을 강조하지 않을 것이다. 무엇보다도 그것이 궁극적이고 결정적인 적대를 규정하고 공산주의를 예견하는 것과 관련되어 있을 때는 말이다. 그렇지만 이 경우에도 만족할 수 있을 것 같지는 않다. 경향이라는 주제는 이데올로기적인 '기획' 속에서 기계적 평면화를 겪을 수 있다. 그 경우 공산주의 문제는 환상에 관한 담론이 될 위험이 있다. 그러나 반대로 경향이라는 주제를 '실천상의 진리', 주체적 증명으로 대체할 수 있다는 것을 강조하는 것이 중요하다. 말장난이 허용된다면, 그렇기 때문에 『요강』의 경향은 앞으로 나아감에 따라 경향을 실천상의 진리로서, 기획이라기보다는 주체성의 전가(imputation)로서 추켜세운다고 말할 것이다. 잉여가치론은 정교화되면서 맑스의 방법에서 나타나는 가장 커다란 긴장들을 회복할 것이라는 점을 다시 한번 덧붙일 필요가 있다. 그리고 공산주의는 자본의 부조화에 대한 수정일 수 없다는 점도 덧붙일 필요가 있다.

그 이론적 발전의 한계가 어떠하든, 「서설」은 방법에 관한 예외적인 텍스트로 남아 있다. 이것은 방법이 지닌 네번째 기준을 검토할 때 다시 나타나는 것이다. 그런데 그 네번째 기준은 결정적 추상, 경향, 그리고 실천이란 기준들 이후에 잉여가치(착취)론에 적합한 수준으로 방법의 이행을 준비하고 조직하기 위해서 나타나는 것이다. 우리는 이 네번째 요소를 연구와 이론적 영역의 '전위' 기준 또는 주제의 전위 기준, 다시 말해 (구조의) '구성' 원리의 기준이라고 부를 것이다. 이러한 기준을 만들어 내는 과정은 「서설」에서 이미 정립된 세 가지 기준의 교차점에서, 그리고 우리가 가치에 관한 논의와, 바스티아와 캐리에 관한 텍스트 속에서 이미 보기 시작한 요소들의 교차점에서 나타난다. 그 교차점 가운데 첫번째 경우에는 '차이'의 철저한 심화, 그 차이에 독립성을 부여하는 지점까지 깊숙이 나아가는 그런 심화다. 두번째 경우에는 적대를 방법론적으로 사용하는 것보다는 교체(alternation)의 사용에 대한 역동적 주장이다. 범주들의 운동은 첫눈에는 분석에서 단지 '투사물들', 기계적 긴장들을 만들어 내는 것처럼 보이는 것이 분명 사실이다. 그러나 내 생각으로는 이러한 한계들을 실제적으로 극복할 수 있는 모든 조건들이 주어져 있다. 잉여가치에 관한 절에서 우리는 방법론적 영역에 대한 이러한 풍부화를 추적하고 동시에 그것의 엄청난 효과를 증명할 것이다. 그러나 여기서 이러한 전제 가정들을 확인하고 그것들을 어떻게 정식화할 수 있는지를 생각해 보는 것이 유용할 것이다. 이제 「서설」의 방법론적 원칙들이 지닌 체계적 성격이 분명하다면 그것들이 지닌 역동성도 분명하다. 결정적 추상, 경향, 그리고 '실천상의 진리'는 범주들을 운동 속에서 만들어 내는 원칙들이고, 해부학뿐만 아니라 실재적인 생리학에 접근하며 구조뿐만 아니라 실재 혁명에 접근하는 원칙들이다. 그러나 실재는 일직선적이지 않으며, 변증법은 전체주의적이지 않고, 과학적 과정은 직관적이지 않다. 반대로 실재는 끊임없이 변형되고, 의도적으로 권력을 행사하는 집단적 세력들의 적대를 자신의 운동 속에 끌어들인다. 그러므로 지금까지 살펴본 기준을 역사 과정의 커다란 대안들, 그것의 질적 변화, 실재의 도약 및 전환과 그 발전으로의 ——원인과 결과로서—— 주체의 참여 양자를 수행하는 최종 원칙 내에서 재구성해야 한다. 역사적 지평은 움직인다. 결정적 추상에 의해 결정된 범주는 수정되고, 경향은 실현되거나 대체되며 어쨌든 강력한 변화 가능성에 따른다. 이러한 지평에서 움직이며 그 지평을 실질적으로 결정하는 주체들은 즐겁든 그렇지 않든 이러한 과정에 관여한다. 지평은 항상 다원적이고 다양하며 유동적이다. 사람들이 그것에 대해 갖는 지식은 투쟁의 활력과 정열을 지닌다. 맑스의 방법론에서 네번째 기준은 방법론적 개입이 지닌 조작적 성격의 종합으로 나타난다. 이 기준은 다른 무엇보다도 갈등이란 가늠자의 재구조화 및 투쟁의 발전에 따른 이론적 틀의 대체를 적극적 전제로 생각한다. 이 기준은 과정이 지닌 역동적 관련의 수정, 주체성 및 그 극들의 탈구 ——새롭게 안정된 이론적 틀 내에서——를 소극적 전제로 생각한다. 종합을 위해서 이 기준은 새로운 구조를 구성하며, 따라서 실천 기준과 변형 원칙에 다시 종속되어야 하는 새로운 상황, 새로운 적대형태를 구성한다. 그러므로 그것은 맑스의 방법에서 중심적이고 발본적인 지평을 결정하는 구성 원리다. 어떤 원칙이 어떻게 발전되는가를 생각한다면, 우리가 운동이 포함하고 있는 모든 가늠자에 따라 그 운동을 모든 방향에서 따라간다면, 대칭적인 또는 비대칭적인 방식으로, 그러나 각각의 경우에는 적어도 그 틀과 그것의 전개에 대한 전반적 수정을 통해 고려해야 할 모든 수준에 주의한다면, 우리는 구성 원리의 전개와 확립을 본다. 그것은 변형을 위해 새로운 세계를 구성해 왔으며, 새로운 인식적 실재성을 제시하고 있다. 구성 원리는 맑스 방법의 다른 규칙들에서 도출됨이 전적으로 분명하다. 그러나 이 원리가 가져온 신선함 또한 분명하다. 왜냐하면 바로 그 원리는 경향을 투사물로 환원할 수 없게, 추상을 범주적 객관성의 본질로 환원할 수 없게, 실천 기준을 역사적 연속성에 대한 실재론적 숭배로 환원할 수 없게 해주기 때문이다. 구성 원리는 방법론에 질적 도약이라는 차원, 집단적 세력관계로 환원되는 역사관, 그러므로 회의적이지 않고 역동적이며 창조적인 관념을 도입한다. 새로운 구조를 구성하는 것은 언제나 새로운 적대의 구성이다. 상이한 형태들을 그 발전 속에서 추적하고 그것들을 구성 원리에 비추어 생각할 수 있다. 잉여가치라는 원리가 그 이론의 핵심에 적대의 주체성을 지니고 있듯이, 구성 원리는 맑스주의적 분석 및 그 방법론의 바로 핵심에 위기를 지니고 있다. 그러므로 이 원리가 「서설」과 『요강』에 양다리 걸친 채 태어난다는 것은 우연이 아니다. 그것은 「서설」에서 준비되고 『요강』에서 발전된다. 왜냐하면 우리가 보아 온 대로 이 기간 동안 맑스의 길은 자본이론으로서의 위기론과 혁명론으로서의 잉여가치론의 구성이라는 문제에 전적으로 축을 두고 있기 때문이다. 그러므로 구성 원리는 변형, 이행을 분석하기 위한 근본적 기준이 된다. 이론의 연속성 내에서 실천적 도약이라는 의식, 그것이 바로 맑스 이론의 지평이다. 맑스를 넘어선 맑스? 여기서 다시 그 문제를 제기하고 스스로를 맑스주의 과학으로 보이려고 하는 모든 정통을 비웃을 필요가 있다.

맑스의 방법론에 대한 그리고 헤겔—맑스 관계에 대한 낡은 논쟁에 나는 결코 관심이 없다. 맑스와 헤겔을 독해한다는 유일한 조건 위에서,

맑스가 헤겔주의자였다는 것은 결코 사실이 아닌 것 같다. 다른 점에서 맑스의 저작들은 헤겔에 대한 언급으로 넘쳐 있다는 것은 자명하다. 그것을 확인하기 위해서는 『요강』을 읽는 것으로 충분하다. 약간 즐기기를 원한다면(그리고 『요강』 편집자들의 태도에서 문헌학을 가지고 노는 불합리한 방식으로가 아니라), 우리가 지금까지 보아 온 처음 페이지들에서 헤겔의 저작에 대한 적어도 30여 개의 직간접적 언급이 있다는 것을 알 수 있으며, 한편으로 맑스가 헤겔에게서 광범하게 빌려 오고, 다른 곳에서는 헤겔적 부담에서 벗어나려는 심리학적으로 모호한 태도가 이미 완전하게 구성되어 있었다는 것을 발견한다. 여기서 우리는 두 가지 예를 들 수 있다.

> 한 상품이 지닌 시장가치는 항상 다르며, 평균가치 이하거나 그 이상이다. 시장가치는 자신의 끊임없는 진동으로 실질가치와 일치한다. 결코 제3의 가치로서 실질가치와 일치함으로써가 아니라, 자신에 대한 끊임없는 불일치(헤겔은 추상적 동일성에 의해서가 아니라 끊임없는 부정의 부정, 즉 실질가치의 부정으로서 자신을 통해서라고 말했을 것이다)를 통해 자신을 실질가치와 일치시킨다. (『요강』, 137;56)

여기서(항상 그렇듯이 이러한 주장에 대해서 다른 곳 그리고 특히 『요강』, 211~212;122~123을 보라) 헤겔에 대한 언급은 그것이 연구를 돕고 그 서술을 가능케 한다는 의미에서 직접적으로 내용과 관계된다. 그러나 이 동일한 페이지들에서 헤겔의 저작에 대한 언급은 용어상으로, 개념의 형성상 증가한다. 두번째로 우리는 다음과 같은 다른 주장을 발견한다. "이러한 문제에서 벗어나기 전에, 개념 규정과 이러한 개념들의 변증법만이 중요하다는 가상을 만들어 내는 관념론적인 서술을 정정하는 것이 필요할 것이다. 무엇보다도 생산(또는 활동)은 상품이 된다. 상품은 교환가치가 되고 교환가치는 화폐가 된다." (『요강』, 157;69) 관념론적 서술방식을 정정하는 것, 이것에는 헤겔주의의 심오한 형식들에 대한 어떠한 탐닉의 느낌도 없다! 그렇다면? 맑스-헤겔 관계에 대한 논쟁은 단지 핑계다. 그들(맑스와 헤겔)이 서로에게 상대방의 반대 얼굴을 어떻게 표현하는가를 직접 알기 위해서는 이러한 맑스를 찾아내는 것으로 충분하다. 왜냐하면 맑스는 혁명적이고 유물론적이며, 그리고 다시 한번 그의 저작의 좀더 실질적인 부분에서뿐만 아니라 방법론에서도 혁명적이고 정치적이며 실천적이기 때문이다. 우리가 방금 언급한 것은 「서설」에 관한 한——헤겔주의적 영향을 부정할 때 맑스주의에 한계가 없다는 식으로 인식하기만 하는 정통에 대한 유혹을 우리 스스로 겪는 것처럼——, 맑스주의 방법론이 지닌 현존하는 한계들을 부정하지는 않는다. 그런 것이 아니다. 「서설」의 방법론이 지닌 한계는 헤겔주의와는 아무 관계도 없다. 이러한 한계들은 착취이론으로의 이행 속에, 그리고 적대의 단호한 주체화 내부에 있다. 다른 점에서 그것들은, 아마도 방법론이 포함하고 있는 창조성에 대한 잠재력보다는 방법론적 접근이란 바로 그 지위 속에, 방법론의 구성적인 부분성과 형식성에 내재하는 아주 상대적인 한계들이다. 사실이 어떠하든 이러한 새로운 이행을 다루는 것이 필요하다. 그리고 우리는 그것을 해 나갈 준비가 되어 있다.

■ 제4강의

잉여가치와 착취

우리는 노트 2권 및 3권의 독해 계획인 잉여가치에 관해 논하고 있다. □ (1) 화폐에서 잉여가치로, 정치적 접근법. 『자본』의 분석 및 기획의 근거로서의 경향. 어떤 있을 법한 모순에 관한 삽입부 : 생산적 노동 개념. □ (2) 논리적 접근법 : M－C－M′, 화폐에서 자본으로의 발전. □ (3) 자본 및 노동의 자동화에 대한 유물론적 규정. 가치의 원천으로서의 노동 : 주체성과 추상. 임금에 관한 있을 법한 장 : 사용가치, 필요노동 그리고 '집합적 노동자'. 자본주의적 전유가 지닌 적대적 성격. □ (4) 착취이론으로서의 잉여가치론. 잉여가치의 양화 : 불변자본과 가변자본. '집합적 자본가'와 가치증식. □ (5) 잉여가치 개념들에 대한 규정 및 잉여가치론의 정교화 : 잉여노동과 잉여가치, 절대적 잉여가치와 상대적 잉여가치. □ (6) 새로운 문제들. 잉여가치와 이윤 : 위기 분석으로. □ 맑스주의와 사회주의에 관한 단상들.

노트 2권과 3권(우리는 특히 『요강』의 293~341쪽을 고려하고 있다)에서는 잉여가치론을 발전시킨다. 화폐를 임금노동과 자본의 공통적 실체로서 제시한 제2강의의 말미, 즉 우리가 논의를 중단한 그 지점에서 논의를 시작해야 한다. 화폐의 전반적 지배는 유통 속에서 이루어지며, 한편으로는 지배의 총체성으로서, 생산에 대한 그리고 생산에서의 권력으로 나타나고, 다른 한편으로는 보편성과 무차별성으로서, 적절한 의미에서

가치(바꿔 부르기, 즉 별명이나 제목에 의한 교환가치)로 나타난다. 가치—화폐 관계가 지닌 이러한 두 측면 사이에서 과정에 내재한 질적 차이를 양적 동일성으로 환원하는 변증법이 발전한다. 화폐는 임금노동과 자본의 공통적 실체다. 왜냐하면 화폐는 이러한 관계에 대해 자신의 힘을 확대하고 자신의 작동 규칙을 부과하기 때문이다. 『요강』의 이탈리아어판 편집자들은 '노트 3, 자본'이라는 제목을 붙인다. 사실상 맑스는 그것을 '자본으로서의 화폐'라고 명명했을 뿐이다. 그것은 그에게는 도약이 아니라 한발짝 전진한 효과였다. 제목의 변화는 범주들(화폐와 자본)간의 차이를 강조하고 그럼으로써 맑스가 원했던 대로 그 문제(자본으로서의 화폐)가 지닌 역동적 요소를 강조하는 것이 아니라 그것이 지닌 정태적인 측면을 강조하므로, 혼동을 불러일으킬 위험이 있다고 로스돌스키는 지적한다. 화폐는 사실상 자본의 유동성, 자본이 지닌 지배의 자유를 표현하며, 실제적인 방식으로(실체로서 또는 담당자로서) 자본 전형의 전 과정과 관계한다. 그러므로 범주들을 물신화하지 않고——잉여가치론에 대해——말해야 한다는 것은 일보 전진이다. 이러한 이행에서 화폐의 중심성이 근본적이기 때문에 더욱더 그러하다. 내가 시도할 독해의 **첫번째** 부분은 바로 이러한 역할에 관한 것이다. 그리고 나는 여기서 화폐의 중심적 역할이 이론적 접근법이 지닌 '실천적인' 따라서 정치적인 특징을 어떻게 부각하는지 밝히려고 한다. 그 뒤 나는 나의 논술을 다섯 부분으로 나누고, **두번째** 부분에서는 정치적 접근법에서 직접적으로 이론적인 접근법으로 이행하는 것을 다룰 것이다. **세번째**에서는 집합적 노동자 개념을 규정하려고 할 것이며, **네번째**에서는 집합적 자본가 개념을 규정하려고 할 것이다. 이러한 규정들의 일관성으로 무장한 **다섯번째** 부분에서는 지금 그리고 언제나 착취론을 맑스주의이론의 중심이라고 하는 규정으로서, 그리고 착취론으로서의 잉여가치론을 좀더 완전하게 명료화할 것이다. 나는 이 분석을, 한편으로는 열려 있는 일련의 이론적 문제들(잉여가치론에서 이윤 및 공황론에 이르기까지)을, 다른 한편으로는 이러한 독해에 비추어 검토해야만 하는 일련의 정치적 문제들(사회주의와 공산주의 문제)을 제기함으로써 결론지을 것이다. 단 한 가지 덧붙일 것이 있다. 이러한 기획 국면의 과정에서 우리는 우리가 지금까지 규정한 맑스주의 방법론의 요소들이 좀더 완전하고 광범위하게 발전하고 있다는 것을 안다. 새로운 서술의 기제는 생산적이게 된다. 그러므로 우리는 그것에 주의를 기울이고 그 방법이 가져오는 이러한 생산적인 구체화를 강조해야 할 것이다.

예를 들어 우리가 이미 위에서 살펴본 '자본으로서의 화폐'라는 문제를 맑스가 도입하는 방식이, '단순 상업경제의 전유법칙'에 관한 그 앞에 있는 페이지들의 단순한 확장이라고(로스돌스키가 생각한 대로) 생각할 수는 없다. 주제로 보아서 그 방식은 '화폐로서의 화폐'에 관한 체계적인 서술의 요약과 다소 관계가 있다(제2강의를 보라). 실제로 여기서 이론적으로 집중해야 할 모든 분석 영역이 부상하고 있다는 것을 확인한다. 그것의 주제는 무엇인가? 보편적 물질(소재)로서의 화폐와 그것의 실재성을 감추고 있는 이데올로기다. 즉 화폐, 지배되고 통제된 대립, 또는 정치적 실재 및 착취권으로서의 화폐라는 주제다. 그러므로 분석 영역은 정치적이다. 착취가 정치 사회를 구조화하고 그 사회의 기초를 구성한다는 사실에서 출발해야만 잉여가치론의 기초를 닦을 수 있다. 자본으로서의 화폐라는 주제와 대결함으로써 —— 그 결과 생산과정에 대한 분석을 시작함으로써 —— 맑스는 화폐라는 바로 그 소재를 다룬다. 이것은 맑스 사상의 전개 과정을 파악하는 전통적인 방식을 공격하고 전도시키는 서술양식이다. 정치학과 지배는 우리의 전통에 따르면 생산과정 분석의 말미에 위치하며, 또는 좀더 최근의 사고방식에 따르면 정치학을 '경제학자' 맑스의 관심에서는 소외된 것으로 생각하기까지

한다. 바로 그 반대다! 여기서는 반대로 전반적인 정치적 작동의 모든 강도 속에 있는 지배권 장악이 일차적이다. 사람들이 이것으로 얼마나 놀랄 수 있을까? 『요강』과 그것의 방법론적 토대의 기원이 되는 동기와 유인에 관해 지금까지 보아 온 모든 것에 따르면 정치적 요소를 분석의 중심으로 삼게 된다. 그런데 이것만이 아니다. 조금씩 조금씩 논술은 더욱더 정치적인 것이 지닌 종별성에 집중한다. 이것을 증명하는 것은 '사회주의자들'에 대한 논쟁적 야유라기보다는, 위기 및 금융적 재구조화 과정의 분석과, 그 분석에 지속적으로 흐르고 있는 '착취-국가-세계시장' 관련에 대한 분석이다. 착취 일반에서, 그리고 지배에서 잉여가치로. 이 이행은 폭로의 공격 각도를 지배하는 것이 바로 계급 논리다라는 말의 설명이다. 우리는 화폐에 대한 페이지들――그 결론들을 전적으로 이용함에도 불구하고――과 관련하여, '지배-국가-세계시장'이란 경향에 의해 매개된 두 계급간의 관계라는 단순화된 영역 위에서 생산에 대한 비판, 즉 잉여가치라는 주제를 제창하는 논리적, 경향적 대체 과정을 확인한다. 우리가 앞으로 여러 번 볼 것처럼 세계시장을 부르주아 헤게모니의 실현으로 제시한다고 해도, 정확히 이러한 기초 위에서, 즉 그 사실이 지닌 정치적 함축 위에서 계급관계(잉여가치론이 추구하는 목적)에 대한 분석을 하고 성격 규정해야 한다. 그러므로 화폐에서 잉여가치로의 이행은 계급의 무기를 제공하는 정치적 경로다.

화폐를 착취 분석의 근본적인 계기로서 발견하고 착취 분석의 핵심이라고 생각하는 사고는, 노동자투쟁에서 상이한 방식으로 나타날 수 있다고 지적하는 것이 필요하다. 이미 말한 대로 여기서 맑스는 화폐를 부르주아 헤게모니의 형태로, 즉 19세기 힐퍼딩에서 레닌까지의 맑스주의가 유명하게 만든 통념 내에 있는 화폐적 지배 지평으로 취급한다. 그러나 화폐를 자본가계급의 지배 기획의 중심에 있다고 설정하는 것은, 매번 자본은 위기에 대처해――노동자들의 사용가치의 봉기에 대해――자신의 지배권을 재구성해야 한다는 것을 발견하기 때문이다. 지배력을 행사하는 화폐가 지닌 이러한 영속적인 긴장은 세계시장 수준에서 노동자들의 폭동과 정확히 병행하며 지배형태를 재구조화하기 위한 시도를 이룬다. 왜냐하면 화폐는 자본이 형태 변환하는 형태들 가운데 하나일 뿐만 아니라 자본 지배 및 그 지배가 전개되는 일반적 형태이며, 가치의 지속성이 자신의 지배권을 행사하고 그와 함께 지배의 지속성을 행사하는 현저한 형태이기 때문이다. 맑스가 잉여가치론을 제시하는 방식, 지배의 일반적 형태에서 지배의 생산적 특수성으로—— 지배의 일반적, 사회적, 지구적 형태는 지배의 특성을 말하는 것이며, 생산적 특수성은 적대의 위치를 증명하는 것이다—— 라는 방식은 아주 함축적이고 적절했다. 내딛는 것이 일반화된다면 잉여가치가 지닌 분명한 적대에서 지배, 매개, 정치라는 지평의 파괴로라는 뒷걸음질은 더욱 일반화되고 심오하다는 것은 분명하다.

잉여가치에 관한 부분의 시작에서 몇 페이지 더 나아가(『요강』, 264;175) 「서설」(『요강』, 108~109;28~29)에서 제시한 것 이후, 그리고 화폐에 관한 장(『요강』, 227~228;138~139)에 대한 노트들 다음에, 맑스는 자본을 분석하기 위한 작업 계획 즉 새로운 계획을 다시 제시한다. 그것들은 다음과 같다.

1. (1) 자본의 일반 개념.
   (2) 자본의 특수성 : 유동자본, 고정자본(생활 필수품으로서, 원료로서, 노동수단으로서의 자본).
   (3) 화폐로서의 자본.
2. (1) 자본량. 축적.
   (2) 스스로 측정되는 자본. 이윤. 이자. 자본가치 : 즉 이자 및 이윤으로서

의 자신과는 구별되는 자본.

(3) 자본 유통. (a) 자본과 자본의 교환. 소득과 자본의 교환. 자본과 제가격. (b) 자본 경쟁. (c) 자본 집적.

3. 신용으로서의 자본.

4. 주식자본으로서의 자본.

5. 화폐시장으로서의 자본.

6. 부의 원천으로서의 자본.

자본가. 자본에 이어 다룰 토지 소유. 그 다음에는 임금노동. 세 가지 모두를 전개한다면 자신의 내적 총체성 속에서 규정되는 유통으로서의 가격운동. 다른 측면에서 유통의 세 가지 기본형태 및 전제들 속에 위치한 생산으로서 세 계급이다. 그리고 나서 국가(국가와 시민사회. —세금 또는 비생산적 계급의 존재. —국채. —인구. —외부를 향한 국가 : 식민지. 국제교역. 환율. 국제 주화로서의 화폐. —마지막으로 세계시장. 국가에 대한 시민사회의 침입. 위기. 교환가치에 기초한 생산양식 및 사회형태의 해체. 사회적 노동으로서 개인 노동의 실질적 위치와 그 역). (『요강』, 265)

이 계획이 왜 중요한가? 「서설」에서처럼 다시 한번 분석의 조건으로, 생산에서 국가와 세계시장으로라는 경향은, 더 좋은 방식으로(여기서는 「서설」과는 다른) 뿐만 아니라, 형식적이지만 물질적인 조건들로 나타나기 때문이다(이미 297쪽에서 본 "세계시장은 모든 것의 전제이고 전체의 지지물이다"에 대해서처럼). 그러므로 새로운 기획은 우리를 잉여가치론을 정립할 수 있는 유일한 영역인 분석 영역의 중심에 이르게 한다. 그 영역을 우리는 화폐를 분석하면서 지배 영역이라고 규정해 왔다. 국가는 생산의 모순을 종합하는 첫번째 수준이다. 세계시장은 모순을 이렇게 종합하는 두번째 형태지만, 위기와 해체의 영역이기도 하다. 전체 분석은 이러한 경향을 고려해야만 하며, 경향의 리듬에 따라 지속적으로 분석을 대체해야 한다. 근본적 적대가 세계시장 수준에서 자신의 사회적 형태(생산에서 유통으로의 적대의 확산과 사회화)로뿐만 아니라 순수한 형태(두 계급 사이의 적대)로 나타날지라도, '생산 및 유통형태의 전제들'로서 세 계급은 그 자체 과도적인 요소들로서 발전의 기제 속에 있다. 그리고 다시 '가격운동'은 사회가 지구적으로 생산한 가치의 기초 즉 잉여가치량과 그것이 지배에 대해 포함하고 있는 것 위에서, 다시 한번 적대(우리가 경향의 전개 수준에서 정의하기를 원하는 적대)를 더욱더 명확하게 해주는 접합들을 지닌 화폐의 기초 위에서 인식된다. 화폐 및 지배이론이 지니고 있는 일반성 수준에 도달하지 않는 잉여가치론은 있을 수 없다. 그러한 수준의 발본성 없이는 적대에 대한 어떠한 정의도 할 수 없다. 애초의 기획에서 그리고 작업 과정에서 나온 결과는, 각각의 특수한 이행에서 나타나는 분석의 인과성과 관련해서뿐만 아니라 무엇보다도 그것의 처음과 마지막의 일관성과 관련해서, **그 결과가 또한 어디에서 전제로서 기여해야 하는지를** 맑스에게 재확인시켜 준다. 결과(세계시장 수준에서의 위기와 해체)는 전제(생산관계 수준에서의 적대와 투쟁)로서 기능한다. 화폐는 자본의 지배를 완전하게 결속시켜 주는 검은 실이다. 잉여가치론은 노동자의 관점에서, 전도의 관점에서, 동일한 작용을 재가동해야 하는 붉은 실이다.

"그러므로 자본에 대한 대립점을 형성할 수 있는 유일한 **사용가치**는 **노동(정확히 하자면 가치를 창조하는 생산적 노동)**이다."(『요강』, 272;183) 우리가 『잉여가치학설사』와 『자본』에서도 다시 만날 일련의 이론적이고 논쟁적인 점들에 대한 첫번째 정식을 포함하고 있는, 생산적 노동과 비생산적 노동의 개념에 관한 일련의 페이지가 이어진다. 잉여가치론이 전개되는 차원, 영역, 지평에 대해 밝히는 것에 분석을 집중하려고 하면서, 왜 우리는 이 페이지들을 토론을 위해 제시하는가? 생산적 노동에 대한 이러한 맑스주의적 접근은 우리의 설명 및 그 분류와 모순되는 것 같기 때문이다. 바로 여기에서 토론하는 것이 더 좋을 어떤 모순이 있다. 이제 맑스는 여기서 (그리고 『요강』, 305~306;212의 주에서 더욱더) 자본을 생산하는 그러한 노동만이 생산적이라고 주장한다. "생산적 노동은 자본을 생산하는 노동만이다." "생산적 노동자는 자본을 직접적으로 증식하는 노동자다." 결과적으로 유통이나 소비와 단순히 관련 맺고 있는 모든 교환을 생산적 노동이라고 생각하는 것은 전적으로 어리석다.

> 애덤 스미스는 그의 생산적 노동 및 비생산적 노동과 관련하여 본질적으로 옳았으며, 부르주아 경제의 관점에서 옳았다. 다른 경제학자들이 그것에 반대해서 진전시킨 것은 말 오줌이다(예를 들어 스토치, 더욱 더러운 시니어 등). 즉 모든 행위는 결국 어떤 것에 대해 작용하며, 그래서 자연적인 의미의 생산물과 경제적인 의미의 생산물에 대한 혼동이 생기고, 그래서 소매치기는 그가 간접적으로 범죄법에 관한 책을 생산하므로 생산적 노동자로도 된다(적어도 이러한 추론은 판사가 도둑질하는 것을 막기 때문에 생산적 노동자로 불리는 만큼 옳다). 또는 근대 경제학자들은 자신들을 부르주아 아첨꾼들로 바꾸었으며, 예를 들어 누군가가 자신의 머리에 있는 이를 잡거나 머리를 빗길 때, 그 행위가 그 다음날 사무실에서 그의 살찐 머리 ── 얼간이 ── 를 더 깨끗하게 만들 것이기 때문에 생산적 노동이라는 것을 부르주아에게 증명하려고 한다. (『요강』, 273;184)

그러나 생산적 노동은 자본과 직접적으로 연결된 일이라는 맑스의 이러한 신성불가침의 주장은, 비록 그것이 직접적인 정치적 기능을 가지고 있지만, 또한 부정할 수도 있는(그것은 아마도 맑스의 입장이 지닌 가장 노동자적인 것이다) 모호한 효과를 지닌다. 그러므로 잉여가치 개념은 생산 수준 내부에 전적으로 자신을 밀착시키는 것 같고, 전체 이론은

19세기 말 이래 비판가들이 맑스 및 그의 사상에 대해 항상 과학적 논쟁의 대상으로 취해 왔고 정치적으로 파괴하려고 한 가치 관계, 가치에 대한 이러한 원자화에 집착하는 것처럼 보인다. 우리는 이미 화폐의 기능이 일반적인 것만큼 가치의 기능, 즉 맑스주의적 경향의 발전 내에서 기능(다른 측면에서 오늘날 대개 실현된 경향)은 일반적인 수준에서 존재할 수 있을 뿐이라는 사실을 주장해 왔다. 우리가 『요강』의 이 페이지들에서 발견하기 시작하고 다른 저작들에서 발견하게 될 생산적 노동에 대한 규정은 그것이 취한 문자 그대로의 형식에서 **상당히 환원적인 규정**이다. 우리는 가치론에 대한 객관주의적이고 원자화된 그리고 물신적인 생각이 그 규정을 그것이 취한 글자 그대로의 형식에서 무효화하기 때문에 그것을 거부한다. 맑스를 18세기의 낡은 유물론자로 만들기 위해 맑스에게 사람들이 귀속시키려고 하는 것이 바로 이러한 생각이다. 이러한 맑스주의적 규정이 글자 그대로의 정식에서 지닌 유일한 장점은, 노동자의 반대는 정치적 반대라는 것과 노동자세력 및 프롤레타리아혁명은 정치적 환원 불가능성을 지녔다는 것을 주장하는 것이다.

이제 여기서 더 나아가 **생산적 노동에 대한 규정을 잉여가치론을 구성하는 데 본질적인 것으로 보이는 추상 및 적대라는 수준까지** 밀고 나가 다루도록 해주는 확실한 용어들을 이해하는 것이 우리가 설명하는 일반적 틀 내에서 가능한지를 보자. 노동자의 노동을 칭송하기 위해서 맑스로 하여금 생산적 노동 개념을 그렇게 초라하게 위축시키도록 한 그 역사적 조건들의 중압에서 그를 해방하는 것이 나에게는 불가능할 것 같지 않다는 점을 바로 말해야 겠다. 사실 항상 이 페이지들을 보면, 그리고 우리가 이러한 삽입구를 여는 데 사용한 이행을 생각하면, 생산적 노동은 거기서는 또한 다른 측면하에서, 즉 노동자의 '사용가치'로서, '자본가인 타자에 대립하는' 교환의 계약 당사자의 노동으로서 제시된다. "노동은 자신의 대립자를 만들어 내는 만큼 생산적일 뿐이다." 그러나 그것은 여전히 잉여가치 개념을 말하는 방식이다! 그러면 그것은 다른 것들과의 관련 속에서 특정 문자적 형태의 특출성을 넘어서, 바로 추론 및 이론이 지닌 이러한 실체를 참고해야만 하며 그 위에 규정의 기초를 두어야 한다. 바로 노동의 추상성 수준에서 다시 한번 이 규정을 취하는 것이 필요하다. "사실상 이러한 '생산적' 노동자는 그를 고용하지만 쓰레기에게는 아무것도 줄 수 없는 자본가와 마찬가지로, 자신이 만들어야만 하는 배설물에 대해 상당히 신경 쓴다."(『요강』, 273;166) 그런데 이 규정은 생산적 또는 비생산적 유통 속에서, 또 자본주의적 사회화 속에서 생산적 **자본의 발전 경향이라는 수준**에 있으며, 그것은 자본주의 사회 및 그 구성이라는 수준에 있다. 이런 식으로 생각할 때, 잉여가치론과 그 이론의 역동성에 의해 구성된 요소로서 생산적 노동 개념은 따라서——우리가 지금까지 보아 온 대로——분석의 장이 지닌 범위, 그 장의 일반적 성격이 지닌 범위를 넘어선다.

이제 맑스의 담론이 지닌 장점들을 살펴볼 시간이다. **'제1절 자본의 생산과정.'** "**자본으로서의 화폐**는 화폐로서의 자신의 단순한 성격을 넘어서는 화폐의 측면이다."(『요강』, 250;162) 그러나 단순 유통에서 화폐의 결정성을 결코 넘을 수 없다. "순수한 유통 속에서 이루어지는 교환가치들의 단순한 운동은 결코 자본을 실현할 수 없다."(『요강』, 254;165)

> 화폐나 상품이라는 양 지점에서 시작하는 과정의 반복은 교환 자체의 조건 내부에 설정되지 않는다. 그 행위는 과정이 끝날 때까지, 즉 교환가치 총액으로 교환될 때까지만 반복될 수 있다. 그 과정은 자신의 자원들을 통해 스스로 새로이 점화할 수는 없다. **그러므로 유통은 그 자체 내에 자기 갱신의 원리를 지니지 않는다.** 자기 갱신의 계기는 그것에 앞서 전제되지, 그것에 의해 설정되지는 않는다. 상품들은 끊임없이 불 속에 던져지는

나무처럼 외부에서 새로이 그 속에 던져져야 한다. 그렇지 않으면 그것은 무관심 속에서 사라진다. (『요강』, 254~255;166)

"그러므로 그것의 직접적 현존은 순전한 가상이다. **그것은 그 뒤에서 진행되고 있는 과정의 현상이다.**" (『요강』, 255;166) 유통 뒤에서 전개되고 있는 과정은 생산이다.

유통에 전제되고 있는(화폐의 특수 형태로든 일반 형태로든) 것은 일정한 노동시간의 실현이고 그러한 가치들인 상품들이다. 그러므로 유통의 전제는 노동에 의한 상품생산 및 교환가치로서의 상품 생산이다. 이것은 상품의 출발점이며, 상품은 그 자신의 운동을 통해 자신의 결과인, 교환가치를 창조하는 생산으로 되돌아간다. 그러므로 우리는 교환가치를 설정하고 창조하는 생산이라는 출발점에 다시 도달했다. 그러나 이번에는 **생산은 유통을 발전된 계기로서 전제하고,** 유통을 설정하고 유통을 새로이 설정하기 위해 유통으로부터 자신에게로 끊임없이 되돌아오는 지속적 과정으로 나타난다. (『요강』, 255;166)

노동과정에 의한 등가물의 교환에서 가치증식과정으로. 이것은 M-C-M′, 곧 노동에서 자본으로 가는 것을 의미한다. 그러나 가치증식이 무엇으로 이루어지는지를 우리는 아직 모른다. 우리는 그것이 유통 부문에서 양적인 관계로 나타나고 있는 것을 안다. 그러나 화폐는 그것을 설명해 주지 않는다. 확실히 화폐는 자신을 넘어서는 기초를 지닌 증식과정의 대행자가 된다. 그러나 그것은 그리 많은 것을 설명하지 않는다. 우리는 노동이 이러한 증식의 근원이라고 **일반적으로** 가정할 수 없다. "상이한 인종에서 은행가로, 자연에서 증기기관으로 이행하는 것만큼이나 노동에서 자본으로 직접 이행하는 것은 불가능하다." "자본 개념을 발전시키기 위해서는, 노동이 아니라 가치에서, 정말 이미 유통운동 속에서 발전한 교환가치에서 시작하는 것이 필요하다."(『요강』, 259;170) 요약하면, 논리적 접근법은 우리에게 개념 규정에서 한발짝 더 나아갈 필요성을 보여 준다.

우리는 자본을 대상화한 노동이라고 생각할 수 있고 그래야 한다. 그러나 그것이 또한 우리에게 가치증식을 이해할 수 있게 해주는가? **가치론을 가치증식의 기제와 동일시할 수 있을까? 아니다. 어떠한 경우에도 그렇지 않다.** 그 영역(가치론을 가치증식의 기제와 동일시하는) 위에서 전진할 때, 거기에서 바로 **"자본은 관계로서가 아니라 사물로서 파악된다."** "자본은 단순한 관계가 아니라 하나의 과정이며, 그 과정의 다양한 계기들 속에서 자본은 항상 자본이다."(『요강』, 258;170) 그러므로 그것은 일직선적인 논리도 아니고 전제의 단순한 개념적 확장도 아니다. 그러나 그것이 유통관계가 아니라면 그 관계는 무엇인가? 결과에서 단지 양적으로뿐만 아니라, 생산에서 똑같이 발생적으로 자신을 증식하는 자본관계란 무엇인가? 가치증식과정의 실재는 가치 유통을 생산적인 방식으로 구성하고 있는 교환 행위가 모호하게 함축하고 있는 영역인가? 우리는 아마도 이제 다시 한번 노동 문제를 제기할 수 있고, 그것을 생산이 유통을 위해 준비하는 가치의 토대라고 생각할 수 있다. 그러나 **노동 자신을 교환 조건들에 종속시키는 조건** 위에서만 그렇다.

달리 말하면, 교환가치는 원래 그 내용에 따르면 노동 또는 노동시간의 대상화한 양이다. 그러한 교환가치는 화폐, 만질 수 있는 화폐가 될 때까지 스스로를 대상화하면서 유통을 통과한다. 교환가치는 이제 자신의 외부에 있고 자신에게 전제되어 있는 유통의 출발점, 그리고 외재적이지만 침투하여 내적으로 변형시키는 운동으로서 나타나는 유통의 출발점, 즉 노동을 설정해야 한다. 그러나 교환가치는 더 이상 단순한 등가물로서나 노동의 단순한 대상화로서가 아니라, 오히려 대상화하고 자립화한 교환가치로서, 단지 스스로를 갱신하고 다시 유통을 시작하는 가치로 되기 위해 자신을 노동에 양도하고 노동의 소재가 된다. 그와 더불어 그것은 더 이상 유통에서처럼 자신의 동일성의 유지, 등가물의 단순한 위치 설정이 아니라, 오히려 자신의 **복제**다. 교환가치는 자신을 가치화함으로써만 즉 자신이 가치를 증식시킴으로써만 스스로를 교환가치로 설정한다. **화폐**(유통에서 자신에게로 회귀하는)는 **자본으로서는 자신의 경직성을 잃으며, 만질 수 있는 사물에서 하나의 과정으로 된다.** 그러나 다른 측면에서 노동은 자신의 대상성과의 관계를 바꾼다. 그것은 또한 자신에게 회귀한다. 그러나 그 회귀의 성격이 이러해서, 교환가치 속에 대상화된 노동은 자신을 재생산하는 수단으로 산 노동을 설정하는 데 반해, 원래 교환가치는 단지 노동 생산물로서 나타난다. (『요강』, 263;174~175)

그러므로 노동은 교환형태, 화폐형태를 띠는 경우에만 자본으로 변형될 수 있다. 그러나 그것은, 관계는 적대의 하나며, **노동과 자본은 자율적이고 독립적인** 실체로서 자신들의 생산적 종합을 구성하는 교환의 계기에서만 **현존한다**는 것을 의미한다. 이러한 적대는 단순 유통의 외관을 파괴한다. 이러한 적대는 자본과 노동 간의 교환이 지니는 차이다. 이러한 분석만이 가치론을 자본 내에서 제시하는 특수성, 즉 가치론이 잉여가치론의 규정으로 나아가는 특수성을 이해할 수 있게 해준다면 이러한 적대의 성격을 파고드는 것이 필요하다.

그러므로, "첫번째 전제 조건은 자본이 한 측면에 있고 노동이 다른 한 측면에 있으며, 양자는 서로 상대적으로 독립적인 형태로 있다. 그래서 양자는 서로에게 낯설다. 자본에 대립하는 노동은 **소외된** 노동이며, 노동에 대립하는 자본은 **소외된** 자본이다. 서로 대립하는 극단들은 **종별적으로** 다르다. (『요강』, 266;177) 이러한 적대는 무엇으로 이루어져 있는

가? 그것은 노동자에게는 사용가치인 것을 자본이 교환가치로 환원시켜야 한다는 사실에 있다. 그러나,

> 노동자가 자본에 제공해야 하는, 따라서 전적으로 다른 사람에게 제공해야 하는 사용가치는, 하나의 생산물에 구체화되지 않고 그 생산물에서 벗어나서는 전혀 존재하지 않으며, 그러므로 현실적으로 존재하지 않지만 그것의 능력으로서 가능성 속에 존재한다. 사용가치는 자본이 그것을 부를 때만 현실성이 되며, 운동하게 된다. 왜냐하면 대상 없는 활동은 아무것도 아니며 기껏해야 여기서는 문제가 되지 않는 사고 활동이기 때문이다. 사용가치가 자본에서 운동성을 얻자마자, 이 사용가치는 노동자의 특정한 생산적 활동으로서 존재한다. 그것은 특정한 목적을 지향하고 그럼으로써 특정한 형태 속에서 스스로를 드러내는 활력 자체다. 자본과 노동의 관계 속에서 교환가치와 사용가치는 한쪽(자본)은 처음에 교환가치로서 다른 쪽과 대립하고, 다른 쪽(노동)은 사용가치로서 자본과 대립하는 관계 속에서 서로 설정된다. (『요강』, 267~268;178)

대립은 두 가지 **형태를 띤다**. 첫째, **사용가치 대 교환가치**의 대립. 그러나 ―― 노동자의 유일한 사용가치인 추상적이고 무차별적인 일할 수 있는 능력이라는 것이 주어져 있다면 ―― 그 대립은 또한 **주체적 노동 대 대상화된 노동**의 대립이다. 우리는 이것을 곧 살펴볼 것이다. 그러나 대립의 이러한 첫번째 탐색을 결론짓기 위해서, 다시 한번 종합 속에 나타나는 요소들이 지닌 **자주적 성질**을 강조해 두자. 직접적 사용가치로서, 능력으로서의 노동의 분리는 발본적이다. 교환가치, 즉 지배, 소유, 자본과 노동의 관계는 직접적으로 강요된다. 무엇보다도 자본주의적 문명화의 결과를 비합리적이라고 생각하는 관례적 해석을 생각한다면, 이 점을 강조하는 것이 필요하다. 아니, 자본관계의 토대, 즉 발본

적으로 판이한 요소들의 강요된 결합이 비합리적이며 또한 비인간적이라는 점에서 그 결과는 비합리적일 뿐이다. 자본은 사용가치를 단지 자본에 대립하는 '추상적 혼돈'으로 보며, 사용가치가 자본으로 하여금 자본 내에서 사용가치를 종결하도록 하는 유일한 형태는 "경제학의 계기로서 그리고 사람들의 실제 생활의 결정 인자로서…… 광기"라는 비합리적인 형태다. (『요강』, 269;180)

분석에서 탐구해야 할 다음 논점은 임금노동의 성격, 그것이 지닌 자주성이다. 그러면 이제 경제학자들이 자본의 자기 유지 및 증식을 규정하려고 할 때 마주치는 '지긋지긋한 어려움'에 대해 약간 검토해 보자. 문제를 단지 우연적인 관련에서가 아니라 실제적인 규정성을 가지고 제기하는 순간부터, 우리는 **대상화된 노동으로서의 자본의 전개 과정이 지닌 공백을 자본의 대립자에 의거함으로써만 채울 수 있다.** 그 대립만이 분석을 완성할 수 있으며, 그 대립은 특수한 상품에 있을 수는 없다. 왜냐하면 그 경우 문제는 해결책을 지니지 않을 것이기 때문이다. 그러므로 "모든 상품의 공통적 실체 즉 그들의 실체, 물질적 소재, 물리적 규정으로서가 아니라 **상품들**로서 그러므로 **교환가치들**로서의 그들의 공통적 실체는 대상화한 노동이다." "**대상화한 노동**과 구별되는 유일한 것은 **비대상화한 노동**, 아직 스스로를 대상화하고 있는 노동, 주체성으로서의 노동이다." (『요강』, 271~272;182~183)

처음으로 우리는 노동에 대한 이러한 성격 규정을 만난다. 그것으로 우리는 맑스 분석의 핵심적 국면으로 들어간다. 자본과 노동의 분리는 첫번째 계기다. 여기서 이제 두번째 계기——**주체성으로서**, 원천으로서, 모든 부의 잠재력으로서의 **노동**——가 있다. 이러한 이행의 기초 위에서만 잉여가치론을 정교화할 수 있다. 이러한 이행들은 이미 잉여가치론의 일부다. 그러므로 어떤 언급보다도 더 중요한 것 같은 페이지를 읽어 보자.

노동으로부터 소유의 분리는 자본과 노동 간의 이러한 교환의 필수 법칙으로 나타난다. **비자본** 그 자체로 설정된 노동은 (1) **소극적으로 파악할 때**(스스로 아직 대상적인, 객관적인 형태 속에서 스스로 비대상적인 것) **비대상화한 노동**이다. 그 자체로서 그것은 원료가 아니고 노동수단도 아니며 원료 생산물도 아니다. 모든 노동수단 및 노동 **대상**에서, 자신의 전체 객관성에서 분리된 노동이자, 자신의 실재적 현실이 지닌 이러한 계기들에서의 **추상**으로 존재하는 산 노동(여전히 비가치)**이다. 모든 객관성을 벗고 완전히 노출된 순전히 주체적인 노동의 존재. 절대적 빈곤**으로서의 노동 즉 결핍으로서가 아니라 대상적 부의 완전한 배제로서의 빈곤. 또는 현존하는 **비가치**로서, 그러므로 매개 없이 존재하는 순전히 대상적인 사용가치로서, 이러한 대상성은 인간과 분리되지 않은 대상성, 인간의 직접적인 신체적 존재와 일치하는 대상성일 수 있을 뿐이다. 대상성은 순전히 직접적이므로, 그것은 그만큼 직접적 비대상성이다. 다른 말로 하면 개인 자신의 직접적 현존 밖에 있는 대상성이 결코 아니다. (2) **긍정적**으로 파악할 때 **비대상화된 노동, 비가치**는 또는 자신에 근거한 부정성은 노동 그 자체의 비대상화된, 그러므로 비대상적인 즉 주체적 실존이다. 대상으로서가 아니라 활동으로서의 노동 즉 **가치** 그 자체로서가 아니라 가치의 살아 있는 원천으로서의 노동. 자본 그 자체로서 활동 속에서 자신을 입증하는 자본의 **일반적 가능성**으로서, 대상적으로, 현실성으로서 존립하는 자본에 대립적인 일반적 부. 그러므로 노동이 한편으로는 대상으로서의 절대적 빈곤이며 다른 한편으로는 주체로서 그리고 활동으로서의 부의 **일반적 가능성**이라는 것은 전적으로 모순적이지는 않지만, 오히려 모든 면에서 상호 모순적인 진술이다. (『요강』, 295~296;203)

그러나 그것으로 충분하지 않다. 노동의 이러한 주체성은 "순수하고 단순한 노동, 추상적 노동 즉 자신의 특정한 규정성과는 절대적으로 무관하지만 모든 규정성일 수 있는 것"의 주체성이다. 또한 그것은 "순전히 추상적인 활동, 순전히 기계적인 활동, 그러므로 그것의 특수한 형태와는 무관한 활동 즉 단지 형식적인 활동, 또는 같은 말이지만 단순히 물질적인 활동, 순수하고 단순한 활동"(『요강』, 296~297;204)이다. 역설은 완성되었다. 그리고 그것은 더 이상 역설이 아니라 예외적인 강도를 지닌 변증법적 발전이다. 대립은 주체성을 규정하고 이 노동의 주체성은 일반적 추상으로 규정된다. 추상, 노동의 추상적 집합성은 주체적 힘(potenza)이다. 이러한 추상적인 주체적 힘, 노동 그 자체의 부분성을 파괴하는 그 전체성 속에서 노동력을 이렇게 지속적으로 정제하는 것만이 노동을 일반적 힘으로서, 발본적 대립으로서 제시할 수 있게 해준다. 이러한 이행에서 자본으로부터 노동의 분리는 노동을 규정하는 특질이 된다. '추상적' 그러므로 '일반적'이라는 것과 '분리된'이라는 두 표시는 이러한 창조적인 노동자 주체성 속에서, 모든 가능한 부의 근원일 수 있는, 노동자 주체성이 소유한 잠재력 속에서 재통합되고 강화되고 있는 것으로 발견된다. 다른 한편, 사용가치는 그것이 자본/노동 대당을 근본적으로 성격 규정한다는 점에서 그 대당과 함께 어떤 규정을 하려는 이러한 첫번째 시도에 흡수되는 것으로 발견된다. 사용가치에 대한 자연주의적이고 인간주의적인 규정과는 아주 다른 어떤 것! 사실(맑스적 의미에서) '사용가치'를 자본주의 발전의 부속물 또는 단지 파생물로 축소하기 위해서는 상당한 정도의 무지와 완전히 그릇된 신념이 요구된다! 여기서 사용가치는 바로 노동 대립의 발본성, 모든 부가 지닌 주체적이고 추상적인 잠재력, 모든 인간적 가능성의 근원 이상이 아니다. 부와 생활의 모든 증식은 이러한 가치 유형과 연결된다. 부와 권력의 다른 근원은 없다. 자본은 이러한 힘을 잉여가치를 통해서 뽑아

낸다.

이러한 대립에 대한 분석을 계속하면, 노동이 분리되어 있고 적대적인 한에서 노동에 대한 또 다른 규정성을 발견한다. **사용가치는 필요노동이고**, 그 역도 마찬가지다. 어떤 의미에서? 노동자란 사용가치가 자본주의에 의해 교환가치로 변화될 때, 또 두 자율적 실체가 서로 만나야 하고 강제적으로 결합되어야 할 때, 자본가가 획득한 그리고 일반적인 자본관계에 종속되는 노동력의 재생산에 필요한 노동량이라는 **특정한 양**을 포함하는 어떤 관계가 정립된다는 의미에서 그렇다.

> 상품의 교환가치는 그 구매자가 상품을 사용하는 방식에 의해서 결정될 수 없고, 그 상품 속에 포함된 대상화한 노동량에 의해서만 결정된다. 그러므로 그것은 여기서 노동자 자신을 재생산하는 데 필요한 노동량에 의해서 결정될 수 있다. 그가 제공하는 사용가치는 어떤 능력, 그의 신체적 존재의 능력으로서만 존재할 뿐이며, 그것과 분리된 어떤 존재도 가지지 않기 때문이다. 이 사용가치에 대상화한 노동, 노동력 즉 노동자 자신이 존재하는 데 필요한 일반적 실체뿐만 아니라 자신의 특수한 능력을 발전시킬 수 있도록 이러한 일반적 실체를 수정하기 위해 필요한 대상화한 노동은, 상품 속에 대상화한 노동이다. 이 대상화한 노동은 일반적으로 가치량, 교환 속에서 그것이 취하는 화폐 총액의 크기다. 다른 모든 상품과 마찬가지로, 노동자 자체를 생산하는 데 필요한 노동시간에 의해 임금이 정해지는 경우, 그 이상의 전개에 대해서는 아직 여기서의 문제는 아니다. (『요강』, 282~283;193~194)

자본이 노동의 사용가치를 이렇게 교환의 한계로 축소한다는 사실은 노동의 특질도 그 관계도 바꾸지는 않는다. 사실상 노동자는 "특정한 대상에 묶여 있지도 않고 특정한 충족방식에 묶여 있지도 않다. 그는 소비 부문에서 질적으로는 제한되어 있지 않고 단지 양적으로만 제한되어 있다. 이것이 그를 노예, 농노 등과 구별한다."(『요강』, 283;194) "그러나 본질적인 것은 그에게는 교환의 목적이 자신의 욕구 충족이라는 점이다. 그의 교환의 대상은 욕구의 직접적인 대상이지 교환가치 자체는 아니다."(『요강』, 284;195)

직접적이고 만족된 욕구-필요노동-사용가치라는 관계는 확장된다. 이것은 이 지점에서 노동자들과 자본 간의 적대를 성숙한 관계에서 계급 적대로 재정식화하는 것에 대해 생각할 수 있을 정도까지 확장된다. 자본의 이데올로기가 "노동자들(집합 노동자)로서 (자신의 유적 존재와 구별되는 개별 노동자가 하고 있고 할 수 있는 것은 바로 예외로서 존재할 수 있을 뿐이다) 노동자 일반에게"(『요강』, 285;196) 제시하는 것이 아니라 개별 노동자들에게 한 명씩 제시하는 절제, 절약, 참여라는 제안들을 맑스가 이 페이지들에서 거부할 때, 그는 이러한 생각을 하고 있다. 여기서 우리는 **상대적 임금이란 문제틀의 핵심**에 있으며, 이러한 주제들과 관련하여 이것을 "**임금노동**에 관한 절에서 다루어야 한다"(『요강』, 288;199)고 맑스가 덧붙인다 할지라도 —— 그리고 우리는 더 나아가 '**임금과 노동자계급에 관한**' 장을 구성하고 있는 이러한 요소들의 총체에 대해 검토할 것이다 ——, 그는 또한 상대적 임금이 지닌 몇 가지 요소들을 설정한다. 그것들은 무엇인가? 첫번째로 임금의 화폐형태 속에서 신비화된 형태로 표현되는 필요노동은 노동자계급을 위한 직접적 사용가치다. 덧붙여 이러한 필요 수준은 자본에 의해 지속적으로 복원된다. 여기에 두번째 점이 있다. 이러한 복원의 핵심에는 역동적인 관계가, 즉 노동자들 및 그들의 필요노동을 낮게 평가하려는 자본가세력의 지속적인 상대역인 노동자계급이 자신의 구성의 필수 불가결한 일관성 및 필연성을 재확인하려는 시도가 있다. 자본과 필요노동(그리고 임금) 간의 균형을 이렇게 재구성하는 것은 이데올로기적으로가 아니라 **실제적인 방식으로**

일어난다. 노동자들에게 절약하라는 충고는 분명히 어리석지만, 노동자들의 반대와 프롤레타리아투쟁이 비노동의 영역, 즉 자신의 욕구 영역과 필요노동의 가치를 지속적으로 확대하려고 한다는 사실이 어리석지는 않다. "한층 고도의 문화적인 향유에 대한 노동자의 참여와, 자신의 관심, 신문 구독, 청강, 자녀 교육, 취미 개발 등을 위한 선동, 노예와 노동자를 구분해 주는 문명의 몫은 자신의 향유 부문을 확대함으로써 경제적으로 가능할 뿐이다."(『요강』, 287;197~198). 이것은 필요노동가치의 강화와 증대를 통해 자신의 사용가치를 존재론적으로 확대함을 의미한다. 이 모든 것은 집합적이고 추상적이며 일반적인 관련 속에 있다.

임금에 관한 장은 이러한 주제들을 제출한다. 우리는 더 나아가 다시 한번 대상과 방법에 관해 살펴볼 것이다. 잠시 동안 우리는 맑스의 저작에서 임금에 관한 장이 없다는 것을 다시 한번 한탄할 수 있을 뿐이다(우리가 이미 제시한 대로, 『자본』 1권의 페이지들을 그것이 노동일에 대한 투쟁과 그 투쟁의 구조화로부터 나오는 효과들이라는 문제틀과 관련해서가 아니라면 임금에 관한 장이라고 생각할 수 없다). 우리는 단지 빠진 것을 후회할 수 있을 뿐이다. 왜냐하면 임금에 관한 장은 잉여가치론이 지닌 이러한 근원 속에서 자신의 규정성을 지니는 것이 분명하기 때문이다. 그것은 노동자계급에 관한, 욕구, 즐거움, 투쟁 그리고 필요노동의 수준에 관한 장이었을 것이다. 요약하자면, 임금에 관한 장은 비자본, 그러므로 비노동에 관한 장이었을 것이다.

"현실적인 비자본은 노동이다."(『요강』, 274;185) 『요강』에서 자본관계는 고도로 적대적이다. 자본주의적 전유는 명확한 적대적 성격을 가진다. 이러한 적대는 사용가치와 교환가치 사이의 분리관계 속에서 자신의 기원을 찾는다. 이 관계는 한편으로는 교환가치가 화폐 속에서 그리고 자본 속에서 자주화하고, 다른 한편으로는 사용가치가 노동자계급 속에서 자주화한다는, 두 가지 경향들이 자신들이 구속받는 강요된 통일에서 벗어난 분리관계다. 앞으로 우리는 사용가치 문제를 그것이 지닌 모든 특수성 속에서, 즉 집합 노동자의 노동일에 대한 분석 속에서 그 분리를 탐색해 가야만 한다. 그러므로 다시 한번 몇 가지 특별히 중요한 쟁점들을 추출해서 그것들에서 도출되고 연구 단계에서 일정한 결론을 제시할 수 있는 요소들을 살펴보자.

첫번째로 적대의 계기를 강조해야만 한다. 우리가 위기를 말할 때, 우리는 맑스가 실현 및 유통에 대한 자신의 분석을 완성하고 넘어서면서 맑스가 최종적으로 어떻게 **필요노동과 잉여노동 간의 관계 속에서**(즉 노동일의 구성 부분들간의 관계 속에서 그리고 그것을 구성하는 계급관계 속에서) **위기의 근본적 원인을 설정하는가**를 살펴볼 것이다. 이러한 결론의 전제 조건은 이미 충족되었다. 우리는 맑스가 절제에 대해 가한 비판 속에서 그 전제 조건들을 찾는다.(『요강』, 282~289;195~200) 덧붙여 맑스는 노동-자본 교환을 형성하는 두 가지 요소들의 '연대기적 분리'에 대해 직접적으로 주장하는데, 유통의 불균형에 그가 쏟은 관심에 익숙한 사람들에게는 그것은 극도로 흥미로운 점이다.(『요강』, 274~275;185) 그러나 이에 앞서 다른 추론, 즉 위기론보다는 맑스의 의미에서는 공산주의의 현실성이라고 파악되는 **파국론**에 속하는 추론을 강조하지 않을 수 없다. 이것은 **일정한 정도의 근본적 적대에서 생산력**(또는 인간 노동의 생산력)**의 발전을 자본의 발전과 연결하려는 어떤 관념과도 단절하는 것이 필요하다는** 우리의 추론이다. 자본이 생산력을 흡수하기 위해 가진 능력은 순전히 역사적이다――맑스는 '우연적'이라고 말할 것이다――. 즉 합리적인 힘을 갖춘 것이 아니라 '비합리적'이며, 거기서 관계의 형성을 특징짓는 적대는 파손, 분리, 폭발하기 쉽다. 1857년 이래 많은 물이 역사의 다리 밑을 흘러갔다. 이 물이 자본주의라는 시체를 옮겨 놓지 않는다면, 생산력과 자본의 관계가 사회주의라는 형식하에서 심화되기를 실증주의적 확신을 가지고 기다리면서 물이 흘러가는 것을 보기 위해 다리 위에

앉아 있는 것이 어리석다면, 우리의 산업적 강의 폐수는 분명 이러한 기다림을 썩혀 버린다고 말하지 않을 수 없다. 맑스에게서, 맑스를 넘어선 맑스, 그리고 적대에 대해 그렇게 분명한 규정을 제시하는 맑스에게서, 우리는 그러한 관계의 실례를 본다. 자본관계의 적대는 단순히 파괴적이지는 않다. 맑스의 담론이 지닌 의미를 심화시킨다면, 우리는 적대적 계급 경향이 승리하고 있는 것으로 설정하게 된다. 노동자계급의 편은 비자본으로서의 노동의 편이다. 우리가 종종 반복해 왔듯이, '기획'이라는 용어로 제시되는 계급 발전에 관한 모든 관념들은 우리에게는 낯설다. 그것은 우리가 찾고 있는 것이 아니다. 그것은 연속성이 아니라 노동자계급을 그 자체로서, 혁명적 계급으로서 구별하는 비약이다. 그러나 비약에 의한 과정에서 어떤 매개를 강조해야 한다는 것을 덧붙여야 할 것이다. 우리가 읽어 온 페이지들에서, 맑스는 노동자계급을 집합적 사용가치이자 필요노동인 견고한 주체성으로 특징짓는다. 한편으로 노동자계급을 "노동자계급이 스스로를 계급으로서 유지할 수 있도록 하는 마모의 대체"(『요강』, 323;229)를 가져오는 역사적, 사회적 본질로 특징짓는다. 다른 한편으로 노동자계급은 특수한 지위를 지닌 사회적 본질이며, 노동자계급이 지닌 사용가치는 창조적이며, 부의 특유하고 배타적인 근원이다. 우리는 결과적으로 **노동자계급이 지닌 역동성에 대한 첫번째 규정의 핵심에 와 있다.** 그런데 여기서 가치의 창조자로서의 노동자계급의 본질은, 한편으로는 자본의 발전을, 그리고 다른 한편으로는 **계급 구성의 강화,** 노동자계급의 욕구 및 쾌락의 확장, 노동자계급의 재생산에 필요한 노동의 가치 증대를 가져오는 지속적인 투쟁에 결과적으로 개입하고 있다. 자본은 노동자계급이 지닌 이러한 생산력을 과소평가하고 억누를 수밖에 없고, 자본의 구성을 강화하도록 자신의 충격을 한정할 수밖에 없다는 것을 발견하므로(제대로 표시하자면, 자본의 유기적 구성을 강화하는 길은 이러한 억압을 통해 진행된다), 그때 여기서 확대된 프롤레타리아투쟁으로 변형되는 근본적인 적대 즉 투쟁은 결국 역사 진보의 열쇠가 된다. 적대에 대한 이러한 예비적 규정 속에서만, 잉여가치론은 **적대만이 자본주의 발전의 운동을 결정한다**는 자본주의 발전의 가장 중요한 운동법칙으로 남는다. 자본은 "이러한 분화 및 그 지양의 과정이며, 그 속에서 자본 자체는 하나의 과정이 된다."(『요강』, 298;205~206)

가치법칙은 주체들의 적대를 극단적으로 강조함으로써 잉여가치법칙의 형태를 취하기 시작한다. 그러나 그것은 노동과정이 자본에 포섭될 때만이 적절한 용어로 규정된다. **잉여가치론은 결과적으로는 직접적으로 착취이론이다.** 아직 가치론에 남아 있는 환상들 가운데 어떤 것도 결코 잉여가치론의 수준에는 남아 있지 않다. 노동의 장소적 힘은, 그것이 자유롭나면 확실히 자본을 규정하는 경향이 있지는 않다. 지배 및 압박이란 정치적 과정으로서, 사회에 대한 일반화된 지배로서의 착취만이 **가치와 잉여가치**를 규정한다. 처음에 적대의 수준은 너무 강해서 착취, 제한, 강제만이 그것을 해결하는 데 성공할 수 있다. "노동은 자본과 대결하는 **사용가치**일 뿐만 아니라, 자본 그 자체의 **사용가치**다."(『요강』, 297;205) 이것은 잉여가치론이 생겨나는 계기다. 여기서 앞 페이지들의 총체 속에서 규정되는 바로서, **사회적, 추상적 평균노동**으로서의 노동에 대해 말하는 것이 분명하다. 이러한 특성들을 더욱 강조할수록 노동은 더욱더 잉여가치를 생산하기 쉽다. 맑스의 담론은 잉여가치의 이러한 결정성에 대해, 또 노동의 창조적 성격 속에서 잉여가치의 기원에 대해 오랫동안 침묵한다. 이러한 고집은 전체 분석을 지배하는 정치적 주장의 힘을 동반한다. 사실 잉여가치의 양적 규정, 노동일의 두 부분으로의 분할(필요노동과 잉여노동)이 순전히 주의주장적인 요소로서가 아니라 **노동자투쟁 속에서 무기로** 나타나는 그런 방식으로 모든 것을 미리 다루고 있다.

잉여가치가 생산되기 시작할 때, 그것은 노동자들의 존재가 최종적으로 자본 속으로 해소된다는 것을 의미한다. 사용가치는 필요노동의 한계로, 노동자계급의 유지 및 재생산으로 환원된다. 노동자들의 노동이 지닌 사용가치의 나머지는 자본에 의해, 그리고 잉여가치를 생산하는 자본의 힘에 의해 완전히 포섭된다. 이러한 생산과정에 대한 노동의 기능이 배타적인 만큼, 이 과정을 자신 속에 배타적으로 포섭하는 자본의 능력도 배타적이다. **자본의 통제에 대한 모든 대안물들은**——원료와 도구의 생산을 포함하는——**생산과정 속에서 소비된다.** "이것을 소비하는 것은 자본가가 아니라 노동이다. 그러므로 자본의 생산과정은 자본의 생산과정으로서가 아니라 생산과정 일반으로 나타나며, **노동과의 구분** 속에서 자본은 **원료와 노동수단**의 소재적 규정 속에서만 나타난다." (『요강』, 303;210) 노동수단과 원료는 실제로는 대상화한 노동일 뿐이며, 불변자본으로서의 자본의 일반적 외형은 단순히 자본의 전체적인 실재성의 한 가지 기능이다(자본의 자체 범주가 지배하는 **불변자본과 가변자본**). 지배의 통일성, 지배의 단일성(생산과정 일반), 그리고 불변자본과 가변자본 개념이 일단 정립되면, **잉여가치를** 명확한 방식으로 **양화하는** 것이 가능하다.

그러면 잉여가치는 어떻게 생산에서 생겨나는가? 맑스는 이 문제를 해결하기 위한 모든 전제 조건들을 이미 만들어 냈다. 아직 만들지 않은 유일한 것은 불변자본과 가변자본으로의 자본의 분할이다. 그는 나중에 이러한 용어들을 사용할 뿐이지만, 사실 이러한 구분은 이미 잉여가치의 존재 조건 속에 포함되어 있다. 원료, 보조 원료, 그리고 노동수단(불변자본!)의 가치와 더불어 산 노동의 산물로서 존재하는 생산물 가치의 과잉에 직면하여, 맑스는 자본이 임금(가변자본!)의 형태로 노동자에게 지불하는 가치와 산 노동이 생산과정 내에서 창조하는 가치 간의 관계 문제를 설정한다. 잉여가치는 첫번째 것이 두번째 것보다 적을 때만 분명하게 존재한다. (비고츠키, 69쪽;이와 관련하여 로스돌스키, 255쪽도 참조하라)

그러면 잉여가치를 양화한다는 것은, 일부는 노동자계급을 재생산하는 데 기여하고, 다른 부분은 자본의 재생산 및 자본의 거대한 성장의 모든 요소를 구성하게 되는 그런 전체 가치를 생산하는 것으로 노동과정을 생각한다는 것을 의미한다. 어떤 것도 자본의 조직적인 지배의 통일성을 피할 수 없다. 사용가치로서, 필요노동으로서, 가치의 원천으로서의 노동이 생산하는 모든 것은 **자본에 의해 대상화되고 지배된다.** "자본의 구성 요소들로서 원료와 노동수단은 이미 대상화한 노동이고, 그러므로 **생산물**이다."(『요강』, 299;206) 그리고 노동은? 노동은 "소비될 뿐만 아니라 동시에 고정되며 활동의 형태에서 대상의 형태로 고정되고 구체화된다. 대상이 변함에 따라 노동은 자신의 고유한 형태를 바꾸어 활동 형태에서 존재형태로 된다."(『요강』, 300;208) 이 모든 것은 자본을 '발효'시키고 이러한 발효 과정에서 **애초의 적대가 지닌 모든 요소들은 변형된다.** 노동의 사용가치는 자본의 사용가치이며, 필요노동은 임금을 통해 자본에 의해 지배된다. 그러므로 잉여가치를 양화하는 것은 이 지점에만 가능할 뿐이다. 왜냐하면 자본이 전 생산과정을 전유할 때 잉여가치를 양화할 수 있는 것은 자본뿐이기 때문이다. 그것이 일어나지 않는다면 양화는 없을 것이다. 적대는 양화될 수 없다. 착취만이 양화를 가능하게 하며, 그것에 의미를 부여한다.

이것은 우선 관찰의 관점에서 생겨날 뿐만 아니라 경제관계 자체에 있는 어떤 계기에 관심을 기울일 기회다. 노동과 자본 간의 교환이라는 첫번째 행위에서, 노동은 **스스로** 존립하는 노동으로, 필연적으로 **노동자**로서 나타난다. 마찬가지로 여기 두번째 과정에서 자본 일반은 스스로 현존하는, 말하자면 자기 중심적 가치로서(화폐 속에서는 시도될 뿐이었던 것) 나타난다. 그러나 스스로 현존하는 자본은 **자본**가다. 물론 사회주의자들은 종종 "우리는 자본을 필요로 하지만 자본가를 필요로 하지는 않는다"고 말한다. 그때 자본은 순수한 사물로 나타나지, 자본가를 자신 속에 반영하고 있는 생산관계로서 나타나지 않는다. 나는 기꺼이 자본과 해당 개별 자본가를 구분할 수 있으며, 자본은 다른 자본가에게 전이될 수 있다. 그러나 자본가는 자본을 잃음으로써 자본가라는 특질을 잃는다. 그러므로 자본은 정말 개별 자본가와는 구별되지만 그 자체로서 노동자와 대결하는 자본가와는 구별되지 않는다. (『요강』, 303;210~211)

요컨대 이행은 여기서 **최종적으로 완성된다.** 여기서 자본은 절대적이고 결정적인 방식으로 노동자의 대립물로 된다. 노동의 성격이 지닌 자유의 성질에 맞지 않게 노동 "그 자체는 자본 속에 흡수되어야만 **생산적**이다." "자본과는 반대로 노동자 속에 **스스로** 존재하는 것으로서의 노동, 즉 자신의 **직접적 현존** 속에 있는 노동은, 자본과 분리되어서는 **생산적이지 않다.**" (『요강』, 308;215) 왜냐하면 자본은 이미 가치증식과정의 각 중요한 요소의 '변위(transposition)'의 힘, '변질(transubetantiation)'의 힘이 되어 있다. "그러므로 임금노동을 지속하게 하면서 동시에 자본을 폐기해야 한다는 요구는 자기 모순적이고 자기 해체적이다." (『요강』, 308~309;215)

그러나 생산과정의 통일성을 고려하는 것으로는 충분하지 않다. 계급투쟁은 종합을 알지 못하며 승리와 패배를 알 뿐이다. 그것은 주인공들의 역사다. 그 모든 것은 그 개념들이 적대에 의거한다면 분명히 자본의 역사에 적용된다. 적대가 극복될 때, **자본**은 단순히 통일된 과정으로서가 아니라 **주체** 자체로서 나타난다. "가치는 주체로서 나타난다." (『요강』, 311;218) 자본은 이미 자기 가치가 증식화되어 있다. 자본은 자신의 유지에 필요한 사회적 비용을 스스로 감당해야 할 주체화의 요소들이라고 생각한다. 자본은 확장력으로서, 생산 및 재생산으로서, 그리고 항상 지배로서 나타난다. 가치증식은 지속적이고 전체적인 과정이며, 한계도 휴식도 모른다. 노동은 가치증식과정에서 지배당하여 노동의 자주성은 모든 경우에 극단적인 한계까지, 즉 비존재로 환원될 정도로 축소되는 것 같다. 확실히 잉여가치론은 가치증식과정의 관계 및 역동성을 규정함과 동시에 적어도 신비화한 임금형태하에서 필요노동의 (상대적이라기보다는 완전히 다른 어떤 것일 수 있는) 공간을 규정한다. 그러나 여기서 그 과정의 통일성과 자본의 주체화를 강조하고 있다. 가치증식과정에서 자본은 지배라는 전체적인 주체성을 달성한다.

그래도 아직 애초의 적대를 부정할 수 없다. 자본은 생산 및 가치증식의 일반적 대표자로서 나타나기 위해 모든 가능한 방식으로 노력한 뒤에도 부득이 대립을 통해 자신을 규정한다. "노동에 적대하는 자본이라는 존재로 인해 스스로 현존하는 자본인 자본가는 비노동자로서 존재하고 사는 것이 필요하다." (『요강』, 317;223) 적대는 다시 나타난다. 그리고 그것은 우리가 더욱더 일반적이라고 생각하도록 배워 온 가치증식과정의 형태하에서 다시 나타난다. 적대는 가치증식이라는 전체 장 내로 되돌아온다. 노동자와 자본가, 집합적 노동자와 집합적 자본가. 우리는 다시 한번 『요강』이 생겨난 정치적 상황을 만난다. 그러나 혁명사상에 대한 과학적 관점에서 이러한 정치적 상황을 정교화하기 시작하므로, 두드러진 진전이 이미 일어났다.

이 페이지들이 알려 주는 방법을 생각한다면, 우리는 ── 내 생각에는 ── 맑스가 나아가는 방식에 대한 좋은 실례를 가지고 있다. 무엇보다도 유물론적 접근법을 충분히 존중한다. 자본을 구성하는 요소들의 적대, 관계의 기초를 형성하는 차이가 전체 분석의 토대다. 그러나 그들은 단순히 토대일 뿐만 아니라 과정이 지닌 역동성의 표현이다. 차이는 그 과정의 동력이다. 여기서 우리는 주체의 전위 및 이론적 장의 탈구라는 일련의 조작을 본다. 첫번째 조작은 종합이 완성되고 가치증식과정이 시작될 때 일어난다. 잉여가치론을 이루고 있는 모든 용어들은 그것들을 구성하는 적대와는 분리되어 가치증식의 총체성 내에 빠져 있다. 이러한 조작에서 그들은 전위되고 변화되며 변질된다. 계급투쟁의 제범주는 자본의 제범주가 된다. 주체는 객체가 되고, 활동은 존재가 된다. 이러한 이행은 질(가치의 창조)에서 양(가치량)으로의 이행을 작동시키는 분석 위에서 정교화된다. 그러므로 이러한 결과 위에 자신의 근거를 두는 데서, 장은 다시 한번 전위되고 적대가 다시 나타난다. 가치증식으로 특징지어지는 사회라는 장은 그럼에도 불구하고 아직 그리고 항상 적대라는 표지를 지닌다. 첫째, 질에서 양으로의 이행이라는 리듬을 가지고 사용가치와 교환가치는 자본주의적 생산으로 나타난다. 자본주의적 생산은 필요노동과 잉여노동을 자본의 통제라는 형태 속에서 지배하고 신비화한다. 이제 질에서 양으로의 이러한 새로운 이행의 리듬을 가지고 장은 적대의 기미를 다시 획득하는 경향이 있다. 그 모습은 노동자와 자본가, 집합적 노동자와 집합적 자본가라는 대립의 형태와 주체성의 형태를 띤다. 자본이 가치증식 및 재생산과정의 총체성을 일단 획득하면, 그 과정은 실제로 다시 한번 적대의 재생산과정이다. 재생산은 차이를 부정하지 않고 적대를 없애지 않는다. 반대로 양자를 격화시킨다. 이러한 과정의 결과는 적대의 확대재생산이며 역사의 힘이 투쟁 내에서 취하는 주체적 성격의 재현이다. 이러한 방법론적 틀 내에서 잉여가치론은 스스로 그 방법에 대한 근본적인 성과물로 나타난다.

분명히, 현재의 분석 단계에서 이 모든 것들에는 분명한 한계가 있다. 그것은 단순히 잉여가치론의 정교화에서 이러한 이행들이 지닌 특수한 위치의 문제는 아니다. 지금 하고 있는 비평들을 결론짓는 대로 이것을 잠시 살펴볼 것이다. 오히려 나는 재생산 속에서 적대에 대한, 적대의 총제적 현상에 대한 분석을 생각하고 있다. 위기에 관한 강의(제5강의)에서 우리는 이것을 다시 살펴볼 것이다. 그러나 적대가 재폭발하는 장 내에서 비판적 방식으로(아직은 본질적으로 경향적인 방식으로), 철저한 과학적 용어로 이러한 수준에서 해결책을 찾을 수 있다고 생각할 수는 없다. 이행은 심화되어야 하며, 그것은 사실상 『요강』 제2부의 중심을 차지하고 있다. 그러므로 우리는 제2부의 강의들(제6강의와 그 뒤)에서 그것을 살펴볼 것이며, 거기서 분석의 대상은 명확히 재생산에서의 적대다. 그럼에도 불구하고 여기서 우리는 새로운 추론이 연원하는 물마루를 만날 수 있을 법하며, 잉여가치론은 『요강』의 물마루다.

우리는 이미 맑스와 더불어 **잉여가치 개념**을 규정할 수 있고 그 결과들을 정교화하기 시작할 수 있다.

> **자본**이 **생산과정**의 **끝**에 취하는 잉여가치——더 높은 생산물 가격으로 유통 속에서 처음 실현되지만 모든 가격처럼 그것에 앞서 유통 속으로 들어가기 전에 관념적으로 이미 **전제됨**으로써 실현되는——는, 교환가치의 일반적 개념으로 표현하자면, 생산물에 대상화한 노동시간 또는 노동량(정지 상태로 표현하면 노동량은 공간의 크기로서 나타나지만, 운동 상태로 표현하면 그것은 단지 시간적으로만 측정할 수 있다)이 자본의 원래의 구성 부분들 속에 있던 것보다 더 크다는 것을 말한다. 이것은 이번에는 노동 가격 속에 대상화한 노동이 노동 가격으로 구매된 산 노동시간보다 더 작을 경우에만 가능하다. 자본에 대상화되어 있는 노동시간은 우리가 본 대로 다음과 같은 세 가지 부분으로 이루어진 합계다. (a) 원료 속에 대상화한 노동시간, (b) 수단 속에 대상화한 노동시간, (c) 노동 가격 속에 대상화한 노동시간. 이제 (a)와 (b) 부분은 자본의 구성 요소들로서 불변인 채 남아 있다. 그것들은 과정 속에서 자신의 형태를 바꾸고 물질적

존재양식을 바꿀지도 모르지만, 가치로서는 불변인 채 남아 있다. (c) 만이 자본을 질적으로 다른 어떤 것과 교환한다. 어떤 주어진 대상화한 노동을 산 노동량과 교환한다. 산 노동시간이 노동 가격 속에 대상화되어 있는 노동시간만을 재생산하는 한 이것은 또한 형식적일 것이며, 노동 원료 및 수단의 가치와 관련해서는 소재적 존재양식의 변화만이 일어나는 것처럼, 가치에 관한 한 동일 가치의 존재양식의 변화만이 일어날 것이다. 자본가가 노동자에게 어떤 가격=하루 노동일을 지불하고 노동자의 노동일이 원료와 수단에 단지 하루 노동일만을 덧붙인다면, 그때 자본가는 어떤 한 형태의 교환가치를 교환가치와 교환한 것이다. 그는 자본으로서 작용하지 못한 것이다. 다른 한편 노동자는 단순한 교환과정 내에 남아 있지는 않을 것이며, 노동자는 노동의 실현에 앞서 생산물의 가격을 노동자에게 지불하는 호의를 자본가가 베푸는 경우에만 사실 자신의 노동 생산물을 지불하고 얻는 것이다. 자본가는 그에게 신용을 제시할 것이다. 프로이센의 국왕을 위해 정말 무료로. 그것이 전부다. 자본과 노동 간의 교환(그것의 결과는 노동 가격이다)이 노동자에게는 자본가와 관련된 한 단순한 교환이라는 것은 아무래도 좋지만, 그것은 비교환이어야 한다. 그는 그가 지불하는 것보다 더 많은 가치를 얻어야만 한다. 자본측에서 볼 때, 교환은 좀더 분명한 교환이어야 한다. 즉 교환의 형태 규정과는 다른 경제적 형태 규정에 속해야만 하며, 그렇지 않으면 자본으로서 자본과 그에 대립하는 노동으로서 노동은 불가능할 것이다. 그들은 상이한 현 존재양식 속에 소재적으로 현존하는 동일한 교환가치로서만 서로 교환될 것이다. (『요강』, 321~322;227~278)

노동자는 자신의 노동 능력, 즉 평등한 교환관계의 외관하에서 자본에 의해 포섭되는 자신의 창조력을 양도한다. 생산과정에서 자본은 이러한 창조력을 자신을 위해 사용하며 그것에 대해 노동 활동의 결과와는 무관한 가격을 지불한다. 기껏해야 인정된 가격(임금) 덕분에 노동자는 자신의 사용가치의 복원을 계속한다. 그는 자기 자신의 재생산의 필요성에 대응한다. 그러나 이러한 가격조차도 끊임없이 횡령당하지 않을 수 없다. 나머지 노동자 활동의 모든 부분은 이제 우두머리의 손에 있다.

> 우리는 여기서 어떤 특수한 숙련이 아니라 노동 일반, 단순노동을 다루고 있으므로, 노동자의 단순한 활력 속에 대상화되어 있는 노동시간——즉 그의 활력을 유지하기 위해 필요한 생산물에 대해 지불하는 데 필요한 노동시간——은 특정한 노동 능력, 특정한 숙련을 만들어 내기 위해 소비해 온 가치 이상의 노동이 자신의 직접적 존재 속에 대상화되어 있지 않으며, 이러한 가치는 유사한 노동 숙련도를 만들어 내는 데 필요한 생산 비용으로 나타난다는 사실에 아직 관심을 가지고 있지는 않다. (『요강』, 323~324;229~230)

단순노동, 부의 원료, 노동력의 재생산이란 주체적 필요성에 의해 대상화한 노동. 우리는 다시 사용가치를 창조적 소재로 파악하는 맑스 방식의 핵심에 와 있다. 이러한 창조력이 여기서 착취와 맺는 연계는 **잉여가치론 내에서 그 소재(사용가치)에 대한 혁명적 주체라는 재규정**을 제시한다. **사실, 교환의 외관 뒤에서 사기가 진행되고 있다.**

> 잉여가치는 일반적으로 등가물을 초과하는 가치다. 규정상 등가물은 가치의 자기 자신에 대한 동일성일 뿐이다. 그러므로 잉여가치는 등가물에서 생겨날 수 없다. 그러므로 유통에서 독창적으로 생겨날 수도 없다. 잉여가치는 자본의 생산과정 자체에서 생겨날 수밖에 없다. 그러므로 사태를 이렇게 표현할 수 있다. 노동자가 하루 동안 살기 위해 하루 노동일의 절반만을 필요로 한다면, 그때 한 노동자로서 살기 위해 그는 하루의

> 반만 일할 필요가 있다. 노동일의 나머지 절반은 강요된 노동, 잉여노동이다. 자본측에 잉여가치로 나타나는 것이 노동자측에는, 노동자로서 자신의 필요를 초과하는, 그러므로 자신의 생계를 유지하기 위해 직접적으로 필요한 것들을 초과하는 잉여노동으로 나타난다. (『요강』, 324~325;230~231)

잉여노동은 노동자에게서 강탈되어 잉여가치로, 자본으로 변형된다. "잉여가치의 발견은 경제과학에서 가장 위대한 혁명적 전복을 기록했다. 그것은 정치경제학의 역사에서 처음으로 맑스로 하여금 자본주의적 착취의 기제를 발견하게 하고 과학적으로 설명할 수 있게 했다. 블라디미르 마야코프스키(Vladimir Majakovskij)의 상(像)을 사용하자면, 맑스는 잉여가치 탈취자들의 손을 잡고 그들을 현행범으로 체포한다." (비고츠키, 71쪽)

그럼에도 불구하고, 여기저기에 **긍정적 측면**, 혁명적 측면이 있다.

> 자본이 지닌 위대한 역사적 측면은 단순한 사용가치, 단순한 생계의 관점에서 초과노동인 이러한 **잉여노동을 창조하는** 것이며, 자본의 역사적 규정은 다음과 같을 때 완수된다. 한편으로 필요 이상의 잉여노동이 스스로 개인적 욕구들 자체에서 생겨나는 일반적 욕구가 되는 그런 정도까지 욕구가 발전하는 순간에, 다른 한편으로 후세대들(Geschlecter)이 통과해 나가는 자본의 엄격한 기율에 기초한 일반적 근면성이 새로운 세대의 일반적 속성으로 발전할 때, 마지막으로 자본이 자신의 부에 대한 무제한적 열망과 이러한 열망이 실현될 수 있는 조건들 속에서 지속적으로 채찍질해대는 노동 생산력의 발전을 통해, 일반적 부의 소유 및 보존이 전체 사회에 대해 더 적은 노동시간을 필요로 하는 단계까지, 그리고 노동하는 사회가 자신의 전진적 재생산과정, 지속적으로 더욱 풍부하게 자신의 재생산에 과학적으로 관계하는 단계까지, 그러므로 인류가 할 수 있었던 어떤

것을 하는 노동이 폐기되는 단계까지 성숙할 때. 따라서 자본과 노동의 관계는 여기서는 화폐와 상품의 관계와 같다. 화폐는 부의 일반적 형태고, 상품은 직접적 소비에 쓰일 실체일 뿐이다. 부의 일반적 형태를 향한 자본의 끊임없는 노력은 노동을 그것의 자연적 필요성의 한계를 넘어서까지 몰아붙이며, 그래서 소비에서뿐만 아니라 생산에서도 전면적이고 풍부한 개인성의 발전을 위한 물질적 요소들을 창조하며, 그러므로 이러한 개인의 노동은 더 이상 노동으로서가 아니라 자연적 필요성이 그 직접적 형태 속에서 사라진, 활동 그 자체의 완전한 발전으로서 나타난다. 왜냐하면 역사적으로 창조된 욕구가 자연적 욕구를 대체하기 때문이다. 그러므로 **자본은 생산적이다. 즉 사회적 생산력의 발전을 위한 본질적 관계다.** 자본은 이러한 생산력 자체의 발전이 자본 속에서 장애물을 만나는 경우에 비로소 자본으로서 존재하기를 그친다. (『요강』, 325;231)

잠시 자본의 발전이 지닌 한계라는 문제를 편견 없이 남겨 두자. 우리는 그 과정이 지닌 적대적 성격에 대해 강하게 주장해 왔기 때문에 그것은 더 이상 놀랄 일이 아니다. 이와 관련하여 그리고 맑스의 주장이 지닌 정신에서 더욱 흥미로운 것처럼 보이는 것은, **한계는 자본에게 넘어설 수 없는 장애물로 나타날 수 있을 뿐**이라는 사실을 강조하는 것이다.

그러나 부의 일반적 형태——화폐——를 대표하는 자본은 자신의 장벽을 넘어서려고 끊임없이 무한히 노력한다. 모든 경계(Grenze)는 자본에게는 장애(Schranke)이고 장애임에 틀림없다. 그렇지 않으면 그것은 자본이기를——자기를 재생산하는 화폐이기를——그친다. 자본이 특정 경계를 장애로서 받아들이지 않고 경계로서 자신 내부에 안주하게 되면, 자본은 교환가치에서 사용가치로, 부의 일반적 형태에서 부의 특정한 실체적인 존재로 전락할 것이다. 자본 자체는 어떤 무한한 잉여가치를 창조할 수 없기 때문에 특정한 잉여가치를 창조한다. 그러나 자본은 동일한 것에서 더 많이 만들어 내는 지속적인 운동이다. 잉여가치의 양적 경계는 자본에게는 단지 자연적 장애로, 자본이 끊임없이 파괴하고 넘어서려 하는 하나의 필수품으로 나타난다. (『요강』, 334~335;240)

바로 이러한 긴급성과 관련하여 자본은 끊임없이 노동 생산성을 증대시키려고 하며, 바로 이러한 틀 내에서 산 노동과 (노동자에 또는 다른 생산 요소들에) 대상화한 노동의 관계는 끊임없이 강화된다. 자본이 지닌 생산력의 이러한 확산 내에서, 따라서 잉여가치가 노동시간의 연장에 의해서가 아니라 필요노동의 축소에 의해 잉여가치의 증대와 일치하는 그 지점에서 상대적 잉여가치 개념이 탄생한다.

산 노동의 생산력 증대는 그 노동에 의해 창조된 생산물이나 사용가치의 양을 증대시키기 —— 노동 생산력은 노동이 지닌 자연력이다 —— 때문이 아니라, 오히려 필요노동을 줄이는 만큼 잉여노동 또는 그에 상당하는 잉여가치를 창조하기 때문에 자본의 가치를 증대시킨다. 자본이 생산과정을 통해 획득하는 자본의 잉여가치는 전적으로 필요노동을 넘어서는 잉여노동의 초과분으로만 이루어진다. 생산력의 증대는 그것이 잉여노동에 대한 필요노동의 관계를 줄이는 정도에서만 그리고 이 관계를 줄이는 비율에서만 잉여노동 —— 즉 노동일의 교환가치 속에 대상화된 노동을 초과하는, 자본 속에 생산물로서 대상화된 노동의 초과분 —— 을 증대시킬 수 있다. 잉여가치는 잉여노동과 정확히 같다. 잉여가치의 증대는 필요노동의 감소에 의해 정확히 측정된다. (『요강』, 339;244~245)

나는 좀더 얘기할 필요가 있다고 생각한다. 우리는 잉여가치론이 자본에 대한 포괄적이고 모든 것을 포함하는 적절한 이론으로 발전하는 것을 보아 왔다. 착취운동만이 자본이 지닌 성격과 동학을 설명한다. 적대만이 자본과 (적대에 의해 매개되는) 강제법칙을 살아 있는 것으로 만든다. 가치론은, 자신이 존속하기 위해서는 잉여가치론의 부분적이고 추상적인 종속자로서만 존재할 수 있다. 잉여가치론에 대해서 말하자면 그것의 의미는 전적으로 정치적이다. 잉여가치론은 화폐에 대한 비판이라는 가장 커다란 일반성의 수준에 위치해 있고 비상히 강력한 적대를 포함하고 있다. **적대적 힘은 유물론적 정식에서는 존재의 적대에 대한 해석된 실재적 적대의 상관관계다.** 모든 것은 필요노동과 잉여노동 간의 관계로 환원되어 왔다. 이 적대는 자본주의적 생산 및 그것에 상응하는 사회 질서가 지닌 해결할 수 없는 한계 및 과정의 동학에 대한 열쇠다. 여기서 잉여가치론은 다른 문제들에 자신을 열 수 있고 열어야만 하며, 이것은 적대의 심화일 수밖에 없다. 특히 여기서 이윤론이 필요하다. "이 모든 진술은 현재의 관점에서 이러한 관계에 대한 추상 속에서만 옳을 뿐이지"만 전체 주장은 "**이미 전적으로 이윤론에 속한다**"(『요강』, 341;246~247)고 맑스는 말한다. 여기서 다시 한번 우리는 유통 영역으로 내려가서 『요강』의 두번째 커다란 문제 대목, 유통 속에서의 착취, 사회에 대한 착취론으로 보이는 이윤론을 획득하게 된 벼랑에, 잉여가치 규정의 막바지에 가 있다. 그것은 『요강』의 원칙적 방향이며 『요강』의 문제틀이 지닌 본질적 바탕이지만, 우리는 이러한 이행의 계기가 강제적이며 자본주의의 일반적 발전에 대한 혁명적 해석을 제기함으로써 발전한다는 것을 잊어서는 안 된다.

그것을 잊는다 해도 여전히 맑스는 거기서 우리에게 상기시킨다. 잉여가치론에 관해 규정하고 있는 『요강』 부분이 이윤론에 대한 분석을 재개하고 나서야 끝난다(바로 이때 맑스는 엥겔스에게 다음과 같이 편지를 쓴다. "나머지에 대해서는 나는 상당한 진전을 이루고 있네. 예를 들어 나는 지금까지 존재해 온 이윤론 전체를 공중에 던져 버렸네." — 1858년 1월

14일, 『서한 선집』, 121쪽)는 것은 우연이 아니다. 그러므로 이윤론에 대한 분석을 재개하고 나서야 이 부분은 이윤율 저하 경향의 법칙에 대한 이론적 암시인, 기초적이지만 근본적인 첫번째 규정으로 끝나고 있다.

> 생산력의 증대 이전에 자본의 잉여가치가 크면 클수록, 자본이 전제하는 잉여노동이나 잉여가치의 양도 더 많다. 또는 노동자의 등가물을 이루는 필요노동을 표현하는 노동일 부분이 작을수록, 자본이 생산력의 증대에서 획득하는 잉여가치의 증가량은 더욱 적다. 자본의 잉여가치는 증가하지만 생산력의 발전에 비해 훨씬 더 작은 비율로 증가한다. 그러므로 자본이 이미 발전되어 있을수록, 더 많은 잉여노동을 창조할수록, 자본은 더 작은 비율 속에서 자신을 실현하기 위해, 즉 잉여가치를 부가하기 위해 생산력을 더욱 폭력적으로 발전시킬 수밖에 없다. 왜냐하면 그것의 장애는 항상 필요노동을 표현하는 부분과 전체 노동일을 표현하는 노동일 부분간의 관계로 남아 있기 때문이다. 이러한 한계 내에서 그 관계는 스스로 움직인다. 필요노동에 해당하는 노동일 부분이 작을수록, 잉여노동이 많을수록, 생산력의 어떤 증가도 분모가 상당히 증가하기 때문에 필요노동을 더 조금밖에 줄일 수 없다. 자본의 자기가치증식은 이미 가치증식된 정도에 따라 더욱 어려워진다. (『요강』, 340;246)

잉여가치를 더 많이 확대할수록, 필요노동을 더욱 축소할 수 없게 되고, 자본이 노동과정에서 포섭할 수 있는 창조적 활동의 양과 질도 더욱 줄어든다. 이윤론에 대한 해석의 열쇠를 왜 이윤율 저하 경향의 법칙에 대한 맑스의 서론적인 그림 속에서 찾을 수 있을 뿐인가? 우리는 이 모든 것에 대해서 길게 다시 논해야 한다. 일단 잉여가치론이 작동하는 적대의 발본성을 인식하는 것으로 충분하다. 우리는 위기론이 어떻게 이윤론으로 나아가는 첫 발자국으로 작용하는지를 (제5강의에서) 살펴볼 것이다.

우리는 세미나 제1부의 말미에 와 있다. 나는 여기서 맑스의 작업에 관한 이러한 첫번째 결론으로 무장하고, 잉여가치 및 그것의 적대운동에 대한 최초의 완전한 규정을 제출하고 싶다. 나는 매우 중요한 몇 가지 다른 이론적 주제들을 제출하고 싶다. 그러나 이 모든 주제들은 근본적인 하나의 주제로 환원되는데, 그것을 다음과 같이 말할 수 있다. 가치법칙이 잉여가치법칙에 종속된다는 것은 프루동주의와의 논쟁의 배후에 놓여 있는 파괴할 수 없는 이론적 결절점의 발현이다. 이것은, 사회주의는 자본의 사회적 헤게모니 및 경쟁의 신비화일 수 있을 뿐이며, —— 이데올로기 밖에서, 실재 속에서 —— 사회주의는 가치법칙의 기능일 수 없다는 하나의 사실을 잉여가치론이 증명한다는 것을 의미한다. 『요강』의 맑스주의는 실제로 사회주의의 대립물이다. 사회주의가 (가치법칙에 기초를 두고 구성된) 사회관계의 평등성과 정의에 대한 찬송가인 만큼, 맑스주의는 가치법칙 및 사회주의가 거짓말임을 보여 준다. 우리가 아는 유일한 실재는 도둑질, 자본주의적 소외와 산 노동, 산 노동의 사용가치, 산 노동의 창조성의 대상화가 지배하는 실재다. 가치법칙에 따른 그 모든 기능을 가능하다고 가정하고 중시하는 것은 아무것도 수정하지 않는다. 착취 없이는 가치는 없기 때문이다. 그러므로 공산주의는 가치법칙, 가치 자체, 그것의 자본주의적 또는 사회주의적 변이형태에 대한 동시적인 파괴다. 공산주의는 착취의 파괴와 산 노동의 해방이다. 비노동의 해방, 단지 그것으로 충분하다.

■ 제5강의

이윤, 위기, 파국

잉여가치의 사회화, 이것은 이윤론으로 나아간다. □ 맑스주의 프로젝트가 지닌 모호성 · 올바름. □ 1. 하나의 범주로서 '이윤' 규정에 필요한 새로운 조건들(노트 3~4 그리고 6 사이) : 이윤 유통, 이윤율, 이윤량. 이윤율법칙과 그것이 지닌 이중적 긴장. □ 2. 잉여가치법칙에 종속된 것으로서 이윤. 대상화되고 사회화된 잉여가치로서의 이윤. 이윤과 '자본가계급'. 프롤레타리아 주체성론을 위하여. □ 3. 두번째 절로의 이행 : 위기형태로서의 유통. 위기의 현상학과 형태들. 위기의 근본 법칙 : 계급투쟁의 산물로서의 위기. □ 4. 위기에서 파국으로 : 이론에서 혁명적 긴급성이란 붉은 실. 객관주의에 반대하고 개량주의에 반대하여. □ 5. 이윤율 저하 경향의 법칙의 검증. 법칙에 대한 상이한 정식화와 계급적 해석들. □ 6. 위기하의 이윤론에서 공산주의론으로 : 잠정적 결론들과 분석의 도약.

"이 모든 진술들은 현재의 관점에서 이러한 관계에 대한 추상화 속에서 옳을 뿐이다. 그것들을 상당히 수정하는 부가적인 관련들을 도입할 것이다. 전체는 그것이 전적으로 일반성 속에서 전진하는 한 **실제로 이미 이윤론에 속한다.**" (『요강』, 341 ; 246~247) 이것은 잉여가치와 생산력 사이의 관계가 —— 연구 영역의 수정을, 분석 영역들의 전반적 대체를 긴급하게 요구한 채 —— 사라지는 방식이다. **잉여가치에서 이윤으로,** 즉 일반화되고 사회화된 잉여가치로. 원래 생산의 범주인 잉여가치가 이제 사회적 범주로 된다. 그러면 분석의 전진이 필요하게 된다. 잉여가치가 원산지에서 이러한 사회적 범주의 일반적 형성 조건들로 확장해 나가는 힘이, 그리고 자본의 생산력이 분석의 전진을 요구한다. 그리고 이러한 사회화, 담론적 용어의 이러한 대체가 접근법의 일반적 규칙들, 착취 비판의 기준을 재생산해야 한다는 것은 말할 필요가 없다. "우리는 『자본』이 모순을 포함한다는 것을 부정하지 않는다. 오히려 우리의 목적은 그 모순들을 충분히 발전시키는 것이다. 그러나 리카도는 그것들을 발전시키지 않고 오히려 교환 속에 있는 가치를 부의 형성과 무관한 것으로 생각함으로써 그것들을 무시한다.…… 즉 그는 교환가치를 단지 형식적인 것으로 여긴다."(『요강』, 351;257) 아니, 잉여가치의 이윤으로의 사회화는, 형식적이지 않고 오히려 잉여가치의 모순, 즉 성격상 유사하지만 좀더 깊고 적대적인 모순을 사회적으로 확장하는 과정이다. 그렇다면 『요강』의 자본에 관한 장의 제1절과 제2절 사이에 이윤론이 위기론과 함께 나타나는 것은 우연이 아니다.

그러나 순서대로 나아가자. 이윤이 맑스에게는 자신의 생산 조건들에서 분리된, 그리고 자기가치증식할 수 있는 잉여가치로 나타난다. 자본이 자본의 구성적 관계들과 무관하다는 것은 첫번째 역설을 나타낸다. 정말 강력한 역설. 사실상 자본은 노동과정에서 생산된 가치를 포함하게 되며, 이러한 전유 때문에 그것이 불변자본이고 지배를 이루는 한, 자신을 사회적 형태로, 사회적 관계의 형태로 나타낸다. 그러나 이것이 바로 역설이다. "사회가 더 부유해지는 수단인 이러한 해방된 교환가치는 정적인 상태에서 화폐일 수 있을 뿐이며, 그래야만 부의 추상적 형태는 증가한다." 그러나,

운동 속에서 그것은 새로운 산 노동 속에서 자신을 실현할 뿐이다(잠자고

있던 노동이 작동하고 새로운 노동자들이 창출되거나, 인구 성장이 가속화되거나, 또는 교환가치 유통 속에서 발견할 수 있는 교환가치의 새로운 순환이 확장되거나, 이것은 해방된 교환가치가 새로운 생산 영역을, 즉 새로운 사용가치의 형태 속에 대상화한 노동인 새로운 교환 대상을 열어젖히면 생산측에서 발생할 수 있다. 또는 대상화한 노동이 교역의 확대에 의해 새로운 나라에서 유통 영역에 투입될 때 동일한 것이 이루어진다). 그러므로 새로운 산 노동은 창조되어야만 한다. (『요강』, 348;253~254)

우리는 이러한 역설에 사로잡혀서는 안 된다. 반대로 우리는 잉여가치의 독립성이 더욱 공고해지고 그 영향력이 사회적으로 확산될수록, 착취는 더욱더 강화된다는 것을 인정해야만 한다. 자본은 생산 내부에서의 특수한 착취가 아니라, 산 노동의 힘만이 만들어 낼 수 있는 사회적 차원들을 스스로 무상으로 획득한다. 산 노동을 자본이 지닌 사회적 가치를 영속화하기 위한 조건이라고 파악하고 설정한다. "이러한 보존은 더 높은 가치를 부가하는 새로운 노동의 부가에 의해서만 일어난다." (『요강』, 357;262) "노동은 살아 있는, 형태를 주조하는 불(fire)이다. 그것은 살아 있는 시간을 통해 사물들을 형성하는 것으로서, 사물의 일시성, 과도성이다." (『요강』, 361;266) 그러나 "자본과 임노동의 존재가 바로 분리(노동수단 및 원료와 노동의 분리)에 의거"한다면, "자본은 실질적 생산과정에서 진행되는 이러한 분리의 지체에 대해 지불하지 않는다. 그렇지 않으면 일이 전혀 이루어질 수 없기 때문에." (『요강』, 364;269) 그러면 잉여가치의 사회화는 잉여가치의 확장 및 강화, 즉 착취의 확장과 강화이며, 그 질적 양적 규정에서의 일보 전진이다. 사회적 잉여가치는 현재와 미래의 사회적 노동에 대한 자본가적 지배 및 사회적 자본으로부터의 잉여가치다.

그러므로 화폐는 이미 스스로 자본으로서 존재하는 한, 단순히 미래(새로운) 노동에 대한 요구다. 그것은 객관적으로 화폐로서만 존재한다. 잉여가치, 대상화한 노동의 증식분은 그것이 스스로 존립하는 한, 화폐다. 그러나 이제 화폐 자체는 이미 자본이다. 그리고 그것은 새로운 노동에 대한 요구다. 여기서 자본은 더 이상 현존 노동에 대해서가 아니라 미래의 노동에 대해 관련을 맺는다. 자본은 더 이상 생산과정 속에서 자신의 단순한 요소들로 해체되어 나타나지 않고 화폐로서 나타난다. 더 이상 일반적 부의 추상적 형태일 뿐인 화폐로서가 아니라 일반적 부의 실제적 가능성——진행 과정 속에 있는 노동 능력——에 대한 요구로서 나타난다. 그러한 요구로서 화폐라는 자본의 물질적 존재는 중요하지 않으며, 어떤 다른 명칭으로 대체할 수 있다. 국가 채권자처럼 모든 자본가는 자신이 새롭게 획득한 가치 속에서 미래 노동에 대한 요구를 지니며, 자본은 노동을 전유함으로써 동시에 미래 노동을 전유한다(자본의 이러한 측면은 광범하게 전개된다. 그러나 여기서 이미 자본은 실체와는 분리된 가치로 존재하는 자신의 속성을 나타낸다. 여기에 신용의 기초가 존재한다). 그러므로 화폐의 형태로 자본을 비축한다는 것은 결코 노동의 물질적 조건을 비축하는 것과 물질적으로 동일하지 않다. 이것은 오히려 노동에 대한 소유권의 비축이다. 미래 노동을 임금노동으로서, 자본의 사용가치로서 설정한다. 새로이 창출된 가치에 대해 어떤 등가물도 손에 지니지 않은 채, 새로운 가치 창출의 가능성은 새로운 노동 속에 있을 뿐이다. (『요강』, 367;272~273)

그러므로 우리는 맑스의 이윤론 구성에서 결정적인 점에 이른다. 이론은 무엇보다도 잉여가치의 사회적 확장 속에 포함되어 있는 착취의 새로운 특질에 대한 인식을 구성한다. 이러한 새로운 특성은 단순히 규정될 수도 없고 노동과정에서 만들어진 가치들과 관련될 수도 없다. 또 그것은 사회적 노동의 총체성, 즉 다수 대중의 협동 속에서 부유해지는 노동뿐만 아니라 자본의 가치를 보존하는 노동, 인구의 단순 증가에서 비롯하는 노동뿐만 아니라 사회의 과학적 잠재력에 뒤따르는 노동에 의해 무상으로 만들어진다. "요약하자면, 인구 증가 및 사회의 역사적 발전과 함께 발전하는 모든 사회적 힘은 자본에게 어떠한 비용도 치르게 하지 않는다."(『요강』, 765;651) 그러므로 이윤은 우선적으로 사회적 생산력의 무상 이용으로 만들어진, 전 지구적 잉여가치의 사회적 표현이다.

『요강』에서 이윤론이 잉여가치론에 너무 종속되어 있지 않은가 하는 문제가 이 지점에서 제기되어 왔다. 로스돌스키(426쪽)는 생산과정에 관한 절에서 '이윤율'과 '잉여가치율'이란 표현이 서로 얼마나 엄밀하지 않게 구분되고 어떤 때는 동일하기조차 한 것으로 보이는가를 지적했다. 그것은 사실이다(특히 『요강』, 274~275;341~354;373~386을 보라). 그러나 우리는 이것 때문에 맑스를 심하게 비난하지는 않을 것이다. 정말 잉여가치 개념──잉여가치 개념의 특정한 기원 속에서──이 이윤 개념 및 그것이 지닌 사회적 힘과 구분되어야 한다면, 그러한 구분은 실제로 사회적 자본의 사회적 착취라는 동일한 개념적 핵에서, 동일한 실질적 실체에서 작동하고 있다는 것이 사실이다. 확실히, 분석의 이 지점에서 이윤을 사회적 잉여가치로 설명하게 되는 틀인, 잉여가치에서 이윤으로의 확장은 사회적 자본의 사회적 착취라는 경향의 격화를 나타낸다. 자본관계의 발전에 대한 분석이 자본의 사회화가 지닌 함의를 보이기 전에, 이윤은 잉여가치에 포섭된다. 그러나 일단 이것을 인식하면, 우리는 즉시 맑스가 이러한 이행으로(그것이 아무리 엄밀하고 빠르다 하더라도) **이윤 범주는** 작동 속에서 **해소될 수 없고 매개의 범주적 형태로 제시될 수도 없음**을 보여 준다고 덧붙이지 않을 수 없다. 이러한 접근법이 지닌 결과는 분명하다. 자본이 전 사회를 자신의 생산양식으로 물들이는 한, 이윤은 매개(그리고 단지 매개는 아니다)이기도 하다. 자본이 역사적으로 사회적 자본이 될 때, 이윤은 더 이상 매개물일 수 없다.

그러면 이윤은 해결된 매개물, 사회적 잉여가치가 된다. 그것은 실제적으로 전 사회를 포함하고 있는 적대적 관계에 대한 자본가적 봉인이다.

이윤에 대한 이러한 첫번째 규정이 지닌 한계는 『요강』을 쓰던 몇 달 내에 극복되었다. 좀더 진전된 다른 이론적 조건들, 무엇보다도 생산비용의 분석과 유통의 분석이 요구되었다. 요약하자면, 이러한 가공을 하려면 자본의 유기적 구성에 대한 규정에 이르러야 했다(로스돌스키, 425~433쪽을 보라). 그러면 여기서 텍스트에 대한 평가 기회를 미루고, 『요강』(745~778쪽) 끝부분의 노트 7권 속에 있는 '결실을 맺는 것으로서의 자본 : 잉여가치의 이윤으로의 전화'라는 절로 넘어가자. 이 절은 유통과정 분석(노트 4~7)의 정점을 나타내며, 이 분석의 결과와 자본 생산과정의 분석(노트 2~4)에서 이루어진 결과 사이의 종합을 나타낸다. 이제 잉여가치의 이윤으로의 전화에 대한 분석은 (유통을 통한) 사회화에 대한 분석과 통합되어 생산과정의 결과를 정확하게 통합한다. 그러는 동안 사회화 과정에 대한 분석이 이루어지면서, 잉여가치에서 이윤을 도출하는 것은 이윤 개념을 잉여가치 개념에 종속시키지 않지만 반대로 그들간의 근본적 연속성을 보이면서도 차이를 강조한다. 그러므로 모호성은 사라진다.

그리고 여기서 자본은,

> 가치의 생산자로서, 새로운 가치를 제시함으로써 자신과 관련한다. 자본은 자신이 만든 가치만큼 잉여가치의 근원으로서 관련한다. 자본의 운동은 자본 자체에 대한 관련으로 이루어지지만, 반면에 자본은 자신이 만든 것의 근원으로서, 잉여가치로서, 자신에게 또는 자신에 의해 만들어진 것으로서, 잉여가치에 전제된 가치로서 스스로를 생산한다. 순환의 단위 척도로서 제시되는 일정 시간 동안에, 농업에서 2시간은 자신의 재생산의 자연적 척도이기 때문에 자본은 일정한 잉여가치를 생산하며, 이 잉여가치

는 자본이 하나의 생산과정에서 만든 잉여가치에 의해서가 아니라, 생산과정의 수많은 반복 또는 특정 시간 동안 생산과정의 생산에 의해 결정된다. 직접적 생산 과정 밖의 운동인 유통을 재생산과정 내에 포함하고 있기 때문에, 잉여가치는 더 이상 산 노동에 대한 단순하고 직접적인 관계를 통해 규정되지 않는 것으로 나타난다. 이러한 관계는 오히려 잉여가치의 전체 운동의 한 계기로 나타날 뿐이다. 활동적 주체, 과정의 주체로서 자신에게서 출발하여――순환 속에서 직접적 생산과정은 노동과는 무관한 자본으로서 자신의 운동에 의해 결정되는 것으로 나타난다――, 자본은 증식하는 가치로서 자신과 관련한다. 즉 자본은 자신이 설정하고 기초를 형성한 것으로서 잉여가치와 관련한다. 생산의 근원으로서 자본은 생산물로서 자신과 관련한다. 생산하는 가치로서 생산된 가치로서 자신과 관련한다. 그러므로 자본은 더 이상 새로이 생산된 가치를, 그 가치의 실제적 척도 즉 필요노동과 잉여노동의 관계에 의해서가 아니라 오히려 그것의 전제로서 스스로 측정한다. 일정한 가치를 지닌 자본은 일정한 시간 동안에 일정한 잉여가치를 생산한다. 그러므로 투하된 자본의 가치에 의해 측정된 잉여가치, 자기증식하는 가치로 설정된 자본, 이것이 이윤이다. 영원한 범주가 아닌 자본의 범주하에서 생각할 때, 잉여가치는 이윤이다. 그리고 자본은 생산하고 재생산하는 가치인 자본으로서의 자신을 새롭게 생산된 가치인 이윤으로서의 자신과 구분한다. 자본의 생산물은 이윤이다. (『요강』, 745~746;631~632)

개념 규정으로 나아가자. 이윤형태 속에서, 잉여가치는 생산과정에 투하된 자본의 총가치에 비추어 측정되어야 한다. "동일한 잉여가치, 즉 필요노동과 관련하여 동일한 잉여가치를 전제하면, 이윤율은 산 노동과 교환된 자본 부분과, 생산수단 및 원료의 형태로 존재하는 부분 사이의 관계에 달려 있다. 그러므로 산 노동과 교환되는 부분이 작아질수록,

이윤율은 작아진다. 그러므로 자본으로서의 자본이 직접적 노동에 비례하여 생산과정 속에서 차지하는 지위가 높을수록, 즉 상대적 잉여가치 ── 자본의 가치 창조력 ── 가 증가할수록, 이윤율은 떨어진다."(『요강』, 747;633) 결과적으로 "이윤율은 실질적인 잉여가치가 하락해도 증가할 수 있다."(『요강』, 747;633) 결론적으로 "이윤율은 자본가치와 반비례하지만, 이윤 총액은 자본가치와 정비례할 것이다."(『요강』, 748;634)

누군가 지적했듯이, 잉여가치 개념과 이윤 개념 사이에는 착취의 특성과 관련된 어떤 **구분**(distinction)이 있다. 잉여가치는 산 노동의 착취, 그것의 생산성의 증대, 노동강도의 격화, 근로 능력의 총체적이고 전면적인 고갈이다. 이윤은 잉여가치의 공고화 및 고정화이며, 안정된 형태 속에 공고화된 비증식 노동, 노동 생산성의 도둑, 산 노동에 대한 무관심이다. 그러나 그 구분이 착취의 성격을 다루지는 않는다. 잉여가치와 이윤은 둘 다 산 노동의 종속에 기초한다. 그러나 잉여가치의 경우 산 노동은 생산관계 내에서 고려되는 반면에, 이윤의 경우 산 노동은 생산의 조건에 비추어 축적의 총체성에 고정된다. "이윤은 잉여가치의 또 다른, 자본의 의미에서 더 발전된 형태다."(『요강』, 762;648) 그 구분은 착취의 성격을 다루지 않으며, 이것의 증거는 잉여가치 범주가 가지고 있듯이, 모순이 착취자와 피착취자를 대립시킬 뿐만 아니라 사회적으로 포괄적인 관계 속에서 산 노동과 죽은 노동 간의 관계에까지 적대를 확장하면서 이 지점에서 다시 나타난다는 사실에 있다. **더욱 많은 노동이 자본 속에서 대상화되고** 자본이 증가할수록, 다른 말로 해서 노동과 생산성이 자본으로 될수록, **더욱더 산 노동은 이러한 증가를 적대적 형태 속에서 대립시킨다.** 자본이 자신을 이윤 창조력으로, 노동과는 무관한 부의 원천으로 설정할수록 (그리고 그렇게 함으로써 자본의 구성요소들 각각은 동일하게 생산적인 것으로 나타난다), 산 노동은 더욱더 사회적이고 치밀한 형태로 자본주의적 성장과 분리된다. 우리는 자본주의 발전 속에 내재해 있는 사회적 자본(자본의 균등화) 개념이 역사적, 실제적으로 형성되면서 동시에 나타나는 대립적인 노동계급 형성에 대해 맑스가 제시하는 것을 나중에 살펴볼 것이다. 그것은 노동자계급의 균등화, 노동자계급의 혁명세력으로의 실제적, 역사적 발전이다. 여기서 ── 그리고 우리는 곧 이것으로 돌아올 것이다 ── 이른바 이윤율 저하 경향의 법칙(이 페이지들에서 맑스는 이윤론의 완성과 함께 이 법칙의 정교화를 완성한다)은 적대가 잉여가치를 생산하는 관계에서 이윤을 생산하는 관계로 이렇게 확장되는 것을 보여 준다.

이윤율법칙은 이중적이다. 한편으로 그것은 자본이 생산과정에서 규정된 조건들을 더욱더 포섭하고 유통과정에서 그것들을 사회적인 것으로 만드는 경향을 표현한다. 이것은 잉여가치의 이윤 요소로의 전화뿐만 아니라 자본이 지닌 이러한 조건들을 더욱더 명확하게 전유하는 경향을 말한다. 다른 한편으로 그것은 잉여가치에서 사회적 잉여가치(이윤)로, 자본에서 사회적 자본으로라는 이윤의 발전에 의해 규정되는 새로운 적대를 나타낸다. **이윤법칙이 담고 있는 진보적이면서 동시에 파괴적인 신호는 산 노동에 대한 이윤법칙의 관계에 의해 결정된다.** 한 측면으로 이윤은 가장 공격적이고 생산적인 확장을 향한, 산 노동의 점증적 이용 및 산 노동량의 증대를 향한 경향이다. 다른 한 측면으로, 이 수준에서 이윤은 산 노동의 종속과 그 종속의 증대 및 확장을 향한 격렬하고 극단적인 경향뿐만 아니라 자신의 생산 조건들과도 충돌한다. 이러한 두 경향 모두 산 노동이 지배한다. 이윤 확대 경향은 직접적으로 착취당하지만 창조적인 산 노동과 병진한다. 이윤율 저하 경향은 이윤 및 그것의 분리된 구성이 지닌 힘에 대항하는 산 노동의 저항, 즉 노동자의 생산력에 거슬러, 자본가를 위한 생산력과 산 노동의 활력에 거슬러 사회적 자본의 힘 속에 그것을 고정화하려는 것에 반대하는 저항을 말한다. 이 때문에 산 노동은 스스로를 파괴적인 것으로 나타낸다. 너무 오랫동안 많은 '맑스주의자들'이 이것을 잊었고 그러므로 이러한 진리를 증명하는 프롤레타리아봉기들을 질식시켰다. 그래도 맑스는 다음과 같이 덧붙인다. "일정한 경계를 넘어서면 생산력 발전은 자본에 장애물이 된다. 그러므로 자본관계는 노동 생산력의 발전에 장애가 된다."(『요강』, 749;635) "이것은 모든 관련에서 근대 정치경제학의 가장 중요한 법칙이며, 가장 난해한 관계들을 이해하는 데 가장 본질적인 것이다."(『요강』, 748;634)

우리는 이제 잉여가치에서 이윤으로의 이행이 지니는 몇 가지 특징들을 분명히 해야 한다. 우리는 이윤 범주가 자신의 종별적 차이를 지닌 채 잉여가치 범주와는 어쨌든 구별될 수 있는 요소가 아니라는 것은 알았다. 그것은 오히려 팽창, 잉여가치법칙에 내재해 있는 적대의 사회적 수준까지의 확장이다. 그래도 두 범주가 지닌 동일한 성격 내에, 이윤 범주가 잉여가치 범주와 관련하여 갖는 논리적으로 종속적인 성격 내에, 맑스로 하여금 전형(transformation)의 관점에서 분석을 발전시켜 가도록 유도한 이론적 이유가 존재한다. 맑스에게 이러한 이유들 가운데 첫번째 것은 시장의 무정부성이라는 신화에 반대하여 바로 자본 개념과 자본 작용의 범주들을 사회적으로 재구성할 필요성이다. 첫번째 이유와 밀접히 연결된 두번째 이유는 자본의 범주들을 도입하고 그럼으로써 역사적인 자본주의적 생산과정이 지닌 과도적 이행 및 이차적 위기(시장의 무정부성과 관련된)를 넘어서 실재적 적대(그리고 결국은 정치적 대립의 이유들)를 도입할 필요성을 부각시킨다. 이러한 관점에서 이윤 범주는 방법론적으로 역동적이고 역사적인 용어로, 즉 경향적 용어로 구체화되는 범주다. 『자본』 1권의 미간된 제4장에서처럼, 여기서 '경향'이란 말이 의미하는 것은 자본에 의한 노동의 형식적 포섭에서 실질적 포섭으로의 필연적인 이행이다. 경향은 이윤을 처음에는 상이한 생산 부문에서 실현·

된 잉여가치의 추상적 균등화, 매개라고 보는 것이다. 나중에는 자본이 사회적 생산의 총체성을 띠게 되면, 이윤은 냉혹하게 경향을 실현하고 자본의 통제하에서 사회에 대한 착취, 사회적으로 구성된 잉여가치가 된다. '관계의 현 수준에서' 이윤운동은 잉여가치의 지배하에서 사회의 통일을 향해 돌진한다. 그리고 관계의 좀더 높은 수준에서 이윤운동은 사회적 노동일에 따라 측정할 수 있는 이윤의 본질적 능력에 의해 결정되며——이윤에 관한 장에서 분석은 개별 노동일에 대한 토론이 아니라 **사회적 노동일**에 대한 토론이어야 한다——, 잉여가치 범주들은 경제적 인구론 비판에 적용될 수 있다.

> 창출될 새로운 잉여자본은 다시 산 노동과 교환됨으로써만이 그 자체로서 실현될 수 있다. 그러므로 자본은 자신의 필요 부분을 끊임없이 줄임(그것의 일부분을 예비로서 끊임없이 보관할) 뿐만 아니라 **노동 인구**를 동시에 증대시키는 경향을 지닌다. 그리고 인구 자체의 증가는 필요 부분을 줄이는 주요한 수단이다. **본질적으로 이것은 개별 노동일의 관계를 적용한 것일 뿐이다.** 여기에 이미 근대 인구론이 그 자체로서 표현하지만 파악하지 못하는 모든 모순이 있다. 잉여노동의 설정으로서의 자본은 여전히 그리고 같은 계기 속에서 필요노동의 설정 및 비설정이다. 자본은 필요노동이 존재하기도 하고 동시에 존재하지 않기도 하는 한에서만 존재한다. (『요강』, 400~401;304)

자본주의적 생산양식의 발전과 함께, 이윤 범주는 자신의 현존 모습을 잃어버린다. 또는 더 정확하게 말해서, 사회화한 생산이 지닌 조건들하에서 잉여가치의 조건을 검토해야 한다. 여기 이 수준에서 노동 **생산력**은 자신을 '**사회적 힘**'(『요강』, 400;304) 으로 드러내고 드러내야만 한다. "모든 생산 단계에서 노동이 지닌 어떤 공통의 특성, 노동의 사회적 성격 등이 있다. 사회적 생산력은 나중에 발전한다(이것으로 돌아가자)." (『요강』, 398;302) 그래서 이윤 범주는 개별 잉여가치들의 균등화 속에, 잉여노동의 단순한 단위들 속에 자신의 기원을 갖지만, 그것은 발전하여 잉여가치로, 사회적 잉여노동에 더욱 근접한 것으로서 종결된다. 이윤에 대한 첫번째 맑스주의적 규정에 대한 비판(이윤 범주는 잉여가치 범주와 너무 많이 중복된다)은 잉여가치와 이윤 간의 질적 차이를 주장하지 않는 한 받아들일 수 있다. 오히려 관계는 역전되어야 한다. 이윤은 그것이 사회적 관계인 한에서 잉여가치로 향하는 범주다. 그 이윤을 넘어서 자본가 그 자체라는 범주 및 신비화가 있으며, 그것은 "생산과정에서 이미 일어나고 있는 주체와 객체의 전도가 더욱 발전된 것이다." 맑스는 이윤론에 대한 이러한 정식을 계속 강조한다. 한편으로 그는, 우리가 "이윤율 균등화 속에서——즉 자본에 의한 이윤의 구성에서——는 그것이 실제로 나타내는 것, 창조적 현상이 아니라 분배 현상을 나타낸다는 것"(『요강』, 668~669;561)으로 보아서는 안 된다는 사실을 상당히 강조한다. 그는 풍자적으로 말한다. "교환이란 작용이 교환된 사물의 가치를 증대시킬 수 없듯이, 교환 총액도 증대시킬 수 없다." (『요강』, 632;525) 그리고 그는 주에서 덧붙인다. "이것을 분명히 하는 것이 전적으로 필요하다. 자본들 사이에서 잉여가치의 배분, 개별 자본들 사이에서 총 잉여가치의 계산——이러한 이차적인 경제적 조작——이 관례적인 경제적 저작들 속에서 본원적인 것들과 혼동되는 현상을 불러일으키기 때문이다." (『요강』, 632;525) 이차적인 경제적 조작. 다른 한편으로, 우리는 더 이상 이론적 범주적 논증 순서를 따라가는 데 만족하지는 않는다. 이윤에 대한 역동적이고 경향적이며 능동적인 그림, 오히려 이윤의 본질을 구성하고 전개하는 틀인 착취의 사회화라는 요소를 규정하는 것은 시작의 문제다. 그러므로 이윤은 항상 '자본가계급'의 이윤이다. (『요강』, 758~759, 766~767;644, 653) 이윤에 대한 이러한 정치적 그림 속에서 발전의 경향이 예견된다. 잉여가치 총액으로서 그리고 개별 이윤의 균등화로서뿐만 아니라 정치적 힘으로서, 사회적 적대의 극으로서 ── 이 단계에서는 정치적으로, 그러나 천천히 더욱더 실재성을 갖추어 ── 구체화하기 시작한다. 이러한 이행은 그것이 이윤론이 잉여가치론에 종속된다는 분명한 증거를 나타낸다는 점에서 매우 중요하다. 자본에 대한 정치적 그림으로 나아가는 과정은 잉여가치론에서 산 노동을 '**프롤레타리아계급**'으로 동일시하는 데로 나아가는 과정과 동질적 ── 그리고 반대 ── 이다. 분명 맑스는 자본의 주체성론이라고 할 수 있는 이윤론을 발전시켰지만, 반면에 ── 자신의 의도에도 불구하고 ── 노동계급의 주체성론을 ── 예를 들어 임금의 그림 속에서 ── 발전시키지 않았다. 맑스 저작의 **문헌적** 전개가 지닌 이러한 **비대칭성**에도 불구하고 우리는 **구조적 균형**을 인정하지 않을 수 없으며, 그가 제기한 전제 조건들을 발전시키지 않을 수 없고, 사회적 노동일 속에서, 즉 사회적 잉여노동과 사회적 필요노동의 구분 속에서 두 계급에 의해 전개되는 치열한 투쟁의 기초를 인식하지 않을 수 없었다. 우리는 이 두 모습 속에서 **대립된 주체성**, 대립된 의지 및 지성, 대립된 가치증식과정의 정식, 요약하자면 우리가 방금 여기서 고려한 그러한 조건들의 바로 그 발전이 필요로 하는 적대적 역동성을 찾아야 한다. 그러면 노동계급과 프롤레타리아트의 주체성론은, 자본이 자신의 계급으로서의 통일성과 착취의 통제를 동시에 획득하는 통로인, 수탈되고 대상화되고 사회화된 이 모든 잉여노동이 지닌 실재에 반대하면서, 이윤이론에 대립하는 전제와 의무를 구성한다. 『요강』은 자본가적 주체성론에 대항하여 노동계급의 주체성론을 목표하고 있다.

지금까지 길게 다른 길로 빠졌는데, 『요강』의 전개 순서 즉 자본에 관한 장의 제2절('유통과정')로 돌아가자. 이 절은 형식적으로는 긴,

위기에 관한 「보론」으로 시작한다. 다시 위기, 현존 위기, 전체 작용을 동기화하는 결정적 실재, 그리고 그 작용의 근거인 실재에 대한 인식! 『요강』은 위기의 감정에서, 화폐이론을 위기 표출의 특권적 수준으로 충분히 설명함으로써 시작했다. 그리고는 잉여가치론으로 발전했고, 이 윤율법칙에 내재해 있는 긴장에 대한, 그리고 이윤론에 대한 첫번째 규정을 통과하여, 다시 위기와 그것에 대한 과학적 설명으로 되돌아왔다. 이제 예비적 계획에 따라, 자본주의적 생산과정은 유통과정에 대한 분석의 여지를 제공하며, 우리는 『요강』의 이러한 두번째 주제에 초점을 맞춘다. 그러나 다시 위기가 맑스의 관심을 사로잡고 있다. **위기에 관한 분석을 하기 전에 유통을 배타적으로 위기형태로 파악한다.** 위기에 대해 이렇게 새로이 길게 다루는 것은 『요강』의 전개에서 어떤 단락(shortcut)을 나타내는가? 그것은 혁명적 주체성이 이론적 절차의 순서를 잘못 사용한 것인가? 부분적으로는 분명 그렇다. 그러나 그것은 또한 그 이상의 다른 무엇이다. 『요강』 제1부에서 커다란 일보를 내디뎠는데, 그것이 과정에 대한 주체화다. 다른 말로 하면, 잉여가치론과 그에 뒤이은 이윤론의 근거에 의해서, 우리는 이제 **경제 성장 및 계급투쟁에 대한 관련 속에서의 위기**에 초점을 맞추도록 해주는 개념적 연결망을 지니고 있다. "자신의 실현 과정이 지닌 성격에 대해 어떤 인식도 하지 못하고 위기시에만 그것을 인식하는 데 관심을 갖는"(『요강』, 374;277) 자본과는 달리, 노동계급의 관점은 이제 성장을 위기와 위기형태 속에서 생각하고 위기를 계급투쟁의 특권적 영역으로 생각할 수 있다. 위기라는 생각은 맑스의 규정에 따르면 이 지점에, 즉 자본의 증식과정이 유통으로 확장되는 지점에 끼어든다. 그러나 가치증식과정이 잉여가치의 적대적 법칙에 의해 지배되는 것처럼, 유통과정은 그 법칙과 관련시켜야 하며 무엇보다도 위기 속에서, 언제나 현존하는 주체적 성급함뿐만 아니라 적대의 지속성을 증명하는 이러한 위기 속에서 파악되어야 한다. 그래서 자본에 관한 장의 제2절 '유통과정'에 관한 실제적 정교화는 제목과는 달리 시작하는 듯하지만, 위기에 관한 「보론」 이후에 100페이지쯤 뒤에 또는 더 정확하게는 (우리가 나중에 제6강의에서 보게 되듯이) 그보다 훨씬 나중인 「보론」 '형태' 뒤, 아마도 위기의 규정에 대한 맑스의 관심이 더욱 확대되었다는 것을 보여 주는 다른 100페이지쯤에서 시작한다. 그때 유통형태로서의 위기에 대한 분석은 잉여가치론이 밝힌 근본적 분석의 일부분이다. 그것은 유통 위기 속에서 생산과정에 적합한 적대의 작동에 대한 탐구다. 그러므로 잉여가치론은 위기론 속에서 지속되고 더욱 전진적인 규정을 겪는다. 『요강』 제1부는 이 「보론」의 말미에서야 끝난다고 생각된다.

"즉 면밀하게 관찰해 보면, 자본의 실현 과정 —— 그리고 화폐는 실현 과정을 통해서만 자본이 된다 —— 이 동시에 자신의 무화 과정, 자신의 탈화폐화로 나타난다." (『요강』, 402;306) 어쨌든 무화는 실현 과정의 하나의 계기를 형성한다. 이것은 이미 단순히, 그 직접적 형태 속에서 그 과정의 생산물은 가치가 아니라 우선 그 자체로서 실현되기 위하여 유통 속에 새로이 들어가야 한다는 사실에 포함되어 있다." (『요강』, 403;308).

> 생산과정 내에서 실현은 잉여가치의 생산(잉여시간의 대상화)과 전적으로 같은 것으로 나타났으며, 그래서 이 과정 내부에 부분적으로 전제되고 부분적으로 설정되어 있는 그러나 뛰어넘어야 할 장애물로서 그 내부에 항상 설정되는 것들과 다름없는 한계들을 지니는 것처럼 나타났다. 이제 생산과정 외부에 있는 장애물들이 나타난다. (『요강』, 404;308)

그러면 바로 우리는 문제의 한가운데에 와 있음을 발견한다. 유통과정을 통과하여 생산의 모순들은 확대된다. 모순들은 끊임없이 재생산되고 새로운 형태로 재생되며 지양되기까지 하지만, "강제적으로만 지양된다."(『요강』, 406;309) "여기서 주요한 점은 —— 우리가 자본에 관한 일반 개념에 관심을 가지고 있는 경우에 —— 자본은 **생산과 실현의** 이러한 **통일이 직접적으로**가 아니라 오히려 어떤 조건들, 겉으로 보기에는 **외적인** 조건들과 연결되어 있는 **과정**으로 존재한다."(『요강』, 407;310~311) 확실히 "모든 한계는 극복되어야 하는 장애물로서 나타난다."(『요강』, 408;311) 위기가 자본 개념 속에 내재해 있다는 사실은 위기의 소극적 규정성뿐만 아니라 적극적 규정성을 나타낸다. 상대적 잉여가치를 향한 돌진, 세계시장으로의 경향, "새로운 욕구의 생산과 새로운 사용가치의 창조"(『요강』, 408;312), 이 모든 것은 (자본) 개념의 바로 그 한계, 자본이 알고 뚫고 나가야 하는 한계들에 의해 만들어진 **적극적 긴장**을 나타낸다. 그러므로 모든 위기의 시기에는 광범한 **재구조화** 시기가 뒤따른다.

> 구 산업의 가치는 자본과 노동의 관계가 새로운 형태 속에서 자리 잡는 새로운 산업을 위한 기금이 창출됨으로써 보존된다. 그러므로 사물 속에서 새롭고 유용한 특질을 찾아내기 위한 모든 자연에 대한 탐색, 모든 낯선 기후 및 토지에서 만들어진 생산물들의 보편적 교환, 새로운 사용가치가 부여되는 자연 대상물에 대한 새로운(인공적인) 준비 등이 이루어진다. 왜냐하면 낡은 것이 지닌 새로운 유용한 특성들뿐만 아니라 원료 등으로서 낡은 것들이 지닌 새로운 특성 자체와 같은 사용 가능한 새로운 사물들을 발견하기 위한 모든 방면에 걸친 지구의 탐사, 따라서 자연과학의 최고도의 발전, 사회 자체에서 생겨나는 새로운 욕구의 발견, 창출, 충족, 사회적 인간이 지닌 모든 특성을 개발하는 것과 인간을 최대한 민족스럽게 육성하는 것, 관계와 질에서 풍부하다는 것 —— 가장 총체적이고 보편적인 사회적 생산물로서 인간 존재를 생산하는 것(다면적으로 만족을 취하기 위해

서 많은 즐거움을 향유할 수 있고 그럼으로써 고도로 육성되기 때문에) ——은, 여전히 자본에 근거한 생산 조건이기 때문이다. (『요강』, 409;312~313)

그러나 자본이 장애물과 같은 그런 한계를 설정하고 그럼으로써 그것을 **관념적으로** 넘어선다는 사실에서, 그것을 **실제로** 극복했다는 것은 결코 도출되지 않으며, 모든 그러한 장애물은 자신의 성격과 모순되기 때문에, 장애물의 생산은 끊임없이 극복되지만 여전히 지속적으로 설정되는 모순들 속에서 움직인다. 더욱이 자본이 어쩔 수 없이 추구하려는 보편성은 자본 자신의 성격 속에서 장애물들을 만나며, 이것은 자신의 일정 발전 단계에서 스스로가 이러한 경향에 대한 최대의 장애물임을 인식하도록 하며, 그럼으로써 자기 자신의 지양을 향해 나아간다. (『요강』, 410;313~314)

위기를 **실제로 극복하는것**, 위기를 피하는 것을 자본은 **할 수 없다**. 사실 위기가 나타나는 두 가지 현상적 형태, 한편으로 **불균형의 위기**(즉 실제적 유통의 위기, 자본의 유통을 구성하는 여러 가지 요소들 사이의 불균형의 위기), 그리고 다른 한편으로 **실현의 위기**(즉 과잉생산과 부적합한 소비 —— 그리고/또는 과소소비 —— 가 결합될 경우에 소비 능력으로 인한 위기)가 있다. 그러나 이러한 현상적 형태들을 넘어서, 위기의 근본적 법칙은 바로 끊임없는 자기 재생산의 필연성 속에서 찾을 수 있다. 그것은 "그 과정의, 또는 오히려 과정들의 총체성이 지닌 개별적 계기들" (『요강』, 415;318) 속에 있는 대로가 아니라, 생산과 가치증식 간의 모순 속에 있다. 유통 또는 일반적 생산 내에서 발견할 수 없는 한계가 있다. 우리는 자본에 근거한 생산법칙에 도달해야 하기 때문에, 더 나아가야 한다. 이러한 내재적 관점에서 볼 때, 위기는 다음과 같은 것에서 도출된다.

1) 산 노동 능력이 지닌 교환가치의 한계로서의 필요노동, 2) 생산력 발전 및 잉여노동의 한계로서의 잉여가치, 3) 생산의 한계로서의 화폐, 4) 교환가치를 통한 사용가치 생산의 제약.

그러므로 과잉생산, 즉 자본에 기초를 둔 생산이 지닌 이러한 필수적인 계기들 모두를 갑자기 **호출**하는 일이 있다. 따라서 그 계기들을 망각한 속에서 전반적인 가치 삭감이 일어난다. 동시에 자본은 그럼으로써 더 고도한 생산력 발전 수준에서 자신의 시도를 새로이 전개하는 임무에, 매 시기 **자본으로서** 더 커다란 붕괴에 직면한다. (『요강』, 416;319)

그러므로 위기의 근본 법칙은 필요노동과 잉여노동 간의 모순적 관계에, 즉 잉여가치법칙의 작동 속에 있다.

그 뒤의 페이지들에서 맑스는 위기를 규정하는 데서 근본 법칙이 지닌 효과들을 인상적으로 강력하게 증명한다. 자본이 역동적이며 '**살아있는 모순**'이라면, 노동계급은 엄격성, 적대하는 힘, **한계**를 나타낸다. 관계는 더욱더 주체적으로 된다. 발전은 항상 위기의 형태를 띤다. 왜냐하면 위기처럼 발전은 최종 심급에서는 자신의 토대에 "항상 **필요노동과 잉여노동의 관계**, 또는 원한다면 대상화한 노동과 산 노동의 상이한 계기들의 관계" (『요강』, 444;348) 를 지니고 있기 때문이다. '애초의 비율' —— 이러한 양들을 나누는 방법 —— 은 자본의 발전 및 위기, 양자를 지배하는 문제를 구성한다. "필요노동과 잉여노동 간의 올바른 관계 —— 최종 분석에서 모든 것이 이에 의거한다 —— 를 회복하는 것" (『요강』, 446;351) 은 자본의 불변적 목표다. 자본의 파괴, 산 노동의 탈가치화, (자본을 위해) 좀더 정확한 착취 조건들로의 재구성, 이것은 자본에게는 위기며, 자본이 자신의 통제, 자신의 주체적 힘을 유지하기 위해서 항상 기꺼이 지불하려고 하는 가격이다.

우리가 좀더 심도 있게 위기의 기제들을 분석한다면, 이윤론이 위기를 독해하도록 우리에게 가르쳐 준 방식으로 근본 법칙을 이해한다면, 이것은 분명 사실이기 때문에, 우리는 전체 분석 과정을 유지하고 그것에 생기를 불어넣는 **정치적 관계**에 이른다. 다시 한번 법칙들이 지닌 객관성은 법칙들의 경로가 지닌 주체성을 보인다. 왜냐하면 **잉여노동과 필요노동 간의 관계**는 우리가 종종 보아 온 대로 **두 계급 간의 관계**이기 때문이다. 한편으로 사태는 단순하고 분명하다. "그러므로 자본은 노동 생산물로 나타나며, 노동 생산물은 그와 같이 산 노동에 대한 주인, 지배로서 대상화한 노동인 **자본**으로 나타난다. 노동 생산물은 **소외된 소유**로서, 산 노동에 자립적으로 대립하는 존재양식으로서, 스스로 존재하는 **가치**로 나타난다. 노동 생산물, 대상화한 노동은 산 노동에 의해 고유한 정신을 부여받고, 산 노동에 대립하여 자신을 **소외된 힘**으로 정립한다. 이 양 상황은 그 자체 노동 생산물이다."(『요강』, 453~454;357) "이러한 실현 과정은 동시에 노동의 탈실현 과정이다."(『요강』, 453~454;358) 그러므로 자본가측에게 문제는 전적으로 정치적이다. 권력은 착취를 권력관계의 생산에서 재생산으로 확장한다. "무엇보다도 생산 및 증식 과정의 결과는 **자본과 노동 자체의, 자본가와 노동자 관계의** 재생산 및 새로운 생산이다."(『요강』, 458;362) 그러나 다른 한편, 또한 사태는 단순하고 분명하다. "재생산되고 새로이 생산되는 것은 산 노동이 지닌 이러한 객관적 조건들의 **현존**일 뿐만 아니라 **자립적 가치들, 즉 이러한 산 노동 능력에 대립하며 소외된 주체에 속하는 가치들로서 그것들의 현존**이다."(『요강』, 462;366) 산 노동의 주체성은 죽은 노동을 착취하는 권력으로 공고화하는 것을 그렇게도 적대적 방식으로 반대하여, 스스로가 가치임을, 착취된 본질임을 부정하고 그럼으로써 자신을 **가치** 및 착취의 부정으로 제시한다. "산 노동 자체는 산 노동 능력과 마주해서는 **소외된** 것으로 나타나며, 산 노동은 산 노동 능력의 노동이며 산 노동 능력의 생의 표현이다. 왜냐하면 산 노동은 대상화한 노동, 노동 생산물 그 자체에 대립하면서 자본에 종속되기 때문이다. 노동 능력은 자신과 소외된 것처럼 관련하며, 자본이 자신을 노동으로 만들지 **않고** 지불하려고 한다면, 노동력은 즐겁게 타협할 것이다."(『요강』, 462;366) 그러나 그것으로 충분하지 않다. 부정은 **혁명적 분출**, 전도(inversion)에 대한 의식이 된다.

> 생산물이 자신의 것이라는 인식, 그리고 그것의 실현 조건들에서 자신을 분리하는 것은 부적절하다——강제로 부과된——는 판단은 거대한 의식(의 진전)이며, 그 자체가 자본에 기초한 생산양식의 산물이다. 노예에게는 자신이 제3자의 **소유물일 수 없다**는 의식이 자신의 운명에 흉조인 만큼, 자신이 하나의 사람이라는 의식과 함께 노예층은 단순히 부자연스럽고 무위도식하는 존재가 되며, 생산의 기초로서 지속될 수 없다.(『요강』, 463;366~367)

이 지점에서 위기의 근본 법칙은 완전히 계급투쟁법칙으로 발전한다. "이것은 나중에 임금노동을 다룰 때 발전시킬 것이다."(『요강』, 465;369) 발전의 위기는 내재화되어서 위기와 발전 양자는 계급투쟁의 산물로 파악된다.

특별하고 주체적인 그리고 혁명적인 긴장이 이 페이지들에 흐르고 있으며 결과적으로 앞서 언급한 잉여가치론과 이윤론 사이의 단락이 성급하게 뒤따른다는 것을 부정할 수 없다. 맑스가 어떻게 중요한 결과들에 이르는지, 그가 어쨌든——이러한 정확한 방식으로——특히 위기의 해석에서 그 이론이 지닌 주체적이고 매우 분열적인 성격을 어떻게 주장하는지를 보았다. 그러나 우리는 이러한 단락이 (물론) '장기적인 길'에 대해 그만한 명료함을 지니지 않는다는 사실을 바로 강조해야만 한다. 우리는 정말 맑스의 주체적 성급함을 이해할 수 있으며, 그것의 효과를 긍정적으로 평가할 수 있지만, 또한 여기에 역설들과 모호함들이 얼마나 넘치고 있는지를 인정해야 한다. 하나의 역설이 특별히 두드러진다. 그리고 그것은 정확히 최고도의 혁명적 주체성이 자본주의적 생산의 성장 속에서 최고도의 모순, 즉 파국과 결합된 혁명이라는 모순과 병행하는 것처럼 보이는 역설이다. 위기는 잠재적으로 두 가지 경향을 동질적이고 동시적이게 만들 수 있다. 실천적 관점에서 이러한 역설은 쉽게 설명된다. 그것은 이론 및 주체성이 지닌 모든 요소들을 분명한 설득 행위에 집중하도록 수렴하는 작용이다. 맑스와 혁명적 맑스주의는 그럴 만한 이유 때문에 이러한 의도적인 정치적 선언들로 가득 차 있다. 바로 전체적 검증이 모든 비판 용어들을 대체하고 그것들을 실천적 진리의 계기들로 수렴하게 하는데, 여기서 혁명적 노동자계급이 지닌 전복 방법은 이 실천적 진리를 요구한다. 이렇게 말해도, 초점의 집중——복잡할수록 유용하다——은 결과지 전제여서는 안 된다는 사실은 남는다. 그리고 여기서 경향들이란 유비는 종종 전제로서 나타난다. 마치 노동자 측에서는——파국이 그것에 대해 합리적인 근거를 부여한 뒤에——일종의 위로부터의 혁명이, 자본에 의해, 즉 위기의 중간에 자신의 힘에 대한 사회적 인정을 기대하는 자본의 격렬한 운동에 의해 추진된 위로부터의 혁명과 일치하는 것처럼 보인다. 그럼에도 단락의 간결성 및 그것이 지닌 함의들은 우리가 강조해야만 하는 다른 의미들로 차 있다. 우리가 비판을 강조하는 것은 쉽다. 그러나 비판의 의미를 변형시키는데 성공하는 것이 중요하다. 특히 우리 자신을 바라볼 때, 우리는 맑스의 접근법 가운데 한 단계, 한 측면, 그리고 하나만을 가지고 있으므로. 맑스 자신은 자신의 이론적 전개가 지닌 한계들을 인식한다. 왜 이러한 한계들이 지닌 가치 및 긍정적 규정성을 이해하려고 하지 않는가? 그러한 이해의 방향으로 나아가는 것은 맑스주의 과학이 지닌 혁명적 방법론의 핵심으로 돌아가는 것을 의미한다.

그리고는? 우리는 맑스의 지나친 객관주의에 직면하는가? 자본주의 발전의 중요한 요소들이 지닌 규정성의 파생물에 지나지 않는 주체성 관념——그래서 미네르바가 제우스의 머리에서 생겨나듯이 주체성이 그 파생물에서 생겨나는——에 직면하는가? 더 나쁘게는 혁명적 기획의 계속적인 발생을 위기 규정과 결합하는, 자본주의적 성장에 대한 유기적 관념에 직면하는가? 우리는 방법론의 관점에서 이러한 반박들을 고려해 왔다. 그들 가운데 어떤 것도 우리에게 두려운 것으로 나타나지 않았다. 경향은 자신의 본래의 폭력성을 잘 은폐하지만 그것을 지울 수는 없기 때문이며, 혁명적 기획에 적합한 역사적 힘의 부족이 진정 역사적 필연성의 수준에서 경향을 단조롭게 할 수 있지만, 위기의 전개에 따른 다면적인 폭력이 나타나지 않게 할 수는 없기 때문이다. 적대의 개념적 틀을 아주 자세하게 검토해 보면, 적대의 내재성은 정말 단순한 쟁점으로 나타날 수 있다. 그렇지만 그 흔적들, 적대의 발전이 지닌 적대적 노선은 이것으로 지워지지 않는다. 다른 한편 이 페이지들을 독해하는 방법을 앎으로써 적대의 발생에 기울인 예리하고 강력한 관심을 알 수 있고, 따라서 부정적인 결론들은 극도의 무관심에서 나올 뿐임을 알 수 있다. 요약하면 여기서 긴급성——이론에서 혁명적 긴급성이라는 붉은 실——은 화학적 의미에서 분석을 침전시켜, 몇 가지——아마도 너무 본질적인——시약 주위에서 응고시킨다. 그러나 이러한 침전은 어떤 종류의 객관주의 및 개량주의에 반대해서 정확하게 설정된다. 이 페이지들 속에 모여 있는 역설들과 모호함들을 부정할 수도 있다. 그러나 우리가 정치적 관점에서 그것들을 해결하기를 원한다면, 우리는 그것들이 혁명적 열정으로 넘쳐흐르는 것으로 인정할 것이다. 우리가 이론적 관점에서 그것들을 해결하기를 원한다면, 우리는 그것들을 객관주의나 유기체주의의 틀에서 이해하지 않으려 주의해야 한다. 맑스의 '파국론'은 혁명 음악의 기조음이라고 로스돌스키는 종종 우리에게 말해 왔다. 때때로 패배의 상태와 재생의 이론적 환희를 느껴 왔으므로 우리는 이 모든 것을 이해할 수 있다.

이해에서 해석으로. 사실 단순히 이해한다는 것으로는 충분하지 않다. 우리는 그에 대해 더 분명한 생각을 가져야 한다. 중요한 문제, 아마도 맑스가 지닌 가장 모호하고 역설적인 점들 가운데 하나인 **이윤율 저하 경향의 법칙**의 문제를 들어, 앞서 언급한 문제들을 이해할 수 있을 뿐만 아니라 분명하게 설명할 수 있는지를, 즉 상이한 정식화 속에서 하나의 해결 정식——계급 관점에 적합하고 맑스의 방법론적 전제와 일치하는 해결 정식——을 발견할 수 있는지 살펴보자. 우리가 이 특수한 점을 택하는 이유는 분명하다. 사실 이윤율 저하 경향의 법칙은 비판가들의 '진혹한 해부'에 가장 잘 맞은 듯한 것이다. 만약 우리가 이와 관련하여 맑스의 연구 경로의 올바름, 잉여가치법칙 및 계급적 관점이 지속된다는 것을 보여 주는 데 성공한다면, 우리는 커다란 진전을 이룰 것이다.

이윤율 저하 경향의 법칙을 가지고 맑스는 잘 알려진 대로, 어떻게 **자본의 가치증식률이 불변자본과 가변자본 사이의 비율의 변이에 따라 비례적으로 감소하는가**를 보여 주려고 한다. 그 경우 불변자본의 증가는 비례적으로 가변자본을 축소하고 따라서 새로운 가치의 실현에서 비례적 감소를 결정한다. 성장하는 훨씬 더 큰 불변자본은 총액의 관점에서 더욱더 많은 것을 종속시킬지라도, **비례적으로는** 더욱더 적은 산 노동, 즉 가치증식하는 노동을 흡수한다. 그러면 이윤 총액은 이윤율이 저하할 때 증가한다. 이러한 법칙에 따라 자본주의적 성장은 **필연적으로 위기로 향하는 경향**이 있다. 왜냐하면 자본이 생산의 모든 하중을 떠맡는 바로 그 이유들이 정확히 자본가치들의 결여를 의미하는 그러한 동일한 이유들이기 때문이다. 그 형성 과정을 보면 이 법칙은 **잉여가치법칙**에 의해 정립된 필요노동과 잉여노동 간의 비율 속에서 형성된다. 이러한 근거

위에서 이윤율 저하 경향의 법칙은 **필요노동이 고정적 양**이다라는 사실에서 나온다. 자본주의적 성장은 정말 필요노동량의 축소를 긴급히 요구하고 노동 생산력을 증식시킬 수 있지만, 결국 추출될 수 있는 잉여가치는 제한한다. 가치증식에 한계를 구성하는 필요노동(노동일의 필요 부분)의 고정성이 아직도 존재한다. 생산성에서 그리고 이윤 총액에서 어떤 증가가, 점점 종속되지 않으려고 하고 점점 압축할 수 없는 어떤 힘에 부딪히는 정도까지 증대하는 한계. 그러한 고정성은 이윤율 저하 경향의 법칙에 일차적 의미를 부여한다. 이 법칙 속에서 우리는 그 법칙의 첫번째 정식화에 직접적으로 선행하는, 『요강』 속에서 맑스가 인식했던 것, 즉 발본적인 분리, **자본의 발전으로부터 노동자계급의 자주성**을 읽어내야 한다. 이러한 전망에서 그리고 그 이상의 자본주의 발전에 비추어, 우리 생각으로는 전적으로 실재적이고 가장 최근의 계급투쟁 경험들로 광범하게 증명되는 새로운 가설이 어떻게 만들어지는지를 염두에 두어야 한다. 이것은, 노동일의 필요 부분의 가치량이 더욱더 고정될 **뿐만 아니라** 더욱 고도의 가치들로 향하고, 그럼으로써 추출될 수 있는 잉여가치를 —— 주체적으로, 활동적으로 —— 줄이는 경향이 있다는 가설이다. 필요노동의 총액은 고정적이며 계급으로서 고도한 가치증식, **노동계급과 프롤레타리아트의 자기가치증식을 위한** 가능성들은 바로 이러한 고정성에 기초를 두고 있다. 요약하자면 맑스에게 노동력의 탈가치화는, 그것이 노동일의 필요 부분의 축소라는 점에서 일정하지 않고 반대로 제한되며 역전 가능하다. 필요노동은 자율적으로 스스로 증식할 수 있으며, 욕구의 세계는 확산될 수 있고 또 그래야만 한다. 자본가치의 감소 비율과 프롤레타리아트의 독립적인 가치증식을 결합하는, 이윤율 저하 경향의 법칙의 한 측면이 나타난다. 그러므로 이윤율 저하 경향의 법칙은 자본주의 발전 경로 속에서 **계급투쟁 강화**가 지닌 가장 분명한 맑스주의적 직관들 가운데 하나를 나타낸다. 주체에 대한 혼동은 맑스가 필요노동과 잉여노동 간의 비율에 대한 정식화를 제시하는 대신 **법칙을 재정식화**하면서 **자본의 유기적 구성**(불변자본과 가변자본 간의 배타적 비율)이란 정식이나 이윤과 임금 간의 비율 정식을 제시할 때인 나중에 나타날 것이다. 이러한 두 가지 정식은 분명 『요강』에도 현존하지만, 여기서 그것들은 잉여가치법칙이 규정하는 양에 종속된다. 반대로 그 정식이 지배적이거나 배타적으로 될 때마다, 전체 관계는 경제적 수준에서 탈구되고 부적절하게 대상화될 것이다. 그래서 결과적으로 그 이론의 근본적이고 견고한 변수로서 계급투쟁을 **제거하는** 관념이, 유기적 구성의 정식에 기초하여 내린 이윤율 저하 경향의 법칙에 대한 해석의 결과일 것이다. 반대로 점증적 개선이라는 보편주의적 법칙은 임금 · 이윤 비율의 들 내에 있는 해석에서 도출될 것이다. 적대적 원인들에 대한 혼동은 완전한 모습을 띌 것이며, 이윤율 저하가 가져온 위기에 대한 비실제적 묘사를 제시함으로써 우리가 법칙 그 자체의 경로보다는 적대적 원인들에 항상 더 중요성을 부여하게 한다.

우리는 위기에 관한 담론에서 맑스가 보이는 일련의 동요를 해석할 필요에서 출발했다. 우리는 **그의 파국론이 지닌 의미**를 이해했다. 이제 우리는 이러한 파국론은 그것이 포함하고 있는 객관주의 및 결정론과 함께 이론적 수준에서 그의 생각에 대한 뒤이은 재정식화의 반영으로서, 즉 사고의 근원들을 뒤집고 모든 다른 맑스주의적 범주들의 근원으로서 잉여가치법칙의 중심성을 부정하는 정식의 반영으로서 해석할 수 있음을 덧붙일 수 있다. 그러나 우리가 이러한 법칙을 출발점으로 삼는다면, 우리는 맑스의 파국론을 그의 계획이 지닌 단순한 혁명적 긴급성의 탓으로 곧바로 돌릴 수 있고, 단락을 찾아내는 것을 이론적 논증의 확장에 대한 단순한 암시로 바로 인정할 수 있으며, 그의 전투적 유물론이라는 맥락 속에서 객관주의적이고 결정론적인 파생물들을 해체할 수 있다. 반대로 계급투쟁의 발전을 최대로 강화함으로써, 또 착취법칙의 타당성을 최대로 확장함으로써 위기에 대한 상을 그릴 수 있다. 우리는 이 지점에서 그림을 돌려 성장과 위기 양자에, 바로 자본의 구조에 계급투쟁이 내재한다는 것이 이러한 논증 단계에서 왜 그렇게 분명치 않았는지를 알 수 있다. 그것은 우리가 『요강』의 제2부를 연구하면서 보게 될 것에 대한 예견이며, 이 제2부는 사회적 자본 수준에서 계급투쟁의 범주들에 대한 재정식화와 유통과정을 언급한다. 잠시 이러한 접근법이 지닌 중요성을 강조하자.

이윤율 저하 경향의 법칙이란 주제에 대해 여전히 또 다른 언급을 해야겠다. 계급투쟁의 일정 발전 단계에서 프롤레타리아 전선의 견고성은 이윤의 정체 그리고/또는 하락을 유발한다고 상상해 보자. 이러한 상황이 잠시 지속되고 계급 저항의 확대가 사회적으로 동질적이라고 상상해 보자. 자, 이 영역에서 우리는 이윤율의 저하뿐만 아니라 그 합계의 감소도 목격하고 있다. 선진 자본주의 나라들에서 지난 20여 년 동안의 계급투쟁은 막 기술한 상황이 비현실적이지 않다는 것을 증명해 준다.

맑스주의이론에 부과된 어떤 경제주의적 도식에 대한 더욱 깊은 수준의 단절로 나아갈 수 있게 해주는 한, 이 모든 것을 강조하는 것이 중요하다. 이윤율 저하 경향의 법칙은 잉여가치론의 견지에서 해석할 경우에만 궁극적으로 옳다. 그것의 경향적 성격은 자본주의하에서 노동에 반대하고 자기가치증식을 지지하여 투쟁하는 노동계급이 지닌 긴장복합체가 조직된 근거다. 더욱 그것은 이러한 조건들 속에서만 노동계급의 관점에서 '파국적'일 수 있다. 공산주의를 피할 수 없다는 것을 믿지 않음으로써만 공산주의를 피할 수 없을 것이다. 그것은 말뿐인 역설이다. 실천적으로, 필요노동의 자유, 스스로에게 적용된 노동의 창조성, 창조적이고 파괴적인 노동의 힘은 자본의 실제적 한계와 자본 위기의 다양하고 재발하는 원인을 구성한다. 그것의 비가역성의 지점까지, 즉 근본적인 관계에서 착취된 노동량은 착취된 노동량의 수탈자를 수탈한다. 이러한 전망을 벗어나서는 어떤 위기론도 없다.

그러나 그것만으로는 충분하지 않다. 위기에 대한 맑스주의적 개요는 위기가 지닌 모든 경제적 현상학을 그것의 계급적 근원으로 환원하지 않는다는 점에서 싹 트고 있을 뿐만 아니라, 그것은 또한 우리가 보기 시작한 대로 위기의 풍부한 현상학을 계급투쟁의 영역 위에서 정의한다는 점에서 상당히 효과적이다. 이것은 다음을 말한다. 일단 위기의 원인에 대한 연구가 잉여가치법칙의 작용으로 환원되면, 분석은 맑스의 방법론적 요소들을 염두에 두면서 위기의 제형태로 나아갈 수 있다. 이 지점에서 위기(들)의 유형은 변증법적 쟁점들, 결정적 궤도들(trajectories), 중요한 분절들 등의 엄청난 다원성으로 엮어진 것으로서 우리에게 나타날 것이다. 물론 우리는 유통과 생산 간의 보다 정교화된 관계 내에서 위기를 고려한 후에만 이러한 길을 따를 수 있을 것이다. 그럼에도 위에서 전개한 분석 결과들이 지닌 중요성을 강조하는 것이 의미 있다.

자신이 보여 주는 이중적 긴장——즉 건설적이고 문명화하는 긴장과 파괴적이고 억압적인 긴장——을 지닌 채 잉여가치론은 이윤율이론을 통과하여, 계급투쟁의 산물로서의 위기론에서 자신의 현실적 경로를 마감한다. 이것을 우리는 이 장에서 많이 보아 왔다. 이것과 함께 『요강』의 제1부는 노동자계급의 관점에서 잉여가치론을 정교화하면서 끝나게 된다.

무엇을 말해야 하는가? 이 지점에서 폭탄 위에 앉아 있다는 인상을 갖는다. 어떤 불꽃이 이미 타올랐다. 아마도 너무 일찍, 아마도 급하게. 이미 몇 가지 그 이상의 방향들을 살펴보았다. 그러나 잉여가치론의 잠재력은 이제 폭발해야 하고, ——폭발하면서—— 분석의 전체 틀을 대체해야 한다. 지금까지 우리는 지극히 탄력적인 분석의 실을 따라 왔다. 우리는 분석을 지속할 것에 대한 유혹, 그것이 약속하는 새로운 수준 및 새로운 부에 대한 암시가 거의 부정성에서만 생겨나는 지점에 이르렀다. 파국의 섬광 속에 있는 공산주의. 정치경제학의 모든 범주를 계급투쟁의 위험에 내맡김으로써 그것들을 분리하고 치워 버리는 이중적 도식. 계급투쟁 자체는 임금노동의 파괴 속에서 자신의 계획을 끝내며, 여기서 극단적인 부정의 극단적인 다원주의로 전개된다. 분석의 이러한 전환점에서 우리는 **맑스의 분석이 지닌 파괴적이고 비판적인 효과성**이란 견고한 관념을 만난다. 그것은 데카르트적인 강도를 지닌 파괴다. 모든 것은 계급투쟁의 원칙, 잉여가치론의 이름으로 파괴되고 축소되어 왔다. 그리고 이제? 이제 그것은 **사회적 자본과 재구성된 계급** 간의 균열로 돌아가는 문제다. 되돌아간다는 것은 이론적 접근법을 엄밀하게 구체적이고 역사적으로 만든다는 것을 의미한다. 되돌아가는 것은 **정치학으로의 이행**임이 틀림없다. 소극적 암시는 능동적이고 긍정적인 제안이 될 권리와 의무를 지닌다. 위기론에 포함되어 있는 공산주의에 대한 암시에는 그 내용이 채워져야 한다. 우리는 생산에서 유통(그러나 여기서 유통은 위기형태 속에 갇혀 있다)으로 움직이기 시작하는 자본의 상에 직면해 있다. 파국적 위기, 이것은 혁명적 기획의 긴급성에 필수적이다. 그러나 유통이 비가역적인 위기형태 속에서일지라도 자신의 경로를 안정화한다고 상상해 보자. 계급투쟁의 이러한 내재성이 안정화되고 경향적으로만 폭발적인 것으로 나타난다고 상상해 보자. 마지막으로 한편으로 유통 및 위기의 정상화와 다른 한편으로 공산주의를 향한 노동자계급의 경향적 발전 간의 관계가 이론적으로 평가할 수 있는 주어진 상황이라고 상상해 보자. 위기에 관한 보론이 갑자기 삽입된 것이 맑스가 이러한 전제들을 확인하는 데서 뚫고 나가는 것이 어렵다는 증거다(우리는 그것을 유통에 관한 처음 페이지에서 보게 될 것이다). 그것은 혁명적 조급성이 지닌 분명한 계기다. 그러나 새로운 영역은 자본의 사회화 —— 그리고 계급투쟁 —— 를 통해 일보 전진한 또 다른 영역일 뿐만 아니라 표준화된 영역이라는 것이 분명하다. 그러면 분석을 대체하는 것이 필수적이다. 이론적이고 역사적인 동기들이 주요한 페이지들 주위에 보통 모인다. 그것들은 정치적 동기와 의도가 되는가? 이 문제에 답하라면 나는 긍정적으로 기울 것이다. 사실상 —— 그리고 이윤율 저하 경향의 법칙이 우리에게는 그것에 대한 증명이다 ——, 맑스는 노동계급의 발본적 자주성이란 결론에 도달했다. 착취이론은, 자신의 사회화가 비록 논리적으로보다는 상징적으로 증명될지라도, 전장에서 두 세력의 대립적 발생으로 나아간다. 이 지점에서 정치적 구조는 우리의 이론적 유형들을 설계할 수 있는 근간이 되며, 동시에 이러한 타당성에 대한 구속력 있는 조건들을 결정하기 시작한다. 이론이 추상적이고 포괄적일수록, 그것은 더욱 많은 실제적 지지를 필요로 한다. 분석, 앞으로의 도약 —— 어떤 힘에 연결되지 않은 —— 이라고 한 것을 바로 이 도약을 가능하게 하는 주체로 대체한다는 것을 생각할 수는 없다. 그것의 차이, 그것의 단일성은 포괄적인 연구의 조건으로 파악되어야만 한다. 맑스에게는 이러한 일련의 전제들이 존재한다. 노동계급의 자주성은 아마 암시적으로 정의되지만 적지 않은 현실성을 지닌다. 재구성적 변증법의 일부로서가 아니라, 위기이론 속에서 그것은 어떤 변증법의 단절로서, 프롤레타리아트의 독립성의 근거로서, 공산주의의 제안으로서 나타난다. 나는 나의 이러한 논증이 얼마나 설득력을 갖고 있는지 모른다. 그러나 나는 다른 모든 논증과 함께 사회적 자본에 대항하는 혁명론에서 잉여가치론을 떼어 놓는 간격을 메우는 것이 불가능하다는 것을 안다. 우리가 '이론'을 아주 좋아하지 않는 한.

■ 제6강의

사회적 자본과 세계시장

잉여가치론에서 유통론으로 : 『요강』에 있는 두번째 근본적 주제로의 이행. □ 연구의 실체적이고 방법론적인 측면들. □「자본주의적 생산에 선행하는 제형태」: 전진을 위해 필요한 삽입물. □ 전유로서의 사회화라는 주제로의 회귀. □ 형식적 포섭에서 실질적 포섭으로. □ 사회적 자본을 향한 '질적 도약'. □ 긍정에서 부정으로 : 장애물로서의 사회화. □ 자본의 '영속혁명'과 그 법칙. □ 한계와 장애. □ 세계시장을 향하여. □ 결과로서 그리고 조건으로서의 자본의 확장. □ 자본의 집합적 형태와 그 대립적 형태 : 사회적 자본과 계급투쟁. □ 적대의 적절하고 극단적인 발전으로서 논증이 지닌 종합적 계기.

위기는 유통론 속에서 **정상화되어야** 한다. 유통은 바로 착취의 동학이 형성한 구조의 확장이다. **유통론은 잉여가치론의 연장이자 확대다**. 위기에 관한 「보론」은 이미 유통을 우리에게 드러내 주었지만, 분리의 부정적 측면을 강조하고 그것이 지닌 파괴적 효과를 드러나게 하면서, 아직 매개되지 않은 장에서 소극적 용어로만 그렇게 했을 뿐이었다. 이제 우리는 그 대신 매개를 고려해야만 한다. 유통은 위기에 대한 자본주의의 승리다. 그러나 그것은 위기와 자본 자체를 이루는 관계, 두 계급간의 분열 및 그들의 투쟁을 제거하지는 않는다. 자본은 위기를 정상화하기 위해, 위기를 이루면서 끊임없이 —— 더욱더 격렬하게 —— 폭발하려고 하는 분리의 논리를 유지하기 위해, 밖으로 확장해야 하며 유통과정 속에서 증식해야 한다. 그러나 자본이 투하된 모든 새로운 영역과 자본의 유통은 또 하나의 계급관계를 더 구성한다.

그러므로 유통은 자본, 노동자계급 그리고 그들의 광범위한 투쟁 등의 재생산을 포함한다. 이 지점에서 분명히 —— 일반적으로 —— 유통과 재생산의 관계에 대한 규정, 또는 —— 원한다면 —— 유통의 생산적 잠재력의 문제와 같은 어려운 문제들이 등장한다. 우리는 나중에 이 문제들을 다룰 것이다. 잠시 우리는 이러한 주제들을 분석하는 데서 맑스가 보인 상대적 불명료성을 추적할 것이다. 그는 자본의 팽창력 분석에 가장 관심을 가진다. 그것은 양적인 의미뿐만 아니라 질적인 의미를 갖는 과정이다. 사실상 자본은 이러한 팽창을 통해 더욱더 집합적 힘이 되며, 더 고도한 수준(사회적 자본의 수준, 전체 사회의 종속의 수준)이 달성될 때마다 훨씬 더 광범하게 생산력을 종속시킨다. 『요강』 제2부는 정확히 분석을 진전시켜야 할 엄청난 부분이다.

『요강』의 제2부가 지닌 중요성을 강조하기 위해 우리는 여기서 주제를 벗어나야 한다. 비고츠키가 표현한 대로, 잉여가치의 발견이 경제이론에 계급투쟁을 도입한다면, 유통 분석은 계급투쟁론을 혁명 주체론으로 발전시킨다. 『요강』 제1부의 대상인 잉여가치론은 혁명 주체의 가능성에 대한 규정, 그것에 대한 소극적 규정이다. 집합적 계급-주체라는 실재가 유통론과 함께, 즉 유통에 대한 분석(과 실재)인 정상화된 분리라는 맥락 속에 설정된다. 이 강의와 다음 강의에서 우리는 이러한 이행을 연구할 것이다. 더 나아가 다음 두 강의에서 주체의 전진적 실현에 관한 이론으로서 그리고 위기론 및 주체론 양자의 종합으로서 공산주의론에 대해 토의할 것이다.

이러한 방향에서 논증의 전개는 맑스의 텍스트가 경솔하게 다룬 일련의 사항들을 포함한다. 비록 자신의 방법론에 속하지만, 맑스는 이러한 요소들을 분명하게 이론화하지 않았다. 그러나 여기서, 이런 이행들 내에서 그 요소들은 매우 적합한 기능을 수행한다. 우리는 특히 우리가 지적해 온 다양한 이론적 대체물들이 지닌 구성적 성격을 강조해야 할 것이다. 우리는 계속해서 이러한 이행들이 지닌 실제적 성격을 강조할 것이며, 이것은 맑스의 분석이 점점 더 구체화되는 경향이 있음을 의미한다. 잉여가치론에서 유통론으로, 시장 분석에서 자본 분석으로, 형식적 포섭에서 실질적 포섭으로——이것은 우리가 구체적인 것, 정치적인 것으로 더욱 가까이 가는 것이다. 사람들은 자주 맑스를 자본주의 발전의 직접적 역사로서 독해해 왔다. 이것은 진실이 아니다. 이제 이러한 엄청난 이행과 대체의 와중에서, 우리는 인식 과정의 진정한 핵심, 실제적 계급투쟁 수준에서 혁명 주체가 지닌 복잡성에 대한 더욱 밀접한 접근법을 깨달았다. 그것은 맑스의 방법론이 지닌 근본적 기준, 즉 상당히 주체적이고 효과적인 방식으로 근본적 관계에 대해 파악하게 하여 그 방법론을 지니는 것이 실제적 변형의 열쇠라고 생각할 수 있는 접근법이다. 그리고 우리가 따라야 하는 것은 잉여가치론과 유통론 간의 그러한 이행이다. 주체는 더욱더 실재적이고 구체적으로 된다. 잉여가치론에 의해 기술된 세포구조는 몸체, 완성된 동물적 실재가 된다. 우리의 표현 문제는 물론 이러한 과정에 보조를 맞춰 나갈 수 있는 문제다. 맑스의 논증을 따른다면, 어렵지 않을 것이다.

그러나 그것은 맑스에게는 어렵다. 사실, 이미 형식적으로 '제2절 자본의 유통과정'이라는 제목으로 유통에 관한 논의(『요강』, 401;305)를 시작한 뒤에, 그는 위기에 관한 「보론」——이것은 우리가 보아 온 대로 잉여가치 · 이윤론에 대한 부록일 뿐이다——을 가지고 100여 페이지에 걸쳐 우리를 즐겁게 했을 뿐만 아니라, 그 뒤에도 아직 분석의 핵심으로 들어가지 않는다. 노트 4, 5에서, 중단 없이 맑스의 설명이 계속되는 가운데, 우리는 50페이지가 넘는 것을 만난다. 즉 「자본주의적 생산에 선행하는 제형태」(『요강』, 471~514;374~413), 제2절(방금 언급한 노트들 속에 포함되어 있는 이 텍스트는 아마도 1858년 2월에 쓰였다)의 첫 제목에서는 잠잠했던 의무의 충만 속에서 또 다른 긴 여담, 또 다른 긴 지체가 있다.

「제형태」는 "자본관계 혹은 본원적 축적의 성립에 앞서는" 생산과정에 관한 짧은 글이다. 처음 보기에 확실히 그 자체의 개별성을 지니기 때문에 독립된 형식으로 종종 공간되거나 사용되는 짧은 글이다. 그것이 전제하고 있는 많은 독서량 때문에 어쨌든 아주 인상적이며 궁극적으로 특히 아직도 아주 중요한(그 나름대로) 일련의 문제들을 제기하는 짧은 글이다. (G. Sofri, *Il modo di produzine asiatico*, Torino, 1969)

여기서 「제형태」에서 다룬 문제들에 관한 토론은 우리의 관심사가 아니다. 단지 우리는 이 글이 『요강』의 유기적 구성 부분이라는 것을 잊어서는 안 되며, 그 자체로서 맑스의 추론 전개에서 그것이 지닌 위치를 이해하도록 우리를 자극한다. 즉 왜 그것은 다른 어떤 곳에서가 아니라 이 지점에서 나타나는가를 이해하도록, 요약하자면 그것이 지닌 체계적 기능을 확인하도록 자극한다. 이제 우리는 어째서 이 연구가 아직 위기에 관한 또 하나의 연구인가를 즉시 지적해야만 한다. 위기에 관한 「보론」에 전개된 시기적절하고 공시적인 분석 이후에, 여기서 전개되고 있는 것은 역사적, 통시적 분석이다. 유통형태 속에서 위기를 파악한 이후 맑스는 그것을 「제형태」 속에서 장기적 경향의 모습으로, 발생학의 모습으로 분석한다. 방법은 완벽하다. 때때로 이 페이지들을 읽으면서, 「서설」에 제시된 방법론적 제기준의 직접적이고 즉각적인 예증, 역사 편찬적 적용과 만난다는 인상을 가진다. 여기서 우리는 제3강의에서 강조한 모든 계기들, 결정적 추상·경향·새로운 서술·대체 등을 발견한다. 그러나 이 글의 적합성은 (주제의 특수성을 제외한다 할지라도) 그 방법에서가 아니라 그것이 지닌 실제 내용에서 찾아진다. 「제형태」는 『요강』의 내적 리듬에 대한 독해 및 해석을 높이는 데 우선적으로 아주 중요하다. 그것은 삽입구 속에 넣을 수 없는 삽입구다. 그러므로 우리는 『요강』의 경제학 속에서, 그러한 탐구의 대체가 포함하는 이론적 문제들에 대한, 그리고 유통에 대한 분석으로의 이행이라는 계획 속에서, 이 글이 지니는 역할에 대해 다시 언급해야만 한다. 그 글의 방향은 위기 분석을 발전과 위기 양자의 틀을 구성하는 계급들에 대한 확인, 전장에서의 세력들에 대한 확인을 더 이상 회피하거나 신비화할 수 없는 지점까지 가져감으로써, 위기 분석의 완성으로 나아간다. 그것은 우리가 과소평가할 수 없는 분리의 변증법이 지닌 구체적 결정성으로의 또 다른 일보 전진이다.

그러나 「제형태」에 나타나는 몇 가지 세미나 쟁점들을 살펴보자. 추상적인 일반 축과 두 가지 연속적이고 지속적인, 훨씬 더 구체적인 입장들을 확인함으로써 나아갈 수 있을 것 같다. 그 축은, 자신의 재생산이 객관적 조건에 적합한 한, 어떤 공동체는 존재하고 어떤 생산양식은 안정화된다는, 생산양식의 역사적 발전에 관한 일반 법칙에 대한 규정으로 이루어진다. 그러나 "생산 자체, 인구 증가(이것도 생산에 속한다)는 필연적으로 이러한 조건들을 조금씩 지양한다. 그것들을 재생산하는 대신 파괴하며, 그와 함께 공동체는 자신이 기초한 소유관계와 함께 쇠퇴하고 붕괴한다."(『요강』, 486;386) 생산, 재생산, 위기의 한계는 객관적 조건화의 정도, 즉 조건들의 선제 규정(predetermination)에 의해 결정된다. "위대한 발전들은 특수 부문 내에서 일어날 수도 있다. 개인들은 위대하게 나타날 수 있다. 그러나 여기서는 개인이나 사회의 자유롭고 전면적인 발전이란 생각할 수 없는데, 그러한 발전은 원래의 관계와 모순되기 때문이다."(『요강』, 487;386~387) 그러면 각각의 **'특정한 사회구성체'**는 **조건들과 한계들의 이러한 복합체인데, 이 조건들 및 한계들의 상호관계는 주어진 구성체의 존재와 위기를 구성한다.** 문명화의 일반적 표지는 자연에서 역사로의 운동이며, 각 구성체는 규정상 '한정되어' 있지만 발전의 방향은 인간 잠재력의 무한성을 향하고 있다.

> 그러나 사실, 편협한 부르주아적 형식이 벗겨질 때, 보편적 교환 속에서 창조된 개인의 욕구, 능력, 쾌락, 생산력 등 보편성 이외의 부란 무엇인가? 자연력 즉 인간의 자연뿐만 아니라 이른바 자연의 힘에 대한 인간의 지배력의 충분한 발전인가? 이러한 발전의 총체성을 만들어 내는 이전의 역사적 발전 이외의 다른 전제 없이 인간의 창조적 잠재력을 절대적으로 발굴해 내는 것, 즉 모든 인간 능력을 **미리 규정된** 척도에 따라 측정된 것으로서가 아니라 그 자체 목적으로서 발전시키는 것인가? 인간은 어째서 자신을 하나의 특수성 속에서 재생산하는 것이 아니라 자신의 총체성을 생산하는가? 만들어진 어떤 것으로 남기 위해서가 아니라 진행중인 절대적 운동 속에 있는 어떤 것으로 남기 위해서 노력하는가?(『요강』, 488;387)

이것이 여기서 제시되고 있는 추상적이고 경향적인 일반축이다. **운동 법칙**(한정된 것에서 무한한 것으로의 이행을 촉진하는 경향의 법칙처럼)은 **통일**에서 **차이로**의 이행을 촉진한다.

> 공동체가 자신의 생산 조건들과의 특수한 객관적 통일성 속에서 주체를 전제하거나 특정한 주체적 존재가 생산의 조건으로서 공동체 자체를 전제로 하는 모든 형태들(다소 자연 성장적이지만 동시에 모두 역사적 과정의

결과들)은 필연적으로 한정되지만 진정 원칙적으로만 한정되는 생산력 발전에 조응한다. 생산력 발전은 이러한 형태들을 해체하며, 그들의 해체 자체는 인간 생산력의 발전이다. 그것은 분명한 근거에서——처음에는 자연 성장적으로——그 다음에는 역사적 전제 위에서 이루어진다. 그러나 이러한 근거나 전제는, 진보하는 인간 무리의 발전에 너무 제한을 가하는, 사라져 가는 전제로서 지양되거나 설정된다. (『요강』, 496~497;396)

차이와 무한성, 차이와 부는 **발전의 일반 법칙**이 지닌 동질적인 용어들이다. "그것은 살아서 활동하는 인간과 자연과의 신진대사에 대한 자연적이고 비유기적인 조건들 간의 **통일성**, ——설명을 필요로 하거나 역사적 과정의 결과인——인간의 자연에 대한 전유가 아니라, 오히려 인간 존재가 지닌 이러한 비유기적 조건들과 그들의 활동적 존재 사이의 분리, 임금노동과 자본의 관계 속에서 비로소 완전하게 설정되는 분리다." (『요강』, 489;389) 우리가 말해 온 것처럼, 발전의 일반 법칙에 대한 규정은 **더 구체적인 두 가지** 부수적 입장들을 **수반하고**, 그것은 적어도 **두 가지 근본적인 구성체 집단들**에 대한 분석이며, 그들의 폭발을 가져오는 위기 및 내적 구성의 관계에 대한 분석이다. 여기서 우리의 관심사는 특정 사회구성체 형태——전자본주의적 사회구성체——에 대한 맑스의 접근법 가운데 하나를 보여 주는 고대 및 동양적 공동체들에 대한 분석을 발전시키는 것도, 맑스가 여기서 '제국의 몰락'에 대한 고전적·로마적 전통을 어떻게 부활시키는가를 지적하고 강조하는 것도 아니다.

'**자본의 본원적 축적**'에 대한 분석, 즉 두번째 부수적 주제로 나아가는 맑스의 실을 따라가는 것이 더 흥미롭다. 왜냐하면 바로 이것 주위에서 몇 가지 발생적(줄잡아 말해도) 전제들이 명확해지고, 이것들은 전술한 일반 법칙 및 그것에 뒤이은 예증들의 토대를 이룬다. 이러한 두 가지 구절을 읽어 보자.

여기서 우리가 관심을 두는 것은 우선 다음과 같은 것이다. 한 민족의 다수 개인들을 자유로운 임금노동자들 —— 무소유로 인해 노동을 하고 자신의 노동을 팔 수밖에 없는 개인들 —— 로 전화시키는 해체 과정은, 다른 한편에서는 이러한 개인들이 지녔던 이전의 제소득원과 부분적으로는 소유 제조건이 **사라진다**는 것을 **상정**하는 것이 아니라, 반대로 그것들의 사용**만**이 다른 어떤 것으로 되고, 그들의 존재양식은 변화하여 **자유자금**으로서 다른 사람들의 손으로 넘어가거나 부분적으로는 **동일한 손**에 남기조차 한다는 것을 상정한다. 그러나 이것은 아주 분명하다. 다수 개인들을 **노동의 객관적 조건**에 대한 그들의 이전의 관계를, 어쨌든 긍정적인 관계들로부터 분리하는 동일한 과정이 이러한 관계들을 부정하고, 그럼으로써 이러한 개인들을 **자유 노동자들**로 전화시키며, 이 동일한 과정은 **노동**이 지닌 이러한 **객관적 제조건** —— 토지와 토양, 원료, 생활필수품, 노동도구, 화폐 또는 이 모든 것 —— 을 **전에 속해 있던 개인들에게서** 분리한다. 그들은 아직 **거기 손안에** 있지만 다른 형태, 모든 정치적 관계들이 제거된 자유자금이 된다. 이제 노동의 객관적 조건들은 가치, 자급자족할 수 있는 **가치의 형태로만** 이러한 무제한적이고 무소유의 개인들과 대한다. 자유 노동자로서의 대중을 **노동의 객관적 조건**과 대립하게 하는 동일한 과정이 **자본**으로서 이러한 조건들을 자유 노동자들과 대립하게 했다. 역사적 과정은 그때까지는 결속되어 있던 요소들의 분리였다. 그러므로 결과는 요소들 가운데 하나가 사라진다는 것이 아니라 그들 각각이 다른 것 —— 한편으로 (잠재적으로) 자유로운 노동자, 다른 한편으로 (잠재적으로) 자본 —— 과의 부정적 관계 속에서 나타난다. 자유 노동자로 전화된 계급들에게서 객관적 조건의 분리는 필연적으로 반대 극에서 이러한 동일한 조건들의 자립화로 나타날 수밖에 없다. (『요강』, 502~503;402~403)

그러므로 자본가와 임금노동자의 생산은 자본 실현 과정의 주요한 산물이다. 생산된 사물을 찾기만 하는 관습적인 경제학은 이것을 완전히 잊고 있다.

대상화된 노동이 이러한 과정에서 동시에 노동자의 비대상성으로서, 노동자에 대립하는 주체의 대상성으로서, 노동자에 낯선 의지의 소유로서 설정될 때, 자본은 반드시 동시에 자본가이며, 자본은 필요하지만 자본가들은 필요하지 않다는 일부 사회주의자들의 생각은 전적으로 잘못이다. 바로 자본 개념 내에 설정되어야 노동의 객관적 제조건 —— 그리고 이것들은 그 자신의 생산물이다 —— 은 노동으로 향한 인성을 취하고, 또는 같은 것이지만 그 제조건들은 노동자에 낯선 인성의 소유로 설정된다. 자본 개념에는 자본가가 포함되어 있다. (『요강』, 512;412)

이 구절들에서 통시적 변형(위기)에 관한 선제 논의는 근대적 의미에서 계급투쟁을 구성하는 논의가 된다. 생산 및 재생산의 접합은 단순히 '특정한 사회구성체'라는 엄밀한 용어들과는 달리 계급 구성의 역동성을 보여준다. '특정한 사회구성체'에 내재적인 양립성과 한계들에 대한 사회학적 규정을 둘러싸고 지금까지 정립되어 온 발전의 적대적 이중성은 이제 개인화, 즉 주체화한다. 앞서 논의한 「보론」에서 위기에 관한 공시적 분석이 우리로 하여금 위기를 계급투쟁의 산물로 생각하도록 한 것처럼, 유사하게 이 이상의 발전은 변형과 위기 양자를 이들 '주체들'간의 투쟁의 산물로 생각하게 할 뿐만 아니라 생산관계의 행위자들을 '의인화'하도록 유도한다. 본원적 축적의 분석과 함께 '특정한 사회구성체' 개념은 '계급 구성(class composition)' 개념이 된다. 그것은 다른 말로 하면 필연적인 관계들을 구조화하거나 파괴하는 의지의 역동성, 주체가 지닌의 행위의 역동성을 회복한다.

「제형태」는 『요강』 속에서 자연주의적이고 인간주의적인 —— 이것은 초기의 전(前)비판적 맑스, 청년 맑스가 그의 성숙한 후기 사상에 일부 이식되었음을 말하는 것이다 —— 이론적 태도를 생각나게 하는 어떤 것이라고 종종 공격받아 왔다. 우리는 이러한 비판이 지닌 일정한 적절성을 인정하지 않을 수 없다. 일반 법칙은 역사철학과 사회학 냄새를 풍긴다. 고대 세계와 동양 문명에 대한 분석은 실제적인 역사사회학 작업이다. 그러나 자본주의 세계 및 본원적 축적에 대한 분석으로 더욱 가까이 갈수록, 그 분석의 모호성과 일반성은 점차 줄어든다고 말할 수밖에 없다. 여기서 사회구성체와 양립성 및 한계의 내적 기준(기능주의적 사회학에 전적으로 적합한 기준)이라는 사회학적 용어는 처음에는 점차 줄어들다가 그 이후에는 **분리의 변증법**으로 해소된다. 그러한 변증법은 애초의 인간주의를 약화시키고 무화시킨다. 욕구와 발전의 풍부함은 분열, 분리의 풍부함일 뿐이다. 그러나 그 이상의 어떤 것이 있다. 처음 계급의 변증법은 자신의 분립된 성격을 보일 뿐만 아니라, 보충물, 더 나아간 구체화 그리고 우월한 의미를 획득한다. 그것은 **주체들의 변증법**이 되고, 우리는 이러한 이행의 정치적 중요성을 과소평가할 수 없다. 우리는 「제형태」에 제시된 유통에 관한 분석이 갑자기 중단된 이유를 이해할 수 있게 된다. 「제형태」에서 주체 개념은 유통에 관한 분석에서 그것이 **이론적**으로 표현되기 전에 **직관적으로** 구성되어야 했다. 다른 말로 하면, 유통에 관한 절이 지니고 있는 **대체 작용**을 언급하고 어느 정도 미리 그려 보는 것이 필요하다. 그러므로 「제형태」 장은 『요강』의 하나의 부산물이 아니며, 『요강』의 전개에서 중단을 뜻하는 것이 아니다. 반대로 그것은 훌륭한 방법(더욱이 진행됨에 따라 논증은 처음 철학적이고 인간주의적인 역사가들의 일부를 교정한다)의 실례이며 또한 실질적 과정의 실례이기도 하다. 사실 여기서 유통을 구성하는 투쟁의 관계를 형성하고 그 속에서 형성되어야 하는 주체라는 주제가 도입된다. 그리고 여기서 주체는 앞서 언급한 실체주의적이고 인간주의적인 전제들과는 아무 관계가 없다는 점을 기억해 두어야 한다. 오히려 그것은 계급투쟁의 산물이고, 노동자의 극단적인 소외와 혁명적인 분출

간의 관계의 결과(분리에 의한 단락)이며, 여기서 주체는 차이와 총체성의 관계만이 해석할 수 있는 (어떤 자연주의적 일치에 대한) 전도의 표현이다.

> 가장 극단적인 소외형태 —— 그 속에서 자본과 임노동의 관계와 마찬가지로 노동 즉 생산적 활동이 자신의 고유한 제조건 및 자신의 고유한 생산물과 맺는 관계 속에서 나타나는데 —— 는 필수적인 통과 지점이고, 따라서 이미 거꾸로 선 형태로 모든 편협한 생산의 전제 조건들의 해체를 자신 속에 포함하며, 더욱이 제한된 생산의 전제 조건들과 더불어 개인의 생산력을 총체적 보편적으로 발전시키기 위한 충분한 물적 조건들을 창출하고 만들어 낸다는 것을 나중에 보이겠다. (『요강』, 515;414~415)

이 지점에서 분석은 자본 유통 및 유통과정이라는 분명한 줄기를 되찾는다. 그것은 이윤율법칙의 모순적 역동성이 가져오는 자본의 사회화에 관한 연구의 문제다. 분석의 첫 단계는 자본이 사회적 생산 제조건을 점증적이고 지속적으로 포섭하는 과정에 집중된다. 그것은 그 테제, 설정, 긍정의 —— 그것의 추상이 지닌 모든 잠재성 속에서 —— 변증법적 계기다.

화폐 유통은 '움직이는 영원한 것'이었다. 그러한 특성은 자본 유통에도 해당한다. 그러나 자본은 자신의 유동성을 실질적인 방식으로 구조화한다. 그것은 창조적 유동성이다. "자본 유통은 동시에 자본의 형성, 성장, 지속 과정이다. 피의 유통과 비교할 필요가 있다면, 그것은 화폐의 형식적 순환이 아니라 자본의 내용적 유통이다." (『요강』, 517;416) 자본은 더욱 합체된, 시간적으로 더욱 빨리 공간적으로 더욱 통합되는 시공간적으로 결정적인 흐름 속에서 유통된다. 사회적 생산 제조건은 유통 조직화에 의해, 자본이 그것에 부여하는 충격에 의해 형성되고 조직되고 지배된다. 그러므로 무엇보다도 유통은 자본이 지닌 잠재력의 확장이다. 그리고 같은 이유로 유통은 모든 사회적 조건의 전유를, 그리고 가치증식에서 그것들이 지닌 위치를 포함한다. 유통은 비록 잉여가치를 생산하지는 않지만, 자본으로 하여금 잉여가치를 각 유통 지점에서 생산할 수 있게 해준다. 유통에 대한 더욱 더 전면적인 자본주의적 전유는, 역사적이고 효과적(비록 논리적이지는 않지만)인 생산과 유통의 일치가 한계에 달하기까지 생산 및 재생산의 기초로서 유통을 결정한다. "모든 산업의 토대들 가운데 자연적 토대를 이렇게 제거하는 것과 자신 외부의 생산 조건들을 일반적 연관 속으로 이렇게 이전하는 것 —— 그러므로 전에는 불필요했던 것을 필연적인 것, 역사적으로 창조된 필연성으로 변형하는 것 —— 이 자본의 경향이다. 모든 산업의 일반적 근거는 일반적 교환 자체, 세계시장이 되며 따라서 그 일반적 교환을 이루고 있는 활동들, 거래, 욕구 등의 전체성이 된다."(『요강』, 528;426) 자본이 그렇게 전적으로 장악한 유통 내에서는 노동이 이윤율에 의해 직접적으로 수탈되고 균등화되는 부분에서뿐만 아니라 필요노동을 구성하는 부분에서도 통일되게 된다. 균등화는 노동에서도 일어난다. "전체 사회를 하나의 개인으로 생각한다면, 필요노동은 노동분업이 분할한 모든 특수한 노동 기능의 합으로 이루어질 것이다."(『요강』, 526;425) 자본의 유통은 끊임없이 필요노동을 '사회적으로' 필요한 노동으로 변형한다. 그러면 유통은 자본과 그 구성 요소들을 투하하며, 결과적으로 자본은 자본 범주를 현실적으로 대체하는 내적 동질성을 얻는다. 자본의 사회화는 유통을 통해 —— 사회적 총체성이라는 표시하에 —— 확장, 전유 그리고 동질화를 향한 불가항력적인 강제를 규정하는 과정이다. "그 자체 사회적 생산 및 거래의 산물인 역사적 욕구 —— 생산에 의해 만들어진 욕구, 사회적 욕구 —— 가 필요한 것으로 설정되는 정도가 클수록, 실제적 부가 발전되는 수준은 더욱 높아진다."(『요강』, 527;426)

그러나 적어도 분명한 용어로 한발짝 더 나아가는 것이 필요하다. 이것은 이러한 자본의 사회화 과정이 결코 형식적으로 파악될 수 없다는 것을 말한다. 그것은 **현실적인 과정**을 나타낸다. 유통과 사회화를 통해 자본은 실제로 통합된다. 그러므로 우리는 "현실적 공동체가 자본의 형태 속에서 자신을 구성하는 정도"(『요강』, 531;430)를 살펴보기 시작해야 한다. **형식적 포섭에서 실질적 포섭으로**라는 이 이행은 모든 사회적 생산 조건에 대한, 더불어 집합세력으로서의 노동에 대한 효과적이고 기능적이며 유기적인 진압을 포함한다.

> 사회적 생산과정의 일반적 제조건이 **사회적 소득의 지출**, 국가 조세로 만들어지지 않고——여기서는 자본이 아니라 소득이 노동자금으로 나타나고 노동자는 다른 어떤 노동자와도 마찬가지로 자유 노동자지만 그럼에도 불구하고 경제적으로 상이한 관계 속에 있다——**자본으로서의 자본**에서 만들어질 때, 자본의 최고도의 발전이 존재한다. 이것은 한편으로 자본이 모든 사회적 생산 조건을 그 자신에 종속시키는 정도를, 다른 한편으로는 사회적 재생산적인 부가 얼마만큼 **자본화하고** 모든 욕구가 얼마만큼 교환형태를 통해 충족되는가 하는 정도를 보여 준다. 또한 **사회적으로 설정된** 개인의 욕구, 즉 그가 사회 속에서 단일한 개인으로서가 아니라 다른 사람들과 공통적으로 소비하고 느끼는 욕구들——욕구의 소비양식은 사물의 성격상 사회적이다——이 교환, 개별적 교환을 통해 소비될 뿐만 아니라 생산되기도 하는 정도를 보여 준다.(『요강』, 532;431)

그리고 자본과 그 국가에 아주 분명히 **적합한 제도적 형태들**이 포섭에서 이러한 전진〔형식적 포섭에서 실질적 포섭으로〕과 조응한다.(『요강』, 531;430)

우리는 이러한 전개에 대해 좀더 강조해야 한다. 사실 유통은 여기서 최초의 생산적 효과를 산출한다. "과정의 **끊임없는 연속성**, 한 형태에서 다른 형태로 또는 과정의 한 국면에서 다음 국면으로의 가치의 막힘 없는 유동적 이행이 모든 이전의 생산형태들에 대해서보다 훨씬 더 크게 자본에 기초를 둔 생산의 근본 조건으로 나타난다"(『요강』, 535;433)면, 이것은 또한 자본의 성격 변화, **도약을 위한 조건**이다. 이윤에 관한 페이지들에서 맑스는 생산의 지속성, 가치의 보존 등에 대한 보증으로 설정된 사회적 조건들을 강력하게 주장했다. 그러나 그 분석에서 자본은 여전히 사회에 대립하면서 자신의 재생산 조건을 공짜로 이용하는 주체였다. 그러나 그러한 이중성과 분리는 더 이상 존재하지 않는다. **자본은 사회를 구성하며, 자본은 완전히 사회적 자본이다.** 유통은 자본의 사회화를 만들어 낸다. 맑스는 사회적 자본으로의 이러한 이행을 충분히 인식하고 그것을 강조한다. "이 지점에서 아직은 정확하게 정의할 수 없지만, **특수한 자본** 및 그것의 **특수한 생산과정**의 제조건들과는 구분되는 것으로서 **사회적 생산의 공통적 일반적 제조건에 대한 자본의 특수한 관계에 관한** 전망이 열려 있었다."(『요강』, 533;432) 그러므로 '사회적 노동'으로의 도약처럼 '사회적 자본'으로의 도약은 일반적인 것이 아니다. 그것은 **자본 범주에 스며드는 질적 도약**이다. 사회는 자본의 사회로서 나타난다. 바로 이러한 이행을 통해 모든 사회적 제조건은 자본에 의해 포섭된다. 즉 그것들은 자본의 '유기적 구성'의 일부가 된다. 그리고 ── 자신들의 직접성 속에서 스스로를 나타내는 ── 사회적 제조건에 더하여, 자본은 유통과정(처음에는 매개의 기능으로서 화폐와 교환)의 모든 요소와 소재를 전진적으로 포섭하고, 그 후에는 생산과정에 관련한 모든 것들을 포섭하며, 여기에 바로 **공장제 수공업에서 대공업으로, 그리고 사회적 공장으로의 이행**의 근거가 있다. 다음에는 이념적이고 제도적인 구조의 과정에 관련한 모든 요소들을 포섭한다. 사실 여기에 **이상적, 집합적 자본가의 국가로**

의 이행의 기원이, 그것의 실현의 기원이 있다. 자본에 의한 노동과 사회의 실질적 포섭. 이것은 맑스의 범주들에 처음부터 상당히 강력한 역동성을 부여함으로써 그것들을 변형하는 이행이다. 어느 정도 그의 연구의 핵심을 이루는 이행이며, 그러한 이행은 여기 『요강』에서는 매우 강하고 분명하게 설정된다. 그것은 맑스의 기획을 지배하는 이행이다. 그것은 비상한 예견의 이행이며, 우리에게는 특별한 관련을 갖는 이행이다.

자본이 지닌 확장력의 특성을 밝히는 것만으로는 충분하지 않다. 자본은 관계이며, 대립의 종합이다. 그것은 분리의 과잉결정이다. **테제는 반테제와 대립하고,** 부정은 긍정과 대립한다. 유통의 확장 기능을 강조한 뒤에, 맑스는 그 개념에 대해 변증법적 분석을 가한다.

> 그러므로 **유통시간**은 그것이 노동시간의 실현에 대한 **자연적 장애물**로 나타나는 경우에만 가치를 결정한다. 그러므로 그것은 사실 **잉여노동시간**의 삭감, 즉 **필요노동시간**의 증가다. (『요강』, 539;437)

> **그러므로 유통시간은 노동 생산성의 장애물**=필요노동시간의 증가=잉여노동시간의 감소=자본의 자기가치증식과정에 대한 방해물, 또는 **장애로서 나타난다.** 그러므로 자본은 한편으로 거래 즉 교환에 대한 모든 공간적 장애를 없애고 전 지구를 자신의 시장으로 정복하려고 노력해야만 하는 반면, 다른 한편 이러한 공간을 시간을 통해 없애 버리려고, 즉 한 장소에서 다른 장소로 움직이는 데 소비되는 시간을 최소로 줄이려고 노력한다. (『요강』, 539;438)

시간과 공간은 유통 속에서 자본의 확장이라는 틀을 구성하고 나서 이제는 장벽으로 또는 장애로 나타난다. 그것은 **공간을 시간으로 환원함으**

로써, 또 이전과 변형의 빠르기를 시간에 분배함으로써 제거하고 파괴해야 할 장애물로서 나타난다. 그러나 그것이 전부는 아니다. 우리는 이미 유통이 얼마나 경향적으로 사회적인가를 보아 왔다. 사회와 생산력의 구성 속에는, 그리고 그들의 고도로 추상적인 시공간적 규정들 속에는, 자본의 충분한 발전에 대한 또 다른 일련의 장애물이 있다. 그리고 자본은 이러한 결정성들 내에서 강요된다. 자신의 잠재력을, 그리고 다시 항상 전복의 가능성을 해방하기 위해 그 결정들을 제거해야만 한다.

자본은 부의 생산 자체를, 그럼으로써 생산력의 보편적 발전을, 그것의 현존하는 전제 조건들에 대한 지속적인 전복을 자신의 재생산의 전제로 설정한다. 가치는 사용가치를 결코 배제하지 않는다. 그러므로 가치는 어떤 특수한 종류의 소비나 거래를 절대적 조건으로 포함하지 않는다. 그리고 마찬가지로 사회적 생산력, 거래, 지식 등의 모든 발전 정도는 자본에게는 자신이 제압하려 하는 장애물로서만 나타난다. 자신의 전제 자체 ── 가치 ── 는 생산을 통괄하는 더 높은 전제가 아니라 생산물로 설정된다. 자본의 장애는 이러한 전체적 발전이 모순적인 방식으로 전개된다는 것이며, 생산력, 일반적 부, 지식 등의 생성도 노동하는 개인이 스스로를 소외하는 방식으로 나타난다는 것이다. 자신의 부의 조건으로서가 아니라 소외된 부 및 자신의 빈곤의 조건으로서 관련한다. 그러나 이러한 대립적 형태 자체는 사라지고 있으며, 자신의 고유한 지양의 현실적 조건들을 만들어 낸다. 결과는 토대로서의 생산력 ── 부 자체 ── 의 전반적 발전으로의 경향과 잠재력, 마찬가지로 거래의 보편성, 그러므로 토대로서의 세계시장이다. 개인의 보편적 발전 가능성으로서의 토대, 그리고 성스러운 한계로 취급되는 것이 아니라 장애물로 인식되는 그 장애물의 계속적 지양으로서 이러한 토대에서 개인들의 진정한 발전. 개인에 대한 관념적이거나 상상화된 보편성이 아니라, 그의 현실적이고 관념적인 관계들에 대한 보편성. 그러므로 또한 자신의 역사를 **과정**으로서 파악하는 것, 그리고 자연(자연에 대한 실천적 힘으로서 동등하게 현존하는)을 자신의 현실적 신체로서 인식하는 것. 동일한 것이라는 전제하에 설정되고 알려진 발전 과정 자체. 그러나 바로 이 때문에 생산력의 충분한 발전이 **생산 조건**이 되어 왔다는 것이 무엇보다 필연적이지만, 특정한 **생산 조건들**이 생산력 발전의 한계로서 설정되는 것은 필연적이지 않다. (『요강』, 541~542;440)

자본의 **영속혁명**은 운동의 동력을 드러낸다. 우리가 그것에 대해 전반적인 규정을 할 때마다, 그림은 반전을 겪는다. **모순이 아니라 분리가 과정을 움직**인다. 자본의 확장은 스스로를 표현하는 힘이지만, 대신 확상할 때마다 해결되어야 하는 적대적 관계다. 이러한 운동법칙은 어떤 종류의 해결책으로 이루어지는 것이 아니라, 반대로 끊임없는 장애물의 재설정 속에서 분리의 재개로 이루어진다. 이 지점에서 장애물에 대한 분석은 운동의 원인에 대한 연구로 발전해야 한다. 여기서 또한 논증은 처음에는 운동의 선험적 조건들(시간과 공간)을 설정하고 다음에는 결정적인(결정적이지만 다시 추상적인) 반명제의 모반이 지닌 특수성으로서 장애라는 주제 속에서 자신의 구체성과 부정을 나타내는 삼각 도식에 따라 수사적으로 발전한다. 이제 논증의 종합을 모든 것이 생겨나는 근원으로, 계급투쟁의 법칙으로 가져가야 한다. 계급투쟁만이 자본을 움직인다. 그림은 역전되었다. 그러므로 우리는 **산 노동의 제관계**로 돌아가야 하며, 그것들 내에서 장애의 삽입을 보아야 한다. 이러한 결정성에 도달하기 위해 우리는 자본관계를 통과해야만 하는가? 확실히 그렇다. 그러나 그것을 분리하기 위해서만, 그것의 구성 요소들이 지닌 모순적이고 다원적인 운동을 고려하기 위해서만 그렇다.

그래서 유통시간은 본래 가치증식의 **장애**다(**필요노동**시간도 물론 장애다.

그러나 동시에 그것이 없으면 가치와 자본이 사라지므로 하나의 요소다). 그것은 잉여노동시간의 삭감이거나 잉여노동시간과 관련한 필요노동시간의 증대다. 자본 유통은 가치를 실현하며, 반면에 산 노동은 가치를 창조한다. 유통시간은 이러한 가치 실현에 그리고 그 정도에서 가치 창조에, 즉 생산 일반에서 생겨나지 않지만 자본의 생산에 특수한 장애물일 뿐이다. 그러므로 그것의 지양——또는 그것에 저항하는 투쟁——은 자본의 특수한 경제적 발전에 속하며 자본 신용형태의 발전에 자극을 준다. 자본은 끊임없이 필요노동시간을 지양하려고 노력하는 (그리고 이것은 동시에 노동자를 최소한의 것으로, 즉 그의 존재를 단순한 산 노동 능력으로 축소하는 것이다) 반면 잉여노동시간은 대립적으로만, 즉 필요노동시간과의 대립 속에서만 존재하고, 그래서 자본은 필요노동시간을 자신의 재생산 및 가치증식의 조건에 필요한 것으로 설정한다는 점에서 자본 자체는 모순이다. 어떤 점에서 물질적 생산력의 발전——이것은 동시에 노동자계급의 힘의 발전이다——은 자본 자체를 지양한다. (『요강』, 543;441~442)

맑스의 분리 논리의 전개가 지닌 발본성은 이 지점에서 아주 분명해진다. 다시——그러나 범주들의 복합성 정도에 따라 더욱 점증하는 힘을 지니고——바로 필요노동과 잉여노동의 관계가 그 과정, 자본의 확장 및 그 모순——그 운동을 일으키는 바로 그 모순들——의 계기의 접합을 규정한다. 자본의 접합은 이윤 증대에 기능적인 '제한계'의 변증법이며, 그것은 자본의 최고 확장이라는, 최고 착취라는 '한계'에서 저지할 수 있고 저지해야 하는 착취의 변증법이다. 자본이 자기——가치증식을 위한 자기——한계를 필요로 하는 이유는 분명하다. 자본의 가치증식과정은 분리를 자본 개념 자체를 구성하는 것으로 고려해야만 하는 하나의 전략이다. 그 발전에 대한 제한은, 그 발전이 잉여가치의 생산에 내재해 있는 '장애물들'——처음에는 유통 수준에서 규정되지만 궁극적이고 결정적인 차원에서는 생산의 영역에서, 생산관계의 가장 내재적인 계기 속에서, 즉 잉여노동과 필요노동 간의 분리의 수준에서 재규정되고 적극적으로 파악된 장애물들——에 대립한다는 점에서 전략적 기능을 갖는다.

자본은 필요노동을 넘어서 잉여노동까지 노동자들에게 강요한다. 이러한 방법으로만 자본은 자신을 실현할 수 있고 잉여가치를 창조할 수 있다. 그러나 다른 한편 자본은 자신이 잉여노동이고 잉여노동을 잉여가치로서 실현하는 한에서만 그리고 그 정도에서만 필요노동을 설정한다. 그러므로 자본은 잉여노동을 필요노동의 조건으로서, 잉여가치를 대상화된 노동, 가치 일반의 한계로서 설정한다. 자본이 가치를 설정할 수 없게 되자마자 필요노동을 설정하지 않으며, 자신의 근거가 주어져야 자본은 필요노동을 설정할 수 있을 뿐이다. 자본은 노동과 가치 창조를 ——영국인들이 표현하듯이 인위적인 점검(artificial check)으로—— 제한하며, 자본이 잉여노동과 잉여가치를 설정하는 동일한 근거와 동일한 정도로 제한한다. 그러므로 성격상 자본은 노동 및 가치 창조를 무한히 확장하려는 경향과는 반대로 그것들에 대한 장애물을 설정한다. 자신에게 특수한 장애물을 설정하고 다른 한편으로는 모든 장애물에 대해 그것을 넘어 돌진하는 만큼, 자본은 살아 있는 모순이다. (『요강』, 421;324)

우리는 이제 "자본주의적 생산에 대한 실제적 장애물은 자본 자체다"라고 말하는 것이 무슨 의미인지 이해한다. **자본주의적 생산에 대한 실제적 장애물은 자본 개념을 이루고 있는 힘관계이며,** 분리가 바로 자본의 발전을 이룬다. 이 영역에서 바로 자본 개념은 전략을 위한, 즉 자신의 통제력에 맞추어 적절하고 균형적인 그리고 확장적인 이윤 생산을 위해 끊임없이 재측정되는 계획을 위한 개념이 된다. 한계, 척도, 비율,

이러한 것들은 자본주의적 전략을 규정하는 요소들이며, 그 전략이 결정화되는 형체들이다. 그러나 결정화하는 데서, 자본주의적 전략은 자본이 지배하는 관계 속에서 생산력의 잠재적 발전을 한정한다. 이러한 한정은 애초의 관계가 지닌 조건들을 넘어설 수 있을까? 아니다. 이러한 유형에서 자본은 전쟁과 파괴라는 한계에까지 자신의 결정력을 확장할 수 있다. 로자 룩셈부르크는 이러한 한계 · 장애 관계에 대해 엄청난 페이지를 썼다. 여기서 우리는 그 한계가, 프롤레타리아트가 잉여가치 생산 및 자본주의적 통제의 재생산에 대해 설정하는 장애와 대결하는 전략의 결과로서 형성된다는 것을 염두에 두길 원한다.

자본이 착취에 대한 장애물을 극복하고 자신의 승리 전략을 규정하기 위해서 부과해야만 하는 '영속혁명'과 자본의 확장 과정은 **'세계시장의 건설'**을 향하는 경향이 있다. 우리는 여러 차례 자본주의적 생산 조건이 지니는 최고의 팽창을 향한, 새로운 조작 및 통제 영역의 구성을 향한 이러한 확장을 만났다. 우리는 맑스가 하듯이 그것을 확대된 자본 유통이라는 주제에 대한 방법적 예증으로 취급하면서 이 주제에 잠시 머물려고 한다. 이윤이 시간에 의해 결정된 자본의 조직화라면, **세계시장은 공간에 의해 결정된 자본의 조직화**라는 것을 곧바로 강조해야 한다. 그러므로 맑스에게서 세계시장의 구성 과정은 형식적으로도 실질적으로도 이윤 형성의 리듬을 따른다. 맑스에게는 이러한 **두 개념을 동일시하려는 긴장이 있다.** 그리고 이러한 가설이 지닌 엄청난 적합성은 『요강』 속에 (그리고 계속된 저작들에서조차) 이러한 동일시에 대해 충분히 가공되지 않고 있다는 사실 때문에 손상되지는 않는다. 결과적으로 우리는 여기서 **세계시장의** 변증법이라는 관념을 도입하는 데 관심을 가지고 있다. 왜냐하면 그것 속에서 그리고 그것을 통해서 우리는 유통 문제에 대한 새로운 설명, 지금까지의 연구가 만들어 낸 일부의 결과들을 강조하는 설명을 파악할 수 있기 때문이다.

처음 페이지들 이래 『요강』 속에 —— 이미 화폐에 관한 장에서 —— 세계시장이 나타났고, 그에 관한 특별한 책이 고려되었음에도, 각각의 근본적인 이행에서 세계시장은 계속해서 제기되어 왔다. 이 주제에 관해서도 설명 리듬은 긍정, 부정, 종합이라는 삼단논리의 리듬을 따른다. 긍정이라고 할때, 그것은 세계시장의 구성 과정에 대한, '세계시장의 자율화'(『요강』, 160~162;78~81)에 대한 일직선적 묘사를 의미한다. 이 첫번째 접근법에서 다른 요소들이 긍정과 함께 다소 혼랍스럽게 수집된다. 예를 들어 여기서 실질적인 일직선적 기제에 대한 묘사가, 그것이 어느 정도 극복해야만 하는 장애물들의 결정성과 혼합된다. 그러면 논의는 더욱 조급해진다. "세계시장의 형성은 이미 그것을 넘어설 조건들을 포함하고 있다."(『요강』, 161;79~80) 그리고 공산주의에 대한, 실현된 개인에 대한 한 페이지가 이것 뒤에 즉각 나온다.(『요강』, 162~163;81) 논증을 밀도 있게 하느라 혼동이 생겼다고 할 수는 없다. 그것을 조직하고 분명히 하는 실이 있다. 사실 부정의 계기와 종합 · 지양 · 파괴의 계기 양자가 현존한다. 논증은 더욱 나아간다. 그러나 우리는 수사적이고 담론적인 전개 과정이 아니라, 장애물이 주요한 주제로서 등장한다는 요지에 관심이 있다. 이것은 유통과 생산 양자의 수준에서, 즉 유통 수준에서는 차이 및 계속적인 균형이라는 전체적 과정으로서, 그리고 생산의 수준에서는 생산 조건들을 균등화 및 매개라는 물질적 작용으로 환원 불가능하다는 것으로 나타난다. '주화와 세계시장'(『요강』, 226~228;137~139)에 관한 논의에서, 맑스는 주화가 세계시장과의 대결 속에서 어떻게 봉쇄되는지를 강조하는데, 맑스가 언급하는 제국주의적 발전 단계를 고려하면, 이것이 우리가 말할 수 있는 최소한이다. 난관, 장애물, 차이점들이 아주 강해서, 국제 교환의 수준에서 "화폐는 탈화폐화되어야 한다." 더욱이 "화폐는 정치적 명칭을 지니며, 말하자면 상이한 나라들에서 상이한 언어를 말하므로" 자신의 '상징적' 성격을 잃고 다시 '보편적 상품'이 된다. 그러나 화폐 가치의 후퇴 계기는 위기를 만들어 낸다. 왜냐하면 자본주의 발전은 적절한 통제 수단이 없을 정도로 항상 세계시장을 향하는 경향이 있기 때문이다. 자본은 자신의 장애물들을 극복하는 것에 만족하지는 않는다. 자본은 또 자신의 한계를 극복하기를 원한다. 거기서 모든 모순이 작동하며, '세계시장'은 여러 가지 면에서 '결론'을 말한다. "세계시장은 다시 자신의 하부구조뿐만 아니라 전체의 전제를 이룬다." 세계시장은 생산에 거역하는 전반적 유통 위기, **'지양'**이다. 우리가 아직 화폐 수준에 있다는 것을 염두에 둔다면, 그에 대한 서술은 잠정적일 수밖에 없지만, 나중에 『요강』(『요강』, 408, 421~422, 449~450, 541~542;324, 353~354, 440) 속에서 **세계시장 · 균형 · 지양 관계**에 관한 논증은 탁월하게 전개된다. 발전의 일직선성은 이제 직접적으로 생산의 영역에서 국제적 자본을 향하여 전개된다. 확실히 우리는 '보편 자본'에 대해 말할 수 없으며, 그것은 '비사물'일 것이다. 그럼에도 자본주의적 생산관계가 지닌 '영속혁명'에 대한 이념형적 용어로서 '자본 일반'에 대해 말할 수 있다. 이러한 영역에서 장애물들은 이미 더욱 선진적인 자본주의적 조직 단계로 넘어가는 계기들, 핵심적 계기들, 실제적 이행들이 되었다. **직선적 발전은 단순히 이론적 가설이며**, 반면에 가치의 **균형**, 비교 및 균등화라는 실재는 무수한 장애물들에도 불구하고 진행중인 과정이다. 그러나 다시 **그 과정의 결과는 최고의 모순 잠재력을 나타낸다.**

논지를 발전시키고 다시 한번 요약하자. 『요강』 속에는 **세계시장**을 향한 불변의 긴장, 유통과 생산 양자의 영역에서 자본의 확장력을 나타내는 긴장, 정말 저항할 수 없는 긴장이 있다. 자본의 문명화 작용 및 그 과정의 직선성을 얼마나 강조하고 있는가를 고려하여 종종 맑스를 냉소주의적이라고 합리적으로 비난할 수도 있다. 이러한 긴장은 그에 뒤이은 저작들 속에, 즉 『자본』에도 존재한다. 또한 종종 이러한 독해는 배타적인 것이 되어 왔다. 발전 단계론은 그것이 동구적인 것이든 서구적인 것이든 이러한 독해의 직접적인 결과로서 나타난다. 그러나 이러한 긴장은 배타적인 것이 아니다. 반대로 그것은 그 상호관계를 면밀하게 탐구해야 할 (프롤레타리아적인) 장애물들과 (자본가적인) 한계들로 이루어진 기제에 전적으로 달려 있다. 자본의 유통과 확장은 항상 그리고 반복적으로 자본의 확장에 종속되는 사회적 생산 제조건에 대한 끊임없는 실질적 포섭을 요구한다. 이러한 재포섭은 장애물들이 지닌 과정이다. 그것은 항상 새로운 이윤 균등화, 균형 그리고 조정의 형성이고, 항상 새로운 평균이윤 결정의 형성이다. 부정은 논증의 변증법적 리듬 속에서 긍정을 뒤따른다. 우리는 자본이 이루어 내는 이러한 균형 과정을, 항상 새롭게 스스로 부과한 한계 설정(자본은 항상 '불비례적 균형' 혹은 '균형잡힌 불비례'다)의 이러한 과정을 지금 보아야 한다. 그리고 나서 우리는 이러한 과정을 양 측면에서 보아야 한다. 한편으로 우리는 투하하고 획득할 수 있는 최대 공간을 정복하는 데 까지 나아가는 자본의 불균형적인 돌진을 발견한다. 그것은 완성된 제국주의 단계다. 그리고 그것은 이러한 기반의 지양·파괴가 취해야 할 영역이다. 다른 한편 우리는 자본의 이러한 공간적 확장이 다름 아닌 평균이윤 구성의 확대 과정일 뿐이라는 것을 발견한다. 그리고 바로 여기서 이윤에 내재한 모순, 그것의 구성력들이 지닌 적대가 나타난다. 이러한 두 가지 과정은 서로 일치하지 않는다. 공간적인 내적 외적 차원들 속에서 그것들은 변증법의 제3의 계기로, 지양으로 나아간다. 우리는 이러한 설명 형식이 추상적이라는 것을 알고 있다. 그럼에도 그것은 세계 정복을 향한 자본의 극단적인 경향과 관련하여 자본의 운동에 관해 우리에게 말해 준다. 이러한 영역에서 모든 모순은 심화된다. 그러면 우리는 분석을 추구하면서 이러한 함의들을 강조하고 세계시장·균형·지양의 변증법이 어떻게 매시기

종별적으로 결정되는가를 보아야 한다. 각각의 종별성 수준은 분석 영역을 엄청나게 풍부하게 해준다. 그러므로 각 규정적인 종별성은 분석의 전체적 대체를 포함한다. 맑스주의적 분석이 지닌 한정된 용어들 속에서 제국주의적 과정은 여전히 불명확한 '경계자'에 부딪혔다. 이것은 제국주의적 과정이 위기의 전망 및 계기를 결정하는 모순들의 균등화 및 객관적 지평에 대한 효과적인 장애물을 구성하고 있는 민족적 실체를 매개해야 한다는 것을 말하는 것이다. 우리는 훨씬 더 선진적인 착취라는 다국적 실재와 대면하고 있다(그리고 맑스 자신은『자본』3권에서 우리의 독해 가설에 가까워진다). 그러므로 우리는 세계의 자본주의적 통일과 자본 진출하의 세계 사회의 실질적 포섭이 진전될수록, 제국주의라는 포괄적 공간적 주제는 착취, 잉여가치 그리고 계급 적대라는 내포적 주제와 더욱 일치하게 된다고 결론 내리지 않을 수 없다. 맑스의 용어는 검증되지는 않았지만 그것들이 규정된 당시의 정의를 넘어서 유지된다. 자본이 지닌 팽창적 제국주의적 과정과 세계 착취의 평균적 조건들을 구성하려는 자본의 긴장은, 동시에 혁명적 주체성이 지닌 제조건의 결과 및 전제다. 자본의 제국주의적 확장도 자본으로서의 자신의 규정성 속에 내재하는 격렬한 반대를 피하기 위한 시도를 나타낸다. 제모순과 제적대는 자본을 더욱 고도한 수준의 모순 및 적대로 나아가게 하는 동력이다. 모든 결과는 전제고 새로운 기초다. 이러한 역사적 추구 속에서 자본이 스스로에게 설정하는 모든 규제적 '제한'은 새로운 장애물들이 모반할 수 있는 토대다. 이러한 무한한 과정은 계급투쟁 속에서만 자신의 봉쇄물을 만난다. 그러나 유통과정은 그러한 광범하고 강력한 확장을 달성하여 자본 유통을 자신의 집합적 능력의 표현으로서뿐만 아니라, 그것에 대립적인 권력 생성을 위한 특권적 영역으로 나타낸다. 세계시장이란 주제는 자본주의 발전이 지닌 혁명적 경향에 대한 가장 성숙한 예증이다.

'사회적 자본'은 자본의 확장력이 유통을 통해서 그리고 유통 위에 공고화되는 형식이다. 우리가 본 대로 확장력은 무엇보다도 집합적 힘이다. 이러한 관계 속에서 **사회적 자본은 발전의 주체다.** 유통을 작동시키는 데서 자본은 사회성으로서, 더욱더 자기 자신의 발전 내부에서 결정된 방식으로 모든 사회적 생산력을 포괄하는 능력으로서 자신을 제시한다. 이러한 종합이 자본에 부여하는 주체성은 자본 자체가 포섭 과정을 통해, 더욱더 일관되고 포괄적인 사회 지배 행위를 통해 달성된 것을 나타낸다. **바로 생산양식이 변화한다.** 처음에 자본은 사회 속에 주어져 있는 노동 잠재력들을 수집하고 그것들을 제조업 속에서 재조직한다. 거대산업은 한 단계 더 나아가 사회적 자본이 이미 스스로를 주체로 설정한, 즉 생산의 제조건을 미리 계획한 생산 상황을 나타낸다. 근로조건과 노동과정은 가치증식과정에 의해서 미리 규정된다. 특정한 계기 —— 자본을 '사회적 자본'이라고 하는 규정 —— 에서 출발해서는 노동과 자본을 구분하고 노동을 사회적 자본 및 가치증식과정과 구분하는 것이 더 이상 가능하지 않을 것이다. 노동은 자본을 생산하는 것일 뿐이다. 자본은 노동과 생활의 총체성이다.

> "**지식 및 경험의 이러한 지속적인 진보**는 우리의 거대한 힘이다"라고 배비지(Babbage)는 말한다. 이러한 진보, 이러한 사회적 전진은 자본에 속하고, 자본이 그것을 이용한다. 이전의 소유형태하에서는 대다수를 차지하는 인간인 노예들을 순수한 노동도구라고 판정한다. 역사적 발전, 정치적 발전, 예술, 과학 등은 그들의 머리 위에 있는 더 높은 원환들 속에서 일어난다. 그러나 자본만이 처음으로 부를 위해 봉사하도록 역사적 진보를 장악했다. (『요강』, 589~590;483~484)

그러나 맑스 생각의 가공물들을 따라가 보자. 앞서 인용한 바로 앞 페이지들은 『자본』 1권에서 그리고 미간된 제6장에서 매뉴팩처에서 대공업으로, 노동의 형식적 포섭에서 실질적 포섭으로의 이행을 자세하게 묘사한 바로 그 광범한 분석에 대한 요약이다. 요약하자면, 이 페이지들은 **지속적인 범주적 대체**라는 간략하지만 완전한 도식을 이루고 있으며, 이것은 맑스가 염두에 둔 특수한 역사적 이행에 적합하지만 동시에 뒤이은 각 페이지들(우리에게 현존하는 것들)의 분석 및 규정이 지닌 **방법**을 보여 준다.

> 노동강도를 결정하고 그럼으로써 노동의 외연적 실현을 결정하는 모든 노동 생산력처럼, 노동자들의 결집——노동 생산성의 근본 조건인 협업과 분업——은 **자본의 생산력**으로 나타난다. 그러므로 노동의 집합적 힘 즉 사회적 노동으로서의 노동의 성격은 자본의 **집합적 힘**으로 나타난다. **과학**도 마찬가지다. 직업의 분화로서 그리고 그에 상응하는 교환의 분화로서 나타나는 노동의 분화도 마찬가지다. 생산이 지닌 모든 사회적 잠재력은 자본의 생산력이며, 따라서 자본 자체도 생산력의 주체로서 나타난다. 노동자의 결집은 공장에서 나타나듯이 노동자들에 의해서가 아니라 자본에 의해서 이루어진다. 노동자의 통일은 **노동자들의** 현존이 아니라 자본의 **현존**(Dasein)이다. 개별 노동자에게 그 통일은 우연적인 것으로 나타난다. 개별 노동자는 소외된 양식으로서, 자본의 작동양식으로서 다른 노동자들과의 결합 및 협업에 의거한다. 부적절한 형태——예를 들어 소규모 자영자본——로 나타나지 않는 한 자본은 이미 어느 정도의 단계에서 객관적 형태의 집적을 전제한다. 즉 아직은 생활 필수품, 원료, 도구 등의 (한마디로 부의 일반적 형태로서의 화폐의 축적과 일치하는) 집적으로, 그리고 다른 한편으로 자본의 지배하에 한 지점 위에서 노동력의 축적 및 집적이라는 주체적 형태로. 각 노동자마다 한 자본가가 있을 수 없으며, 한 장인당 한두 직공이 있는 식이 아니라 자본가당 일정 수의 노동자가 있어야 한다. 생산적 자본, 또는 그 자본에 조응하는 생산양식은 매뉴

팩처와 대공업이란 이중적인 것으로만 존재할 수 있다. 매뉴팩처에서는 노동분업이 우세하다. 대공업에서는 (균일한 작업양식을 가진) 노동력의 결합이, 그리고 그 결합과 말하자면 노동의 공동체적 정신이 기계 등에 이전될 경우 과학적 힘의 응용이 우세하다. 매뉴팩처 상황에서 (축적된) 노동자 대중은 자본의 양에 비례하여 대규모여야 한다. 대공업 상황에서 고정자본은 여러 협업적 노동자들의 수에 비례하여 대규모여야 한다. (『요강』, 585;479~480)

이후 맑스는 면밀하게(용어의 측면에서조차) 형식적 포섭에서 실질적 포섭으로의 이행을 구체화한다. 여기서 **자본은 실제적 주체이며, 집합적인 사회적 힘이다. 유통은 우리에게 이러한 첫번째 주체를 제시했다.** 그러므로 맑스의 논증은 적대가 지닌 이러한 주체적 요소를 빠뜨리고 있다. 당연히 그러한 인식은 결코 자본에는 합당하지 않다.

그러나 이 지점에서 노동과 자본을 구분하는 것이 더 이상 가능하지 않을지라도, 추론은 아직 열려 있다. 다른 주체, 노동자계급 주체는 자본가적 포섭이 노동자계급 주체의 정체성을 없애지 않고 바로 노동자계급 주체의 활동을 지배하기 때문에 나타날 수밖에 없다. 이러한 주체는 사회적 자본의 집합적 힘이 그 과정을 유도해 가는 그 수준에서 정확하게 나타날 수밖에 없다. **자본이 주체라면, 노동도 주체여야 한다.**
무엇보다도, 노동은 **자본과의 관계 속에서 변형된 주체**여야만 한다. 연속적인 포섭 과정 속에서 자본은 처음에는 계급 구성을 변형하고 그것을 자신의 지배하에 그리고 지배 내에 아주 상당한 통일성을 지닐 정도까지 밀고 나간다.

그들의 노동의 통일은 특수한 행위로서 나타나며, 이러한 행위와 함께 그들 노동의 자립적인 분절화가 지속된다. 이것은 자본으로서의 화폐가 자유노동과 교환되기 위해 필요한 첫번째 조건이다. 두번째 조건은 이러한 많은 노동자들의 자립적 분절화의 지양이며, 그렇게 됨으로써 개별 자본은 더 이상 노동자들에 대해서, 많은 교환들을 통일시키는, 단순히 교환 행위 속에 있는 사회적 집합력으로서 나타나지 않고, 오히려 노동자들을 자신의 지배하의 한 지점으로, 한 매뉴팩처에 집결시키며, 더 이상 이러한 토대 위에 자신의 힘을 정립하지 않고, 이미 발견한 생산양식 속에 그들을 놓아두지 않고, 자신의 토대로서 자신에 조응하는 생산양식을 창조한다. 자본은 생산에서 노동자의 단일화, 처음에는 감독자하에 있는 공동 장소에서만 나타나는 집적, 즉 조직화, 고도한 기율, 규칙성, 생산 자체에서 설정된 자본에 대한 의존이 되는 집적을 설정한다. 그러므로 생산의 특별 지출은 처음부터 절약된다(이러한 전체 과정에 대해서는 영국에서 대공업의 발전과 특별한 관련을 갖고 있는 가스켈 Gaskell 을 참조하라). 이제 자본은 노동자들의 집합적 힘, 그들의 사회적 힘으로서뿐만 아니라 그들을 연결해 주는 것으로서, 그럼으로써 이러한 힘을 창조하는 통일로서 나타난다. (『요강』, 586~587; 481) 여기서는 프롤레타리아적 관점에서조차(그것은 통일의 단계다) 노동과 자본을 구분할 수 없다.

그러나 뒤이어 상황은 변한다. 우리는 노동자계급의 통일을 목격하고 있는데, 이것은 자본에 의해 창조되었지만 개별 노동자들의 고립을 제거하고 우리를 이해의 통일 수준으로, 정치적 통일의 물질적 토대로 나아가게 한다. "그러므로 처음부터 (자본은) 집합적 힘으로서, 사회적 힘으로, 개별적 고립의 지양으로, 처음에는 노동자들과의 교환의 지양으로, 나중에는 노동자들 자체의 지양으로 나타난다. 노동자의 개별화도 아직 그들의 상대적 독립을 의미한다. 그러므로 자본에 대한 전면적 종속, 노동자와 생산 조건 사이의 연계의 완전한 해체는 자신들의 생존의 독점적

기초로서 개별 자본 주위로 노동자들을 집단화하는 것을 의미한다."(『요강』, 589;483)

여기서 한걸음 더 나가자. 자본이 지배하는 이러한 객관적 과정은 **노동자계급의 새로운 주체적 수준**을 드러내기 시작한다. 질적인 도약이 일어난다. 노동자계급 행동의 통일은 자기 충족적이기 시작한다. 자본의 사회화는 노동계급 적대의 분출에 직면한다. 노동계급 주체성은 다음과 같은 사실에 의해 드러난다. (1) 자본이 창조해 낸 통일은 노동자들이 자본과의 교환관계를 파괴하도록 허용한다. **자본주의적 과정에서 교환관계는 계급들간의 힘관계에 의해 지양된다.**

경쟁이 노동자에게 자본가들과 교섭하고 싸우도록 허용할 때, 노동자는 자신의 요구를 자본가들의 이윤에 비추어 측정하고 자신이 창조한 잉여가치의 일정 몫을 요구한다. 그래서 **비율**은 경제생활 자체의 현실적 계기가 된다. 더욱이 두 계급간의 투쟁——이것은 노동자계급의 발전과 더불어 필연적으로 나타난다——에서, 임금 자체에 의해 정확하게 비율로 표현되는 상호간 거리의 측정이 결정적으로 중요하게 된다. **교환이란 가상**은 자본에 근거한 생산양식의 과정에서 **사라진다.** (『요강』, 597;491)

(2) 이에 덧붙여, 노동자계급 주체성은 교환관계가 노동자들 **사이에서**는 타당하지 않다는 사실에 의해 드러난다. 우리는 이것을 다음 강의에서 자세히 살펴볼 것이다. 잠시 우리는 노동자계급 주체성을 노동자들과 자본 간에 나타나는 교환관계의 와해에 대한 필수적인 보완물로서 제시할 필요가 있다.

유통에 관한 장은 여기서 첫번째 결론에 도달한다. 자본주의적 경향은 노동자계급의 경향과 병행하며, 유통을 통한 교환관계의 확장은 그 관계의 파괴와 병행한다. 사회적 자본의 형성은 노동자들이라는 사회적 계급의 발생과 병행하는데, 노동자들은 처음에는 자신의 사회적 발전 수준에서 자본에 의해 통일되며, 두번째로는 저절로 —— 물질적 구성과 정체감 속에서 —— 노동자들이라는 집합적 존재의 토대인 교환관계를 파괴함으로써 통일된다. 우리는 자본의 집합적 힘, 그것의 팽창에 대립하는 형태의 폭발을 보아 왔다. 새로운 주체가 지금 나타나고 있다. 맑스는 이러한 새로운 주체의 발생학을 제시했으며, 연구와 실재의 부단한 대체를 제기하는 분석 모형을 제공했다. 자본의 유기적 구성은 노동자계급의 정치적 구성을 폐쇄하지 않지만, 그것을 자신의 외적인 적대자로 표시한다. 다시 분리의 변증법이 방법적 논리와 실제적 발전의 바로 핵심에 설정된다. 유통 분석을 종합해 보면 적대의 극단적이고 적절한 발전이 나타난다. 그것은 여기서 단지 가능성일 뿐이다. 그러나 맑스와 『요강』을 가지고 계속하자. 우리는 우리 자신이 상당히 진전해 있다는 것을 발견한다.

■ 제7강의

임금론과 그 전개

A. 자본주의 발전의 대립적 형태에 관한 재론 : 『요강』의 핵심적 절. □ B. 임금에 관한 책과 그것이 불러일으킨 논쟁 : 맑스 사상의 발생과 발전에서 그것이 차지하는 중심적인 위치. □ 근거로서 그리고 발전으로서 임금에 관한 책. □ 임금에서 주체로. □ C. 유통과 소규모 유통. □ 화폐와 소규모 유통. □ 유통론에서 분리의 논리 : 임금론, 주체론의 지침. 분리의 논리는 임금론의 기초를 새롭게 세울 수 있게 해준다. □ D. 「기계에 관한 단상」 : 작동중인 분리의 논리. □ 주체성이 지닌 집합적인 힘과 공산주의혁명이 구성하는 사회적 개인. □ E. 결론으로 가장된 주들 : 가치론의 변형, 주체성의 경로, 확증된 방법론.

우리는 제6강의에서 했던 분석과 그 결론들을 심화시켜야만 한다. 자본주의 발전의 대립적 형태, 즉 분리 논리의 폭발은 하나의 증거라기보다는 서술로 나타날 수 있다. 그것은 이제 새로운 서술 수준, 모든 증명 용어들을 대체하는 수준을 획득하는 문제다. 그것은 자본의 대립적 성격이 단지 결과만은 아니라는 것을 깨닫는 문제다. 그것은 분명 결과지만 이 대립적 형태는 발전의 열쇠, 발전의 일반적 성격이기도 하다. 그것이 지닌 몇몇 측면에서, 우리를 사회적 자본에 대한 규정으로 이끌었던 구성 과정은 완전히 전도되어야만 한다. 만약 우리가 맑스의 접근법이 지닌 단순한 일관성에 집착한다면, 이것은 절대적으로 명백하다.

우리의 논증 방식에 따라 종종 반복해 온 그 접근법은 잉여가치라는 주제를 충분히 발전시켜야 할 기본 법칙으로 제기한다. 이것은 사회적 자본 개념에 이중성 및 적대라는 판별적 표지를 부여하는 것이다. 이것은 자본주의적 사회화가 확장되면 될수록 그것이 지닌 적대적 성격은 (질적으로) 심화되고 (양적으로) 성장한다는 법칙을 설명하는 두번째 계기를 허용하는 것이다. 시공간적 범주들의 종합은 이윤법칙이 지닌 근본적 모순을 통합한다. 『요강』의 실제 구조는 계속적인 단계들을 통과하여 이러한 통합에 기초를 두고 있다. 여기서 우리는 논증의 결론 단계에 들어간다. 잉여가치론, 즉 착취론의 광범한 효과가 (위기에 관한 「보론」과 「제형태」에서) 첫번째 공시적 범주적 수축(contraction)을 겪고, 그리고 나서 두번째 통시적 역사적 수축을 겪은 이후에 ── 이러한 광범한 효과들이 자신들의 표현과 실례들에 필요한 그러한 수축들을 겪은 후에 ──, 결론이 나온다. 이때 이러한 효과들은 사회적, 집합적 그리고 일반적인 공간인 새로운 공간에서 발전한다. **적대의 규칙은 이제 전적으로 창조적으로 그리고 매우 강력하게 나타날 수밖에 없다.** 가치증식과정은 그것이 이러한 전체적인 차원에 도달하면 프롤레타리아적 **자기가치증식**이 나타나게 할 수밖에 없다. 가치증식과정은 자신의 적대가 모든 잠재력을 지닌 채 발전하도록 해야 한다. 우리는 맑스의 사고에서 나타나는 이러한 접합점을 다음 페이지들에서 길게 분석할 것이다. 그것이 지닌 해결책의 성격이 분명히 나타날 것이다. 우리는 『요강』이 이 「기계에 관한 단상」(이것이 이 강의에서 정확히 우리의 분석 지점이다)과 더불어 완성되며, 따라서 맑스의 논증이 지닌 논리적 리듬은 여기서 충분히 전개된다고 말할 수 있다. 「기계에 관한 단상」에 이어지는 것(노트 7의 거의 모든 것이 있다)은 이러한 결론을 전적으로 보완해 준다. 이어서 그 작업의 다른 초기 단계에서 시작된 논증이 지닌 다양한 부분적 노선들이 심화되고 발전된다. 자료는 확실히 매우 중요하지만 본질적이진 않다. 그러므로 우리는 유통론으로 대표되는 『요강』의 분석이 지닌 이 두번째 측면, 즉 이 **제2부**의 핵심에 와 있다. 제6강의 끝에서 중단했던 텍스트를 보자. 맑스의 논증이 여기서 부상하는 것 같다. 논증은 전진과 퇴조의 물결을 따라 진행된다. 지금 퇴조 물결은 우리에게 사회적 자본을 가져왔고, 그 물결은 퇴조하면서도 자신의 대립물인 노동계급 주체성을 발견한다. 분리의 논리라는 이러한 범주를 자본의 응축이 가장 강한 곳에, 그 가장 발전된 형태 속에서 찾아보자. 이것은 맑스의 절차와 같은 것이다.

필요노동과 그것이 지닌 창조성은 임금형태 속에 감춰져 있다. 이것은 잉여가치론에 의거해서 우리가 배운 것이다. 감춰져 있는―― 그러나 생산적 힘으로서 아주 독특하고 강력한――이러한 실재는 잉여가치법칙이 작동하는 곳 어디에서나 발견된다. 그 실재는 잉여가치법칙의 모든 운동 속에 합류한다. 이것은 노동자계급 주체성을 획득하고 그 역할을 밝히기 위해서는 무엇보다도 가치의 활력을 감추고 있는 그것의 실체를 빼 버리고 그것을 자본의 생산성이 나타난 것으로 만드는 봉인을 뜯기 위해서 임금형태를 탐구해야 한다는 것을 의미한다. 그것은 본질적으로 임금의 운동법칙을 발견하는 것을 의미하는데, 이 법칙은 상품의 일반적 운동과도 무관(또는 상대적으로 무관)하게 자신을 전개함으로써, 지금 밝혀지고 있는 그 특수한 실재로 우리를 안내할 수 있다. 이러한 기획은 우리가 보아 온 대로 『요강』의 '개요'속에, 맑스가 자신의 연구를 전개해 가기 위해 가졌던 계획 속에 나타나 있었다. 그런데 『자본』의 초고에서 그것은 사라졌다. 임금에 대해 다룰 이 특수한 책이 독자적인 책으로서는 『자본』에서 사라졌다. 왜? 로만 로스돌스키(57~62쪽)는 그 질문을 분명하게 제기하며, 더 정확히 말하면 다음과 같은 두 가지 질문을 한다. (1) 이 책에서 발전시키려던 주제들은 무엇인가? (2) 맑스는 왜 특별한 '임금노동에 관한 책'에 대한 자신의 계획을 포기했는가? 로스돌스키가 첫번째 질문에 대해 제시하는 대답은 만족스럽다. 두번째 질문에 대한 대답은 그렇지 못하다. 우리도 이것을 좀더 살펴볼 것이다. 그러나 먼저 어떤 주제들이 이 임금노동에 관한 책에 포함되었는지 알아보자. 오랫동안 면밀하게 분석해 보면 하나의 목록을 만들 수 있다. 근본적인 것들은 다음과 같다.

『요강』, 264;175 : 프롤레타리아트의 존재 형식으로서의 임금은——유통 속에서——다른 두 계급과 대면한다.

『요강』, 281~282;193~194 : 임금형태들. 성과급 : 임금이 지닌, 참여라는 환상에 대한 탈신비화.

『요강』, 398~401;302~304 : 임금/전체 인구 관계와, 필요노동/잉여노동 관계. 사회 총체의 재생산에 대한 지불인 필요노동에 대한 지불로 나아감.

『요강』, 416;319 : 산 노동 능력이 지닌 교환가치의 한계(임금의 하한선)로서의 필요노동.

『요강』, 426과 주;329 : 다른 한편, 필요노동 한계를 넘어서는 임금 삭감의 법칙에 관하여. 임금형태의 역사적 진화.

『요강』, 464~465;368~369 : 다시 임금형태의 역사적 진화에 관하여 : 등가물간의 교환이라는 외관을 띤 임금에 대한 탈신비화. 노동자의 '소유물'로서의 노동 능력.

『요강』, 520~521;420 : '소규모 유통' 또는 유통 영역에서 소득으로서의 임금.

『요강』, 607~608;501 : 임금과 노동자의 과잉.

『요강』, 817~818;702 : 최저임금 가설. 분석의 전개 과정에서 이 가설이 지닌 유동성.

이러한 점들과 다른 근본적인 문제들(구체적 노동의 추상적 노동으로의 환원, 특정한 인간 노동자들을 단순한, 미분화된 평균노동으로 환원하는 것, 숙련노동에 관해서는 로스돌스키, 506~520쪽을 보라)을 설명하면서, 로스돌스키도 두번째 문제의 해결로 나아가서 다음과 같이 결론 내린다. 맑스는 이전의 개요가 전망했던 자본과 임금노동 범주들의 엄밀한 구분을 일정한 지점까지만 취할수 있었고 결국에는 그것을 포기해야 했기 때문에 임금노동에 관한 특별한 책을 빠뜨렸다. 이것은 모든 제기된 주제들을 자본 분석에 종속되는 요소라고 생각해야 한다는 것을 의미한다.

그러나 이것은 진실이 아니다. 우리가 이미 여기저기에서 강조했듯이, 그것은 이 주제들의 일부에 대해 진실이 아니다. 또 그것은 우리가 앞으로 보게 되듯이, 다른 주제들에 대해서도 진실이 아니다. 그것은 또한 일반적으로 진실이 아니다. 왜냐하면 이 모든 요소들은 자본의 법칙이 아니라 계급투쟁의 법칙에 종속되어 있다고 간주해야 하기 때문이다. 우리가 이미 살펴보았듯이, "비율 자체가 경제생활의 현실적 계기가 된다. 더욱이 두 계급간의 투쟁——이것은 노동자계급의 발전에 따라 필연적으로 나타난다——에서 임금 그 자체에 의해 비율로서 정확하게 표현되는 상호간의 거리 측정이 결정적으로 중요하게 된다. 자본에 근거한 생산양식의 과정(Prozess)에서 교환의 가상은 사라진다."(『요강』, 597;491)

이 단계에서 우리는 문제를 재정립할 필요가 있다. 로스돌스키는 자신에게는 부차적이지만 자신의 진술을 통해 우리를 도와 줄 수 있다. 그는 구체적 노동의 추상적 노동으로의 환원과 특정 노동자들의 사회적 평균노동으로의 환원에는, 엄밀하게 말해서, 임금에 관한 장이 필요하지 않다고 지적한다. 이런 환원들은 잉여가치론의 가공을 포함한다. 따라서 그것들은 **자본이론의 토대**에 있다. 근본적인 환원들, 그렇다, 진정한 근거들이다. 왜 그것을 반복하는가? 우리는 로스돌스키의 수사적 질문에 답할 수 있다. 우리가 그것을 반복해야만 하는 것은 맑스의 잉여가치 발견의 근본적인 성격(그리고 그것들을 발견한 환원들의 근본적인 성격)을 자본에 관한 책에서 모두 다 **소화할 수 없기** 때문이다. 이 근본적인 요소가 나타날 때마다 그것은 분석에 상이한 논리적 리듬, 즉 그것은 모든 것을 해결하는 변증법에 대립하는 **분리의 논리**를 부여하기 때문이다. 이런 관점에서, 우리는 **'임금에 관한 책'**이 쓰이지 않았다면 그것은 아마도 그것이 —— 자본이론의 수준에서 —— 이미 해결된 문제를 표출하기 때문이 아니라, 반대로 전체적인 **자본이론은 오직 임금론을 통해 발전하고 자신의 기초를 형성할 수밖에 없기 때문이라고 말할 수 있다.** 자본이론은 끊임없이 임금론에 의거하며 그것을 포함한다. 나의 관점은 극단적인 것이다. 나는 그것을 알고 있다. 제1강의를 시작하면서 나는 이미 본질적으로 모호한 요소를 도입한 이런 '임금에 관한 책'이 없는 것에 대해 한탄한 바 있다. 그러나 여기서 우리는 아마도 이러한 모호성이 맑스 자신이 아니라 맑스에 대한 거의 모든 해석자들의 발목을 잡았다는 것을 밝힐 수 있게 되었다.

문제의 핵심으로 돌아가기로 하자. 구체적 노동이 추상적 노동으로 전형되는 한, 개별 숙련노동이 단순한 평균노동으로 전형되는 한, **임금에 관한 장은 자본에 관한 장의 기초가 된다.** 이런 변용은 완전한 종합, 또는 만들어 내야 할 어떤 주어진 것이 아니다. 그것은 하나의 **경향**, 적대적 경향이다. 생산적 노동, 노동력은 자본을 창출하는 부동의 동력원이 아니다. 그것은 자본의 접합 전체를 관통하여 존재한다. 노동력은 자본의 모든 대상화된 것들(objectifications)에 모순적인 방식으로 생명을 불어넣는다. 자본주의 발전의 일정한 수준에서 계급간 힘관계의 형성은 처음부터 자본주의적 관계에 존재하던 것을 현실적이고 집단적인 방식으로 표현한다. 자본 유통은――(하나의 평균화 요인으로서) 시공간적으로――자본 개념의 이중성이 폭발하여 주체들의 이중성이란 형태를 띠도록 하는 데 개입한다. 그러나 그것은 항상 똑같은 토대, 즉 결코 멈추지 않는 지속적인 과정의 토대 위에서 그러하다. 이런 적대, 이 부단히 분열하는 흐름에서 취할 수 있는 단일한 자본 범주란 없다. 또한 우리는 상상의 임금론을 자본이론에 종속시킬 수도 없다. 『요강』에 명시적으로 제시되어 있는 여러 주제들을 이어받아 『자본』 1권에 임금이 실제로 등장할 때 그것은 '독립 변수'로 나타난다. 그것의 법칙은 응축되어 자본주의 발전에 포함되어 있는 노동에 저항하는 반란의 주체로 나아간다. 그들은 즉각적으로 독립적인 규칙들로서 나타난다. 따라서 임금이 도입될 때, 존재하는 전체 범주체계는 변해야만 한다. 우리는 절대적 잉여가치 추출에서 상대적 잉여가치 추출의 조직화로, 자본에 의한 사회의 형식적 포섭에서 실질적 포섭으로 이행해야만 한다. 노동일 및 그것의 단축을 둘러싼 투쟁으로 인한 필요노동가치의 증가는 축적 및 자본주의적 재생산이라는 범주형태들의 전반적인 대체를 요구한다. 자본이론의 기초는 지속적으로 이 역학에 종속될 수밖에 없다.

범주들에 관한 한 이것은 진실이다. 그러나 이것으로 충분하지 않다. 항상 그리고 모든 것에도 불구하고, 임금이 자본의 과정에서 독립 변수로 등장해야만 한다는 사실은 우리가 발전의 모든 수준에서 확인할 수 있는 일련의 효과들을 발생시킨다. 임금에 관한 장은 맑스의 자본이론이 지닌 암묵적인 근원일 뿐만 아니라, 그 발전의 지침이 되는 단서다. 우리가 첫번째 범주의 주제들을 규정하는 데 성공하는 바로 그 순간에 우리는 그것들이 지닌 역사적 변이들과 특수한 규정성들을 다루어야만 한다. 여기에서는 임금의 관점이 지배적이다. 대립은 처음부터 주어져 있다.

"자본의 일부를 산 노동 능력과 교환하는 것을 특수한 계기로 간주할 수 있으며 또 그렇게 간주해야 한다. 왜냐하면 노동시장은 생산물시장 등과는 다른 법칙들에 의해서 지배되기 때문이다."(『요강』, 521;420) 사실 여기서 주요 문제는 필요노동의 문제다. 그것은 갈수록 불가역적인 수준에서 더욱더 완전하게 자신을 공고히 한다. 그리고 이 모든 것은 "임금에 관한 절에 속한다." 이 '다른 법칙들'이란 무엇을 의미하는가? 그것은 분리의 논리가 지배한다는 것을 의미한다. 달리 말해서 임금은, 자신의 사회적 양에 관한 한, 독립적으로 변동하는 **독립된 양**이다. 임금의 고정성은 불가역적이며 분석 속에서 주어진다. 사실 임금의 고정성은 변할 수도 있다. 예를 들어 이윤법칙 속에서 모종의 항구성을 획득하기 위해서 필요노동이 필요한 최소임금으로 고정되었다고 가정하자. 이것은 완전히 추상적인 가설일 뿐이다. 현실에서 우리는 현실적인 힘관계에 기초를 둔 고정성을 역사적으로 연구해야만 한다. "고정된 가정들은 모두 자체 발전의 지속 속에서 유동적으로 된다."(『요강』, 817;702) 그리하여 실제로는 "필요노동의 표준은 시대와 나라에 따라 다를 수 있다." 그러나 반대로 자본에게는 "주어진 시대에 따라 그 표준을 자본에 의해 고정된 것으로 가정하고 준수할 수 있다. 그러한 변화들 자체를 고찰하는 것은 전적으로 임금노동을 다루는 장에 속한다."(『요강』, 817;702)

그러나 이런 모순된 주장들 사이의 대조는 잠재력 —— 즉 **계급투쟁의 현실** —— 을 미발달한 채로 남겨 놓는다. **필요노동의 양과 질, 가치가 자본에게 고정된 차원임이 '틀림없는' 한 임금은 독립 변수**다. 자본주의적 관계가 형성한 모순은 이 모순적 관계 안에서 발전한다. 다른 대안은 없다. 자본은 분리의 논리를 통해서 성숙할 수 있을 뿐이다. 분리의 극은 임금에 의해서, 자본이 —— 무엇이든 상관없이, 그리고 그것은 사실 유동적이고 변화무쌍하다 —— 그 가치를 절대적으로 고정하는 이 필요노동량에 의해서 형성된다. 필요노동의 가치는 교환에서 단번에 결정되지 않으며 **계급투쟁의 결과**── 그것이 프롤레타리아트독재가 되지 못할 때는── 다. 독립성이 그 투쟁을 결정하며 가능성과 발전을 규정한다. 투쟁이 필요노동의 가치를 공고히 하고 그것들을 역사적 실체로 제시한다. 그 실체들은 오직 투쟁만이 수정하고 발전시킬 수 있는 욕구, 행동, 후천적 가치 등 총체의 표시다. 그리고 이 투쟁은 산 노동이 자신이 겪은 역사적 변형의 기능으로 포함하고 있는 가능성, 자본의 생산적 변형과 항상 연결되어 있는 가능성에 따른다. 이러한 **산 노동의 힘**을 검토하기로 하자. 산 노동 능력은 임금의 형태로는 오직 자신의 존재에 대해 신비화한 측면, 자신을 측정하기 위해 자본이 필요로 하는 이러한 고정성만을 보여 준다. 그러나 일단 우리가 자본이 부과하는 이런 필연성을 넘어서면 우리는 임금 안에서, 임금을 넘어서, 그 모든 사회적 실재성 속에서, 자신의 적대성의 모든 힘을 지닌, 산 노동의 고동을 들을 수 있다. 그리고 우리는 맑스의 모든 추론 단계에서 이것을 볼 수 있다. 우리는 자본주의 발전의 순간순간마다 이런 끝없는 맥박을 느낄 수 있다. 문제의 복잡성은 어지러울 정도다.. 우리가 '**자본논리학파**'의 객관주의적 해석들── 자본의 힘이 모든 발전을 지배하고 통제한다고 끊임없이 주장한다── 을 거부하는 한, 우리가 이것을 기각하는 한, 우리는 또한 자본을 **전적으로** 대상물로 취급하는 **주체성의 길**을 피해야 할 것 같다. 그러나 그것들은 우리의 관심을 끄는 이론적 긴장── 섬뜩한 단순화── 은 아니다. 그 반대로 우리의 관심을 끄는 것은 과정의 모호성, 해답의 부재, 이 수준에서의 모든 지배법칙의 고갈이다. 『요강』에서 우리는 각각의 이론적 이행을 **힘관계가 지닌** 이러한 **극단적 가변성** 안에서 독해할 수 있다. 우리는 이 문제에 관해 『자본』이 불명확하다는 것을 유감으로 생각할 만한 충분한 이유를 가지고 있다. 그 책은 오직 파편적인 설명만을 제시할 뿐이다. 그것은 단지 범주들의 전개라는 이 단일한 전체가 지닌 계기들을 보여 줄 뿐이다. 그것이 우리에게 주지 못하는 것 —— 그리고 『요강』이 우리에게 주는 것 —— 은 전체적인 틀, 이 적대관계가 놓여 있는 배경이다. 임금, 필요노동의 양은 자본주의적 발전의 기초일 뿐만 아니라 일반적으로 근본 법칙들을 결정한다. 여기에 **필요노동의 창조적** 기능, 그것의 거역할 수 없는 **상승** 경향(bias)이 있다. 임금이론은 하나의 조건에서 발전 규칙으로 된다. 우리는 분리가 전체 과정을 지배한다는 것을 유도해 내지 않고는 (역사의 경로에 대한 예상으로서) 『요강』을 독해할 수 없다. 노동자들의 관점에서 보았을 때 그 분리는 역사적으로 주어진 현실의 공고화다. 그 분리는 이 영역을 지배하는 자유로운 주체가 지닌 생산 능력이다.

분석은 계속된다. 노동이 임금의 형태를 띨 때 자신을 감싸고 있던 신비의 장막을 찢었고, 이제 우리는 그것을 완전히 벗겨 낼 필요가 있다. 우리가 지금까지 강조해 왔던 모든 요소들이 여기에 모여 창조성이 풍부한 하나의 결합체를 형성한다. 우선 생산의 전체 역학에 대한 진정한 열쇠인 산 노동 능력은 자연을 역사로 변형하는 동력이다. 분석의 첫 페이지부터, 화폐가 언제 어떻게 사회적 지배라는 세련되지만 강력한 공간을 표현하기 시작했는지, 산 노동이 언제 어떻게 그 앞에 끈질기게 떠오르기 시작했던가를 상기하라. 자신의 발전 속에서 산 노동이 어떻게 노동자들의 사회라는, 생산의 매개자라는 '**실질적**' **추상**의 형태를 취하는가를 상기하라. **추상적 노동이라는 붉은 실은 하나의 구성 과정을 나타낸다**. 노동이 추상화하고 사회화하면 할수록 —— 이것은 분석을 대체하는 두번째 요소다 —— 욕구의 영역은 더욱 확장된다. 노동은 자신의 욕구를 창출하며 자본으로 하여금 그것들을 충족하도록 강제한다. 욕구의 점진적인 발전은 추상적인 사회적 노동의 진전으로 창출된 통일성, 상이한 복합적 통일체들에 구체성을 부여한다. **임금은** —— 따라서 분명히 이 과정에 응고된 필요노동량의 개별성을 신비화하도록—— 이런 욕구들을 기초로 하여 형성된다. 세번째 요소는 이러한 개별성이 주체성이 되는 경향이 있다는 것이다. 이것은 욕구와 그것들을 구성하고 있는 개별 소재 사이의 연관이 소생해야 한다는 것을 의미한다. 자본과의 관계는 경제적 필연성에 대한 예속을 타파하며 오직 사물이 소생할 수 있는 방식으로만, 즉 행동으로서, **권력으로서** 소생한다. 이 권력은 주체성이다. 그것은 환원할 수 없다. 자본은 자신을 관계로서, 비율로서, 분리에 부과된 규칙으로서 간주할 것을 강요받는다. **그 관계의 형식은 투쟁의 양 측면이다.** 이때부터 계급투쟁과 정치가 경제이론의 중심에 자리 잡는다. **만약 잉여가치론이 경제이론 속에 착취라는 사실을 도입한다면, 맑스주의 유통론은 계급투쟁을 도입한다.** 바로 이 단계에서 우리는 **임금노동에 관한 책**이 맑스에게 무엇을 의미하는가를 완전하게 이해할 수 있게 된다. 그것은 경제학에서 정치학으로 나아가는 이론적 추론이며 정치적인 것의 경제적인 것으로의 흡입, 또는 그 역이다. 잉여가치론은 부르주아 사회의 세포형태를 이끌어 내 서술했다. 여기서 그것의 과제는 자본의 유기적으로 발전되고 성숙한 관계를 분석하고 폭로하는 문제다. 모든 실마리들이 한데 모인다. 우리가 앞으로 보게 되겠지만 이런 발견의 성과는 헤아릴 수 없다. 맑스의 작업이 지닌 두번째 측면을 구분하는 선을 넘기는 어려울 것이다. 이제 우리는 눈앞에 펼쳐진 광활한 지평에서 좀더 수월하게 앞으로 나아갈 수 있다. **임금에 관한 책**의 주제는 이것——**임금에서 주체로, 자본관계에서 계급투쟁으로**——이며 오직 이것일 수밖에 없다. 맑스는 임금에 관한 별도의 책을 쓰지 않았다. 왜냐하면 그의 전체 저작이 끊임없이 이 주제로 돌아가고 있기 때문이다. 그것은 조금도 이완되지 않고 계급투쟁, 전복, 혁명에 접근하려고 한다. 이제 우리는 노동자·주체가 어떻게 독자적인 논리를 발전시키는가를 검토해야만 한다.

우리가 멈추었던 지점, 제6강의의 끝——'소규모 유통'에 관한 장——에서 텍스트 분석을 하자. 여기서 우리는 주체성의 관점에서 자본의 독해를 반전시킬 가능성에 대한 즉각적인 사례를 발견한다. 이런 가능성이 실제로 발전하느냐 하는 것은 분명히 역사적인 계급관계의 상태에 달려 있다. 우리가 강조하고 싶은 것은 이런 조건들이 자본 안에서 프롤레타리아의 독립에 대한 이론적(경향적) 가능성의 윤곽을 그려 준다는 점이다.

"총과정으로서의 유통 안에서 우리는 대규모 유통과 소규모 유통을 구별할 수 있다. 전자는 자본이 생산과정에 나타나는 순간부터 그것이 다시 생산과정으로 들어갈 때까지의 전체 기간을 포괄한다. 후자는 지속적이며 생산과정과 동시에 안정적으로 진행된다. 그것은 자본 가운데 임금으로 지불되어 노동 능력과 교환되는 부분이다." (『요강』, 673;565) 이 두번째 '소규모 유통'의 특징은 무엇인가? 그것의 효과는 무엇인가? 무엇보다도 소규모 유통은 필요노동의 가치가 재생산되고 결정되는 영역이다. "노동 능력 속에 포함되어 있는 노동시간, 즉 산 노동 능력을 생산하는 데 필요한 시간은——동일한 생산력 단계라는 전제하에——그것을 재생산하는 데, 즉 그것을 유지하는 데 필요한 시간이다." (『요강』, 673;565~566) 노동력의 이러한 생산 및 재생산·보존은 유통 속에 존재하지만 특수한 방식으로 존재한다. 이것은 "임금으로 투하된 자본 부분의 유통은 생산과정을 수반하고 그것과 함께 경제적 형태·관계로 나타나며 생산과정에 동시적으로 결합되어 있다"는 것을 의미한다. (『요강』, 674;566) 이것은 자본주의적 관계, 교환 및 착취는 프롤레타리아 주체의 독립성을 제거하지 않는다는 것을 의미한다. 더 분명하게 유통형태의 이중성에서 생겨나는 혼란은 아무것도 진정시킬 수 없는, 환원할 수 없는 주체의 출현으로 특징지어진다. 주체와 연결되어 있는 가치들은 자본주의적 과정에 영향을 미친다. "여기에 소비가 직접 개입하는 자본 유통의 유일한 계기가 있다.”(『요강』, 675;567) 생산적 소비? 그것은 이런 불확실한 영역으로 들어가는 문제가 아니다. 우리는 단순히 그리고 항상 그 관계의 즉각적이고 불가해한 측면을 강조해야만 한다. 그것은 맑스의 다음과 같은 성찰에 전적으로 존재한다. “그러므로 여기에서 유통자본은 직접적으로는 노동자들의 개인적 소비에, 직접적 소비에 전적으로 결정적이며 따라서 완성된 생산물 형태로 존재하는 것으로 나타난다. 한편으로는 자본이 생산물의 전제 조건인 것처럼 보이지만 최종 생산물 또한 동시에 자본의 전제 조건인 것처럼 보인다면, 이것은 역사적으로 보면 자본이 처음부터 세계를 시작한 것이 아니라 오히려 자신의 과정 속으로 생산 및 생산물들을 예속시키기 전에 그것들이 이미 존재했다는 것을 의미한다. 자신을 토대로 하여 일단 운동하기 시작하면 자본은 끊임없이 소비 가능한 생산물, 원료, 노동도구 등 다양한 형태로 자신을 재생산하기 위하여 끊임없이 이런 형태로 스스로를 전제한다. 그것들은 처음에는 자본이 전제로 하는 조건들 그리고 그 결과인 것처럼 보인다. 자신의 재생산 속에서 자본은 자신의 조건들을 재생산한다. 따라서 여기에서 우리는——산 노동 능력에 대한, 그리고 그것을 유지하는 데 필요한 자연적 조건에 대한 자본의 관계를 통해서——자신의 사용가치 측면에서 규정된 유통자본을 발견한다.”(『요강』, 675;567)

자신의 사용가치에 관하여, 이것은 그 관계의 불가해한 성격을 근거짓는 것이다. 필요노동은 생산물과 접촉하여 그것들을——자신의 소비를 통해서——사용가치로 변형한다. 오직 필요노동만이 자본주의적 가치증식에 자신의 저항, 자기 자신의 보존이자 재생산인 저항을 대립시킬 수 있는 능력을 가지고 있다. 단순히 부동 지점으로 이루어져 있지 않고 오히려 그것 자체가 하나의 주기, 하나의 운동, 성장인 저항이다. “임금 지불은 생산 행위와 동시에 그리고 나란히 진행되는 유통 행위다.”(『요강』, 676;568) 동시성과 평행성은 자본주의적 자기증식과 대면하여

노동자 · 주체의 독립성, 그 자신의 자기가치증식을 구별한다. 근대 경제학자들은 두 가지 대립되는 자기증식 형태간의 이러한 관계를 평행적으로 수렴하는 이중의 나선 혹은 이중의 풍차라고 묘사한다. 그들은 얼마나 많은 위기들이 이런 과정 —— 아무튼 항상 위기의 형식적 가능성을 포함하는 과정 —— 에 의해서 결정되는지를 잘 알고 있다. 그리고 그 과정은 프롤레타리아트의 권력이 성장함에 따라 이러한 가능성을 더욱더 많이 지닌다. 관계는 더 이상 변증법적이지 않으며, 항상 지배당하고 있지만 위험과 봉기로 가득 차 있는 적대적인 관계다. 자본은 이런 관계에서 자신을 떼어 낼 수 없다. 자본은 그 관계를 재구성해야 하며 그러기 위해서는 그 관계에 —— 그것의 추상적 형태뿐만 아니라 그 내용에서도 —— 굴복해야 한다. 자본과 노동 능력 간의 소규모 유통, 이것은 생산과정을 수반하며 계약, 교환, 교통형태로 나타나는데, 이런 것들은 생산과정을 작동시키기 전에 전제되어 있다. 이런 유통 —— 조달(approvisionnement) —— 에 참여하는 자본 부분이 유통자본이다. 그것은 단지 형태에 따라 규정되지는 않으며, 이와 더불어 그것의 사용가치, 즉 직접 개인적으로 소비되는 소비 가능한 생산물이라는 소재적 규정이 그 형태 규정의 일부를 이룬다."(『요강』, 678;570) 임금의 두 얼굴(『요강』, 593~594;639~640;759)은 해체된다. 오히려 그것은 노동자의 소득으로 완전히 성형된 또 다른 얼굴로 나타난다. 유통자본은 자본의 보완물임을 전적으로 부정하며 자본에 대항하여 일어선다. 이러한 소규모 유통의 역동성에 관한 맑스의 주장은 매우 중요하다. 이론적 가설은 보통 엄밀하고 유연하다. 경향을 지시하는 데서는 엄밀하고 그것이 경험하는 역사적 관계들에서는 유연하다. 이 마지막 관점에서 우리는 맑스가 빈번하게 그 과정의 실제 조건들로 돌아가 어김없이 그의 날카로운 역사 감각을 보여 주면서, 자본이 맑스 당대의 단계에서는 소규모 유통을 지배하며 전반적인 유통과정 속에서 소규모 유통을 회복시킨다는 사실을 주장하는 것에 놀라서는 안 된다. 그러나 이것은 결코 소규모 유통이 — — 단지 하나의 사실로서뿐만 아니라 역동적인 과정, 경향으로서 —— 나타내는 적대적인 힘을 감소시키지 않는다. 소규모 유통의 특징은 바로 사실에서 역동적인 과정으로의 이러한 이행이다. 우리는 어떻게 노동의 창조적 힘이 주체가 되는가를 추상적으로 보아 왔다. 이제 우리는 이 운동이 구체적으로 어떻게 수행되는지 알 수 있다. 소규모 유통은 필요노동과 관련된 욕구의 영역이 발전하는 공간이다. 따라서 그것은 형태를 취하며 스스로를 역동적으로 구성하고 노동력 구성, 노동자계급 구성 속에서 자신을 공고화한다. 그것은 자신을 재생산하며, 성장하여 마침내 자신을 투쟁의 잠재력으로 규정한다.

여기서 몇 가지 문제가 나타난다. **첫째**는 여기서 서술된 구성적 접합을 심화시키는 문제다. **둘째**는 프롤레타리아적 주체라는 완성된 형태 속에서 이와 같은 첫번째 형상에서 귀결되는 전반적인 적대적 결과들을 분석하는 일일 것이다. 지금은 이 논점들을 심화시킬 때가 아니다. 나로서는 나의 책 『국가형태』(Feltrinelli, Milano, 1977)의 마지막 부분에서 그것들 가운데 일부를 정식화하려고 했다. 언젠가 우리는 이 문제로 되돌아오게 될 것이지만, 항상 성급하게 그럴 것이다. 하지만 그럼에도 불구하고 우리가 여기서 맑스주의 정치 논쟁에서 **핵심적인 논점들** 가운데 하나를 다루고 있다는 것을 기억해야 한다. 이 문제들을 어떻게 발전시켜야 할 것인가 하는 쟁점을 둘러싸고 혁명적 맑스주의자들은 **분열되어 있다**. 나는 현재로선 어느 쪽을 선호하느냐 하는 문제에는 그다지 관심이 없다(그런 유사한 이론적 상황이 존재한다고 가정하고). 나는 단지 이런 문제들 때문에 우리가 다른 길을 가야만 한다는 것을 강조하고 싶을 뿐이다. 맑스에게는 자기가치증식 국면에 대해 내린 역사적 판단은 **객관적인** 것이다. 우리에게는, 노동자 및 프롤레타리아 계급이 도달한 구성(그리고 권력)의 수준에서, 판단은 전적으로 **주체적인** 것이 되었다.

이것은 각각의 관계가 의지에 의해 유지되며 각각의 결정이 하나의 발전의 기초가 되고 각각의 사건이 하나의 경향을 표시한다는 것을 의미한다. 더욱이 자기가치증식의 토대는 우리가 혁명적 기획을 계급 역학에 기초한 대항권력의 건설로서 규정할 수 있는 지점으로까지 확대되었다. 권력의 역학. 왜냐하면 프롤레타리아트에게 사용가치는 권력의 즉각적인 재증명이며 즉각적인 실행이기 때문이다. 필요노동은 —— 비록 그것이 순전히 추상적인 규정이라고 할지라도 —— 권력(엄격성, 불가역성, 허식, 반란에 의한 전복 의지)으로 규정될 수 있을 뿐이다. 사용가치, 이것은 소규모 유통을 규정하는 데 불가결하다. 이중성은 권력에 대한 새로운 선언이란 경향의 관점에서 보았을 때 완전하다. 이중성은 자본에게는 위기의 현실성이거나 어쨌든 자본의 전개 과정이 지닌 불안정성이다.

이것을 주의 깊게 검토하기로 하자. 우리는 이미 맑스주의를 넘어섰다. 이런 명제들을 둘러싸고 많은 속류 맑스주의자들은 맑스를 이해하지 못하고 있다. 이런 이론적 문제들 때문에 우리는, 맑스주의 사상 안에서 최소한 객관주의적(경제적) 입장과 주관주의적(정치적) 입장 간의 분열을 반성하고, 따라서 적절하고 충분한 정치적 전망의 결여를 비난하게 된다. 맑스를 객관주의적이고 경제주의적이라고 간주하며 혁명적 사상 및 행동의 마비에 대한 알리바이로 해석한다. 따라서 맑스주의를 넘어선, 질식하게 하는 전통을 지닌 정통을 넘어선 맑스주의 사상의 통일을 요구하는 것이 필요하게 된다. 우리는 부분적인 검토로도 그 기획의 통일성과는 분명히 구분되는 맑스 사상의 측면들을 발견할 수 있다는 것을 부정하고 싶지 않다. 또한 우리는 맑스 저술의 많은 페이지(특히 제2인터내셔널의 독일 분파가 모아 간행한 것들)를 순전히 그리고 단순히 객관주의적 시각에서 읽을 수 있다는 것을 부정하고 싶지도 않다. 우리들은 스스로 종종 『요강』(그리고 그 기획을 특징짓는 통일성)과 『자본』(이것의 전개는 변증법에서 착오가 없지 않다) 사이에 존재하는 간극을 밝혀왔다. 다른 한편으로 우리가 말하고자 하는 것은, 객관주의적 고려 사항들을 적용해서는, 그리고 맑스의 분석을 항상 경제에 대한 분석으로 환원해서는, 그의 사상에 대해 전반적으로 해석할 가능성이 전혀 없다는 것이다. 바로 이런 관점에서 우리는 파국적이며 위안을 주는 측면, 객관주의적이고 기회주의적인 측면, 그리고 항상 경제주의적인 성향을 지닌, 최근에 발흥하는 속류 맑스주의 조류를 발본적으로 비판한다. 우리는 이런 최근의 해석들이 지닌 몇몇 공통 요소들에 대항하여 싸워야만 하는가? 왜 싸우지 않을 것인가? 우리는 충분히 승산이 있다. 예를 들어 소규모 유통 및 프롤레타리아의 자기가치증식이란 명제 안에 남아 있으면서, 『자본』 2권의 '재생산 표식'에 대한 맑스주의적 취급을 고찰해 보기로 하자. 우리가 『요강』에서 작동하는 것으로 보고 있는 분리의 논리는 이 (재생산) 표식이 실제로 작동할 수 있다는 것을 부인하고 있음이 분명하다. 분리의 논리는 재생산 표식을 실제로는 적대(관계)에 의해 근본적으로 해체되고 찢긴 현실에 대하여 적절한 오직 근사치로서만 생각한다. 이것은 우리가 그 재생산 표식을 쓰레기통에 처박아 버려야 한다는 것을 의미하지는 않는다. 그것은 단지 재생산 표식이 경제적 통일성의 관점, 혹은 그 과정의 설명적 통일성의 관점에서 생산적 유통과 그 개념에 접근하는 데에 도움이 될 수 있다는 것을 의미한다. 굉장히 높은 추상 수준에 있는 이러한 추상 개념들에서 계급투쟁을 해석하는 데 사용할 수 있는 표식들을 만들어 내는 것, 계급투쟁의 공간 및 목표들을 인식하는 데 필요한 힘을 획득하기 위해 논리적 일관성을 찾아내려고 적극적으로 혹은 소극적으로 노력하는 것, 이것은 오류이며 인색한 짓이다. 재생산이 적대적인 방식으로 성장하는 토대인, 이 단일한 구조는 무언가 다른 것이다. 우리는 이미 그것을 살펴보았다. 그것은 훨씬 더 복잡한 다른 무엇이다.

자기가치증식 개념은 전적으로 밀도 있게 우리를 다시 『요강』의 첫 부분에서 가공된 화폐 개념으로 되돌아가게 한다. 화폐는 일반적이고 사회적이며 추상적이고 적대적이다. 우리는 양쪽에 서로 모순적인 방식으로 대립해 있는 형태들을 가지고 있다. **우리는 그 관계가 지닌 적대적 측면을 강조해야 한다.** 화폐는 자본주의 발전의 커다란 매개자이며(화폐수량설은 이 기능과 연관되어 있다), 심지어 그것은 계급관계에 의해서 구성된 이 매개에서 자본의 지배를 표현한다(케인스 화폐이론은 이 측면을 표현한다). 자기가치증식에 직면하여 이런 기능들은 사라진다. **소규모 유통은 화폐의 기능들을 거부하는 것처럼 보인다.** 비록 화폐가 그 안에서 단순 상품 유통의 형태로 기능할 수 있다 할지라도 이 소규모 유통 안에서 M-C-M′의 연쇄는 성립하지 않는다. 프롤레타리아 사이에 교환되는 화폐는 사용가치다. **화폐는 자기가치증식에 종속되어 있다.** 당연히 이런 분석은, 만약 그런 집단적 세력들 사이에 모순적 관계가 정립되는 방식을 고려하지 않는다면, 유토피아주의로 가득 차 있고 추상적인 것처럼 보인다. 우리가 그것을 이 수준에 위치시키는 순간 그것은 좀 덜 추상적이다. 예를 들어 오늘날 만약 우리가 그 문제가 지닌 이런 차원들을 고려하지 않으면, 자본주의적 착취의 사회적 기능들(기업가로서의 국가, 공공 지출 등)을 관통하는 적대적 계급관계를 인식하는 것은 불가능하다. 그 관계의 한쪽에서 **화폐를 순수하고 단순한 지배**(command) 기능으로 환원하는 것은, 그 관계의 다른 쪽에서 **화폐를 자기가치증식에 종속시키는 것과 동일하다.** 그리고 이것은 적대적인 관련 속에서 일어난다. 맑스가 이 장들에서 이론적으로 검토하기 시작하는 것은 바로 이런 것들이다. 두 계급의 주체성의 출현, 계급 형성의 일반적 사회적 성격, 유통 및 재생산에서 계급 대결이 지닌 적대적 본성 등, 조건들은 모두 주어져 있다. 맑스의 가르침에서 시작함으로써 자본의 범주들을 새로운 방식으로 규정할 수 있는 가능성, 우리 시대의 **사회적 자본**의 성격에 새로운 기초를 부여하고 그것을 새롭고 적절하게 정식화할 가능성은 이 주제, 즉 다른 어떤 맑스주의적 계기보다도 **화폐(지배)－자기가치증식**에 달려 있다. 오직 이 주제를 출발점으로 삼음으로써만 우리는 실제의 계급 적대관계를 그것이 지닌 현실적인 차원에서 파악할 수 있을 것이다. 또한 여기서 우리는 자본의 정치적 기제와 **권력 문제**를 이해할 수 있도록 분석의 수준을 높일 가능성을 발견하게 될 것이다. 이 관계의 핵심에서 자본주의적 관계는 즉각적으로 권력관계가 된다. 이것은 노동계급의 관점에서 보았을 때에도 진실이다. 이것은 **맑스주의 임금론**이 주체이론의 정교화와 함께 발전한다는 것을 안 뒤, 우리가 이제 **계급투쟁 이론의 가장 중요한 범주들을** 수정하고 근거짓기 위해서 그것을 준거점으로 삼을 수 있다는 것을 의미한다. 그것은 분리의 논리를 모든 수준에서 수행하는 문제다. 그것은 위기를, 자본의 모든 현상 및 모든 구체화를 구성하는 계기로 이해하는 문제다. 그것은 『자본』의 전체 윤곽을 개괄하고 그것이 지닌 모든 논점을 오늘날 계급투쟁의 발전이 함축하는 수정 요소들을 가지고 논점별로 대조하는 문제다. 나에 관해서 말하면, 나는 맑스가 지닌 직관의 힘, 『요강』의 비상한 예상들을 보면 항상 망연해진다. 그러나 그렇다고 해서 우리가 여기에서 해야만 하는 창조 작업을 피할 수 있는 것은 아니다.

요약해 보자. 내가 보기에 맑스주의 임금론과 그것이 창출하는 이론적 개시는 우리에게 계급투쟁이론이 유통이론으로 들어가는 근본적인 계기를 규정할 수 있도록 해주는 것 같다. 일단 자본의 사회적 결정성과 그것의 진보적 힘을 견고하게 설정하고 검토하고 나면, 우리는 적대성이란 규칙의 지배에 직면하게 된다. 여기에서 중요한 결과가 도출된다. 무엇보다도 노동계급 분석의 관점에서 조금씩 더욱더 구체성을 띠는, 끝내는 실질적 계급 구성을 결정하는 데로 나아가는 **주체적 지향**이 나타난다. 이 방향으로 나아가는 길은 열려 있으며, 우리는 다음 페이지들에서 맑스가 어떻게 나아가는가를 보게 될 것이다. 둘째로, 분리의 논리는 분석이 발전할 수 있는 전반적인 틀을 규정한다. 그 틀에서 우리는 주요 범주들을 새롭게 정립하는 경향이 있는 몇 가지 예상들을 발견한다. 이 지점에서 우리가 할 수 있는 것은 『요강』에서, '소규모 유통'의 분석에 뒤이은 페이지들에서 맑스의 사고 과정을 따라가는 것이다.

우리가 지금까지 해 온 것에 기초하여 이제 「기계에 관한 단상("Fragment in Machines")」을 다룰 수 있다. 의문의 여지없이 이것은 분명히 『요강』에서, 하지만 아마도 맑스의 저작 전체에서 찾아볼 수 있는 적대적이고 구성적인 변증법을 보여 주는 가장 고도한 예다. 기계에 관한 장은 노트 6권의 마지막 페이지들과 노트 7권의 첫 부분에 있다. (『요강』, 690~712;582~600) 이 장은 1858년 2월 말에 쓰였으며, 우리가 이미 지적했듯이, 『요강』에서 맑스의 이론적 긴장이 가장 고조된 곳에 놓여 있다. 그것은 또한 논리적 결론의 한 계기이기도 하다. 이제부터 자본과정은, 범주들의 통시적 역사적 결정의 관점에서뿐만 아니라 그것들의 공시적 구성의 관점에서, 일련의 비판적인 요소들을 통해 그 적대가 노동계급 주체성의 형태를 띠는 지점까지 발전한다. 이 지점에서 적대는 전복으로 발전한다. 이제는 상이한 실마리들을 한데 모으는, 그 과정의 총체성을 가장 풍부하게 거두어들이는 문제다. 다시 출발점에서 시작하여 앞으로 나아가기로 하자.

분석은 산 노동의 변증법에서 시작한다. 이 산 노동은 '노동과정의 역동적이고 구성적인 통일성' 안으로 삽입된다. 이 통일성은 자본이 기계 혹은 '**자동적인 기계체계**'를 통해서 노동을 포섭함에 따라 심화되고 자신의 형태를 바꾼다. 자동적인 기계체계는,

> 자동기계장치(Automat) 즉 스스로를 움직이는 동력에 의해서 작동한다.

이 자동기계장치는 여러 기계적 및 지적 기관들로 이루어져 있어서 노동자들 자신은 단지 이 기관들의 의식적인 고리(Glieder)로 규정될 뿐이다. 기계(Maschine)에서는, 그리고 자동체계로서의 기계장치(Maschinerie)에서는 노동수단은 한층 더 사용가치 즉 노동수단의 소재적 특질에 따라 고정자본 및 자본 일반에 적합한 존재로 변형된다. 그리고 노동수단이 자본의 생산과정 속에서 직접적 노동수단으로 편입되는 형태는 자본 자체가 취하는, 그리고 그것에 상응하는 형태로 대체된다. 어떤 관계 속에서도 기계는 개별 노동자의 노동수단으로 등장하지 않는다. 기계의 종별적 차이는 결코 노동수단에서처럼 노동자의 활동을 대상에 전달하는 것이 아니다. 오히려 노동자의 활동은 단시 기계의 작업, 기계의 활동을 원료에 전달하는 것, 그것을 감독하고 중단을 방지하는 것이 될 뿐이다. 그것은 노동자가 자신의 숙련과 활동으로 생명을 불어넣어 자신의 기관의 일부로 만드는, 그러므로 그것을 다루는 것은 노동자의 솜씨에 달려 있는 그런 도구들과는 다르다. 오히려 노동자를 대신하여 숙련과 힘을 보유하고 있는 기계는, 숙련과 힘을 통해 관철되고 있는 기계적 법칙들 안에 자신의 영혼을 지니고 있으며, 노동자가 계속적인 활동을 유지하기 위하여 음식을 소비하듯이, 석탄, 기름 등을 소비한다. 노동자의 활동은, 활동에 대한 단순한 추상적 개념으로 한정해 보면, 모든 측면에서 기계장치의 움직임에 의해서 결정되고 규제되며 그 역은 아니다. 기계의 생명 없는 고리가 자동기계장치로서 목적을 가지고 움직이도록 강제하는 과학은 노동자들의 의식 속에 존재하지 않으며 오히려 소외된 힘으로서, 기계 그 자체의 힘으로서 기계를 통해 그에게 작용한다. 자본 개념 속에 들어 있는 대상화된 노동에 의한 산 노동의—자립화한 가치에 의해 가치를 창출하는 힘 혹은 활동의—전유(Aneignung)는, 기계장치에 근거한 생산에서는 생산과정 자체의 성격으로서—그것의 물질적 요소들 및 물질적 운동에 따라—제시된다. 생산과정은 노동과정을 지배하는 통일자로서의 노동이 지배하는 과정이라는 의미에서 노동과정이기를 그친다. 오히려 노동은 단지 기계체계의 여러 지점에 위치한 살아 있는 개별 노동자들 속에 흩어져 있는 의식기관으로서 나타난다. 생산과정은 기계장치 자체의 총과정 아래에 단지 그 체계의 고리로서 포섭되어 있고, 그 통일성은 살아 있는 노동자가 아니라 살아 있는(활동하는) 기계 속에 존재하며, 거대한 유기체로서 노동자의 개별적이고 사소한 행동에 대립적인 것으로 나타난다. 기계장치 속에서, 대상화된 노동은 노동과정 안에서 그것을 지배하는 힘으로, 산 노동의 전유로서 자본형태를 취하는 힘으로 산 노동과 대면한다. 노동의 기계장치로의 전화, 이 기계장치의 단순한 부속물을 통해 산 노동의 기계장치의 활동수단으로의 전화는 또한 자신의 물질적 성격에 따라 노동과정을 자본의 가치증식과정의 단순한 한 계기로서 설정한다. 노동 생산력의 증대와 필요노동의 가능한 한 최대한의 부정은 우리가 살펴보았듯이 자본의 필연적인 경향이다. 노동수단의 기계장치로의 전화는 이런 경향의 실현이다. 기계장치 안에서, 대상화된 노동은 물질적으로 산 노동을 전유함으로써뿐만 아니라 실제의 생산과정 그 자체 안에서도 산 노동을 자기 자신 아래에 능동적으로 포섭함으로써 그리고 지배하는 힘으로서 산 노동과 대면한다. 가치 창출 활동을 전유하는 가치관계로서의 자본관계는, 기계장치로서 존재하는 고정자본 안에서 동시에 자본의 사용가치와 노동 능력의 사용가치의 관계로 나타난다. 더 나아가 기계장치 안에 대상화된 가치는 개별 노동 능력의 가치 창출 능력이 무한소로 사라지는 전제 조건으로서 나타난다. 기계장치의 출현과 함께 가능해진 엄청난 대량생산은 생산자의 직접적인 욕구에 대한, 그리고 그에 따라 직접적인 사용가치에 대한 모든 연관을 파괴해 버린다. 생산물은 단지 가치의 전달자로서만 생산될 뿐이라는 것, 그리고 그것의 사용가치는 오직 그 목적을 위한 조건일 뿐이라는 것은 이미 생산물의 생산형태 속에 그리고 그것이 생산되는 관계 속에 있다. 기계장치에서, 대상화된 노동은 직접 생산물의 형태 혹은 노동수단으로 사용된 생산물의 형태로 나타날 뿐만 아니라 생산력 자체의 형태로 나타난다. 노동수단의 기계장치로의 발전은 자본의 우연적 계기가 아니라, 전래된 전통적 노동수단이 자본에 적합한 형태로 역사적으로 재형성된 것이다. 지식과 숙련의 축적, 사회적 두뇌가 지닌 전반적인 생산력의 축적은 이렇게 하여 노동과 대립되는 자본 속으로 흡수되며, 더욱이 그것이 적절한 생산수단으로서 생산과정 속으로 들어가는 한에서 자본, 그리고 좀더 구체적으로는 **고정자본**의 한 속성으로 나타난다. 그때 **기계장치**는 **고정자본**의 가장 적합한 형태로서, 그리고 고정자본은——자본 그 자체에 관한 한——**자본 일반의 가장 적합한 형태**로 나타난다. 그러나 다른 측면에서 보면, 고정자본이 특정 사용가치의 한계 안에 존재할 수밖에 없다고 할 때, 그것은 가치로서는 사용가치의 모든 특정 형태와는 무관하며 그것들 가운데 어느 것도 등가의 화신으로 채택하거나 제시할 수 있는 그런 자본 개념에는 상응하지 않는다. 이런 점에서 자본의 외부 관계와 관련하여, 적합한 자본형태로 나타나는 것은 바로 **유동자본**이지 고정자본이 아니다. (『요강』, 692~694;584~586)

이 인용 페이지들에 대하여 간단하게 언급하려 해도 우리가 이미 말했던 모든 것으로 되돌아갈 필요가 있을 것이다. 그런 수고를 할 필요가 없다. 여기에 나타나는 몇 가지 특정의 논점만을 강조하고 맑스가 어떻게 그것들을 사용하여 앞으로 나아갔는가를 이해하는 것이 좀더 유용하다. 첫번째 논점은 내포적인 것이다. 즉 **노동과정은 가치증식과정의 단순한 요소로 취급되고 있다**는 것이다. 두번째 논점은 외연적인 것이다. 즉 **생산자본은 유통 속으로 확장해 들어간다**는 것이다. 노동에 대한 실질적인 포섭은 (동일한 계기 속에서) 사회에 대한——다른 말로 해서 사회적 생산력들, 특히 과학에 대한——실질적인 포섭일 수밖에 없다. "전체 생산과정은 노동자의 직접적인 숙련하에 포섭되는 것이 아니라 과학의 기술적 적용으로 나타난다." (『요강』, 699;587) 그리고 맑스는 계속해서 사회적 생산력의 포섭을——그 총체성 속에서——그것들이 자본의 발전에 전적으로 기능적이라는 점에서 주장한다. 전체 체계가 대체되고 전진하는 순간이 도래한다. 첫째, 내포적 분석의 관점에서, 즉 노동과정 및 그것의 가치증식과정으로의 포섭과 관련하여 그런 계기가 도래한다. 여기서 범주들을 대체하는 것은 노동계급 사용가치를 자본주의적으로 해체하는 것을 의미한다.

> 노동시간——단순한 노동량——이 자본에 의해 유일한 규정 요소로서 제시되는 정도에서 직접적 노동 및 그 양은 생산——사용가치의 창출——의 결정적 원리로서 소멸하며, 양적으로는 좀더 작은 비율로, 질적으로는 불가결하지만 한편으로는 전반적인 과학적 노동, 자연과학의 기술적 적용과 다른 한편으로는 총생산 속에서 사회적 접합(Gliederung, 사회적 노동의 자연스런 결과로서——비록 그것이 역사적인 산물임에도 불구하고——나타나는 결합)에서 나오는 전반적인 생산력과 비교했을 때, 종속적인 계기로 축소된다. 이처럼 자본은 생산을 지배하는 형태로서 자기 자신을 해체하는 방향으로 작용한다. (『요강』, 700;587~588)

더 나아가 두번째 외연적 분석의 관점에서는 유동자본이 사회의 재생산에 대한 통제 및 계획형태를 띰으로써 생산자본으로 나타난다. 사회의 포섭은 바로 그 사회의 생산이 된다. 대체는 전반적이다. "그리하여 그것은, 또 다른 측면에서는 한 생산 부문의 노동을 다른 생산 부문에 공존하는 노동을 통해 유지하는 것이 유동자본의 특성으로 나타난다. (『요강』, 700;588)

> 자기 자신의 노동과 소외된 노동의 이러한 교환은 여기에서 타인의 노동이 동시에 존재함으로써 매개되고 결정되는 것이 아니라 자본이 만들어 낸 전진에 의해서 매개되고 결정된다. 생산하는 동안 자신의 소비에

필요한 실물교환에 참여할 수 있다는 것은 노동자로부터 분리된 유동자본 부분의 그리고 유동자본 일반의 한 속성으로 나타난다. 그것은 공존하는 노동력(들) 사이의 실물교환이 아니라 자본의 실물교환(Stoffwechsel)으로 나타나며, 유동자본은 존재한다. 그래서 노동이 지닌 모든 힘은 자본의 힘으로 (노동에 대하여 외재적이고 그것과 독립하여 존재하는 것으로서 —— 대상 Sachlich 으로서 —— 제시되는) 고정자본으로 이전된다. 그리고 유동자본 속에서 한편으로 노동자 자신이 자기 노동의 반복 조건을 창출했다는 사실, 다른 한편으로 이러한 그의 노동교환은 공존하는 타인 노동에 의해 매개된다는 사실은, 자본이 노동자를 진전시키고 노동 부문들의 동시성을 제시하는 그런 방식으로 나타난다(이 마지막 두 규정은 본래 축적에 속한다). 자본은 스스로를 유동자본의 형태 속에서 상이한 노동자들 사이의 매개자로 설정한다. (『요강』, 700~701;588)

이 단계에서 사회에 대한 자본주의적 전유는 총체적인 것이다. 자본의 주체성은 격렬하게 활성화된다. 기계와 과학이 그것을 구성해 왔고 생산해 왔다. 그러나 범주 내의 분리는 억압되지 않았다. 적대는 권력의 최고 수준에서 스스로를 재생산할 수밖에 없다. 적대적 변증법적 대체는 이 단계에서 완전히 밝혀져야 하며 충분히 작동되어야 한다. 여러분은 서로 상대적으로 외재적인 것처럼 보이는 논증의 커다란 조각들(Tranches)을 통해 전진하는 맑스의 이러한 방식, 사태의 진전을 다소 기계적으로 연결하는 이러한 방식을 여러분이 원하는 대로 비판할 수 있다. 우리는 언젠가는 좀더 내재적이고 미묘하며 정교한 변증법을 발견하고 싶다. 우리는 갑자기 나타나서 우리를 숨막히게 하는, 우리에게 어떤 '파국론'의 느낌을 상기시키는 이와 같은 즉흥적인 대체를 뛰어넘을 수 있었다. 그러나 우리가 반드시 경직되지는 않지만 그럼에도 불구하고 강렬한, 특별한 과학적 긴장을 특징으로 하는 용어로써, 그렇게 강력한 논리적 논증, 혹은 자본주의 발전에 대한 그 같은 믿을 수 없는 예측 능력을 발전시킬 수 있다고 상상하기는 어려울 것이다. 여기서 사고는 큰 힘을 갖고 있어서 단순한 희화로 환원될 수는 없다. 분열은 다시 등장하며 과정은 진전한다. **분리는 과정 내에서 나타난다.** "하지만 대공업이 발전하는 만큼, 실질적인 부의 창출은 노동시간이나 사용된 노동의 양보다는 노동시간 동안에 작동한 그리고 그 자체는 다시 그것을 생산하는 데 소비된 직접적 노동시간에 결코 비례하지 않고, 과학의 전반적인 상태와 기술의 진보, 혹은 생산에 대한 과학의 이러한 적용에 더 의존하게 되는 담당자들의 힘 —— 그것의 '강력한 효과' —— 에 달려 있다."(『요강』, 704~705;592) 그러나 과정 안에 숨겨져 있던 분리가 **갑자기 대체되어 바깥으로 나오며**, 거기에서 독립적 주체의 형태를 띤다. 이미 서술한 과정의 조건들에서,

> 실질적인 부는, 순전한 추상으로 환원된 노동과 그것이 감독하는 생산과정이 지닌 폭력 사이의 질적인 불균형 속에서뿐만 아니라, 사용된 노동시간과 그 생산물 간의 엄청난 불균형 속에서 스스로를 드러낸다 —— 그리고 대공업이 이것을 드러낸다. 노동은 더 이상 생산과정 내에 포함된 것으로 나타나지 않으며, 오히려 인간은 생산과정 자체에 대한 감시자 및 규제자로서 관계하게 된다(기계에 대하여 타당한 것은 인간 활동의 결합 및 인간적 교통의 발전에 대해서도 타당하다). 이제 더 이상 노동자는 변형된 자연대상을 대상과 그 자신 사이의 중간고리로 끼워 넣지 않는다. 오히려 그는 산업과정으로 변형된 자연과정을, 자연과정을 지배하는 비유기적 자연과 그 자신 사이의 수단으로 삽입한다. 그는 생산과정의 주요 담당자가 되기보다는 그 옆에 서서 따르게 된다. 이런 변형에서 생산과정은 인간 자신이 수행하는 직접적인 노동도, 그가 일하는 노동시간도 아니며 오히려 그것은 그 자신의 종합적인 생산력의 전유, 자연에 대한 이해,

사회체로서 자신의 존재를 통한 자연에 대한 지배이며, 한마디로 말해서 생산 및 부의 커다란 주춧돌로 나타나는 사회적 개인의 발전이다. **현재의 부의 근거인 소외된 노동시간을 훔치는 것**은 대공업 자체에 의해 창출된 이러한 새로운 기초에 비하면 보잘것없는 근거인 것처럼 보인다. 직접적 노동형태가 부의 커다란 원천이 되기를 멈추자마자 노동시간은 척도이기를 멈추었고 또 멈추어야만 하며, 따라서 교환가치도 사용가치의 척도이기를 멈추어야만 한다. **대중의 잉여노동**은 부 일반의 발전을 위한 조건이기를 멈추었으며, 그것과 똑같이 **소수자의 비노동**도 인간 두뇌의 종합적 힘이라는 조건이기를 멈추었다. 그것과 함께 교환가치에 기초한 생산은 붕괴하며, 직접적이고 물질적인 생산과정이 궁핍과 대립의 형태에서 벗어난다. 개인성의 자유로운 발전, 따라서 잉여가치를 낳도록 필요노동을 축소하는 것이 아니라 오히려 사회의 필요노동을 최소 수준으로 전반적으로 축소하는 것, 이것은 그들 모두에게 자유로워진 시간과 창출된 수단으로 개인의 예술, 과학 등의 교양에 조응하는 것이다. 자본 자체는, 노동시간을 최소한으로 줄이도록 압박을 가하는 반면, 노동시간을 부의 유일한 원천이자 척도로 설정한다는 점에서, 진행중인 모순이다. 따라서 자본은 잉여노동형태의 노동시간을 증대하기 위하여 필요노동형태의 노동시간을 축소한다. 따라서 잉여노동시간은 더욱더 필요노동시간을 위한 조건 —— 사활이 걸린 문제 —— 으로 설정된다. 그리하여 한편으로 자본은 부의 창출을 부에 사용된 노동시간과 (상대적으로) 독립적인 것으로 만들기 위해 사회적 결합 및 사회적 교통의 힘과 마찬가지로 과학과 자연의 모든 힘을 살려 낸다. 다른 한편으로 자본은 그렇게 하여 창출된 거대한 사회적 힘을 노동시간에 따라 측정하며 이미 가치로서 창출된 가치를 유지하기 위해 필요한 한계 안에 제한하기를 원한다. 생산력과 사회적 관계 —— 사회적 개인의 발전이 지닌 두 가지 상이한 측면 —— 는 자본에게는 단순한 수단으로 보이며, 그것이 자신의 제한된 기초 위에서 생산하기 위한 수단에 불과할 뿐이다. 그러나 사실 그것들은 이러한 기초를 날려 버릴 물질적 조건이다. (『요강』,

705~706;592~594)

분리의 논리가 만들어 낸 첫번째 결과는 필요노동·잉여노동 관계를 자본이 사회를 포섭하는 능력의 수준에 두도록 대체하고, 서로를 파괴할 정도로 적대적인 두 가지 완전히 대립적인 주체들간의 관계를 변형하는 것이다. 이것은 착취로 살아가는 자본에게는 불가능한 것이다. 그것은 프롤레타리아트에게 가능한 것이며 프롤레타리아트의 힘은 자본이 자신의 정체성을 파괴하려고 함에 따라 더욱 엄청나게 커진다. 자본은, 추출하는 잉여가치의 비율을 높이기 위해 지속적으로 필요노동을 감축하려고 하지만, 감축이 개별 노동자들 하나하나에 대하여 성공하면 할수록, 더 많은 필요노동이 노동자 집단에 필요하며, 자본이 순전히 자기 스스로를 위해서 결정하고자 하는 커다란 집단적 힘들을 흡수함으로써 더 많은 필요노동이 재전유된다. 개별적 필요노동의 감축은 집단적 필요노동의 확대이며, 그것은 부를 생산할 뿐만 아니라 생산된 부를 향유할 줄도 아는 '사회적 개인(social individual)'을 구성한다. 최초의 분석 이후에 맑스는 논증으로 되돌아가서 그가 처음에는 뛰어넘었던 길을 다시 추적하여, 그 분석의 대체를 가능하게 했던 실마리들에서 각각의 범주들을 다시 붙들어 이러한 새로운 복잡성 수준에서 가치법칙을 재정의한다. 다양한 지표들——때로는 암시적이고 때로는 정확한——로 우리는 연구를 진전시킬 수 있다. 언제나 범주들은 역으로 작용한다. 발전의 동력원인 잉여가치에는 비노동이 대립하고, 자본주의에는 공산주의가 대립한다.

사회 일반을 위해 그리고 그 구성원 각각을 위해, 필요노동시간과는 별도로 많은 양의 가처분시간의 창출(개인의, 따라서 사회의 완전한 생산력 발전을 위한 공간), 이러한 비노동시간의 창출은 자본의 관점에서는, 이전의 모든 단계에서와 마찬가지로 소수를 위한 비노동시간, 자유시간으로 나타난다. 자본이 추가하는 것은 자본이 예술과 과학의 모든 수단을 동원하여 대중의 잉여노동시간을 증대시킨다는 것이다. 왜냐하면 자본의 부는 직접적으로 잉여노동시간을 전유하는 데 있기 때문이다. 사용가치가 아니라 가치가 곧 자신의 목적이기 때문이다. 따라서 그것은 자기도 모르는 사이에 전체 사회를 위한 노동시간을 최소한으로 축소하고, 모든 사람의 시간을 그들 자신의 발전을 해방하기 위해서 사회적으로 처분 가능한 시간의 수단을 창출하는 도구가 된다. 그러나 그 경향은 한편으로는 언제나 가처분시간을 창출하는 것이며, 다른 한편으로는 그것을 잉여노동으로 전환하는 것이다. 만약 자본이 가처분시간 창출에서 너무 성공을 거두면 잉여 생산에 지장이 생기며 필요노동이 방해를 받는다. 왜냐하면 자본이 아무런 잉여노동도 증식할 수 없기 때문이다. 이런 모순이 발전하면 할수록 생산력의 성장은 더 이상 타인의 잉여노동의 전유와 관련될 수 없으며, 노동자 대중 자신이 그들 자신의 잉여노동을 전유해야만 한다는 것이 더욱 명백해진다. 일단 그들이 그렇게 하게 되면—— 그럼으로써 가처분시간이 대립적 존재이기를 그치게 되면——, 한편으로는 필요노동시간이 사회적 개인의 욕구에 대한 자체 척도를 가질 것이며, 다른 한편으로는 사회적 생산 능력의 발전이 급속해져서 비록 이제는 생산이 모두의 부를 위해 계산된다고 하더라도 모두를 위한 가처분시간이 증대될 것이다. 왜냐하면 실질적 부는 모든 개인의 발전된 생산력이기 때문이다. 그렇게 되면 가치의 척도는 더 이상 노동시간이 아니라 가처분시간이 될 것이다. 가치의 척도로서 노동시간은 부 그 자체를 궁핍 위에 기초한 것으로 설정하고, 그리고 가처분시간을 잉여노동시간과의 대립 속에, 그리고 대립을 통해 존재하는 것으로 설정한다. 혹은 개인의 전체 시간을 노동시간으로 설정하고 따라서 그를 단순한 노동자로 전락케 하며 노동 아래에 포섭할 것이다. 따라서 가장 발달한 기계장치는 노동자가 원시인보다 더 오래, 혹은 그 자신이 가장 단순하고 조야한 도구를 가지고 일할 때보다 더 오래 일하도록 강제한다. (『요강』, 708~709;595~596)

어떤 사람들은 착취에서 해방된 공산주의에 대한 맑스의 이러한 격렬한 요구 속에서 개인주의 및 인간주의적 열정의 표지를 발견하려고 한다. 혹시 그렇다고 하더라도 거기에는 분명히 어떤 악의도 없다. 그러나 그것은 사실이 아니다. 그 이유는, 만약 범주들의 수준에 머문다면 우리는 가치법칙에 대한 공산주의적 파괴(혹은 더 좋은 표현으로서, 그것의 폐기 및 반전)는——자본주의적 관점 및 그에 상응하는 맑스주의 분석에서 보았을 때——가치법칙이 근거하고 있는 개별 생산성의 개별적 요소들을 억누르고 부정한다는 것을 기억해야만 하기 때문이다. 대체는 여기서 완성된다. 사회적 자본에는 집단적 노동자가 조응한다. 다시 한번 시간적 차원은 포괄적인 광범위한 공간적 차원을 요구하며 함축한다. "대공업의 발전과 더불어 대공업의 기초인 타인 노동시간의 전유는, 그것이 더 이상 부를 구성하거나 창출하지 않는 것처럼, 직접적 노동 자체도 더 이상 생산의 기초가 되지 않는다. 왜냐하면 그것은 좀더 감독하고 규제하는 활동으로 변형되기 때문이다. 그것은 다른 한편으로는 생산물이 더 이상 고립된 직접노동의 산물이 아니게 되며 오히려 사회적 활동의 결합체가 생산자로서 등장하기 때문이다."(『요강』, 709; 596~597) 공산주의혁명에서 개인은 사회적이다. 사회적이지만 구체적인 개인은 고양(exaltation), 과잉결정, 향유의 확장이며, 그 확장의 설립자다.

실질적 절약——저축——은 노동시간의 저축으로 구성된다〔생산 비용의 최소한도(및 최소화)〕. 그러나 이 저축은 생산력 발전과 일치한다. 따라서 그것은 결코 소비의 절제가 아니며 오히려 생산의 힘을 따라서 향유의 수단 및 능력을 발전시키는 것이다. 향유 능력은 향유의 한 조건이며 따라서 향유의 일차적인 수단이다. 그리고 이 능력은 하나의 생산력인 개인의 잠재력의 발전이다. 노동시간의 절약은 자유시간, 즉 개인의 완전한 발전을 위한 시간의 증가와 같다. 한편 그것은 거꾸로 그것 자체가 가장 커다란 생산 능력인 노동의 생산 능력에 작용한다. 직접적 생산과정의 관점에서 보았을 때, 그것은 고정자본의 생산으로 간주할 수 있으며 이 고정자본은 인간 자신이다. 한편 직접적 노동시간 그 자체는 자유시간에 대한 추상적 대립물로 남아 있을 수 없다——자유시간 안에서 부르주아 경제의 관점에서 나타나듯이——는 것은 분명하다. 푸리에가 원했던 것처럼 노동이 놀이가 될 수는 없다. 물론 분배의 지양이 아니라, 좀더 궁극적인 목표로서 (좀더 고도의 형태 속에서) 생산양식 자체의 지양을 표명한 것은 그의 커다란 공헌으로 남는다. 자유시간——이것은 여가시간임과 동시에 좀더 고도의 활동을 위한 시간이기도 하다——은 자연스럽게 그것의 보유자를 상이한 주체로 변형시켰으며, 그리하여 그 주체는 이런 상이한 주체로서 직접적 생산과정에 들어가게 된다. 이 과정은, 생성(becoming) 과정에 있는 인간과 관련해서 보면 규율이며, 그와 동시에 이미 형성된 인간, 그의 머리속에 사회에 대한 축적된 지식을 가지고 있는 인간에게는 실천(Ausubung), 실험과학, 물질적으로 창조적이고 스스로를 대상화하는 과학이다. 두 경우 모두, 노동이 농업에서처럼 실제적인 손의 사용 및 자유로운 신체 움직임을 필요로·하는 한 동시에 실행(exercise)이다. (『요강』, 711~712;599~600)

임금에 관한 이 중요한 책에 대해 하나의 결론을 내려야 할——즉 분리 논리의 전개에 대해 말할——시간이다. 이제 우리는 자본주의 발전의 대립적 형태가 나아가는 경로를 총체적으로 개괄할 수 있다. 먼저 잉여가치론에서 시작하여, 다시 말해서 『요강』 제1부의 이론적 틀——제2부에서 완전히 반전되는 틀——의 용어들과 범주들을 사용하여 개괄할 수 있다. **잉여가치론은 반전된다.** 자본의 기획에서는 잉여노동이 노동을 지배하는데, **프롤레타리아트의 혁명적 기획에서는 필요노동이**

재전유된 잉여노동을 지배한다. 『요강』 제1부에서, 가치론은 피착취계급의 관점에서, 잉여가치론의 추상적 종속물로서 우리에게 나타났다. 이제 가치론은 더 이상 단순히 종속되어 있지 않다. 가치론은 이 종속 안에서 중요한 대체를 경험하며 근본적인 변형을 겪는다. 다시 말해서, 가치론이 자신을 노동시간의 양, 혹은 노동의 개별적 차원으로 측정할 수 없을 때, 첫번째 대체가 그것으로 하여금 사회적 시간 및 노동의 집단적 차원에 직면하게 할 때, 바로 이 순간에 착취의 측정 불가능성이 착취의 형태를 수정한다. 가치론에 나타나는 공백, 사회적 근면성에 대한 일반적인 준거 이외의 모든 측정 요소를 제거하는 것, 사회적 근면성의 해방 및 그것의 집단적 개인성 속에서의 구성은 가치법칙을 억누르는 것이 아니라 그것을 단순한 형식성으로 환원한다. 물론 형식성은 효과성의 결여를 의미하지는 않는다. 형식성은 의미의 결여를 의미하지 않는다. 반대로 가치법칙의 형태는 효과 있고 풍부한 의미를 지니고 있다. 그러나 오직 가치법칙의 비합리성(irrationality)만이, 또 착취가 지닌 진보적이고 합리화하는 기능의 종식만이 그것에 효과 및 의미를 부여한다. 그 형태는 착취의 공허하고 보잘것없는 기초다. 가치형태는 순수하고 단순한 지배, 정치의 —— 젊은 맑스가 헤겔의 용어를 사용하여 표현한 바 있듯이, '본질적 비본질성'의 —— 순수하고 단순한 형태다. 우리는 여기에서 권력관계 —— 합리적으로 정립된, 자본의 발전 안에 포함되어 있고 그 안에서 규제되는 —— 가 전도되는 어떤 과정의 정점에 와 있다. 거기에서 합리성의 관계는 전도된다. 그 전도는 총체적인 것이다. 잉여가치법칙이 여전히 지배하지만 그것은 전도된 형태로 작용한다. 비노동, 노동 거부는 노동자의 관점이 되며 가치법칙이 전도되고 잉여가치법칙이 재해석될 수 있는 기초가 된다. 『요강』 제2부에서는 이 과정이 작동하고 있다. 우리는 이 강의에 '가치법칙의 전형'이라는 제목을 붙일 수도 있을 것이며 '공산주의 개념'에 초점을 맞추고 있는 다음 강의의 제목을 '노동 거부'라고 부를 수도 있다. 마지막으로 '**확대재생산**'의 기제를 다루고 있는 제9강의에는 '**노동자의 자기가치증식**'이라는 제목을 붙일 수도 있을 것이다. 대체로 여기에서 우리는 해방과 공산주의라는 전체 경로를 빠르게 추적해 왔다. 그러나 이 경로에 관해 말할 때 우리는 그것과 연관된 어떤 주체에 관해서 말하고 있다. 그것은 잉여가치법칙의 전도에 대한 해결책을 하나의 힘으로서 실질적으로 지니고 있는 주체다. 그럼에도 불구하고 무엇보다도 우리가 도달한 결과를 기억하자. 즉 공허한 이 가치법칙, 단지 자본주의적 지배의 공허한 형태로 환원된 이 가치법칙을 기억하자. 그것은 공허하면서 유효하며, 유효하면서 비합리적이고, 비합리적이면서 잔인하다.

잉여가치의 전도에 대한 해결책을 갖는다는 것은, 계급적 관점에서 보았을 때 무엇을 의미하는가? 어떤 사람들은 이 명제가 우리로 하여금 이렇게 말할 수 있게 해준다고 생각해 왔다. **전도가 이루어지면 자본은 노동계급의 사용가치가 된다고**. 이것은 **틀리다**. 그것을 증명하려고 하는 사람은 누구든 간에 분리의 논리 안에서 작업해야만 하며 자신이 자본관계의 이중성에 봉착해 있음을 알게 된다. 다른 측면에서 그것은 전도가 일어나기 전에 멈추는 것이 될 것이다. 즉 그것은 자본의 실재성 대신에, 또 자본관계 대신에 자본 개념을 전도시키는 것이 될 것이다. 이것은 자본관계를 확고하게 분리시키지 않을 것이지만, 그 관계에 우세한 어떤 의지를 실체화함으로써, 전반적으로 그 개념에 반대의 의미를 부여하게 될 것이다. 그것은 상상, 자기 환상, 신비화에 의해 이루어진다. 그것이 신비화인 것은 이러한 경로에서 노동자의 행동은 자본가의 행동과 '등가(equivalent)'로서 나타나기 때문인가? 노동자의 행동은 자본관계를 지배하는 것이지 잉여노동의 자본주의적 전유를——필요노동에 의해——파괴하는 것이 되지는 않는다. 그것은 전형적으로 궤변적인 처리다. 비판의 문제인 한, 자본은 분쇄해야만 할 관계다. 우리가 비판에서 이론으로 나아갈 때 자본은 지배해야 할 무엇이 된다. 그러나 그것은 오직 자본에게만 가능한데, 자본은 자신의 부정을 객관화할 수 있기 때문이다. 그것은 노동자계급에게는 불가능한데, 그들은 자신의 부정을 부정하기 때문이다. 그것은 자본에게 가능하다. 왜냐하면 자본은 그 관계를 신비화하며 그것을 객관성 속에 집어넣기 때문이다. 신비화를 벗겨 내고 그 관계를 전면에 드러내는 노동자 주체에게는 불가능하다.

우리는 여러 가지 상이한 이유들 때문에 이러한 비판을 고집한다. 첫째, 우리가 비판해 온 관점에서 얻은 결과들의 허위성 때문이다. 그 관점은 자본을 노동자계급 사용가치로 만들 때 자본을 실체화〔人性化〕한다. 반면에 재전유할 수 있는 잉여노동의 축적된 부분, 즉 비노동, 노동계급 자유, 자기가치증식으로 환원될 수 있는 부분 속에 노동자계급 사용가치가 있을 수 있다. 이 부분은 부정, 부정의 풍부함이다. 둘째, 내가 비판해 온 관점은 매우 신비화된 방식으로 정치(적인 것)에 자율성을 부여하기 때문이다. 이 경우에 있어서 정치(적인 것)는 가치법칙의 새로운 형태가 아니라 오히려 자본보다 우위에 있고 그것과는 독립적인 하나의 관계다. 『요강』에서는 자본주의의 함수가 아닌, 자본이 발전하면서 자본의 지배가 취하는 형태가 아닌, 자본보다 우위에 있는 관계는 하나도 없다. 바깥에서 준거점을 찾지 않고 그것을 안으로부터 분쇄하는 것, 부정으로서, 그리고 잠재적인 부(그 전체적 측면에서 이것을 이미 자본이 이용했다)로서의 노동자 주체성에서 시작하여 그것을 분쇄하는 것, 요컨대 잉여가치법칙의 모순적 본질에 기초하여 이러한 관계 속에서부터 자본관계의 단절을 심화시키는 것이다. 이것이 우리가 맑스에게서, 『요강』에서, 그리고 맑스의 모든 저작에서 발견하는 유일한 경로다. 그의 작업에서 우리는 모순들과 구분들을 발견할 수 있으며 그리고 우리가 어떤 부분들을 다른 부분들보다 더 선호할 수도 있다. 그리고 우리는 자유롭게 이것을 인정한다. 그러나 이것은 우리가 다른 부분에서 『요강』에서 볼 수 있는 정치경제학 비판과 정치 비판의 통일성을 발견하지 못하기 때문은 아니다. 우리가 도달한 지점에서—— 그리고 이것은 현재의 논쟁에서 볼 수 있다——, 우리는 주체성, 주체성에 대한 맑스의 수용, 노동계급 및 프롤레타리아적 발전을 파악하기 시작한다. 여기에서 우리는 잉여가치론 안에 규정 요소로서 함축적으로 포함되어 있는 분리에 대한 강조를 볼 수 있으며, 이것은 우리에게—— 임금론에서 자본관계로부터 해방된—— 노동계급측에 '소규모 유통에 대한 이론'을 제시하는 발전과 역동성을, 즉 임금론을 보여 준다. 이 적대적 영역이 기계에 대한 이론, 사회적 자본에 대한 이론, 그리고 실질적이고 전체적인 사회적 포섭에 대한 이론을 통해 겪은 전반적인 대체로, 그리고 이 모든 것들은 자본관계의 부정으로서, 즉 자본주의적 지배의 전도로서가 아니라 필요노동과 잉여노동의 관계의 전도로서, 잉여노동의 부정 및 재전유로서의 사회적 개인 및 공산주의 이론으로 나아간다. 주체성의 길은 자본관계 안에 놓여 있으며, 그것은 대안들을 상상하려고 하지 않지만—— 자신의 분리를 심화해 감에 따라—— 그 관계를 파괴하는 법을 안다. 주체성의 길은 내포적인 길이다. 그것은 계속적 부정을 지속적이고 일관되게 재구성한 것이다. 그것은 필요노동을 그것이 잉여노동을 파괴할 수 있는 지점까지 끌어올린다.

분리를 특징짓는 이러한 강도 속에서 우리는 최대한의 자유를 발견한다. 사회적 개인은 다자성(多者性, multilaterality)이다. 차이를 최고도로 강조하는 것은 공산주의론의 가장 고도한 접근법이다. 자본관계가 폭발 지점에 이르렀을 때, 해방된 부정은 종합이 아니다. 그것에는 아무런 형식적 등가물도 없다. 노동자계급권력은 자본가권력의 전도가 아니며, 형식적으로도 아니다. 노동자계급권력은 자본가권력의 부정이다. 노동자계급권력은 부르주아지의, 자본의 정치적 계급들의 중앙집권화되고 동질적인 권력에 대한 부정이다. 노동자계급권력은 모든 동질성의 해체다. 이러한 방법론적 '다원성', 이러한 다자성이 승리한다. 우리는 해방된 주체성에 사회 현실을 조직하는 획일적이고 단조로운 도식을 강요할 수 없다. 자본주의적 기획 속에서 잉여노동은 획일적인 측면을 지니고 있었다. 임금은 자본의 모습을 만들어 냈다. 임금이 전개되어 자기가치증식 및 잉여노동의 재전유가 되었을 때 그것은 발전에 유용한 모든 규칙들의 종식이었다. 노동 생산성이 더 이상 자본으로 전화하지 않기 때문에 더 이상 이윤은 없다. 더 이상 자본주의적 합리성은 없게 된다. 주체성은 자신을 해방할 뿐만 아니라 가능성 전체를 해방한다. 그것은 새로운 지평을 연다. 노동 생산성은 사회적으로 기초지어지며 사회적으로 확산된다. 주체성은 모든 것을 한데 모아 재구성하는 마그마이며, 그 마그마가 비옥하게 만든 토지 위에 확산되는 쾌락의 흐름, 제안 및 발명들의 연결망이다. 공산주의혁명, 모든 권력을 가진 사회적 개인의 출현은 이러한 풍부한 대안들, 제안들, 기능들을 창출한다. 또 자유를 창조한다. 우리가 방금 검토한 『요강』의 이 구절들에서만큼 공산주의가 자유와 동의어로 나타난 적은 없었다.

■ 제8강의

공산주의와 이행

『요강』에서 공산주의 문제 및 이행 문제. □ 다루고 있는 자료들의 종합? 이런 종합에 대한, 그리고 문제 제기 방식에 대한 비판. □ (a) 맑스의 인간주의에 관하여. 새로운 주제 제시 : 유토피아보다는 이행, 즉 탈신비화와 전도. 거대한 역동적 테마들, 선사에서 역사로, 스스로를 건설하는 공산주의. □ (b) 정치경제학 비판 범주들의 탈신비화와 발전. 중요한 실질적 테마들. 공산주의의 내용. 탈신비화에서 전도로, 실질적인 테마들에서 이행형태로. □ (c) 이행과 주체성. 이행과 구성적 실천. 전도의 힘. 노동의 억압. □ (d) 공산주의 생산양식으로서의 노동 거부. □ 자본에 변증법을 부여하는 것과 유토피아의 파괴.

세계시장에서 공산주의로. 추론 과정에서 우리가 도달한 곳, 결국 그 과정의 주체적 차원을 제시하고자 하는 우리의 주장은 항상 진정한 역설처럼 보이는 그런 종류의 경로다. 그럼에도 불구하고 그것은 맑스가 여러 번――『요강』의 개괄에서(227~228;139) 그리고 264(175) 페이지의 개괄에서――지적한 경로다. "마침내, 세계시장. 부르주아 사회가 국가를 지배한다. 위기. 교환가치에 기초한 생산양식 및 사회형태의 해체. 그 사회적 형태 속에서 분명하게 보이는 개별 노동과 그 역." 공산주의는 세계시장 개념 속에 포함되어 있는 제 모순의 강도에서 생겨난다.

이것은 최대한의 자본주의적 통합의 계기이자 최대한의 적대의 계기이며, 자본과정의 시공간적 결정성들의 종합이다. 이런 용어들로 제시되면, 공산주의 문제는 이행 문제를 인식하지조차 않으며, 주체성 문제를 알지 못한다. 공산주의 문제는 자본에 내재적인 계기들로서, 증후군으로서, 객관성의 우회로로서 제시할 수 있지 그것들을 구체적인 문제로서 제시할 수 없다. 『경제학－철학 수고』에서 『독일이데올로기』에 이르기까지 매우 중심적인 방식으로 맑스의 담론을 관통하는 "공산주의란 무엇인가?" 라는 문제(그리고 우리는 그것이 1844년의 『국민경제학 개요(*Umrisse der Nationalökonomie*)』 이후 엥겔스 사상의 중심에 있는 문제라는 것을 잊지 말아야 한다), 이 문제는 여기서 그것이 제시되는 형태 속에서는 방법적 기능보다는 객관적 기능을 가지며, 문제의 동력이라기보다는 초월적 탐구 대상인 것처럼 보인다. 공산주의란 무엇인가? 우리가 공산주의라고 부르는 이러한 '우월한 형태의 생산양식'으로의 이행은 어떻게 이루어지는가? 이 두 가지 문제에 대한 전통적인 대답은 자본의 변증법에 내재한 특유한 과정이라는 형태를 띤다. 공산주의는 하나의 도약, 자본의 적대적 발전이 야기한 파국을 넘어선 단계로 간주된다. 이행 문제는 공산주의를 정의하는 문제 뒤로 사라졌다. 그리고 공산주의에 대한 정의는 자본주의 발전과 관련하여 하나의 초월적인 것으로서 제시된다. 역설적으로, 공산주의로 가는 길과 이행의 길을 통일하는 것은 그것들이 공통적으로 자본을 부정한다는 것, 이러한 부정의 객관적 측면이다. 양자는 어떤 의미에서 '내세'를 이루고 있다.

분명 문제를 이런 식으로 제기하는 것은 전혀 마음에 들지 않는다. 무엇보다도 이런 입장은 우리가 이제까지 읽어 온 『요강』의 전체적인 전개와는 동떨어져 있다. 공산주의를 정의하는 이 주제의 논점들은 모두 자본주의 발전이 지닌 모순의 증대에서 도출되고 있다. 이 논점들의 전개 과정은 잉여가치법칙의 근본적인 전도 안에서, 전반적이고 적대적인 관련 속에서 주체성의 구성에 대한, 주체성에 대한 상이한 제결정성을 따른다. 따라서 나는 파국이 혁명적 열정을 특징으로 하는 장래의 결정성이라는 맑스의 담론이 지닌 주체적인 측면에 대한 강조를 이해할 수 있다. 우리가 앞에서 보았듯이, 이런 위기 및 파국 개념 주위에 『요강』의 발생시에 나타나는 요소들이 결합된다. 일단 이렇게 말했다고 하더라도 문제는 아직 완전히 열려진 채로 남아 있다. 이 경로들을 혼동하는 것은 맑스 사상이 지닌 또 다른 근본적 특성을 부정하는 것을 의미한다. 이행을 공산주의의 형태 속에서 사고하는 것은 실제로 이행의 문제를 억압하는 것으로 귀결된다. 이것은 (좋든 싫든 간에) 그것을 두 조각으로 자르는 것을 뜻한다. 그 하나는 서론의 기능을 하며 자본 안에, 자본이 지닌 모순들의 틈새에 위치해 있고, 다른 하나는 파국을 넘어선 공간에, 공산주의의 완전한 자유 속에 최종적으로 도래하며 스스로를 드러낸다. 이제 우리의 관심을 끄는 것은 해방 과정, 그 서론과 결론 사이에 놓인 과정이다. 그 두 경로를 한데 묶는 것은 엄청난 이론적 함의를 지니고 있다. 그것은 두 개념을 동질화하며 논리적 실체와 역사적 질을 구분할 수 있는 모든 가능성, 혹은 그것들을 모종의 변증법적인 단계 및 위계로 실체화할 수 있는 모든 가능성을 억압한다. 두 경로를 결합함으로써 우리는 해방 과정이 지닌 공산주의적 성격을 암묵적으로 인정한다. 하지만 이러한 결합이 우리에게 이 해방 과정을 결정할 아무런 공간도 제공하지 않는다면 무슨 소용이 있는가?

이러한 공산주의 문제에 관하여 『요강』을 검토하자. 이제 우리는 우리의 가설을 제시해야만 한다. 그 가설은 우리가 지금까지 해 온 모든 연구에서 생겨나는 것이며, 우리가 아직도 입증해야만 하는 것이다. 이행이 공산주의의 형태로 자신을 드러내는 (그리고 스스로를 해소하는) 것이 아니라 오히려 공산주의가 이행의 형태를 띠는 것이다.

로스돌스키(413~435쪽)는, 맑스에게 나타난 공산주의 문제를 다룰 때, ─── 보통 이야기하는 두 가지 특성 즉 맑스와 엥겔스의 저작에서 공산주의의 중심성, 그리고 기회주의와 공상주의(utopianism) 양자에 대항한 투쟁은 제쳐 두고 ─── 맑스에게서, 변증법에서, 공상주의자들로부터의 계승(descent)과 이탈 양자가 지닌 중요성과 적합성을 강조한다. 다시 말해서 로스돌스키에게 맑스주의 변증법은 오로지 긍정적 유토피아, 유토피아적 힘으로 가득 차 있으며, 단지 변증법에 유물론적 힘을 부여해야 한다는 의식으로 순화될 뿐이다. 1920년대의 좌익 공산주의 학파 속에서 성장한 맑스주의자인 로스돌스키가 맑스에게서 긍정적 유토피아가 지닌 중요한 기능을 인식했다는 것은 놀라운 일이다! 그리고 우리는 이러한 제안에 일정한 힘이 있다는 것을 부정할 수 없다. 긍정적 유토피아는 항상 혁명주의자들 진영과 기회주의자들 진영 사이에 매우 명확한 경계를 설정한다. 그럼에도 불구하고 그의 통찰이 전적으로 설득력을 지니는 것은 아니다. 왜냐하면 제시된 종합과 변증법적 과정의 비결정성을 인지하지 못하고 그것을 충분히 강조하지 않기 때문이다. 완고하게 공산주의와 일치하지만 과정을 포괄하지 않는 이러한 변증법은 지나치게 일반적이고 포괄적인 해결책이다. 그것은, '방법의 마력'이란 이름 아래 모든 구분 ─── 그리고 오직 차이들만이 생명을 불어넣을 수 있는 과정 ─── 이 사라지고 소멸해 버리는 그런 마력에 새로운 힘을 부여할 위험이 있다. 한편으로는 객관적 논리, 결정론의 차원으로 환원되어 버리는 공산주의의 무미건조화(flattening), 그 개념의 단조화가 초래된다. 다른 한편으로 그리고 반대로 우리는 '도약', 완전히 폭력적으로 제시된 새로운 질, 정치 그리고 주의주의를 발견한다. 로스돌스키가 그러하듯(424쪽), 마르쿠제(Marcuse)의 입장을 상기해 보자. 한편으로는 노동에 대한 자본의 점점 더 철저한 권력, 즉 끔찍한 몰로크〔Moloch, 셈족의 신. 신자는 아이를 제물로 바쳤음〕가 형성된다. 다른 한편으로는 어떤 '마술'이 있다. 그러나 그것은 더 이상 결정론적인 방법으로 만들어지는 것은 아니다. 오히려 그것은 피안으로의 '질적 도약'이다. 노동조직에 대한 자본주의적 찬양과 노동 폐지는 대립한다. 주사위는 던져졌고 마르쿠제의 낭만주의는 충족되었다. 그러나 문제는 거기에서 찾을 수 없다. 문제는 이 도약을 상세히 설명하는 것이 아니다. 우리는 모든 것, 그 과정, 구성 논리로서의 적대, 주체성의 외양, 그리고 노동조직화와 노동 폐지 사이에 존재하는 모든 것을 타도해야만 한다. 맑스주의의 방법은 역설에 기초를 두지 않고, 경제와 정치의 총체적이고 독창적인 통일, **변형**(전화)의 **관점**에 따라 나아갈 수 있는 능력에 기초를 두고 있다. 둘째로, 맑스의 방법은 분석 용어들을 지속적으로 대체하는 것에 의해 확증된다. 그 대체는 힘관계들이 취하는 형태의 다중성에서 비롯하는 것이다. 주체들이 수정됨에 따라 범주들도 수정된다. 즉 그 과정의 역사적 결정들에 따라 ―― 그리고 이것은 세번째로 중요한 점이다 ―― 수정된다. 그것은 공산주의를 통해 이행을 규정하는 문제가 아니라 오히려, 그 두 용어를 동일화한 이후에 (그렇다고 해서 그것들이 동일하다는 것을 의미하지는 않는다) **이행에 의해서 공산주의를 규정하는** 문제다. 우리가 그렇게 문제를 다시 설정했을 때 그것은 **주체**, 주체의 투쟁, 주체의 대체라는 **문제다**. 전면에 나서는 공산주의를 전체적으로 구성하는 것은 바로 과정이다.

만약 반대로 우리가 공산주의의 형태 속에서 이행이라는 맑스주의적 허구를 받아들인다면 우리는 불가피하게 변증법과는 상관없는 입장에 빠지게 된다. 거기서 우리는 행복하게도 모든 유형의 인간주의가 한데 어우러져 있는 것을 발견하게 된다. 경향의 방법이 스스로를 대체의 방법으로 전화하지 못하는 것으로 보이는 곳에서 지배하고 있는 포괄적인 **인간주의**. 여기서 경향은 인간 본성(비록 그것이 역사적으로 규정된다 할지라도)의 유기적 전개 과정이 된다. 우리가 몰두하는 총체성, 재생, 그리고 풍부함이라는 향연은 아주 정당하게도 분노를 불러일으켰다. 알튀세가 이론이 지닌 분명한 한계를 추적하는 것과 이론에서 이러한 무미건조한 울음소리를 배제하는 것을 훌륭한 맑스주의의 결정적인 표시로 생각한 것은 틀리지 않다. 그러나 이런 요소들이 지닌 중요성을 과장하지 말자. 맑스주의 사상의 발전 속으로 은밀하고 허구적인 분류를 끌어들이지 말자! 우리는 이른바 맑스의 인간주의를 다루게 될 기회가 있을 것이다. 그러나 그것을 있는 그대로 —— 이론에 대한 인내 부족의 결과, 이행과 공산주의를 동일시하기 위하여 긍정적 유토피아를 사용한 것, 분리라는 유물론적인 방법과 주체성이라는 구성적 방법의 모순적 잔여(residue)로 —— 보는 것은 흥미가 있다. 공산주의가 이행형태를 띤다고 말하는 것은 우리들에게는 적대적 주체성에 씨줄 구실을 하는 붉은 실마리를 따라간다는 것을 의미한다. 어떤 사람들은 인간주의를 회피함으로써 주체성의 이론적 영역도 회피하려고 한다. 그들은 틀렸다. 유물론의 경로는 정확히 주체성을 통과한다. 주체성의 길은 공산주의에 구체성을 부여하는 길이다. 노동계급은 주체성, 분리된 주체성이며, 이것은 발전, 위기, 이행, 그리고 공산주의에 생명을 불어넣는다.

따라서 우리는 『요강』에 있는 공산주의에 대한 이러한 테마를 받아들이고, 그것을 주체성이 지닌 유물론적 과정을 전면에 내세우지 않는 모든 고찰, 모든 방법론(이것들이 맑스주의적 허구에 의해서 정당화되든 간에)에서 분리해 내야 한다. 맑스가 제시한 경로들의 종합 —— 세계시장의 결정론을 통과하는 길과 공산주의로 도약하는 길 —— 은 분리되고 전도되어야만 한다. 만약 우리가 이행 과정을 주체적으로 표상하는 결정성들을 분석한다면 우리는 이 경로들을 다만 대면할 수 있을 뿐이다. 우리는 이행 과정에 부여된 모든 종류의 필연성과 결정론을 단호하게 탈신비화하고 타도해야 한다.

탈신비화한다는 것은 무엇을 의미하는가? 그것은 공산주의 구성체를 정치경제학 비판이 지닌 모든 특정의 계기들을 통해서 추적한다는 것을 뜻한다. 이런 관점에서 보았을 때 『요강』은 근본적으로 탈신비화하는 저작이다.

> 우리의 방법은 역사적 연구가 시작해야 할 지점, 혹은 단순히 생산과정의 역사적 형태로서 부르주아 경제가 스스로를 넘어서 이전의 역사적 생산양식들을 가리키는 곳을 지시해 준다. 따라서 부르주아 경제의 법칙들을 발전시키기 위해서 생산관계의 실제 역사를 쓸 필요는 없다. 그러나 이 법칙들에 대한 올바른 관찰과 연역은, 그것들이 역사에서 그래 왔듯이, 항상 이 체제 뒤에 있는 과거를 가리키는 일차적인 질문──예를 들어 자연과학에서의 경험수와 마찬가지로──으로 귀결된다. 이러한 암시들은 현재에 대한 올바른 파악과 더불어 과거에 대한 이해의 열쇠를 제공한다. 당연히 우리도 할 수 있는 작업이다. 이러한 올바른 관점은 동시에 현재의 생산관계 형태의 중지가 자신의 생성의 징후들──미래의 전조들──을 보여 주는 지점들로 귀결된다. 한편으로 부르주아 이전의 국면들이 단시 역사적인 것, 즉 중지된 전제로 나타나는 것과 마찬가지로 현재의 생산조건도 스스로를 중지시키는 것으로, 따라서 새로운 사회 상태를 위한 역사적 전제를 제시하는 것처럼 보인다.(『요강』, 460~461;364~365)

범주들이 나아가는 길은 분명해 보인다. 그것들은 역사 속에서 진보하는 한편, 끊임없이 역사적 국면들을 조건으로서, 현재를 역사로서, 그리고 미래를 생성의 운동으로서 예측된 것으로 취급한다. 따라서 우리는 이따금씩이라도 공산주의 구성체가 지닌 거대한 역동적 테마들을 검토해야만 한다. 이것은 정치경제학 비판의 범주들이 탈신비화되는 계기들이다. 곧 이어 우리는 이 범주들이 주체에 대한 실천적 인식의 결과로서 스스로를 전도시키는 계기들을 살펴볼 것이다.

이제 이런 접근법을 사용하여, 그리고 우리가 제시했고 제안한 방법론을 사용하여 우리는 공산주의 및 그것의 역사적 전개에 관한 맑스주의적 규정을 특정화하는 여러 구절들을 쉽게 읽어 내려갈 수 있다. 화폐에 관한 장에서 시작하여 우리가 읽은 거의 모든 장들은 공산주의라는 논리를 포함하고 있다. 화폐가 사회적 관계로서 고찰되고 있는 곳(『요강』, 156~163;74~82)에서 —— 이런 구절들을 잘 기억해 두도록 하자. 바로 외화(extraneation)의 힘에서 '삼단계의 법칙'이 생성되며, 이것에서 발본적 대안의 힘이 출현한다 —— 화폐가 그것이 표상하는 신비화를 넘어서 집단적인 사회적 관계로 나타나는 곳에서, 우리는 개성의 발전이라는 세번째 단계가 요약되어 있는 것을 본다. "개인들의 보편적인 발전에 기초한 그리고 그들의 사회적 부로서 공동적 사회적 생산성에 대한 그들의 종속에 기초한 자유로운 개성." (『요강』, 158;75) 화폐의 특징적인 측면들 가운데 몇 가지 —— 화폐의 사회성, 집단적 생산성의 표상, 사회적 세습 재산의 척도이자 상징 —— 는 즉시 전도된다. 우리는 '화폐'라는 범주가 스스로를 전도시킬 가능성을 위해서 살아 있다고 말할 수 있다. 탈신비화한다는 것은 그 범주를 하나의 전도로 이해한다는 것을 의미한다. 이것이 '화폐' 범주에서 일어나는 것이다. 그것은 전도의 가능성과 필연성을 가리키며, 이러한 긴장, 이러한 단절의 폭력성에도 불구하고, 이 전도를 통제해 나간다(그리고 지나는 길에 '보편적 개인'과 같은 말들이 지닌 근본적으로 반인간주의적인 의미를 강조해 두자. 이 용어는 어떤 자연주의적 혹은 역사주의적인 고찰, 어떤 지속주의적(continuist) 고찰보다 화폐관계의 야만성, 그 관계가 지닌 사회화하는 힘을 타도하는 데에 더욱 의거한다. 분리는 발본적이며, 그것은 전도를 성취하는 열쇠로뿐만 아니라, 구성의 모체로 기능한다. 만약 우리가 정말로 맑스의 사상에서 어떤 인간주의 혹은 모호성을 찾아내려고 한다면, 우리는 그것을 변증법적인 과정이 재구성 및 승화로서 기능하는 것처럼 가장하는 계기들 속에서 찾아야만 한다). 우리의 논의로 되돌아가면, 공산주의에 대한 상은 자본의 각 범주에 대하여 단절의 극(pole)으로, 자본 범주의 비판적인 대립으로 기능한다. 여기서 화폐 문제에 다다르면, 공산주의에 대한 상은 화폐의 전도와 마찬가지로, 충분히 발전된 사회성의 전도라는 형태를 띤다. 자연과 역사에 대한 인간의 지배로의 이행, 공산주의로의 이행이기도 한 **선사에서 역사로의 이행**은 활동(operation)의 총체적인 **사실성**(facticity)에 의존한다. 그것은 자본주의적 사회화의 신비화된 효과에 반대하고 그것을 역전하는 해방된 주체의 효과다.

『요강』(487~489;387~388) : 여기에 또다시 공산주의라는 주제가 전도에서, 범주 비판에서 무엇을 이끌어 내는가에 대한 예가 있다. 여기서 전도되어야 할 것은 다름 아니라 '보편적 교환'이란 범주, '부르주아 세계'란 범주 자체다.

> 그러나 사실, 제한된 부르주아적 형태가 벗겨지고 나면, 부란 개인의 욕구, 능력, 즐거움, 생산력 등의 보편성이 아닌 그 무엇이겠는가? 자연의 힘에 대한, 이른바 자연과 더불어 인간 본성에 대한 인간 지배의 완전한 발전 이외에 무엇이겠는가? 그것은 이전의 역사적 발전 이외의 어떤 전제도 없이 인간의 창조적 잠재력을 절대적으로 실현하는 것이며, 이러한 발전의 총체성, 즉 모든 인간 능력의 발전 자체를 목적으로 **미리 결정된** 잣대로 측정하지 않고 만들어 내는 것이다. 자신을 하나의 특정체로 재생산하지 않는 것에서 자신의 총체성을 생산할 수 있겠는가? 현재의 자신으로 남아 있지 않으려고 하면서 절대적인 생성운동 속에 있을 수 있는가? 부르주아 경제학에서 —— 그리고 그것이 조응하는 생산의 시대에서 —— 이러한 인간적 내용의 완전한 실현은 완전한 공동화(공허함)인 것처럼 이러한 보편적 객관화는 총체적인 소외로, 그리고 모든 제한된, 일면적인 목표의 파괴는 인간적인 목적 자체를 어떤 외재적인 목적에 희생하는 것으로 나타나게 한다. 이것이 고대의 어린애 같은 세계가 한편으로는 더 고상하게 보이는 이유다. 다른 한편으로 그것은, 닫힌 모양들, 형태들, 그리고

주어진 한계들을 찾는 경우에 모든 점들에서 정말로 더 고상하다. 그것은 제한된 관점에서의 만족이다. 반면에 현대는 아무런 만족도 주지 못한다. 혹은 그것이 스스로에게 만족하는 것처럼 보이는 경우에도 그것은 속물적이다. (『요강』, 488;387~388)

부르주아 세계는 공허함, 소외, 속물성이다. 공산주의 세계는 욕구의 풍부함, 욕구의 확장, 욕구의 추상적(비록 그 자체를 구체화하려고 함에도 불구하고) 보편성이다. 추상적 범주는 구체적 전도를 지칭한다. 선사에서 역사로. 우리가 몇 페이지 뒤에서 발견하게 되는 '진정한 공동체'(『요강』, 496;396)가 부르주아 사회에서 진보 범주의 바탕을 이룬다. 그것이 전도인 한에서 그렇다. 그리고 "가장 극단적인 소외 형태는…… 아직도 전도된 형태로 머리를 땅에 딛고, 생산의 모든 편협한 전제 조건들의 해체를 자신 속에 포함하고 있으며, 더욱이 생산의 제한된 전제 조건들을, 그와 더불어 개인의 생산력을 총체적이고 보편적으로 발전시키기 위한 충분한 물질적 조건들도 창출하고 생산한다는 것을 나중에 보이겠다."(『요강』, 515;414~415) 여기서 우리는 마술적이면서도 동시에 오명의 딱지가 붙은 용어들, '전도된 형태로', '거꾸로'와 같은 용어들, 일부 사람들이 배타적이고 형이상학적으로 설명하려고 했던 용어들을 발견하게 된다. 우리로서는, 분석 경로를 따라 좀더 명료한 설명으로 나아간다. 이런 용어들은 범주들의 반전에 대해서, 전적으로 발전의 안쪽에서 그것들 뒤에 있는 혁명적 긴장에 대해서 얘기하는 언어가 지닌 용어들이라는 것이 명백하다. 전도의 바탕은 어디에나, 노동자 주체의 관점이 자신의 힘을 부여하는 곳에는 어디에나 있다.

우리가, 자본의 생산력 발전 및 인간의 선사의 종결로서, 자본주의 발전에 대한 맑스의 서술이 가장 강력하고 완전한 곳——예를 들면 『요강』, 548~590쪽——에 도달했을 때에 바로, 공산주의라는 거대하고 역동적인 테마——이것은 자본관계 속에 포함되어 있는 분리의 격화에서 그 원천을 찾는다——가 가장 명료하게 나타난다. 인용된 페이지들을 다시 읽어 보기로 하자. 막강한 확장력을 지닌 자본은 추상적 노동을 전체 사회에 확산시켜 협업과 분업을 그 극단적 한계까지 밀어붙인다. 이런 이행의 각 범주는 **이중적**이다. 따라서 협업 및 분업은 욕구의 풍부화이면서 동시에 개인성 개념의 끊임없는 대체다. 그러나 이런 이중성은 허위가 아니며, 경쟁의 사례도 아니다. 그것은 **모든 측면에서 이중적**이어서, 자본주의 발전은 공산주의적 과정의 반대 이미지, 자본이 전진하는 만큼 모양이 일그러지고 광기가 서리게 되는 이미지다. 이런 대립이 그 극단에 이르러서 오직 전복만이 유일한 길로 남게 될 때, 연합적(associated) 인간 노동은 다시 태어난다. 우리는 이러한 발전 수준에서 겸손한 척 재생이나 파국 같은 용어들이 지닌 가치를 부정해서는 안 된다. 자본은 그러기에는 너무나 추악하다.

더 나아가 맑스는 자본주의 발전의 기본 법칙, 즉 **경쟁법칙**(그리고 신비화)을 분석한다. 그리고 그렇게 하는 데서 그는 자본주의적 자유가 지닌 힘을 강조한다. 그러나 이 자유는 **좁은 기반**을 지니고 있다. "그것은 제한된 토대——자본의 지배라는 토대——위에서의 자유로운 발전에 불과하다. 따라서 이런 종류의 개인적 자유는 모든 개인적 자유를 가장 완전하게 유보하는 것이며, 객관적 힘의 형태 그리고 심지어는 압도적인 대상들의 형태——개인 자신들 사이의 관계와는 독립된 사물들의 형태——를 띠는 사회적 조건들 아래에 개성을 가장 완전하게 종속시키는 것이다."(『요강』, 652;545) 경쟁법칙은 또한 자본의 발전이 대립의 힘으로, 그리고 분리의 힘으로 포함하는 것——공산주의, 모든 것의 유력한 반전——의 윤곽이기도 하다.

자본의 범주들을 탈신비화한다는 것은 역사의 **운동법칙**을 백일하에

드러낸다는 것을 의미한다. 그 근본 법칙은 공산주의의 가능성을 구성하는 것이다. 이런 관점에서, 탈신비화한 채로 남아 있기 위해서는 공산주의는 **스스로를 건설**한다. 공산주의는 스스로를 발본적이고 극단적인 대립물로 건설하는 과정에 있다. 욕구의 풍부함과 자유라는 테마, 생산형태들의 모순적 발전이란 테마, 그리고 마지막으로 위기라는 테마, 이 모든 것들이 여기서 만난다. 그것들은 각각의 범주 안에 자신의 반전으로서 존재한다. 여기서 우리가 공산주의에 관해서 말할 때, **그 반전은 강력하고 종합적이다.** 그 모순적 형태는 극복할 수 없는 장애물, 자본의 '영속혁명'이 진전됨에 따라 점점 더 커지는 장애물의 모습을 띠고 있다. 이 과정에는 해답이 없다. 어떠한 자본주의적 균형도 유지될 수 없다. 사회주의를 추구하는 명제가 견고하게 남아 있을 수 있는 가능성조차 더욱 적어진다. 국가 소유, 계획, 착취상의 평등에 관한 이론은 모두 자본의 영속혁명에서 도출된다. 적대가 이상적 종합을 이루는 각 요소들을 무효화할 때, 어떠한 균형도 가능하지 않으며, 범주적 균형조차 없다. 이것이 출현하는 것은 대립의 발전이 적어도 자본의 발전만큼 경향적이기 때문이다. 각자는 자신의 목표를 가지고 있다. 우리는 자본주의의 목표, (우리가 극들의 반전으로 바라보기 시작한) 노동계급 및 프롤레타리아트의 목표를 알고 있다. 이것으로 충분하지는 않다. 『요강』에서 우리는 범주들에 대한 이러한 재확인(자본 범주들의 반전, 이러한 범주들에 대한 노동자들의 새로운 근거)을 넘어서 아직도 탈신비화라는 이러한 용어가 **스스로를 주체로서 구성하기** 시작하는, 그리고 '공산주의'를 어떤 대안의 동력으로 만들기 위한 하나의 잔여로서 ―― 아마도 더 이상 압축할 수 없는, 그러나 여전히 잔여인 ―― 규정하는 과정을 역전시키기 시작하는 구절들을 읽을 수 있다.

이 지점에서 우리는 **주체에 관해서 말하기** 시작해야 한다. 그러나 아직 우리는 그럴 준비가 되어 있지 않다. 따라서 맑스와 함께 신중한 발걸음으로 나아가기로 하자. 무엇보다도 앞서 공산주의라는 매우 역동적이고 대립적인 테마, 그것의 전도된 모형을 보자. 하지만 아직도 우리에게는 **공산주의의 내용에 대한 규정 및 연구**가 부족하다. 다시 공산주의적 주체라는 주제를 다루기 전에, 공산주의의 모순적 **성격**과 모순적 **근원**을 밝힐 필요가 있다. 이러한 모순의 뿌리는 생산력의 해방과 모순적 주체의 출현의 종합으로 구성된다. **생산력의 해방**? 그것은 무엇을 뜻하는가? 그것은 자본주의 발전이 일정 수준에 이르면 자본주의적 지배가 더 이상 불필요해진다는 것을 의미한다. "생산력이 동시에 자신의 질곡으로 나타나는 외부의 자극을 필요로 하는 한, 자본은 생산력 발전의 조건으로 나타난다. 자본은 생산력에 대한 규율이며, 이것은 생산력 발전이 일정 수준에 이르면, 길드 등과 마찬가지로, 불필요하고 부담스러운 것이 된다."(『요강』, 415;318) **모순적 주체의 출현**. 이것은 무엇을 뜻하는가? 그것은 공산주의는 발전 단계 사이에서 생산 및 발전 새로운 규칙들을 발명하는 **새로운 집단적 개인**의 탄생에만 자신의 기초를 둘 수 있다는 것을 의미한다. **해방된 주체**는 새로이 집단적으로 전개된 욕구들을 지닌 **새로운 세계를 연다.**

잉여가치는 일반적으로 등가물을 초과하는 가치다. 등가물은 규정상 가치의 자기 동일성일 뿐이다. 그러므로 잉여가치는 결코 등가물에서 생겨날 수 없다. 또한 그것은 유통에서 독창적으로 생겨날 수도 없다. 잉여가치는 자본의 생산과정 자체에서 생겨나야만 한다. 그러므로 사태를 이렇게 표현할 수 있다. 만약 노동자가 하루 동안 살기 위해 오직 하루 노동일의 절반만을 필요로 한다면 그가 노동자로서 살기 위해 그는 반나절만 일하면 된다. 노동일의 나머지 절반은 강요된 노동, 즉 잉여노동이다. 자본측에서 보았을 때 잉여가치로 나타나는 것은, 노동자측에서 보았을 때에도 똑같이 노동자로서 자신의 필요를 초과하는 따라서 자신의 생계를 유지하는 데에 직접적으로 필요한 것을 초과하는 잉여노동으로 나타난다. 자본의 위대한 역사적 특성은 단순한 사용가치, 단순한 생계의 관점에서 보았을 때 초과노동인 이러한 잉여노동을 창조하는 것이며, 자본의 역사적 규정은 다음과 같을 때 완수된다. 한편으로 필요 이상의 잉여노동이 개인적 욕구 자체에서 생겨나는 일반적 욕구로 되는 그런 정도까지 욕구가 발전하는 순간에. 그리고 다른 한편으로는 자본의 엄격한 규율이 다음 세대들에 작용하여 전반적 근면성을 새로운 세대의 일반적인 속성으로서 발전시킬 때, 그리고 마지막으로 자본이 자신의 부에 대한 무한한 광적 욕망과 이런 욕망이 실현될 수 있는 조건들 속에서 지속적으로 채찍질해 대는 노동 생산력의 발전을 통해, 일반적 부의 소유 및 보존이 전체 사회에 대해 좀더 적은 노동시간을 필요로 하는 단계까지, 그리고 노동하는 사회가 자신의 전진적인 재생산, 지속적으로 더욱 풍요롭게 자신의 재생산에 과학적으로 관계하는 단계까지, 따라서 인류가 할 수 있었던 어떤 것을 하는 노동이 폐기되는 단계까지 번창했을 때. 따라서 여기서 자본과 노동의 관계는 화폐와 상품의 관계와 같다. 화폐는 부의 일반적 형태이며 상품은 단지 직접적인 소비를 위한 실체다. 부의 일반적인 형태를 향한 자본의 끊임없는 노력은 노동으로 하여금 자연적 필요성의 한계를 넘어서게 하며, 그래서 소비에서뿐만 아니라 생산에서도 풍부한 개인성의 발전을 위한 물질적 요소들을 창조하며, 전면적인 따라서 그들의 노동도 더 이상 노동으로서가 아니라, 자연적 필요성이 직접적인 형태 속에서 사라진, 활동 그 자체의 완전한 발전으로서 나타난다. 왜냐하면 역사적으로 창출된 욕구가 자연적인 욕구를 대체하기 때문이다. 그러므로 **자본**은 **생산적**이다. 즉 **사회적 생산력의 발전을 위한 본질적인 관계**다. 자본은 이러한 생산력 자체의 발전이 자본 안에서 자신의 장애물을 만나는 경우에 비로소 자본으로서 존재하기를 그친다. (『요강』, 324~325;230~231)

노동은 더 이상 노동이 아니다. 그것은 노동에서 해방된 노동이다. 이처럼 공산주의의 내용은 전도된 대상을 동시에 억압하는 전도 속에 있다. 공산주의는 이러한 전도가 노동의 억압인 한에서 노동의 전도일 뿐이다. 분명히, 그러나 가장 총체적인 형태 속에서 폐기로, 부정으로 나아가는 과정의 역학으로서의 생산력의 해방이다. 노동에서 해방되어 노동을 넘어서는 것으로 전환하는 것이 공산주의 규정의 중심, 핵심이다. 산 노동의 해방은 산 노동의 창조력을 고양하며, 노동의 폐기는 모든 계기에서 산 노동에 생명을 부여한다는 이론적 계기를 과감하게 주장해야 한다. 공산주의의 내용과 프로그램은 임금노동의 조직화라는 집단적이지만 참혹한 기초 위에 출현한, 그러나 혁명적인 방식으로 노동의 폐기, 노동의 분명한 죽음을 의미하는 보편적 욕구의 발전이다.

우리는 공산주의적 프로그램을 규정하는 데서 이런 식으로 전진해 왔다. 우리는 역사 혹은 이론의 수준에서 전도의 힘을 파악할 수 있었을 뿐만 아니라 그 전도의 내용도 파악할 수 있었다. 이제 우리는 더 나아가야 한다. 조건이 충분히 성숙했으므로 우리는 이 전도가 스스로 역동적, 독립적, 자율적으로 된다는 것을 알 수 있다. 이런 전도의 결과로서 공산주의적 주체가 출현한다.

과정의 탈신비화에서 과정의 전도로. 이제 그것은 더 이상 선사에서 역사로 나아가는 길의 문제가 아니라 공시적이고 현재적인 측면에서의 혁명의 문제다. 전도는 탈신비화의 결과로서 주체성을 수용하며 그것에서 공산주의의 조건을 만들어 낸다. 여기에서 이행은 공산주의 구성체의 배타적인 형태로 나타난다.

여기에서 발전시켜야 할 두 가지 고려 사항이 있다. 첫째는 방법과 관련된다. 여기서 우리는 무엇보다도 맑스의 방법이 가장 발전된 규정에 도달한다는 것을 알아야 한다. 「서설」에서 드러난 방법이 완전히 적용되는 것은 맑스가 공산주의라는 주제를 다룰 때였다. 그것은 공산주의가 이행의 형태를 띠었을 때 완전하게 작동한다. 이행 이외의 방식으로 공산주의를 드러내는 것은 가능하지 않다. 그렇지 않으면 그것은 말로 나타낼 수 없는 개념이다. 모든 맑스주의적 범주들은 공산주의의 범주들이다. 따라서 그것들은—— 부르주아적 의미에서—— '과학적 사용'의 가능성에서, 그리고 개량주의적으로 사용될 가능성에서 벗어난다. 맑스주의적 범주들은 영구적이고 환원 불가능한 이중성으로 가득 차 있을 뿐만 아니라, 그 이중성은 적대의 형태로 나타나고, 그 적대는 전도의 형태로 나타난다. 맑스주의적 범주들을 사용한다는 것은 그것들을 이러한 필연적인 전도로 밀어 넣는다는 것, 스스로를 이런 믿을 수 없는 경험 속으로 밀어 넣는 것을 의미한다. 맑스주의적 범주들은 전복의 범주들, 즉 전복의 과정에서 출현하는 범주들이다. 그 범주들은 적대적 과정의 논리 속으로 이끌려 들어간다. 그 경향의 전개는 범주체계의 지속적인 대체로 이루어진다. 이론은 역사 과정이 자신의 지속을 불가능하게 하는 지점까지 역사 과정에 개입하며 단절과 전화의 과정 속에서 그것을 완전히 개조한다. 혁명적인 실질적 범주들(화폐, 노동, 자본 등)이 있을 뿐만 아니라, 양식이나 방법에 속하는 범주들(한계, 장애물, 과정, 전화 등)도 있다. 상호 작용이 이루어지면서 개념은 발전하여 적대, 대립적 힘의 형태를 띠는 운동의 요소가 된다. 이러한 단절의 논리 안에서 전화는 가장 강력한 수준에서 제기된 대립을 구성한다. 유물론적 논리는—— 그것이 실재를 파악하기에 적절한 한—— 현실을, 계급투쟁을 창출하는 힘으로 가득 차 있다. 공산주의는 방법의 관점에서 보았을 때, 그것이 변형(전화)이라는 역동적 용어로 남아 있는 한, 단지 개념일 뿐이다.

두번째 사항은 그 개념에 내재해 있는 전화라는 주제의 역사적 구체화와 관련된다. 우리는 다시 한번 다른 측면에서 이미 검토한 전체 이론의 경로를 되밟아 그 경로가 각각의 계기에서, 각각의 범주에 대하여 어떻게 이 혁명적 생성의 요소로 특징지어지는가를 보아야만 한다. 그렇지만 우리는 여기에서 오직 몇 가지 본질적인 요소들만을 살펴볼 것이다. (『요강』, 157;77) 우리는 아직 '사회적 관계로서의 화폐'에 대한 분석에 머물러 있다. 모든 대립은 화폐의 보편성 속으로 사라지는 것처럼 보인다. 그렇기 때문에 화폐를 공산주의의 '반대 얼굴'이라고 생각하는 사람들——사회주의자들, 프루동주의자들과 같이——이 아주 많다. 이것만큼 잘못된 것도 없다. 그 범주는 단지 아주 반대되는 본질의 얼굴일 뿐이다.

> 그러나 **교환가치**에 기초를 둔 사회인 부르주아 사회 안에서는 교환가치를 파괴할 수 있을 정도로 많은 생산관계뿐만 아니라 유통관계들도 생겨난다 (사회적 통일성의 대립적인 형태들. 그것의 대립적 성격은 조용한 변형을 통해서는 결코 폐기될 수 없다. 다른 한편으로 만약 우리가 무계급 사회의 전제조건이 되는 생산의 물질적 조건과 그것에 조응하는 교환관계가 사회 속에 숨겨져 있다는 것을 찾아내지 못한다면, 그것을 폭파하려는 모든 시도는 황당한 것이 될 것이다). (『요강』, 159;79~80)

화폐에 관한 한 이것은 **자주성**에 의한 교환가치다. 그러나 이 모든 것은 노동에 대해서도 진실이다. 『요강』(167~168;88~89)에서 우리는 추상적 노동의 개념을, 따라서 노동시간과 사회적 생산의 매개를 정교화하는 분석의 핵심에 있게 된다. 매개가 진전되면서 그 형태들은 더욱더 대립적인 것으로 된다. 공산주의는 노동의 타도, 지배로부터의 노동의 탈피(subtraction)라는 개념으로 나타난다. 한 과정의 결론처럼 보이는 것——사회적 생산의 구성——은 자신의 유일한 효과로 다른 것, 주체의 사회적 해방을 생산한다. 그러므로 주체는 스스로를 구성하기 시작한다. 자신의 적대적인 성격을 단번에 제거하고 헤게모니를 잡기 위하여, 주체는 한 가지 요소, 즉 인식을 결하고 있을 뿐이다.

> 생산물이 자기 자신의 것이라는 인식, 그리고 그것의 실현 조건들에서 자신을 분리하는 것은 온당치 못하고 강제적이라는 판단은 엄청난 의식(Bewusstsein)의 진전이며, 그 자체가 자본에 기초를 두고 있는 생산양식의 산물이다. 노예에게는 자신이 제3자의 소유물이 될 수 없다는 의식이 자신의 운명에 조종인 만큼, 자신이 하나의 사람이라는 자신에 대한 의식과 함께 노예층은 단순히 부자연스럽고 무위도식하는 존재가 되며, 생산의 기초로서 지속될 수 없다. (『요강』, 463;366~367)

인식, 의식, 혁명. 이것은 방법 속에서 '장애'가 구체화되는 계기들이다. 이런 이행은 지극히 중요하다. 왜냐하면 여기서 주체성이 구체적인 계급 구성의 종별적이고 유기적인 요소로 나타나기 때문이다. 스스로를 표출하는 주체성은 분명히 혁명적인 요소지만, 모순적인 생산관계의 구조 속에 완전히 자리 잡고 있다. 주체는 자신이 생산관계를 해방하고 생산관계를 지배하는 한에서만 스스로를 발전시키고 스스로를 생산관계로부터 해방할 수 있다. 프롤레타리아적 주체의 자기가치증식은, 자본주의적 가치증식과는 반대로, 자신의 발전에서 자기결정(auto-determination)의 형태를 취한다. 맑스는 이 과정을 따르고 있다. 그는 근사치에 따라 그것을 포괄하려고 한다. 그는 사회체계가 자신의 보편성을 규제하는 활동으로 제시할 수 있는 능력 속에서 자기결정을 파악한다. (예를 들면, 『요강』, 612~613;505) 그러나 이행 과정을 과학에 기초를 두고, 모든 자연적 및 물질적 힘들을 규제하는 활동으로 이해하는 이러한 방식은 사실상 근사치다. 우리는 문제의 핵심으로 들어가야 한다. 노동 속에 구체화되어 있는 과학, 자본에 의해 포섭된 과학의 생산력은 과학 발전의 기초가 되는 모순적 과정이 끝나 가는 한, 좀더 발본적으로 해방되어야만 한다. 오직 매우 높은 수준의 통합에서만 자기결정의 전망을 세울 수 있는 충분히 근본적이고 효과적인 단절의 가능성이 존재한다. 추정, 암시는 적절하지 못하다. 종종(예를 들면, 『요강』, 540;439) 맑스가 과학을 다루는 방식은 인간주의적이고 과학주의적이다. 그 때문에 과학 개념의 모순적 성격을 심화시키는 것이 약화된다. 그러나 그런 일은 일어나지 않는다. 분석은, 그 적대적 힘 —— 프롤레타리아적 자기결정과정 —— 이 자본 속에서 사회의(따라서 과학의) 최고도의 포섭에 대한 규정에서 시작할 때 매우 의미 있고 힘 있다. 여기서 또다시 「기계에 관한 단상」(제7강의를 보시오) 이 있다. **공산주의는 주체성의 형태를 지니며, 공산주의는 구성적 실천이다.** 자본 가운데 새로운 주체의 강렬한 발전으로 파괴되지 않는 부분은 없다. 이 주체는 주체적 전복의 힘을 보여 주며 그리하여 구질서의 모든 기득권을 박탈한다. 이행은 가장 완전한 의미의 구성적 과정이다. 그것은 가장 근본적인 대안들에 의해서 규정되는 공간에 기초를 두고 있다. 맑스를 넘어선 맑스. 속류적 결정론을 넘어서, 동질성을 함축하는 모든 가설들을 넘어서. 가장 솔직한 혁명적 의식은 여기서 가장 숭고한 고양을 위한 풍부함을 발견할 수 있다. 자본이 노동에 대항하여 작동시킨 **전도에 대한 전도**는 「기계에 관한 단상」에서는 타도의 행위가 아니라 구성의 행위였다. 자본주의적 전도는 소외와 더불어 분배에 작용할 뿐만 아니라 생산양식의 토대에서도 발견된다. 전도에 대한 전도는 이 토대에까지 이르게 된다.

여전히 노트 7권에서 이 관계에 대해 검토한 것으로 돌아가 보면, 맑스는 다음과 같이 추론한다.

> 노동 생산력의 발전에서 노동의, 객관화한 노동의 객관적 조건들은 산 노동에 비례하여 성장할 수밖에 없다는 사실 —— 이것은 실제로는 동어반복적 진술이다. 왜냐하면 성장하는 노동 생산력은 좀더 많은 생산물을

생산하기 위하여 좀더 적은 양의 직접노동을 필요로 한다는 것, 따라서 사회적 부는 더욱더 노동 그 자체에 의해 창출된 노동의 조건들 속에 자신을 표출하는 것밖에 의미할 수 없기 때문이다. 자본의 관점에서는 사회적 활동의 계기들 가운데 하나인 대상화된 노동은 다른 계기, 즉 주체적 산 노동이 더욱더 강력한 실체가 되는 그런 방식으로 나타나지 않고, 오히려 —— 그리고 임금노동에게는 이것이 중요하다 —— 노동의 객관적 조건들이 자신의 한계 즉 대립적인 산 노동에 의해 표상되는 훨씬 더 커다란 독립성을 띠게 되며, 사회적 부는 외적인 지배력으로서 더욱더 강력한 지분 속에서 노동과 대면한다. **대상화되는** 상태가 아니라 **소외되고** 박탈당하며 팔리는 상태에 강조점을 두게 된다. 사회적 노동이 스스로에게 자신의 계기들 가운데 하나로서 대립적으로 세워 놓은 거대한 객관적 힘이 노동자가 아니라 인격화한 생산 조건, 즉 자본에 속한다는 조건에 강조점을 두게 된다. 자본 및 임금노동의 관점에서, 활동이 객관적인 실체를 창출한다는 것이 직접적인 노동 능력과 대립하여 일어나는 한 —— 이런 대상화 과정이 사실상 노동의 관점에서는 박탈의 과정으로서, 혹은 자본의 관점에서는 소외된 노동의 전유로서 나타나는 한 ——, 이런 왜곡과 전도는 노동자와 자본가의 상상 속에서만 존재하는 **가상의 현상**이 아니라, **실재적인 현상**이다. 그러나 분명히 이런 전도 과정은 단지 **역사적** 필연, 오로지 특정의 역사적 출발점, 혹은 토대에서의 생산력 발전을 위한 필연일 뿐이며 결코 생산의 **절대적** 필연성은 아니다. 오히려 그것은 소멸하는 것이며 그리하여 이 과정의 결과 및 내재적인 목적은, 이런 형태의 과정과 더불어 토대 자체를 지양하는 것이다. 부르주아 경제학자들은 사회 발전의 특정한 역사적 단계에 속하는 관념들에 갇혀서 사회적 노동이 지닌 힘이 **대상화될** 필연성을 산 노동으로서 자신들의 **소외의** 필연성과 구분할 수 없다. 그러나 산 노동의 **직접적인** 성격을 단순히 **개별적인** 것으로, 혹은 내재적으로든 외재적으로든 단지 일반적인 것으로 판단함으로써, 개인들의 활동을 직접적으로 일반적인 혹은 **사회적**인 활동으로 위치지음으로써, 생산의 객관적 계기들은 이러한 소외형태를 벗게 된다. 그럼으로써 그것들은 재산으로서 유기적인 사회체로서 제시되며, 그 안에서 개인들은 개인으로서 그러나 사회적 개인으로서 스스로를 재생산한다. 그들을 그들 삶의 재생산에서, 생산적 삶의 과정에서, 이런 식으로 존재하도록 하는 조건들은 오직 역사적 경제적 과정에 의해서만 제시된다. 그것은 객관적인 동시에 주관적인 조건이며, 동일한 조건들에 대한 두 가지 구별되는 형태일 뿐이다.

노동자들의 무소유, 그리고 대상화된 노동에 의한 산 노동의 소유, 혹은 자본에 의한 소외된 노동의 전유——양자는 단지 동일한 관계를 반대 극에서 표현한 것일 뿐이다——는 부르주아 생산양식의 기본적인 조건이며 결코 그것과 무관한 우연적인 것들이 아니다. 이러한 분배양식들은 생산양식 그 자체지만 **하위 분배형태**(sub specie distributionis)다. 따라서 예를 들어 밀(J. S. Mill)이 다음과 같이 말하는 것은 지극히 불합리한 것이다. (*Principles of Political Economy*, 2nd ed., London, 1849, Vol. I, p. 240) "부 생산의 법칙들 및 조건들은 얼마간 물리적 사실들의 성격을 갖는다. …… 부의 분배는 그렇지 않다. 그것은 오로지 인간적 제도의 문제다." (같은 책, 239, 240쪽) 부 생산의 '법칙들 및 조건들', 그리고 '부 분배'의 법칙들은 상이한 형태로 나타난 동일한 법칙이며, 양자는 변화하며 동일한 역사적 과정을 겪는다. 그것들은 하나의 역사적 과정의 계기들일 뿐이다.

예를 들어 속박의 해체에서 발생하는 자유노동 혹은 임금노동이 출발점인 경우에, 기계들은 오로지 산 노동과의 대립 속에서 그것에 외재적인 소유로서, 그리고 그것에 적대적인 힘으로서 발생할 수 있을 뿐이다. 즉 기계는 자본으로서 산 노동과 대면해야만 한다는 것. 이를 이해하기 위해서 깊이 파고 들어갈 필요는 없다. 그러나 기계가 예를 들어 연합한 노동자들의 소유가 되었을 때에는 그것들이 더 이상 사회적 생산의 담당자가 아니게 된다는 것은 아주 쉽게 인식된다. 그러나 첫번째 경우에 그것들의 분배는, 즉 그것들이 노동자에게 속하지 않는다는 것은 임금노동에 기초한 생산양식의 조건이기도 하다. 두번째 경우에 변화된 분배는 생산의 변화된 근거, 역사 과정에 의해서 최초로 창출된 새로운 근거에서 출발할 것이다.

우리는 맑스주의적 테제를 더 이상 명확하게 전개할 수 없다. 혁명적 주체는 이 단계에서 자본과의 관련에서 출현한다. 이것——주체——이 자본에 대항하여 작동한다는 전도는 결코 재전유가 아닌 작동이다. 재전유는 새로운 근거들이 있을 때에는 불충분하고 모호해지는 용어다. 따라서 주체의 자기결정은 그 과정을 질적으로 수정한다. 주체는 그 힘을 대상화된 노동——이것은 지금까지는 산 노동의 적이었다——그 자체를 재전유하는 지점까지 전개하며 따라서 산 노동에 의해 지배된다. 이 단계의 분석에서는 탈신비화 테제들이 설 자리가 없다. 테제의 전도는 발본적이어서 착취의 비참함에서 엄청나게 벗어난다.

이제 우리는 『요강』에서 공산주의에 대한 맑스 담론의 마지막에 도달했다. 우리가 살펴보았듯이 공산주의는 결코 자본주의 발전의 산물이 아니라, 그것의 발본적인 전도다. 그것은 자본주의 발전의 반전이 되는 탈신비화다. 공산주의는 자본주의체제의 목적(teleology)도 아니고 그것의 파국도 아니다. 공산주의는 새로이 형성되는, 현실을 변형하고 자본을 파괴하는 새로운 주체다. 따라서 공산주의는 우리가 이행형태 안에서만 정식화할 수 있는 개념이다. 반전의 운동은 이행형태가 모순적일 뿐만 아니라 오히려 새로운 주체를, 그리고 그것의 전체적인 변형의 잠재력을 구성하는 만큼 강력하다. 이 변형을 가능한 한 가장 엄밀한 방식으로 특징화하기 위해 맑스는 노동의 폐기를 주장한다. 해방된 노동은 노동으로부터의 해방이다. 공산주의적 노동의 창조성은 자본주의적 노동조직화와는 아무런 관계가 없다. 산 노동은——스스로를 해방함으로써, 즉 교환가치에 대항하여 자신의 사용가치를 재정복함으로써——노동이 궁극적으로 그 한 부분을 이루게 되는 욕구의 세계를 연다. 그리고 이 경우에 그것은 자본주의적 구성으로서의 노동에 대한 문제가 아니라 본질적이고 집단적이며 신비화하지 않은 공산주의적 노동으로서의 노동에 대한 문제다. 전도는 전체적이며, **어떤 종류의 상동성**도 허용하지 않는다. 그것은 새로운 주체다. 그것은 풍부하고 즐거운 주체다. **맑스는 그것을 말했다.** 그것을 과장할 필요는 없다. 맑스는 그것을 수십 번 수백 번 말했다. 한 가지 우스운 것은 너무나 많은—— 거의 모든—— 맑스주의자들이 이 귀절들을 반복하여 읽을 필요가 있다는 수치스러움이다. 나머지에 대해서는 우스운 것이 아무것도 없다. 다만 노동을 폐지하기 위한 투쟁이 지닌 엄청난 고통이 있을 뿐이다.

거기에서 시작하여, 우리는 공산주의에 접근하는 이러한 방식에서 파생하는 결과들에 대해 몇 마디 언급할 수 있다. 그것은 이행이란 주제에서 노동의 폐지가 차지하는 중심적인 공간은 이러한 접합에 특유한 이론적 조건들을 검토할 필요가 있다는 것을 함축한다는 것이다. 이제 우리는, 현재의 모든 고정관념들(stereotypes)에 직면하여, 공산주의와 계획의 관계라는 문제를 제기해야만 한다. 이 문제는 '노동의 폐지 및 이행의 접합'과 어떤 관련이 있는가? 맑스가 계획을 공산주의의 한 속성으로 생각했다는 것은 의문의 여지가 없다. 그럼에도 불구하고 이 관계를, 너무 자주 엥겔스에 의거하여, 사회화=생산관계의 '국가화' 혹은 '우월한 경제적 합리성'으로 이해해 왔다. 『요강』을 검토해 보면 이것이 핵심이 아니라는 것이 분명해진다. 공산주의는, 그것이 노동의 계획적인 폐지인 한에서, 계획이다. **계획은 지배의 소외성 및 그것의 물상화를 억압해야만 하는 노동의 연합적** 성격의 표현(그리고 조건)이다. 따라서 계획은 우월한 것이 아니라 상이한 경제적 합리성이다. 그것은 아주 달라서 그것들 사이에 아무런 상동성도 있을 수 없는 것이어야 한다. 노동 폐지의 조건과 목표가 존재하지 않을 때 계획은 단지 자본주의적 지배의 새로운 형태 —— 그것의 사회주의적 형태 —— 일 뿐이다. 바로 여기에서 **사회주의에 대한 맑스주의적 비판**이 힘을 완전히 발휘한다. 사회주의는 공산주의로 가는 한 단계(stage) 혹은 통로(passage)가 아니며 어떤 경우에도 그것일 수 없다. 사회주의는 자본의 경제적 합리성, 이윤의 합리성의 최고의 형태, 우월한 형태다. 그것은 여전히 가치법칙 위에서 번창하지만, 사회주의적인 계획경제적 관리형태들을 국가의 정치적 법적 장치들의 작동에 연결하는 일정한 정도의 집중화 및 전반적 종합이 이루어진 가치법칙 위에서 **사회주의는 가치법칙을 살려 두고 일반화한다. 노동 폐지는 가치법칙의 전도 표시다.** 이 노동 폐지라는 문제는 자본주의적 계획과 공산주의적 계획 간의 어떠한 동질성도 불가능하게 만든다. 우리는 또다시 대립물들의 발전에서 동질적인 수준들을 정당화하는 변증법적 논리를 강력하게 비판해야만 한다. 작동하는 것으로 보아야 하는 것은 그 반대로 철저한 이중성의 논리다. 가치법칙의 소멸 ——「기계에 관한 단상」을 통해 『요강』에서 이것을 찾아볼 수 있다 —— 은 그것의 (자본주의적 퇴화 속에서의) 작동이 순수한 지배법칙으로 변환되는 기초다. 그러나 이미 거기에는 적대 논리의 작동이 표현되어 있다. 가치법칙의 소멸은 각각의 관계, 동질적인 개별 운동, 상대적 합리성의 개별 요소를 억압한다. 자본주의적 관계의 지속성은 결정적으로 파괴된다. 여기서 기능할 수 있는 것으로는 오직 —— 대립되는 그리고 환원 불가능한 주체들에 기초를 둔 —— 적대의 논리만이 남게 된다. 독립적인 계획. **노동자 및 프롤레타리아의 자동가치증식(auto-valorization)은 노동 폐지를 계획하는 것이다.** 자본주의에서 사회주의적 계획에 의한 사회적 공간의 침투는 엄청난 취약성의 결과다. 각각의 부분은 —— 그것이 드러내는 적대의 직접성과 관련해서뿐만 아니라 대립의 틀, 적대와 연관된 노동 폐지 계획의 틀과 관련해서도 —— 모순적이다. 노동 거부, 근로계급 및 프롤레타리아계급에 의한 노동의 계획적 조직은 이행의 질과 양의 척도이며, 유토피아에 대한 우둔한 접근이 아니라 주체에 의해서 결정되는 구체적인 구성적 과정의 척도다. 따라서 그 과정은 대체, 실제로는 탈구를 경험하게 된다. 계획은 자본으로 환원할 수 없는 무엇이 되며, 사회주의는 (그것이 경제적 범주를 표상할 때) 공산주의로 환원할 수 없는 용어가 된다. 이 과정에서 이러한 발본적 대체와 동일한 기초 위에 공산주의적 주체가 형성된다. 그것의 다면성은 욕구에서 풍부할 뿐만 아니라, 또한 (계급 구성론이 우리에게 가르치고 있듯이) 뒤이은 종합에서도 풍부하다.

분석은 주체 및 주체의 구성력으로 돌아간다. 노동 거부——이것은 계획적이고 합리적인 노동 폐지로 전화한다——에서 시작하여 우리는 주체가 자신의 구성 조건들을 제시하고 있음을 보았다. 그러나 그 윤곽은 전략적 차원의 것이다. 노동 거부는 그것이 세계 속으로 들어간다는 점에서, 그것이 생산양식을 구성한다는 점에서 주체를 구성한다. 이러한 주체에 대한 개요를 제시하는 것은 맑스가 할 일도 아니고 우리가 할 일도 아니다. 단지 우리가 말할 수 있는 것은 공산주의 생산양식은 생산양식들 각각에 대한 규정에 속하는 사회적, 경제적 결정성들의 총체를 포함한다는 것이다. 우리는 단지 미래 관계들에 대한 상을 총체성의 수준에서 아주 광범하게 포괄하는 것이다. 가치법칙의 합리화 기능이 소멸하는 이러한 분명한 상황에서, 공산주의 생산양식 발전의 척도, 비율, 최종점은 전적으로 노동 거부에서, 점점 더 집단적으로 계획되는 노동 억압이라는 주체적 실천에서 출현한다는 것을 강조하는 것이 중요하다.

총체성 개념을 다시 도입하는 것은 우리가 공산주의에 관한 모든 담론을 총체성 수준에 둔다는 것을 의미하지는 않는다. 그것은 우리가 발전 전체를 전략의 전개로 환원한다는 것을 의미하지 않는다. 사실 그것은 정반대를 뜻한다. 노동 거부는——그것을 특징짓는 기획의 총체성과 더불어, 그리고 이 기획과 다행히도 모순적인 방식으로――대단히 다중적인 측면들, 복합적인 자주적 운동이 지닌 풍부함과 다양성을 보여준다. 차이들과 단절들. 나는 이 지점에서 맑스의 폭발에 관련된 은유들(자본주의 세계는 '폭발'할 수밖에 없다 등)에 대한 고찰을 제안하고 싶다. 그것은 어떤 파국의 징표로서가 아니라 오히려 공산주의를 향한 주체의 해방운동의 성장으로서 지속적으로 나타나는 테마다. 반란, 적대의 필연성 속에 뿌리내리고 있는 전복은 해방 과정을――그 과정의 총체성만큼이나 중요한 행위들에 의하여――형성한다. 혁명적 기제가 해방 과정으로 존재하지 않는다면 노동 억압을 방법으로 하는 혁명적 기제를 달리 어떻게 이해할 수 있겠는가? 만약 가장 풍부하게 지속적으로 성립되고 반복되는 위험이라고 파악하지 않는다면 어떻게 공산주의의 총체성을 상상할 수 있겠는가? 이행형태를 취하는 공산주의는 우리가 그 기원을 알고 있는, 그리고 그 경로를 공유하는 하나의 과정이다. 그 누구도 우리에게, 우리가 나아가고 싸우고 있는 길에서 벗어나서 그 결과가 어떻게 될 것이라고 말해 줄 수 없다. 객관적인 용어로 된 어떠한 상동성도 성립할 수 없다. 공산주의적 미래는 건설될 수 있을 뿐이다. 그것의 모든 특질은 그것이 지닌 기초의 튼튼함에, 그것에 생명을 불어넣는 기획의 힘에 달려 있다.

공산주의에 대한 맑스의 고찰이 도달한 이러한 결과는 우리에게 설득력이 있는 것처럼 보인다. 이 분석을 시작할 때 우리가 가지고 있던 분석틀이 변했다는 것은 의문의 여지가 없다. 우리는 때때로 공산주의를 그것의 객관적인 필연성이라는 고리들과 그것의 파국적 발전 사이로, 혹은 심지어 유토피아의 장미빛 환상 속으로 후퇴시키는 이런 경로들을 결합하는 데서 벗어나 왔다.

이런 테제들을 파고 들어가는 동안, 그 과정의 주체적 접합에 대해서 고찰하는 동안, 이론적 수준에서 실천적 수준으로 강조점을 옮기는 동안, 공산주의라는 주제는 이행이라는 주제로 녹아 들어갔다. 그것은 맑스주의 논리의 적대적 성격에 뿌리박게 되었다. 모든 결정들은 조금씩 이 새로운 공간을 향하여, 이 새로운 과정 주위로 수렴되었다. 변증법적인, 지속주의적인 논리의 모든 잔재들은 사라졌다. 그럼에도 불구하고 종종 공산주의에 대한 맑스의 검토는 변증법적인 잔여와 유인들로 특징지어진다는 것을 인정하기로 하자. 그러나 이것들은 '최종 심급에서는' 결정적이지 않다. 그와는 반대로 그 경로는 적대를 통하여 —— 많은 방법론적인 그리고 실질적인 결정들에 근거를 두어 —— 묘사되어 있다. 맑스의 경로의 중심은 거기 —— 우리가 **탈신비화**에서 **전도**로라는 귀절을 주목한 곳 —— 에서 발견할 수 있다. 전도가 맑스주의 분석에서 본질적인 모든 수준 및 범주들에 자신의 힘을 발휘할 때, 그리고 '화폐, 추상적 노동, 기계, 과학' 등과 같은 범주들을 사용할 때, 더 이상 아무런 모호성도 남지 않게 된다. **변증법이 자본으로 회귀한다. 유물론이 적대 논리와 주체성에 의해 전적으로 생명을 부여받는 유일한 지평이 된다.** 이 단계에서 공산주의적 이행은 자기가치증식에서 자기결정으로, 프롤레타리아 주체의 더욱 분명하고 더욱 완전한 독립성, 다면성으로 나아가는 길을 따른다. 그 이행은 —— 그것이 관념적인 것이든 과학적인 것이든 —— 모든 유토피아에 대한 최종적인 탈신비화의 영역이다. 그것은 모든 복합성과 다면성을 지닌 주체성을 관통함으로써 공산주의의 기초를 마련한다. 그것은 모든 변증법의 거부이자 전도다. 맑스 자신을 탈신비화하는 것은 맑스 자신이다. 맑스를 넘어선 맑스. **이러한 과정이 지닌 내용은 노동 억압이라는 적대적이고 주체적인 과정, 즉 자신의 형식에 완벽하게 부합한다.** 공산주의는 그 용어가 지닌 모든 의미에서 자본의 파괴다. 그것은 비노동이며 착취적 억압에 대한 주체적이고 집단적이며 프롤레타리아적인 계획이다. 그것은 주체성을 자유로이 구성하는 것에 대한 긍정이다. 모든 유토피아는 불가능하게 된다.

■ 제9강의

자본주의 발전과 혁명계급

공산주의의 동학 문제. □ 그것의 긍정적, 부정적 결정성들 : 가치법칙의 위기에서 사용가치의 재등장으로(비결정). □ 문제 해결에 필요한 이론적 소건들 : 생산적 순환으로서의 사회적 생산 : 프롤레타리아적인 사회적 개인의 근거이자 구성 과정으로서의 생산적 순환 및 그 모순들. □ 방법의 조건들과 맑스주의 담론의 한계들 □ '생산적 노동' 범주의 대체 : 혁명계급. □ 이행이 공산주의의 동학으로 전환될 수 있도록 하는 새로운 역사적 조건들. □ 자기가치증식, 그 기획의 이론적, 실천적 핵심. □ 자본주의 발전의 파괴 동력이자 담지자로서의 공산주의. □ (공산주의 비판을 위하여 : 자본 타도의 범주들).

공산주의가 나름의 동학과 과정을 지니고 작동시키는, 자본주의 발전을 전도시키는 힘은 엄청나다. 그러나 그렇다고 해서 맑스주의 담론이 지닌 변증법적 잔여가 나타내는 제동 효과를 잊어서는 안 된다. 우리는 그것에서 벗어나서 일반적이지는 않지만 공산주의의 동학을 규정하고 설명해야 한다. 우리는 이행형태를 통해 공산주의에 대한 새로운 설명을 할 필요가 있다. 우리는 적대의 논리, 맑스의 저작에서 작동하는 다원적 논리를 분명히 했다. 이제 그 논리가 어떻게 그와 동시에 일정한 일반적 결정들에 의해서 강화되는가, 어떤 독창적인 이론적 조건들에 의해서 뒷받침되는가, 그리고 새로운 역사적 조건들에 의해서 입증되는가를 보기로 하자. 이제 스스로를 이론적으로 대체하고, 그런 한계로부터 해방함으로써 어떻게 분석이 진전되는가를 살펴보기로 하자. 이행에 대한 분석을 구체화하는 것은 우리가 진정으로 공산주의의 동학에 대해서 말하게 된다는 것을 의미할 것이다. 전도의 힘이 어떠하든 간에 ── 우리는 그것이 엄청나다는 것을 알았다 ── 그것은 오직 암시일 뿐이며 하나의 위험, 하나의 지평일 뿐이다. 공산주의를 과정으로 변형함으로써 구체화하는 데에는 새로운 문제가 있다. 우리는 그 문제의 핵심으로 들어갈 필요가 있다.

그리고 사실 우리가 그 일을 하는 데 도움을 줄 수 있는 다양한 결정들이 있다. 무엇보다도 부정적 기능을 지닌 결정들 ── 자본주의 발전의 위기를 강조하는, 그러나 그와 동시에 그 틀을 구체적으로 규정하는 결정들 ── 이 그것이다. 가치법칙은 죽어 버린다. 우리가 『요강』에서 본 것과 같은, 자본의 사회화 수준에서 그것이 지니고 나타났던 힘과 효율성은 탈신비화된다. 가치법칙은 현상(appearance)에서 곤궁(misery)으로 변한다. 둘 다 모두 효과적이지만, 첫번째 형태는 합리적이고 두번째 것은 단지 제약을 가할 뿐이다. 더 이상 (평균적인 추상적) 노동시간과 관련을 맺지 않게 된다. 필요노동과 잉여노동 사이에는 더 이상 결정적인 비례가 존재하지 않게 된다. 착취법칙의 전진적인 출현은 비례에 의존했다. 일단 자본과 전체적인(global) 노동력이 완전히 사회계급으로 되고 나면 ── 그 각각은 독립적이며 자기가치증식 활동을 할 수 있다 ──, 그때 가치법칙은 그 관계의 힘과 폭력성을 표상할 수 있을 뿐이다. 그것은 폭력이 지닌 관계들의 종합이다. 모든 긍정적인 결정들은 부정적이 된다. 지배, 지배의 계획, 위기의 강제적 과잉결정성. 「기계에 관한 단상」의 단계에서는 가치법칙이 존재한다. 그 법칙은 자신의 공허함을 인정하며 적대로서 자신에 대립하는 사람들의 부정성을 규정한다. 표상, 종합의 환상은 스스로가 순수한 표상이며 환상이라는 것을 인정해야 한다. 산출되는 것은 종합이 아니라 어떤 결론을 강요하는 힘의 행사다. 따라서 노동계급의 극이라는 극은 스스로를 해방하며 스스로를 독립적이게 만든다. 우리는 거기서 전도에 조응하는 거대한 힘을 보게 된다. 하지만 이 가정은 그것이 표현하는 진정한 힘을 고려하고 있는 것인가? 우리는 이러한 독립(성)과 해방의 계기 위에 발전의 긍정적 변증법을 기초지을 수 있다. 하지만 해방운동은 우리에게 이런 내용에 대해서, 혹은 그것의 긍정성에 대해서 아무것도 얘기해 주지 않는다. 또한 그것의 동학, 그 과정에 대해서도 아무것도 말해 주지 않는다. 우리가 가치법칙의 소멸에서, 그리고 가치법칙의 지배법칙으로의 변형에서 추출할 수 있는 진실은 부분적인 진실이다. 교환가치라는 지평의 축소는 그 결과로 어떤 준거틀을 불투명하게 할 위험을 안고 있다(심각한 자본주의 위기에 직면한 많은 사람들이 사방에서 파시즘 부활에 대한 경고를 절규하고 있는 것도 우연이 아니다. 만약 공산주의에 대한 암시가 단지 가치법칙의 확장에만 기초를 두고 있다면 그것은 효과 없고 통용될 수 없는 암시로 남아 있을 것이다).

다른 한편 가치법칙의 소멸은 실질적으로 프롤레타리아의 독립을 위한 실질적인 공간을 해방할 것이 분명하다. 그것은 모호하기는 해도 실질적인 공간, 사용가치와 욕구, 그리고 다소간 직접적인 행동을 축적하는 공간이다. 그러나 사용가치에 대한 단순한 요구는 저절로 어떤 해결책으로, 결정적인 무엇으로 귀결되지 않는다. 맑스주의의 역사에서 많은 사람들이 이행의 주제에서 막다른 골목에 다다르고 풀 수 없는 과학적 수수께끼에 갇혔던 것은 바로 이 수준에 머물렀기 때문이었다. 전도의 운동이 스스로 공산주의로 가는 길을 묘사하는 데에 필요한 힘을 갖는 것이 바람직한 것처럼 보였다. 결과적으로 우리는——공산주의를 묘사하는 데서——전도되었지만 아직도 상동적인(homologous) 시장이라는 틀을 회복함으로써, 부르주아 사상의 특성 가운데 하나를 찬양하는 것을 보았다. 자본주의, 위기, 전복. 구체화되지 않은 효과는 자유롭지만 공허한 공간을 창출하는 것이다. 공허하다. 그것은 오직 타도되고 전도된 새로운 자생성으로만 채워져 있다. 그것은 시장과 똑같다. 이 틀에서 '보편적 개인'은 공허한 긍정성이다. 사용가치의 직접성 속에 여전히 살아 있는 전도의 변증법은 아무런 의미가 없다. 분명히 여기서 결정은 긍정적이기를 원한다. 하지만 그것은 그렇게 되지 못한다. 전도 과정은 가치의 위기 및 그 법칙의 위기를 야기하는 과정과는 질적으로 다르다. 두번째 과정은 단지 근본적이고 암시적인 잠재성만을 가지고 있다. 첫번째 과정이 그 과제를 수행하는 것은 단지 이것 때문만은 아니다. 그것은 전도로 만족하지 않는다. 이 수수께끼의 해답을 찾으려고 했던 이론가들의 시도는 그다지 만족스러운 것이 되지 못했다. 그런 시도들 가운데 가장 유명한 것은 **과정의 과잉결정**이라는 생각에 기초를 둔 것이었다. 이것은 종합이라는 자본주의적 폭력에 전도라는 프롤레타리아적 폭력을 대립시키는 것이다. 그러나 이러한 프롤레타리아적 폭력의 극단적인 긴장은 —— 그것이 실질적인 전도의 물질적 힘 위에 조직되지 않을 때 —— 가치의 지배가 비극적이게도 효율적이고 끔찍하게 재등장하는 것 이외에 무엇을 의미할 수 있겠는가? 순전히 그리고 단순히 전도의 수준에 머물러 있으면, 우리는 우리 자신을 직접적으로 무관심한 사용가치 총체성의 공허함에서 해방할 수 없으며 필연적으로 문제에 대한 주의주의적(voluntarist), 테러리즘적 해결책에 빠지게 된다. **사용가치만으로는 아무것도 해결할 수 없다.** (임금님은 벌거숭이라고) 고발하는 어린아이의 직접성은 임금님만큼이나 벌거벗은 것이다. 이렇게 말한다고 해서 내가 양자를 혼동하고 있는 것은 아니다. 나는 결연하게 한쪽 편에 서 있다. 그러나 바로 그렇기 때문에 나는 그러한 직접성에 만족할 수 없다. 사용가치는 시작이고 재발견된 기원이며 적절한 계기다. 그러나 그것이 공산주의의 동학으로 전화되지 않는다면 그것은 오로지 공허하고 위험할 뿐이다.

그것이 공산주의 동학 및 전도의 과정과 공통으로 가지고 있는 유일한 요소는 이행의 폭력성을 인정하는 것, 평화주의적 가설들이 지닌 모든 가능성을 탈신비화하는 것, 폭력을 결정적인 요소로서 제시하는 것이다. 바로 이 점에서 우리는 사용가치와 공산주의의 원초적 관련을 발견하게 된다. 프롤레타리아적 폭력은, 그것이 공산주의에 대한 긍정적 언급인 한, 공산주의의 동학의 본질적인 요소다. 이 과정의 폭력성을 억압하는 것은 오직 —— 손발이 묶여 —— 그것을 자본에게 넘겨줄 수 있을 뿐이다. 폭력은 공산주의의 필연성에 대한 최초의 직접적인 그리고 단호한 확증이다. 그것이 해답을 제시하지는 않는다. 하지만 그것은 기본적인 것이다. 아마도 그것은 사용가치가 불분명한 행동의 지평에서 이 수준의 분석 위로 (그리고 해석된 현실 위로) 출현하기 위한, 불충분하지만 적절한, 유일한 수단일 것이다. 프롤레타리아적 폭력은 공산주의의 징후다.

우리는 공산주의의 동학이란 문제를 매우 강력한 이론적, 범주적 대당 위에 설정함으로써 제기하고 해결할 수는 없다. 우리가 살펴보았듯이, 그것의 유일한 결과는 비결정성일 것이다. 하나의 해결책의 영역, 해결의 적절한 조건으로 접근한다는 것은 공산주의의 동학이란 영역을 완전히 —— 그리고 적절한 용어로 —— 해독한다는 것을 함축한다. 그것은 막연히 계급 구성 및 생산양식의 변화를 추적하는 문제가 아니며, 정태적 분석에 특권을 부여하는 길이 아니다. 정태적 분석에서는 노동자 행동의 모든 변화는 일정한 범주들을 추상적으로 실체화한다. "방법에 마법을 걸어라, 연구를 동결하라." 또한 그것은 가치법칙의 위기에 대한, 그리고 권력의 연쇄를 전체 사회에 전체주의적으로 확장하는 것에 대한 객관적 규정에 만족하는 문제도 아니다. "내 죽은 뒤에 홍수가 나든 말든 될 대로 되리(After me, the flood)!" 맑스는 그것을 모두 의식하고 있었다. 『요강』에서 그는 문제를 제기하고 그 해결의 조건들을 규정한다. 해결의 요소들은 아직도 끔찍히 멀리 있을 수 있으며, 그의 접근법을 제한하는 어떤 것일 수 있다. 그럼에도 불구하고 결국 그 해답은 매우 정확하게, 그리고 매우 그럴듯한 근사치로서 제시되었다. 비록 그가 그것을 매우 결정적인 형태로 제시할 수 없었다고 할지라도, 맑스는 공산주의의 동학이란 문제에 대한 해답에 근접했다. 여러 가지 점에서 이것을 살펴보기로 하자. 『요강』에서 맑스는 처음부터 잉여가치라는 주제에서 시작하여 위기와 파국에까지, 적대가 착취의 제범주 각각을 횡단하여 역사적 닻을 찾는 계기까지 나아간다. 그 다음에 자신의 분석을 두번째로 전개한 뒤, 맑스는 유통이라는 주제를 통해 거대한 적대적 사회세력들이 작용하여 공산주의의 최종적인 폭발에까지 이른다는 것을 보여 준다. 두 가지 측면에서 이것은 아직 추상적인 담론이다. 공산주의에 도달하기 위해서는 두 가지 측면에서 도약이 있어야만 한다. 추론의 두번째 국면에서처럼 경로에 대한 전망이 주체화될 때조차도, 그것은 비결정성의 승리다. **맑스는 이런 한계를 의식하고 있으며 그것을 넘어서기를 원한다.** 만약 그가 그것을 넘어서지 못하면 그의 이론적 접근 전체는 객관주의 즉 『자본』조차도 면제받지 못한 방법의 왜곡에 빠질 위험이 있다. 분석이 도달한 비결정성이 해결의 부재를 야기해서는 안된다. 이제 잉여가치과정과 그것의 엄청나고 가증스런 착취량(그리고 그것이 야기하는 적대의 극단적인 논리)을 한데 결합시키기로 하자. 맑스는 그것을 다른 과정, 즉 자본 및 전체적 노동력의 유통 안에서 나타나는 사회화 과정과 결합시키기로 하자고 말한다. 그 적대는 사회적인 것이 되어야만 하며, **전체적인 노동력**은 자본주의 발전에 대항하는 **혁명계급이 되어야 한다.** 『요강』의 마지막 부분을 통해서 맑스는 이러한 새로운 설명 수준에 도달하려고 무척 애를 쓴다. 우리는 즉각 그 결과는 완전히 만족스러운 것은 아니라고 말할 수 있다. 우리는 그 이유를 살펴볼 것이다. 그러나 그 결과들은 적지 않게 일관되어 있다. 사실 여기에서,

이 분석 단계에서, 자본측에서는 이윤의 범주가 형성되고 노동자계급측에서는 사회적 적대와 자기가치증식이라는 범주들이 출현하기 시작한다. 이 과정 안에서 우리는 공산주의의 동학이라는 문제를 —— 맑스와 우리 자신을 위해서 —— 올바르게 다룰 수 있다. 맑스 자신이 단지 부분적인 결과만을 성취했다는 사실이 우리를 가로막아서는 안 된다. 오히려 반대로 그것은 그의 가설을 따라가도록 우리를 자극해야만 한다.

프롤레타리아적 주체성의 전망 안에 착취와 유통이라는 주제를 결합하는 것은 공산주의의 동학이란 문제를 해결하기 위한 근본적인 이론적 조건을 이룬다. 이미 자본의 전망 안에서, 맑스는 이 방향으로 나아갔다. 우리가 제5강의에서 보았듯이 이윤 범주 —— 이것에 관한 가장 발전한 규정은 우리가 지금 살펴보고 있는 페이지들에서 발견할 수 있다 —— 는 잉여가치론을 유통론과 밀접하게 접합하는 것에서 도출되었다. 착취의 **평균화**(Ausgleichung), 착취의 평균으로의 내적 균등화, 이 양식 안에서 자본주의 발전 법칙을 구성하는 것은 사회적 회로, 혹은 더 나은 표현을 쓰면, 자본주의적 생산의 사회화라는 회로 안에서 나타나는 착취관계의 팽창에서 생겨난다. 전복 및 프롤레타리아적 자기가치증식의 **평균화**도 똑같은 경로를 취함이 분명하다. 그러나 그 방향은 다르다. 그리고 이러한 전도를 고려하는 것은 오직 시작일 뿐이다. 두 가지 길, 자본의 길과 프롤레타리아트의 길 사이에는 상동성이 존재할 수 있는 가능성이 없다. 이것이 적대의 논리를 결정한다. 전도의 계기는 모든 상동성의 가능성을 파괴해 버리며 절대적인 다양성을 해방한다. 하지만 우리는 이러한 전도의 계기를 검토해야만 한다. 우리가 보았듯이, 그것은 착취법칙이 유통 속으로 해체되는 곳, 그리고 생산적 순환이 사회적 주체들 간의 적대로 전화되는 곳에서 나타나고 또 거기에서만 나타날 수 있다는 것이 중요하다. 맑스는 —— 자신의 기획의 역사적 한계 안에서, 그러나 자신의 특징인 탐색과 예상의 힘으로——그 두 영역으로 나아갈 수 있었다. 그는 첫번째 문제(다시 말해서 생산적 순환을 구성하는 문제)를 완전히 해결하며 두번째 문제(사회적 수준에서의 적대 문제)에 대한 해답에 접근한다. 그가 첫번째 문제를 해결했다면, 그것은 그가 사용하고 있는 이론적 토대가 이윤의 문제를 제기하는 데 기여하는 것과 동일하기 때문이다. 그가 두번째 문제에 대한 해답에는 단지 **접근**만 할 수 있었던 것은 이 점에서는 그러한 이론적 토대만으로는 충분하지 않기 때문이다. 누군가가 주어진 것에 의거하여 프롤레타리아적 주체의 독자성을 규정하는 수단들을 축적할 수 있다면, 맑스가 그것들을 축적했다. 그러나 여기서 더 나아가기 위해서는, 우리로 하여금 **문제를 완전히 대체하도록**, 그 주제를 완전히 발전시키도록 **할 수 있는 성숙한 혁명적 실천**만이 있을 뿐이다. 경향은, 추상이 스스로를 결정하려고 하는 것과 똑같이, 구체적 결정성 속에서 스스로를 입증하기를 원한다. 계급투쟁의 경험에 대한 역사적 한계들은, 경향이 스스로를 입증하는 과정을 멈추게 한다. 그럼에도 불구하고 분석의 힘은 경향을 전진시킬 수 있으며 현실 안에서 그것을 도발적으로 폭로할 수 있어서, 노동자들의 투쟁이 맑스가 지적한 충분히 결정된 범주, 즉 '색다른' 노동자들의 운동이라는 범주를 실현하는 데에는 아주 작은 것만이 필요하게 될 것이다. 하지만 나중에 이 문제를 다시 다루기로 하자.

유통과는 부정적인 관계에 있는 화폐. 맑스가 이 주제를 도입하기 시작했을 때 그는 즉시 그것이 아주 중요하다는 것을 알았다. 첫번째 해석에 따르면, 이것을 인정하는 것은 유통이 화폐에 충분한 것이 아니라는 것, 화폐는 유통과 유통의 의미를 고갈시키지 않는 관계를 유지한다는 것을 의미한다. 사실 유통은 생산의 매개다. 이런 의미에서 화폐는 **'생산의 도구'**로서 긍정적으로 제시된다. "유통은 더 이상 그것의 단순성 속에서 양적인 교환으로 나타나는 것이 아니라, 생산 즉 실제적 물질대사 과정으로 나타난다. 따라서 화폐 그 자체는 이러한 생산과정의 특수한 한 계기로서 규정된다."(『요강』, 217;130) 그러나 여기에 탐구해야 할 두번째 논점이 있다. 부정적인 화폐가 긍정적으로 된다. 더군다나, 이러한 변형이 유통의 일반 개념을 변화시키는 것이 분명하다. "그 과정의 일관된 연속성, 가치의 한 형태에서 다른 형태로의, 혹은 그 과정의 한 국면에서 다른 국면으로의, 자유롭고 유동적인 이행은 이전의 다른 모든 생산형태들에서보다 훨씬 더, 자본에 기초를 둔 생산에 대해 근본 조건으로 나타난다."(『요강』, 535;433) 이런 상황에서 자본의 힘은 믿을 수 없는 유동성, 호환성, 창의성을 보인다.

모든 것에 앞서, 객관적인 관점에서 보았을 때, 자본 그 자체의 전망 안에서.

> 그러나 전체 유통으로서의 자본은 **유동자본**이며 한 국면에서 다른 국면으로 움직이는 과정이면서, 동시에 각각의 국면 안에서 특정의 측면에서 제시되고 특수한 형태로 한정되는데, 이것은 전체 운동의 주체로서 스스로에 대한 부정이다. 그러므로 자본은 자신의 특수한 국면들 각각에서 모든 다양한 변형들의 주체로서 스스로에 대한 부정이다. 비유통자본. **고정자본**(fixed capital)은 실제로는 **고정된**(fixated) 자본, 자본이 통과해 나가야 하는 상이하고 특수한 측면들, 국면들 중 하나에 고정된 자본이다. 그것이 이러한 국면들 가운데 하나에 존속하는 한── 국면 그 자체가 유동적인 이행으로 나타나지 않는 한──, 그리고 그것들 각각이 나름의 지속 기간을 지니는 한, 그것은 순환하는 것이 아니라 고정되어 있다. 그것이 생산과정에 머무는 한, 그것은 유통할 수 없다. 그리고 그것은 거의 평가절하된다. 유통과정에 머무는 한, 그것은 생산할 수 없으며 잉여가치를 산출할 수 없고 자본으로서 그 과정에 참여할 수 없다. 그것이 시장으로 옮겨질 수 없는 한, 그것은 생산물로서 고정되어 있다. 그것이 시장에 머물러야

하는 한, 그것은 상품으로서 고정되어 있다. 그것이 생산 조건과 교환될 수 없는 한, 그것은 화폐로서 고정되어 있다. 마지막으로, 만약 생산 조건들이 조건의 형태로 남아 있고 생산과정 속으로 들어가지 않는 한, 그것은 또다시 고정되며 평가절하된다. 모든 국면들을 거쳐 운동하는 주체로서, 운동하는 통일체로서, 유통 및 생산의 과정에 있는 통일체로서, 자본은 **유동**자본이다. 자신의 국면 가운데 어떤 것에 한정된, 자신의 **분절** 속에 설정되어 있는 자본은 **고정된** 자본, **긴박된** 자본이다. 유동자본으로서 자본은 스스로를 고정하며, 고정된 자본으로서 자본은 유통한다. (『요강』, 620~621;514~515)

이제 주체적 관점에서 무엇이 도출되는가를 보기로 하자. 사실 여기에서 자본은 주체로서, 역동적이고 창조적인 통일체로서 나타난다. **그러나 자본은 관계다. 이 관계 안에서, 프롤레타리아적 적대는 완전한 주체성을 획득하기 위하여 스스로를 발전시켜야만 한다.** 자본의 생산에 의한 유통의 포섭은 동일한 수준에서 적대를 해방해야만 한다. (우리가 제6강의에서 검토한 바 있는) 이러한 사회화의 조건들에다 우리는 **다른 주체, 곧 프롤레타리아적 주체의 출현은 유통의 전체 국면으로 스스로를 확장할 수밖에 없다는** 것을 추가해야만 한다. 그와 동시에 프롤레타리아적 주체의 운동은 그것이 직면하는 자연적, 역사적 힘의 복합적인 동학을 발생시킨다. 당연히 이것은 일반적인 규정이다. 그러나 이것은 안정된 규정이다. 이런 사회화 정도에서는 생산은 유통과 깊이 혼합되어서, 그 힘들은 그 사회적 효율성이 계속해서 증대되는 자본주의적 관계를 구성하게 된다. 바로 이 단계에서 프롤레타리아적 주체도 사회적인 차원을 띠게 된다.

만약 사회적 생산이 유통을 포섭하고 그것을 생산적인 유통으로 제시하게 되면——따라서 이 수준에서 노동계급운동에 대한 똑같이 심오하고 광범위한 인식을 제안한다면——, 요컨대 그것 모두가 주어졌다면, 우리는 맑스가 어떻게 이 캔버스 위에서 작업하는지, 그리고 우리가 제기한 근본적인 문제에 대하여 그가 어떤 결과를 도출하는지 살펴보아야만 한다. **그러면 적대 수준에 따라 독립적이 된, 사회화된 계급에게 확장 영역이 존재하는가?** 맑스가 이 문제를 해결했다고 말하는 것은 (우리가 취소했듯이) 허위일 것이다. 그러나 그것이 맑스가 끊임없이 그것에 근접한다는 것, 그가 특별히 그것을 찾고 있다는 사실을 없애지는 못한다. 더군다나 이 연구의 결과는 사실 부분적인 것이다. 그러나 우리는, 우리가 본질적으로 부정적인 근사치를 가지고 있다 해도, 그것들이 무엇보다도 사회화된 자본이 야기한 새로운 모순들에 대한 분석에서 형성된다 해도, 이것들은 잔여적인 결과들이 아니라는 것, 단순히 자본 및 그것의 발전에 대한 긍정적 규정의 부정은 아니라는 것을 덧붙여야만 한다. 이것들은 분산된 요소들이지만, 그럼에도 불구하고 우리가 모순들을 통해서 파악하기 시작한 냉혹한 계급 현실의 진정한 요소들이다. 그것들이 일회적인 성격을 지녔다고 해서 의미가 없어지는 것은 아니다. 따라서 지금은 생산적 유통의 면전에서, 그리고 그 안에서 주체——프롤레타리아적 주체——가 어떻게 자율적인 공간과 동학을 획득하는가를 검토할 시간이다.

우리가 주의할 필요가 있는 **첫번째 논점**은 맑스가 생산적 유통에서의 교환가치와 사용가치의 모순에 대해 검토한 것이다. 그는 이렇게 지적한다.

> 가치가 그 안에 존재하는, 혹은 이제 자본의 몸(body)으로서 나타나는, **사용가치의 특수한 성격**은 여기서 스스로 자본의 행동 및 **형식의 결정인자**(determinant)로서, 다른 자본에 비하여 어떤 특정 자본에 특별한 재산을

> 부여하는 것으로서, 그것을 특수화하는 것으로서 나타난다. 우리가 이미 여러 사례에서 보아 왔듯이, 단순유통에서는 특징적인 경제적 형태의 바깥에 위치하는—— 그것이 거기에서 실현되는 정도에서 —— 사용가치와 교환가치의 구분이 일반적으로 그 형태의 바깥에 위치한다는 것을 간과하는 것은 아주 잘못된 것이다. (『요강』, 646;539~540)

우리는 이 분석을 구체화해야만 한다.

> 동일한 관계가 때로는 사용가치의 형태로 때로는 교환가치의 형태로 나타난다. 그러나 그것은 상이한 단계에서 상이한 의미를 지니고 나타난다. 사용하는 것은, 생산을 위해서든 소비를 위해서든 소비하는 것이다. 교환은 사회적 과정을 통해 이러한 행위를 매개하는 것이다. 사용은 교환의 단순한 결과로서 제시될 수 있으며 그것의 결과일 수 있다. 그런데 또다시 교환은 사용의 한 계기로만 나타난다. (『요강』, 647;540)

요약하면, "사용가치 자체가 경제적 범주 역할을 한다." (『요강』, 646;540) 이처럼 넓어진 사용가치의 활동 영역에 대해서 우리는 어떤 의미를 부여해야 하는가? 그것은 분명히 —— 프루동 씨와 그의 사회적 감상주의자들이 그러기를 원하는 것처럼 —— 이런 사회화 수준에서는 교환가치와 사용가치가 동일하다고 인정하는 것은 아니다. 반대로 자본주의적 유통의 사회적 확장은 교환가치와 사용가치가 무엇보다도 모순적인 것으로, 항상 모순적인 것으로 나타나도록 만든다. 이러한 역동적인 모순의 가장 중요한 사례는 제7강의에서 상세히 검토한 소규모 유통에 관한 장에 서술되어 있다. (『요강』, 673~678;565~571) 그러나 우리가 이미 보았듯이 이 관계는 또한 적대적인 것이 될 수 있다. 사실 여기서 자본주의적 재생산은 이중적 운동 —— 한편으로는 가치증식을 통한 재생산,

그리고 다른 한편으로는 노동계급이 스스로에게 그리고 스스로를 작동하는 재생산——에 종속되어야 한다. 원리상 모순적인 차이는 전개됨에 따라 적대적인 것으로 될 수 있다.

적대의 가능성은 언제 현실화하는가? 내가 보기에는 이러한 발전은 맑스가 모순에 대한 분석을 계급 구성의 성격, 착취의 질적 성격에 대한 문제로 되돌아갈 때 나타나기 시작하는 것 같다. "자본에 기초를 둔 생산에 관해서 말하면, 필요노동의 최대한의 절대적 양은 잉여노동의 최대한의 상대적 양과 더불어 절대적이라고 간주되는 하나의 조건으로 나타난다."(『요강』, 608;502) 문제가 되는 것은 잉여가치량과 잉여가치율 간의 관계다. 그것은 (우리가 제5강의에서 보았듯이) 위기라는 주제에 완전히 본질적인 관계다. 자본은 자신의 힘을 최대한으로 확장하도록 (전유법칙으로서) 이윤법칙으로부터 압력을 받는다. 그러나 그와 동시에 자본은 스스로가 착취의 반격(countercoup)에 시달릴 정도로 완전히 노출되어 있음을 안다. 법칙이 '경향'이라는 추상적 지평에서 완전히 사라져서, 투쟁중인 계급들 사이의 역사적 관계들, 필요노동, 그것의 대량화(massification), 필요노동의 규정과 사용가치 사이의 접합의 수준으로 하강할 때, 이런 것 모두는 우리의 관계를 완전히 주체화한다. 법칙은 관계에 최대한의 주체적 강도를 부여한다. 우리가 추적해 온 많은 실마리들——필요노동, 사용가치, 가치법칙의 소멸에서 도출되는 부정적 결정을 포함하여——이 여기서 결합하기 시작한다. **이 수준에서 자본주의적 관계는 힘의 관계로 환원된다.** 자본이 가치법칙을 부과할 수 없고 따라서 자신의 정당성을 재확증할 수 없기 때문만이 아니라 무엇보다도 그 관계를 구성하는 노동계급측이 스스로를 주체화하고 적대적인 세력으로 부상하기 때문이다.

이제 우리는 **세번째 논점**을 고찰해야만 한다. 그것은 우리로 하여금 이러한 사회화 단계에서의 노동자계급의 구성 문제에 대해서 진전을 이룰 수 있도록 해주기 때문에 중요한 요소다. 이제 맑스는 이 분석 단계에서, 유통과 생산의 강력한 상호 침투가 현존하는 가운데, 그렇게 극적으로 강화된 적대 앞에서 무엇이 일어나는가를 스스로에게 묻는다. 강조해야 할 가장 중요한 현상은 이런 조건들 안에서 등가물이 하는 매개의 기능이 축소된다는 것이다. 항상 유통시간을 생산에 대한 장애로 생각했던, 항상 생산시간과 유통시간의 모순을 극소화하려는 경향을 지녔던 자본은, 게임을 계속해야만 할 필요가 있는 한편, 이러한 해결의 치명적 성격을 보여 주는 힘관계 안에 갇혀 있음을 발견하게 된다. "유통시간을 영으로 만드려고 하는 것이, 즉 그것 자체를 없애려는 것이 자본의 필연적인 경향이다. 왜냐하면 유통시간을 생산시간의 결정적인 한 계기로 설정하는 것은 자본 그 자체이기 때문이다."(『요강』, 629; 522) 수직적 등가성이 착취를 지배해야 하는 것과 마찬가지로 수평적 등가성이 유통을 지배해야만 한다. 우리는 두 길을 동시에 따라갈 수 없다. 생산과 유통의 동시성, 생산에서의 적대는 등가성에 기호를 부여하는 것을 불가능하게 만든다. 두 길은 이런 모순들에 영향을 미칠 수 있는 모든 통제 기능을——특히 화폐의 통제 기능을——그것들이 적대적으로 되기 전에 파괴한다(이 주제에 관해서는 『요강』, 659 이하; 551을 보시오). 거꾸로, 우리가 보았듯이 스스로를 사용가치에, 그리고 필요노동의 대량화에 뿌리박고 있는 반대의 힘은 여기서 집단적 해방의 엄청난 공간을 발견한다. 자본주의적 통제가 지닌 좀더 강제적이고 효율적인 측면——등가물들의 사용에 의한 불평등의 결정화라는 측면——은 소멸해 버린다.

그러나 이것으로 충분하지 않다. 여기서 새로운 모순이 출현한다. 우리는 고정자본이 사회의 총체성을 재생산하는 잠재력을 지니고 있다는 것을 안다. 또한 우리는 그것이 사용가치로서 유통 속으로 들어가지 않는다는 것도 안다. (『요강』, 717; 604) 또한 우리는 고정자본이 자본주의 사회의 모든 재생산 기제를 위계적으로 지휘하고 조직하며 기능하도록 한다는 것도 안다. 그러나 또다시 우리는 이러한 재생산이 인간 욕구의 압력하에서만 가능하다는 것도 안다.(『요강』, 741~743;629~630) 이제 우리가 도달한 지점에서는 이런 관계들이 불가능하게 된다. 왜냐하면 한편으로 자본은 더 이상 발전(등가성)을 해석하는 해결책을 가지고 있지 않기 때문이고, 다른 한편으로 노동자들의 사용가치가 자신들의 주체성에 대한 감각을 발전시킴에 따라 매우 강력하게 적대적으로 되기 때문이다. 고정자본은 스스로를 노동자 주체성에 대한 적으로 대립시킨다. 긴장은 최고도에 달하며 고정자본은 각각의 적대자가 상대방을 압박하는 장소인 투쟁의 이론적 기초가 된다. 처음에는 오직 가능성만으로 나타났던 모순이 스스로를 적대로 전화시킬 정도까지 자신의 실재성을 보였다. 적대의 조건들은 폭력에 대한 예상으로 인해 경직되며 그에 따라서 자신들의 기초로서 적의 배제를 포함하게 된다.

이제까지 우리는 잘 전진해 왔다. 우리는 어떻게 공산주의의 동학이 성숙한 자본주의 발전의 모순들 속에 독자적 과정으로 존재하게 되는가를 알기 시작했다. 공산주의의 동학은 성숙한 자본주의 발전의 위기에서 가능하게 된——수동적으로, 단순히 그것의 공간만을 허용받은——주체성의 출현에 근거를 두고 있다. 그러나 그것은 또한 이 위기 속에서 스스로를 확장하고 풍부하게 만들 수 있는 가능성을 발견한다. 자본주의적 생산이 사회를 장악하면 생산과 유통의 연계를 엉키게 만든다. 유통과 생산은 조금씩 생산 및 재생산의 방식 속에서 서로를 함축하는 개념이 된다. 자본관계가 지닌 사회적 적대는 궁극적으로 폭발하여 이 꽉 짜인 세계를 파열시킨다. 노동계급의 개념과 실재는 대체되며 이러한 폭발이 일어나는 수준에 도달한다. 단순히 '노동자'와 '프롤레타리아' 사이의 새로운 적대만이 아니라 프롤레타리아계급의 구성도 대체된다. 이 공간 안에서 발전하는 것은 그 계급의 집단적 구성 과정이다. 오직 하나의 통일체로서 재구성됨으로써만이 그것은 의미를 갖게 되는 것이 분명하다. 이런 모든 측면들이 통일되는 복합적이고 주체적인 방식만이, 적대 및 그것의 폭력성이 지닌 시간적 적절성만이 이러한 것을 출현시켜 총체적으로 발전하도록 한다. 그러나 이것이 우리가 이미 『요강』에서 지적한 바 있는 상이한 이행들을 따라가서는 안 된다는 것을 의미하지는 않는다. 프롤레타리아계급의 보편적 개인은 여기서 사용가치를 통하여 스스로(그/그녀)를 증식하고 그럼으로써 필요노동의 가치를 매우 견고한 수준으로 대량화하며 높이는 활동으로 나타나기 시작한다. 그/그녀의 힘은 스스로 모든 자본주의적 등가의 법칙들의 종언을, 착취를 합리적으로 신비화할 가능성의 종언을 포함하고 있다. 마지막으로, 여전히 『요강』에서, 보편적 개인을 구성하는 과정은 고정자본의 작동과 전면적으로 갈등적인 관계 속에 모습을 나타낸다. 고정자본은 누가 그것을 통제하느냐, 누가 고정자본이 사회를 재생산하는 데에 필요로 하는 매개물을 지배하느냐를 결정하는 문제이다. 사회적, 보편적 개인이 스스로(그/그녀)를 구성하는 동일한 과정 속에서 그/그녀는 이러한 지배의 능력과 힘을 보여 준다.

자본주의적 과정의 전도——이것은 공산주의를 규정하기 위하여 맑스주의적 방법이 필요로 하는 것이다——가 이루어지면, 그리고 그것이 그 구성 과정의 지평을 침범하면, 공산주의는 구름 속에서 나오기 시작한다. 보편적 개인은 더 이상 인간주의적 향수병의 결과로서 나타날 수 없다. 그/그녀는 유물론적 과정의 산물이며 따라서 우리는 모든 질적 도약, 주체의 모든 질적 심화를 이 분석의 유물론적 성격에 관련지어야만 한다. 마지막으로 언급하자면, 이 과정에는 '사회주의적인' 것은 아무것도 없다. 사회주의에는 오직 성숙한 자본주의의 발전이 있을 뿐이다. 공산주의는 '그것에 뒤이은 시기에' 도래하는 것이 아니라, 막대한 힘을 지닌 적대 및 현실적 억압을 구성하는 과정으로서 동시(대)적으로 등장한다.

그럼에도 불구하고 우리는 근사치에 머물러 있다. 이 말은 맑스가 우리에게 자신이 나아간 것 이상의 길을 보여 준다는 의미다. 그가 제시하는 이론적 요소들은 체계적으로 발전된 것이라기보다는 퉁겨져 나온 생각들이다. 전도에서 구성으로 가는 이 길이 근본적으로 중요하다고 하더라도 그렇다. 이런 관점에서 보았을 때 맑스주의 사상이 지닌 가장 일관된 한계는 아마도 방법론적인 차원의 한계일 것이다. 이것은 잉여가치론과 생산적 유통론이 지닌 이러한 가공할 만한 통일이 그 자신의 조건들을 완전히 대체하지 못한다는 것을 의미한다. 이러한 거대한 이론적 계기를 만날 때마다 우리는 엄청난 중력이 우리를 끌어당겨 우리가 종합의 특성을 파악해 나가는 것을, 그것을 구성하는 요소들에 대한 새로운 이해에 도달하는 것을 방해한다는 느낌을 받는다. 그리하여 우리가 마침내 그 구성 과정의 일부를 횡단했다고 생각할 때마다, 우리는 맑스가 그와 동시에 우리에게 잉여가치론에 대한, 혹은 생산적 유통론에 대한 새로운——비상한 수준에서 이론적 개선을 이룩한—— 그림을 보여 주고 있다는 것을 발견하게 된다. 대체는 스스로를 의식하지 못하며 결과는 홀로 존립하지 못한다. 그럼에도 불구하고 맑스는 새로운 서술(neue Darstellung)의 수단을 가지고 있으며, 자신의 연구 토대를 변화시키고 자신이 찾던 목표를 달성할 수 있도록 해주었을 이러한 용어의 대체 작업으로 빨려 들어갔다. 그의 변증법적 논리가 분리의 논리로 대체되었고 그것이 그로 하여금——임금, 소규모 유통, 욕구의 테제 들에——주체의 적대적 형상을 구성할 수 있도록 해주었던 것과 마찬가지로, 주체성과 주기(cycle)의 관계, 가치법칙에서 자기가치증식의 법칙으로의 이행, 가치법칙을 넘어서는 작동 속에 포함되어 있는 모든 가능성의 고갈, 이런 모든 것들은 나타날 수밖에 없었으며 이론적으로 가능할 수밖에 없다. 그리고 우리가 보아 왔듯이 그것은 부분적으로 그랬다. 그러나 완전하게 그러지는 못했다. 사실 맑스주의의 방법은 역사적으로 가능한 경험의 한계 안에 남아 있다. 그리하여 그것이 이끌어 내는 가장 발전된 이론적 형상도 그 한계 안에 남아 있다. 우리가 이미 '임금에 관한 책'에 대해서 언급했듯이, 그리고 여기서 **공산주의적인 사회적 개인의 구성에 관한 책**과 관련하여 더욱더 그렇듯이, **더 이상의 이론의 발전을 가로막는 것은 바로 노동자조직(화)의 지체다.** 우리는 맑스가 공상주의에 빠질 것을 두려워한다고 의심할 수 있다. 이론과 조직의, 이론과 가능한 조직의 불균형을 두려워한다고 의심할 수 있다.

이 주제에 대한 두 가지 언급이 가능하다. **첫째,** 우리가 이미 제1강의에서 말했던 것에 대한 새로운 입증, 즉 맑스에게는, 그리고 무엇보다도 『요강』에는, 실천에서(실천적 입증 가능성에서) 라기보다는 조직에서(조직으로 전환될 가능성에서) 유리된 이론적 태도는 결코 없다는 것이다. 만약 우리가 맑스가 작업했던 정치적 조건들을 기억한다면, 이것은 어리석은 것으로 보인다. 하지만 사실이 그랬다. 우리가 해야만 할 **두번째** 언급은 방법에 함축된 한계에 관한 것으로서 여기서도 역시 비상한 이론적 결과를 가져오는 것이다. 자기가치증식의 과정 및 공산주의적 개인의 구성 과정은 담론의 일반적 용어들뿐만 아니라 담론 전개의 중심적 동력도 대체한다. 이것은 구성이라는 주제가 우리로 하여금 프롤레타리아 행동의 구체적 결정성, 즉 프롤레타리아트의 집단적인 실천이 이론적 동력이 되는, 이론적 명제의 바탕이 되는, 자유 및 자기 표현의 비상한 힘을 지닌 주체가 되는, 그런 이론적 국면으로 들어가도록 강제한다는 것을 의미한다. 이러한 이론적 대체 단계에서 변하는 것은 전제다. 만들어지는 것은 주체의 변화다. 이런 변화를 구체적으로 경험하지 않고서는 단순한 암시를 넘어서는 것이 불가능하다. 우리는 맑스가 이러한 이론 전개에 관한 명확하고 첨예한 의식을 가졌다고 말하고 싶지 않을지도 모르며 그럼으로써 어떻게든 그의 한계를 정당화하기를 원할지도 모른다. 반복하지만 이런 한계는 조직의 지체에서 오는 것이다. 게다가, 우리가 보았듯이, 맑스의 이론적 상상력은 이것을 훨씬 뛰어넘었다. 이렇게 말했다고 하더라도 이 과정에서 새로운 서술 ── 이제부터는 공산주의적 집단적 개인의 구성으로 무르익은 ── 은 더욱더 자기 표현 (Selbst-Darstellung)으로 전화되어야만 한다.

다시 맑스주의 사상이 지닌 이러한 한계로 되돌아가기로 하자. 맑스가 생산과 재생산을 가장 밀접하게 결합할 때조차도 그는 사회적 노동과정을 충분히 명시적으로, 아주 구체적으로는 보여 주지 못한다. 생산과 재생산의 관계는 아직도 상당히 포괄적인 것으로 남아 있다. 즉 맑스는 체계가 어떻게 스스로를 재생산하며 어떻게 그 적대가 스스로를 재생산하는가를 전체적으로 보여 준다. 하지만 그는 결코 생산적 유통의 이 단계에서 노동과정의 성격을 검토하기 위하여, 그리고 생산적 노동의 성격을 검토하기 위하여 다시 하강하지 않는다. 이제 잠시 멈추어서 이 생산적 노동이라는 개념을 검토해 보기로 하자. 우리는 종종 맑스가 말했던 것을 검토할 기회를 가졌다. 생산적 노동이란 잉여노동을 생산하는 노동을 말한다. 우리는 이 점에 대해 동의한다. 문제는 우리가 어디서 잉여가치를 발견할 수 있느냐, 그리고 그것의 생산회로는 무엇이냐를 알고자 할 때 발생한다. 이제 생산과 재생산이 서로 밀접하게 결합된 이상 우리는 생산적 노동과 재생산적 노동을 구별할 수 없게 된다. 생산적 유통은, 사회적 자본의 일관작업대(assembly line)에서, 직접적 혹은 간접적으로, 무매개적 혹은 매개적으로, 생산적이라고 규정된 모든 노동을 결합시킨다. 여기서 맑스의 분석에서 첫번째 범주인 평균적인 사회적 추상노동은 스스로를 대체하여 매우 밀도 있는 역사적 차원, 구체적인 차원을 취하게 된다. 그리고 이것 자체가 공산주의적인 보편적 개인을 구성하는 요소다. 생산적 노동 개념 및 그것의 실재를 유통, 재생산으로까지 확장하는 것은 공산주의적 주체라는 역사적 개인성을 구성하는 과정이 지닌 역사적 성격뿐만 아니라 다중적인 다양성의 출현을 강제한다. 맑스가 도달한 이론적 수준, 규정 속에서 이 과정이 그로 하여금 그러한 확장을 수행하도록 했다. 사실 생산적 노동에 대한 맑스주의적 규정은 환원적 규정이며 육체노동에 대한 사회주의적 가치 판단(axiology)과 연관되어 있다. 이론적 조건이 변했을 때조차 그것은 이러한 가치 판단에 의해 조건지어진 채로 남아 있다. 그리고 그것은 아주 깊이 뿌리박힌 것이다. **혁명계급**에 대한 규정을 가능하게 할 수 있는 오직 단 한 번의 **생산적 노동** 개념의 **완전한 대체**가 있었다. 이 개념을 규정하기 위하여 이러한 사회주의적 가치 판단을 보존하는 것은, 그 체계가 지닌 모든 다른 장치들이나 규정들이 전진적으로 대체되었음에도 불구하고, 솔직히 무용하며 무익했다. 맑스는 노동자운동의 한계가 끼친 유해한 영향을 감수해야만 했다.

그러나 다른 측면에서 생산적 노동에 함축되어 있는 이론적 가능성을 계속하여 검토하기로 하자. 생산적 유통을 통해 그것이 생산에서 재생산으로 발전하는 것은 공산주의적 사회적 개인을 **구성하는 실천**이 발전한다는 **소중한** 지표다. 이러한 발전 속에서 혁명계급이란 독자적으로 발전하면서 제형식 및 생산적 노동 제관계의 다중성을 포괄하는, 그리고 그것들을 자본주의적 가치증식에 대한 잠재적이고 대안적인 힘으로 축적하게 될 그런 범주일 것이다. 공산주의의 실현으로 귀결되는 해방 과정의 척도이자 공산주의의 내용이기도 한 **노동 거부**는 여기서 —— 그것이 생산적 노동의 보편성과 관련하여 설정되었을 때 —— 생산적 성격 또한 가지고 있는 것으로 나타난다. 이것은 착취의 보편성을 파괴하기 위하여, 그리고 자신의 창조적 에너지 —— 생산에서의 협동의 보편화, 생산의 연속적 대체가 낳고 엄청나게 확대시킨 창조적 에너지 —— 를 해방하기 위하여 자신의 확대된 힘을 행사하기 때문이다. 혁명계급은 자기가치증식에 의해 중요성을 띠게 되는데, 이 중요성은 강력하고 포괄적이기 때문에 혁명계급을 발전 및 발전의 완전한 전도가 가져온 결과인 것처럼 보이게 한다. 글자 그대로의 의미로 받아들인 보편적 개인에 대한 맑스주의의 규정이 지닌 추상적이고 포괄적인 측면은 여기서 완전히 사그라진다. 우리는 여기서 맑스의 방법을, 글자 그대로는 아니더라도, 완전히 회복할 수 있게 된다. 그것은 우리로 하여금 생산적 협동의 심화를 분석하게 하고, 항상 집단적 힘을 구성적 실천으로서 생각하도록 이끄는 것이 된다. 이론적 틀의 가공할 만한 확장, 전 사회의 적대를 고려할 수 있는 만큼의 확장으로, 협동의 심화 및 창조적인 동시에 파괴적인 협동적 힘의 표출을 향한 분석의 강도를 그 자신의 분석 속에서 결합할 수 없는 것처럼 한순간은 보였다. 그러나 이제 이러한 일탈을 교정하는데 필요한 모든 조건이 존재하며 또한 활성화할 수 있다. 이런 의미에서 나는 맑스가 공산주의의 동학에 대하여 내린 정의가 새로운 방향으로 나아간다고 생각한다. 자본주의 발전의 모든 조건을 전체적으로 대체하는 것은 동시에 주체를 구성하는 모든 조건을 대체하는 것임이 틀림없다. 이것은 더 이상 단순히 적대적인 극으로 나타나지 않는다. 오히려 그것은 혁명계급, 부, 그리고 자기가치증식으로 나타난다.

공산주의를 구체화하는 것, 그것을 맑스가 했던 것보다 더 완전하게 역사적인 힘으로 만드는 것은 오늘의 기획이다. 오늘날에는 자본주의 발전의 조건 및 노동자조직(화)의 조건이 성숙했다. 그것은 오늘날의 기획이지만 여전히 맑스의 이론에 기초한 기획이다. 우리는 이것이 현실의 운동이 그리는 궤적이라고 상상할 수 있다. 구성하는 과정 —— 공산주의의 동학 —— 으로의 이행에 관한 담론 속에 포함되어 있는 공산주의의 지표를 변형하는 것은 오직 현실 운동뿐이다. 공산주의에 대한 규정을 구체화하려는 충분히 발전된 노력에 실재성을 부여하는 것은, 맑스가—
—역동성, 경로, 계급을 통해——규정한 경향들의 성숙이자 그 이상의 자본주의 발전이다. 우리가 여기서 정통 정치적 맑스주의의 역사에서 발견할 수 있는 것과 같은 이행의 명제를 고려하고 있지 않다는 것은 명백하다. 여기서 정치 비판은, 맑스가 언젠가 다루었을 것이 분명한 영역을 표상하는 것이 결코 아니고, 미리 전제되어 있다. '정통적인' 이행은 순수하고 단순한 발명품이며 끔찍한 신비화다. 맑스주의 분석에서 공산주의의 동학은 자본주의적 지배의 총체성을 전 사회에 투여하고, 프롤레타리아트를 독립적이고 자유로우며 풍부하게 하기 위하여 지배의 총체성에서 그들의 주체적 지위를 접수하는, 적대적인 과정으로 나타난다. 횡단 경로는 반란의 계기들과 욕구 표출의 반복적이지만 지속적인 축적이 되며, 여기서 때로는 가치증식의 새로운 공간을 결정하고 장악하는 주체적인 기능들이 분배된다. 다면성, 차이는 프롤레타리아적 부의 발전이 지닌 실질적인 속성이다. 오늘날 우리 눈앞에는 높은 수준의 자본주의적 사회 통합과 풍부한 욕구, 그리고 프롤레타리아트에 대한 재전유의 운동들이 일어나고 있다. 바로 이 수준에서 우리는 맑스주의의 길을 다양화할 수 있다. 그리고 우리는 거기에 와 있다. 그것을 인식하는 욕구와 힘을 가지는 것으로 충분하다. 그것은 계급들간의 영구적인 전쟁의 근원이며 아마도 각 지점에서는 구체적이지만 매우 먼 길이다. 프롤레타리아트에게서 이 과정을, 이 혁명의 길을 박탈할 가능성은 전혀 없다.

혁명에 대한 규정의 중요성을 최종적으로 회복한 혁명, 즉 집단적 주체라는 물질성에 기초한 혁명. 맑스주의 과학이 추구한 길의 불가역성은 계급 구성의 물질성에 뿌리박고 있으며 그 필연적인 전투——맑스가 말하는, 적에 대항한 단호한, '생사를 건' 전투——에서 그 물질성을 강화한다. 그것이 가능한가 아닌가를 발견하려는 영속적이고 지루한 논의는(그리고 그 결론은 항상 후자였다. 그것은 열정에 의해서가 아니라 추론에 의해서 도출한 것이었다) 종결되었다. 이제 내려야 할 결정은 없다. 우리는 혁명 속에 있거나 그렇지 않거나, 공산주의 속에 살거나 그렇지 않거나 둘 중의 하나다. 계급전쟁의 조건 속에서 결정은 앞으로의 일이다.

공산주의를 구체화(물질화)하는 것, 그것을 역사적 힘으로 만드는 것은 그러므로 공산주의의 동학이라는 맑스주의적 문제를 현실에서 해결하는 것이다. 우리는 이 문제를 다른 관점에서, 그리고 동일한 방식으로, 계급 구성의 측면에서 제시할 수 있다. 그것은 계급 구성이 어떻게 불가역적인 방식으로 공산주의운동의 방향을 결정할 수 있는가를 밝히는 문제다. 이제 모든 이론적 조건들은 결합되었다. 문제는 역사적 관점에서 제기되며 그리하여 우리는 문제를 ── 현재의 계급 구성 조건이 주어진 이상 ── 오직 스스로 계급의 역사적 발전에 대한 규정성을 회복할 수 있는 집단적 실천의 구성적 현상학을 통해서만 해결할 수 있다. 이 집단적 실천은 그것들을 찬양하기 위한 것이 아니라 자기가치증식과정에 대한 점점 더 구체화되어 가는 구체적 결정성들을 탐구하기 위한 것이다. 우리는 항상 노동계급 가치증식의 독자성, 자주성이라는 동일한 논점으로 되돌아간다. 자본은 그것이 출현하는 것을 지켜 본다. 자본은 그 안에서 위기를, 통제와 관련된 모든 범주들이 효율성을 상실하는 것을 설명할 수 있는 근본적인 해결책을 발견한다. 이러한 고찰을 노동자적 관점으로 되돌리는 것은 더욱 어렵다. 왜냐하면 여기서 부정적인 것, 파괴의 힘에 대해서 설명하는 것은 불충분하기 때문이다. 자기가치증식 자체의 발전을 설명할 수 있는 강력하고 합리적인 긍정성을 달성하는 것은 자기가치증식의 발전이란 부가 지닌 고유한 성질이다. 그리고 그것은 충족하기 어려운 요구다. 자본의 제한적 운동을 고찰하는 것, 전쟁중인 계급들의 접경에서 나타나는 전략을 규정하는 것이 더 간단하다. 그러나 자기가치증식의 바탕을 구성하는 뒤엉킨 전술적 이니셔티브들로 하강해야만 할 때, 우리는 단지 모호하고 분산된 규정들만을 얻을 수 있을 뿐이다. 어떤 긍정적 요소들은 순수하고 단순하게 주어진다. **첫째,** 계급 구성의 다면적이고 누적적인 성격이 그것이다. 자기가치증식 전략은 노동자들이 지닌 이런 수준의 사회성에서, 풍부하고 다양한 압력에서, 욕구와 행동에서 생겨나는 다양한 동학에 기초해야만 한다. 끊임없이 유통을 자본주의적으로 재구성하는 접합점들 각각을 공격할 수 있는 능력. 이러한 풍부성과 다양성이 스스로를 표출하는 방식은 자본에게 자신이 행사하는 통제에서 전적인 유연성을 부과한다. 그러나 주의할 것은 그런 유연성이 오직 자본측에만 있다는 것이다. 노동자측의 다양성, 다면성, 역동성, 풍부함은 유연하지 않으며 오히려 경직되어 있다. 그리고 그것이 명심해야 할 **두번째 점**이다. 스스로를 대체함으로써, 계급 구성의 영속적인 형성 과정 안에서, 이러한 발전의 결과로서 질적인 도약을 그리고 계급 구성 속에서 구체적으로 형성되는 모든 것을 형성하는 종합. 자본은 이러한 구성 과정을 통제하고 그것을 가로막을 수는 있지만 그것을 전도시키지는 못한다. 맑스가 변증법의 사회화라는 가설을 전개하면서 지적한 적대적 계급이라는 극의 개화의 계기, 이 계기는 필요노동의 실재 속에 구체적으로 각인된다. 마지막 **세번째**로, 우리는 계급 구성이 지닌 그 다면성과 경직성에다가 **계급 구성이 제시하는 최고 수준의 협동이 지닌 생산적 폭력성**이라는 하나의 보충적 요소를 추가한다는 것을 명심해야 한다. 우리는 마침내 형성된 계급 구성에다가 그것의 올바른 이름, 즉 공산주의적 구성이라는 이름을 붙일 수 있게 된다. 그것의 동학은 그 전제의 공산주의적 성격을 특징으로 하며 그것은 이러한 특성에 의해 끊임없이 활성화되고 확대된다. 그 어느 것도 프롤레타리아의 자기가치증식운동의 역사적 표현에서 폭력과 강령의, 전쟁과 목표 대중화의, 전위의 공격과 저항의 끊임없는 교체를 이 요소보다 더 잘 설명하지 못한다.

이 역동성의 성격을 좀더 잘 개괄하기 위하여 **계급의 적**(class enemy)**이 어떻게 행동하는가를 보자.** 계급의 적은 자기가치증식운동에서 프롤레타리아트의 사회적 협동이 취하는 자주성(autonomy)에 대해 민감하다. 그것은 아주 민감하여 이러한 모반을 고려하면서 지속적으로 자본의 준거틀과 전략적 전망을 수정한다. 자본은 사회화되고 분산되고 확대된 일관작업을 통해 사회적 틀을 지속적으로 재구성함으로써 노동자 이니셔티브의 다면성에 대응하려고 할 것이다. 그리하여 그것은 여러 불분명한 자극들을 결합시키려고 하지만 그것들을 해체함으로써 생산과 재생산으로 분절하고 만다. 그것은 순전히 인위적이고 정치적인 통제에 해당한다. 왜냐하면 우리가 두번째 점에서 보았듯이 자주성의 임계성은 삭감한다든지 후퇴한다든지 하는 모든 작동들을 저지할 것이기 때문이다. 자기가치증식 국면에서 노동자의 협동에 긴장을 조성할 수 없기 때문에 자본관계가 지닌 정치적, 폭력적 성격이 드러날 것이다. 여기서 자본은 힘에 대항하여 힘을 사용함으로써 폭력에 폭력으로 대립하는 것을 종결지으려는 시도에 한정되게 될 것이다. 내가 보기에 이러한 모든 것은 공산주의——계급 구성의 공산주의적 실재——가 이미 자본주의 발전이 취할 형태들을 예상하며 그것들을 조건짓는다는 것을 보여 준다. 여기서 맑스가 지적했던——우리가 『요강』의 마지막 전개 과정에서 보았고, 발전하고 있던 과정의 최초의 접합을 나타내는—— 모든 동학의 결론이 나온다. 모순은 더 이상 지시되지 않으며 현실적인 것이다. 모순의 항들은 적대적이지만 그것들은 분리이며 차이고 반대의 발전이다. 자기가치증식이 자본주의 발전에 부과하는 조건(화)은 더 이상 자본주의적 관계 안에서 해결되는 변증법의 효과가 아니다. 그것은 반대로 진정한 소건이며 힘의 위치들——자기결정적인 분리된 위치들——을 통하여 적에게 부과되는 논리다. 따라서 우리는 오늘날 맑스가 처음에 몇 개의 조약돌을 깔았던 길 위에서 '맑스를 넘어서' 나아갈 수 있게 된다. 그러나 일단 도약이 이루어지면 공산주의 실현에 대한 상, 그것의 동학은 아주 강력한 함의를 지니게 되어, 우리는 회의감에도 불구하고 우리들에게 이런 말을 반복해야만 한다. "그렇다, 우리는 맑스를 넘어섰다"라고.

많은 사람들이 『자본』은 우리가 현대 자본주의의 발전을 이해하는 데에 별로 도움이 되지 않는다고 말해 왔다. 특히 수정주의자들이 그러한데, 이들은 자본주의의 현대적 변화가 그것을 말할 때까지 기다리지 않았다. 수정주의는 맑스의 저작에 생명을 불어넣었던 혁명적 정신에 구역질을 냄으로써 그것을 반복한다. 그러나 이런 사악한 동기를 넘어서 수정주의는 —— 그리고 그것을 따라 동일한 정통적 분석에 집착하는 여러 경향들은 —— 그들의 불평을 지지할 수 있는 충분한 공간을 발견해 왔다. 어떤 사람들은 우리가 현대화해야만 한다고, 즉 현재의 현상학적 수준의 자본에서, 그리고 자본의 사회적 발전 안에서, 맑스주의 전통에 자리 잡은 근본 개념들 —— 자본 개념, 노동계급 개념, 제국주의 개념 —— 을 재정립해야만 한다고 말한다. 우리가 그것에 수긍하는 것 이외의 어떤 방식으로 응답할 수 있겠는가? 나의 모든 담론은 이러한 현대화의 지평 위에 서 있다. 하지만 사태를 이렇게 보는 것으로 충분한가? 살펴보기로 하자. 첫째, 우리가 자본주의 발전의 사회적 성격을 고려함으로써 맑스주의 개념들에 새로운 기초를 부여해야만 한다는 것은 의문의 여지가 없다. 이런 관점에서 보았을 때 『요강』은 『자본』보다 앞서 있다. 왜냐하면 거기에는 범주들이 지닌 사회적 성격이 즉각 근본적인 것으로 나타나기 때문이다. 법률적 비판이 맑스주의적 정치경제학 비판 안에 잔존하도록 한 공(公)/사(私)의 변증법이 『요강』에는 거의 존재하지 않는다. 그렇다고 해서 『요강』에서 범주들이 완전히 재정식화되고 있다는 것을 의미하지는 않는다. 분명히 그렇지 않다. 규정들에서 매우 커다란 독창성을 보이는 계기들이 있다. 하지만 맑스가 가장 멀리 나아가는 곳에서조차 그는 단지 —— 우리가 강조했듯이 —— 자본의 새로운 사회적 실재에 대하여 변죽만 울릴 뿐이다. 『요강』이 첫번째 논점(사회화의 필연성 속에서의 범주들의 새로운 기초)에 대한 노력을 넘어서서 나아가는 곳은 오히려 사회적 적대의 규정에 관해서다. 거기서 범주들은 어떤 종류의 개량주의적 인식과도 결별하며 맑스의 범주들을 현대화하는 두번째 근본적인 요소들을 규정한다.

잠시 멈추어서 이 마지막 요소를 검토하기로 하자. 이것은 『요강』에 독창성뿐만 아니라 현대성, 현실성을 부여한다. 여기서 맑스는 사회화론과 잉여가치론의 통일을 강조하고 있다. 후자는 전자를 적대적인 관점에서 고찰할 수 있도록 한다. 전자는 우리로 하여금 후자를 보편적 수준으로 가져갈 수 있게 해준다. '보편적 수준으로'란 맑스의 범주들을 현대화하고 새로운 기초를 놓는 작업이 자신의 목적 속에서 국가가 관리하는 자본의 발전을 파악할 수 있어야만 한다는 것, 그리고 갈수록 격렬해지는 다국적 생산양식이 국제적인 수준으로까지 성장하고 있다는 것을 의미한다. 정치경제학 비판은 그와 동시에 정치에 대한 비판, 사회주의에 대한 비판, 다국적성(multinationality)에 대한 비판일 수밖에 없다. 그럼에도 불구하고 이런 보편적 수준들은 실재적 적대의 수준들이다. 국가형태 안에서의 자본의 발전, 축적의 동학 속에 정치적 기제를 삽입하는 것, 정치적 통제라는 문제가 핵심에 있는, 생산방식의 정교화(몇몇 사람들은 그것을 '포스트테일러주의'라고 부른다), 이런 것 모두는 노동자국가(worker-State)라는 적대를 비판적 동학의 중심에 가져온다. 맑스는 때로는 너무 자주, 특히 『요강』에서 국가에 대해 말하는 것은 단지 정치에 대해 말하는 또 다른 방식일 뿐이라고 지적했다. 생산양식의 발전은 국가에 대해서 말하는 것이 자본 —— 사회화된 자본, 권력을 통해서 축적이 이루어지는 자본, 가치론의 지배론으로의 전화, 다국적 자본들의 국가의 발전과 순환 개시——에 대해서 말하는 유일한 방법이라는 것을 깨닫게 해준다. 맑스주의적 범주들을 발전시키고 그것의 기초를 다시 세우는 것이 우리로 하여금, 모든 이론적 노력을 수포로 돌아가게 할 위험에도 불구하고 그 중요성을 잊게 해서는 안 된다. 우리는 축적 및 계획의 기제들이 국가주의적으로 집중화되어 있다는 데서 시작하여, 생산과 재생산에서 모든 도구 및 변화를 다국적인 자본주의적 집중화를 통해 광범위하게 재조직하는 것에서 시작하여, 자본 개념을 다시 정립해야만 한다. 그것은 『요강』에서 『자본』으로 나아가는 것인가? 그렇다. 그러나 이런 한 가지 정확한 의미에서 그렇다. 그리고 이것에 대해 보충적인, 유기적으로 보충적인 또 다른 의미에서는 공산주의의 동학을 분석하는 것이다. 바로 이 수준에서만, 적대가 지닌 이런 정도의 강도에서만, 우리는 공산주의의 동학에 대한 분석을 제시할 수 있다. 우리는 전도된 형태의 자본 축적의 과정을 파악해야만 한다. 그러나 우리가 이 전도의 개념을 분리의 개념으로 환원하지 않으면 이것을 할 수 없다. 자본관계는 힘관계이며 이것은 그 적과 분리되고 독립된 존재를 지향한다. 이것은 노동자들의 자기가치증식이며 공산주의의 동학이다. 적대는 더 이상 변증법의 한 형태가 아니다. 그것은 변증법의 부정이다. 오늘날 '부정적 사고'에 대하여 많은 얘기들을 한다. 물론 자신의 부르주아적 기원을 탈각한 부정적 사고는 노동자적 관점의 기본 요소다. 그것을 사용하기로 하자, 그러면 얼마간의 결실이 있을 것이다! 수확할 수 있는 결실, 완전히 독립적으로 노동자적 비판의 건강한 견고성을 발전시킬 결실이 있을 것이다.

일단 이것들 모두를 인정한다고 하더라도 우리는 아직 가장 내재적이고 가장 중요한 경로를 밟아야만 한다. 그것은 집단적 실천에 대한 분석, 즉 프롤레타리아적 독자성에 대한 분석을 요구하는 것이다. 이 점과 관련하여 맑스주의 방법론에 대한 근본적인 구절을 재검토하기로 하자.

> 자본은 노동자들에게 필요노동을 넘어서 잉여노동을 강요한다. 오직 이런 방식으로만 자본은 자신을 실현할 수 있고 잉여가치를 창출할 수 있다. 그러나 다른 한편 자본은 자신이 잉여노동을 잉여가치로서 실현하는 한에서만 그리고 그 정도에서만 필요노동을 설정한다. 그러므로 자본은 잉여노동을 필요노동의 조건으로서, 잉여가치를 대상화된 노동, 가치 일반의 한계로서 설정한다. 자본은 가치를 설정할 수 없게 되자마자 필요노동을 설정하지 않으며, 자신의 존재 근거 위에서 필요노동을 설정할 수 있을 뿐이다. 따라서 자본은 노동 및 가치의 창출을——영국인들이 표현하듯이, 인위적 점검을 통해서——제한하며, 자본이 잉여노동 및 잉여가치를 설정하는 것과 동일한 기초와 동일한 정도에서 제한한다. 따라서 그 성격상 자본은 노동 및 가치 창출을 끝없이 확장하려는 경향과는 반대로 모순된다. 자신에게 특수한 장애물을 설정하고, 다른 한편으로는 모든 장벽을 넘어서는 한, 자본은 살아 있는 모순이다. (『요강』, 421;324)

우리는 이미 다른 논점에 대해서 논의하면서 이 구절을 읽었고 여기에 관해 언급했다. 이제 우리는, 이 방법론이 우리로 하여금 이러한 새로운 '살아 있는 모순'의 발전 방향, 즉 공산주의로 가는 도정에 있는 프롤레타리아트와 노동계급의 발전 방향을 다시 발견할 수 있도록 해준다는 것을 확신하면서, 그것을 다시 읽고 전도시키길 원한다. 그것은 각 한계——계급 구성의 고정성, 필요노동의 결정적인 수준 등——가 장애물로 등장하는 길이다. 그러나 자본에 한계들이 존재하며 다시 한계와 비율들을 기초짓기 위해서만 그것들을 장애라고 고찰하는 경우, 노동자의 관점에서 그 한계는 오직 적합한 의미에서 장애로, 다른 쪽에서 오는 것으로 나타난다. 이렇게 바라보는 방식은 적내의 방식이다. 여기서 장애의 극복은 새로운 한계를 창출하는 것이 아니라 오히려 사용가치와 산 노동의 힘을 가장 완전하게 발전시키는 경향이다. 이 이행(passage)에서는 이런 방법으로 노동자 주체(성)는 혁명계급, 보편계급이 된다. 이 이행에서 공산주의를 구성하는 과정은 충분히 발전한다. 이런 점에 비추어 보았을 때, 우리는 곧바로 적대적 논리는 더 이상 이원적(binary) 리듬을 가지지 않으며 자신의 지평 위에 적의 환상적 실재를 받아들이지 않는다는 점을 강조해야만 한다. 그것은 오로지 단순한 지평으로서의 변증법도 거부한다. 그것은 모든 이원적 정식을 거부한다. 여기서 적대적 과정은 헤게모니로 향하는 경향이 있으며, 자신의 적을 억압하고 파괴하는 경향이 있다. 변증법을 부정한다. 즉 유대적·기독교적 사상의 영원한 정식을, —— 서방 세계에서의 —— 합리성을 말하기 위한 완곡한 표현을 거부한다. 맑스에게서 우리는 그것을 파괴하려는 가장 선진적인 기획을 읽었으며 그 방향으로의 거대한 전진을 보았다. 이제 우리는 스스로 완전하게 거기에 참가해야만 한다. 오직 이 지평 위에서만 우리는 새로운 범주들에 대해서, 자본이 아니라 자본의 타도에 대해서, 얘기를 시작할 수 있다.

이제 우리 작업의 마지막에서, 나로서는 우리가 시작했던 직관이 충족되는 것으로 생각할 수 있을 것 같다. 우리는 맑스주의 방법의 혁명적 내용을 해방해야만 한다. 『요강』의 길은 이를 위한 근본적인 기초를 제공한다. 그 안에서 전진하면서. 맑스주의 사상을 전진시키는 기제들을 재발견함으로써, 결국 우리는 모든 변증법적 형식에 대한 맑스주의적 비판이라는 핵심적인 쟁점에 이른다. 결국 바로 거기서 우리는 맑스 사상의 실천적 성격을 발견할 수 있다. 변증법의 종말? 그렇다. 여기서 사고 행위는 공산주의를 향한 역동성으로서 주체를 구성하는 집단적 실천으로부터 집단적 힘으로부터 어떤 자주성도 지니지 못하기 때문에 적을 파괴해야 한다. 공산주의적 실천만이 그것을 파괴할 수 있으며,

파괴를 완수하고 발전시키면서 공산주의의 풍부한 독립적 다양성을 해방해야 한다.

■ 에필로그

네그리의 다른 저작에 있는 아우토노미아이론

아우토노미아의 이론과 실천에 관해 네그리가 쓴 다른 저작들의 맥락 속에서 『맑스를 넘어선 맑스』는 더욱 쉽게 이해할 수 있는데, 그의 저작 가운데 일부만이 영역되어 있다.[1] 여기에서 나는 이 저작들을 설명하고 그것들을 『맑스를 넘어선 맑스』의 주제들과 연관시킬 것이다.

『노동자와 국가(*Workers and the State*)』(1972)에는 네그리가 쓴 두 편의 논문이 수록되어 있다. 첫번째 논문인 「맑스, 순환과 위기에 관하여」는 그의 후기 저작을 이해하는 데 결정적인 글이다. 이 글에서 더욱 정교화된, 후기의 아우토노미아이론에 본질적인 개념이 될 몇몇 개념을 맹아적 형태로 만난다. 이 글에서 네그리는 경제 발전과 그 위기를 결정하는 데서 노동자투쟁이 수행한 적극적인 역할이 가장 중요하다고 강조한다.

---

1) 사회주의경제학자회의는 『노동자계급 자주성과 위기(*Working Class Autonomy and the Crisis*)』(*Red Notes*, 1979)라는 훌륭한 책을 만들어 냈는데, 이 책에는 『지배와 사보타주(*Il dominio e il sabotaggio*)』의 완역뿐만 아니라 네그리가 쓴 몇 가지 짧은 텍스트들이 들어 있다. 네그리 저작들에 대한 간략한 요약은 프랑스어로 이용 가능하다. Leujamin Conat, "l'opéraisme italien", in *Dialectiques*, no. 30.

노동자투쟁이 일단 정립된다면 노동자들이 이미 자본주의 국가를 전복할 충분한 힘을 가지고 있다고 네그리는 주장할 수 있다. 왜냐하면 국가 계획경제는 노동이 결정적인 역할을 하는, 자본과 노동 사이의 불안정한 적대적 관계에 의존하기 때문이다.

네그리는 경제를 정치적으로 독해한다. 순수한 경제적 관계에서는 균형적으로 보이지만, 이것은 사실상 적대적인 세력관계다. 또한 객관적 구조로 보이는 것은 사실상 주관적인 활동의 산물이다. 경제는 사회적 행위자와 무관하게 작동하는 '객관적인' 법칙의 체계가 아니다. 그것은 오히려 주체들 사이의 적대적인 관계다. 그리하여 그는 경제 발전은 자본주의 권력의 문제이고 기획이라고 주장한다. 발전은 자본과 노동 사이의 적대에 의해, 특히 잉여가치와 임금 사이의 관계에 의해 결정된다. 이 환원 불가능한 이중성은 필수불가결하게 자본에 위기를 부과한다. 1917년과 러시아의 예 이후, 네그리는 서유럽 노동자계급의 점증하는 자주성의 출현을 목격한다. 그리고 이것은 부르주아지측에게 이 모순을 균형으로 재정비하도록 한다. 케인스는 위기의 대안으로서 형식적인 균형 모델에 입각하여 인위적인 수단을 사용함으로써 이루어지는 발전의 촉진을 대변한다. 슘페터는 자신의 경기순환론에서 계급 지배를 획득하는 수단이라는 발전에 대한 정치적 정의를 대변한다. 자본은 기본적인 힘관계를 재정비하는 데 위기를 이용한다. 순환은 순환 과정의 작동으로서 위기를 내포한다.

네그리는 위기에 관한 맑스의 저작들에 케인스와 슘페터가 이미 암시되어 있음을 발견한다. 맑스는 자본주의의 주기적 순환이 필연적으로 위기를 포함하는 것으로 본다. 사실 균형은 중간 또는 우연이다. 즉 '정상적인' 발전은 사실상 위기의 비정상적인 가능성이다. 더욱 중요하게 네그리는 위기를 유발하는 데서 맑스가 노동자계급에게 부가한 적극적인 역할을 강조한다. 맑스는 임금 압박이 이윤율 하락을 초래하고,

이 경향은 오로지 계급간의 경쟁에 의해 발생한다고 주장한다. 네그리는 발전이 이윤에 의존하기 때문에 외관상 객관적 발전과정 속에서 적대적인 계급관계 —— 주체들 사이의 정치적 세력관계, 달리 말하면 이것은 객관적 법칙이 아니다 —— 를 독해해야 한다고 덧붙인다. 이윤율 하락이라는 위기는 제세력관계의 결과이고 투쟁 속에서 주체의 제경향 및 반경향들의 결과다. 노동자계급은 필요한 노동임금 수준을 인상하고, 이러한 행위로 자본은 생산에 편입된 산 노동의 양을 감소시킬 수밖에 없다. 노동자투쟁은 자본주의 발전에 환원 불가능한 한계를 형성한다. 그리고 자본이 기본적인 역관계를 확인하는 데 위기를 이용하듯이 노동자투쟁은 단지 자본주의 발전의 불안정성을 보여 준다. 위기 이용은 또한 사회적 분절 —— '계급의 정치적 구성' —— 을 재조정하는데, 이것은 계급 적대를 격화시키고 그것을 전 사회로 확대한다. 자본은 어찌할 수 없이 발전과 위기라는 이러한 변증법에 종속된다.

네그리가 보기에 드러나고 있는 해결책은 '사회적 계획국가(social planning state)'다. 정치적 폭력과 억압은 단지 경제적 실천으로는 불가능한 방법으로 자본주의 경제 발전의 불안정성을 극복한다. 발전의 조직화는 조직의 발전이 되어 왔다. 계획은 이 과정에 핵심적이다. 자본주의가 계획되고 사회적으로 조직되면 될수록 위기라는 무기를 덜 필요로 한다. 계획국가는 자본에 필수적인 것으로 되어 왔기 때문에, 그것은 노동자계급의 전복 목표가 될 수밖에 없다. 네그리의 이와 같은 정치적 요구는 그의 전술한 경제적 논의에 근거를 둔다. 우선 그는 최근 자본주의적 경제 발전에서 노동자투쟁이 수행한 결정적 역할 때문에 노동자권력이 가능하다고 가정한다. 그는 객관적 운동에 대한 주체적 결정성을 주장한다. 네그리는 직관적인 전위주의보다 대중의 행동에 특권을 부여한다. 그는 '독자적 권력의 지속성, 억제할 수 없는 행위의 생동성'이라는 노동자투쟁에 대한 룩셈부르크의 개념을 부활시킨다. 네그리는 때때로 레닌과 룩셈부르크를 결합시킬 필요성에 대해 이야기하며, 이 점에서 그가 노동자계급의 편에 서서 파괴(spezzare)에 관한 레닌의 강조를 상기시키고, 폭력적 절단을 재발견하라고 요구하는 것은 적절하다. 이것은 정치적 요구가 계획국가에 대항하여 움직일 수 있는 두번째 경제적 토대로 나아간다. 만약 자본이 불안정한 근본적 관계에 의존하여 자신의 구제를 위해서 위기가 필요한 그런 발전에 종속되어 있으면, 파괴는 필요하고 또한 가능하다. 자본은 계획국가의 역할을 필연화하는 계급 적대의 형태, 위기의 형태 속에서가 아니면 발전할 수 없다. 환원 불가능한 적대를 강제로 폐쇄하는 데 기초를 두기 때문에, 국가는 자본주의 하에서 가장 약한 고리다. 국가는 자본의 최후의 피신처이고 그리하여 국가의 파괴는 노동자권력의 첫번째 근거지가 된다.

『노동자와 국가』에 있는 다른 논문은 「존 M. 케인스와 1929년 자본주의적 국가론」이다. 네그리는 1929년을 현대 국가의 발전에서 근본적 계기로 본다. 그것은 여러 가지로 1917년에 대한 대응, 즉 자본으로 하여금 노동자계급을 통제하는 수단을 발전시키도록 한 위기였다. 테일러주의(생산의 합리화)와 포드주의(생산의 대량화, 따라서 '대중 노동자')는 볼셰비즘을 노동자로부터 분리시키려고 시도하지만 그러한 조치들은 계급 구성을 더 높은 수준으로 다시 만들 뿐이다. 노동자의 자주성을 자본의 이해에 봉사하도록 방향짓기 위해서는 케인스적 균형 규준을 상정함으로써 자본은 경제적인 것과 사법적인 것을 혼합했고, 균형을 혼란시킨 노동자계급의 모든 행위를 불법적이라고 판단했다. 국가 개입주의가 지닌 케인스적 제수단과 통화 관리는 사회의 모든 부문들을 하나의 공장으로 변화시켰다. 그리고 경제 발전은 부르주아지와 사회주의자들 사이의 동맹에 의해 보증되었다.

네그리는 노동자계급의 자주성을 인정한다는 점에서 케인스를 칭찬하지만, 자본주의 발전을 위해 노동자계급을 이용하려는 케인스의 시도에서 나타나는 패러독스를 지적한다. 그 시도는 노동자계급이 항상 자본주의 내부에 존재하기 때문이 아니라, 그들이 항상 외부에 존재할 수 있기 때문에 작동한다. 노동자계급은 벗어나겠다고, 자신의 자주성을 주장하겠다고 위협하며, 케인스주의의 정치적 프로젝트는 이러한 위협을 진정시키는 것으로 구성된다. 자본은 노동 없이는 작동할 수 없지만, 노동자계급은 자본 없이도 작동할 수 있다.

『계획국가의 위기(*Crisis of the Planning State*)』(1974)에서 주된 관심은 **조직** 문제다. 이 저작은 '아우토노미아파'가 자생적인 대중운동과 전통적인 노동자조직 사이의 관계를 부분적으로 토론하기 위하여 플로렌스와 볼로냐에서 전국회의를 개최하기 시작했을 시기에 쓰였다.[2)]

네그리는 화폐가 자본주의의 억압 불가능한 모순을, 즉 자본주의가 근거하고 있는 적대적 사회관계를 반영하는 방식에 대한 분석에서 시작한다. 화폐는 가치법칙이란 형태 속에서 적대적 사회관계에 대한 자본의 위력을 보여 준다. 임금노동이 생산의 본질적인 토대이므로, 화폐는 또한 그 지배의 위기를 나타내 준다. 점증하는 임금 압박은 교환가치법칙의 외관상 독립적인(신비화한, 왜냐하면 가치는 단순히 정치적 힘의 표현이므로) 작동을 침해한다. 잉여가치의 추출을 감추고 있는 등가물이라는 신화(그리고 정치적 평등)는 더 이상 유지될 수 없다. 이 점에서 네그리는 자본의 경향은 화폐를 넘어선 통제를 추구하며, 이것은 계획의 형태를 취한다고 주장한다.

계획의 규칙은 노동자계급의 자주성이 출현함으로써 파괴된다. '사회주의적' 계획은 가치법칙에서 사회적 전체에 대한 결정성으로 나아가는

---

2) *Potere Operaio : Per una internazionale della avangardie rivoluzionarie* (Florence, 1974)와 *Autonomia Operaia* (Rome, 1976)를 보라. 아우토노미아를 초심 노동자의 방향에서 더 광범위한 사회적 노동자 진략으로 변형시키는 데 젊은 노동자들 및 학생운동이 한 역할에 대한 설명으로는, Paolo Bassi and Antonio Pilati, *I giovanni e la crisi degli anni settenta* (Rome, 1978)를 보라.

조화를 가져와야 한다. 이것은 오직 (계급간의) 차이를 통일성으로 환원함으로써 이루어질 수 있다. 그럼에도 불구하고 비합리성을 유통의 위기에서 삭제할 수 없다. 그리고 네그리는 이것은 단지 구조적 비율의 위기가 아니라 계급간 비율의, 그들간 적대의 표현이라고 주장한다. 궁극적으로 자본주의적 계획은 자본의 유기적 구성이 지닌 이질성 때문에 불가능하다. 노동력의 독립성을 억압할 수 없으며, 이것은 노동가치의 추출과 이윤 사이의 관계가 비결정된 채로 남아 있을 수밖에 없음을 의미한다. 자본이 노동자투쟁 및 전체 노동력의 활동과는 무관하게 결정될 수 없다는 인식에서 자본은 그 체계를 발전의 성숙한 규칙으로서 과잉결정하게 된다. 케인스의 '사회주의'는 이러한 긴급 상황에 대한 대응이다. 위기는 노동 생산력에 한계를 설정하는 데 사용되고, 파괴는 자본의 자기 보존에 봉사한다. 케인스주의는 노동 생산력의 잠재적 발전을 봉쇄하려는 영구한 욕망이 된다. 노동 생산력의 폭발은 맑스가 『요강』에서 부의 자유로운 생산과 각 개인의 계속적인 전면적 발전이라고 표현한 공산주의의 승리를 의미할 수 있을 뿐이다. 그러한 발전은 가치법칙이 요구하는 인간 발전 및 생산에 대한 한계들을 깨뜨림으로써 자본주의를 파괴할 것이다. 과잉생산과 불균형 임금은 가치법칙의 영역 내에서 이윤을 축소한다. 따라서 위기와 불황의 영속화는 자본의 영속화의 조건이 된다.

공산주의(인간 부의 전면적 실현과 재전유로 정의되는)의 내재적 가능성으로서 그리고 그에 따라 가치법칙 및 자본에 대한 정치적 위협으로서 생산적 노동 개념은 아우토노미아이론에 본질적이다. 텍스트에서는 또 다른 본질적인 개념이 계속된다. 자본이 스스로를 재구성하고 실천의 제모순을 자신의 자율성 속에서 해결하려고 시도함에 따라 한층 심화된 수준에서 제모순이 재등장한다. 적대는 불가항력적이다. 자본권력의 총체성은 다른 측에서는 재구성된 프롤레타리아트권력의 총체성이 있다는 것을 의미할 뿐이다. 이러한 문제에 대한 궁극적 해결책은 국가에 의한 봉쇄다.

네그리가 1970년대 초 이탈리아에서 작용하고 있다고 본 경향은, 이윤율 하락을 막기 위하여 생산에 편입된 산 노동의 양을 감소시키려는 자본의 요구와 모순되지만, 자신의 생산성으로 부의 유일한 원천이자 공산주의의 실재를 나타내고 있는 혁명적 주체로서의 노동 속에 존재한다. 그러므로 노동과 교환가치 사이의 관계란 적대적일 수밖에 없기 때문에 사회주의는 불가능하다. 공산주의는 교환가치가 부과한 한계를 전복시키는 자유로운 생산으로서 필연적이다. 자본에게는 제한된 토대 위에서 단지 생산을 유지하려는 수단인 생산력과 사회관계는 이 토대를 폭발시키는 조건이 될 수 있다. 맑스가 언급했듯이, 출현할 것은 노동시간이 부의 척도이기를 멈추고 교환가치가 사용가치의 척도이기를 멈추게 되는 공산주의일 것이다. 생산의 사회적 제조건에 대한 실천적 인식으로서 **직접적 전유**는 노동 생산성이란 과정이 지닌 잠재력 속에 내재한 경향에 대한 이러한 평가를 수반하는 이론적 실천적 작업이다. 노동은 이미 부의 세계에 대한 즉각적인 참여이며, 이를 인식하는 것은 프롤레타리아조직에게 그 강령에 필수적인 대중적 내용을, 즉 생산자에 의해 생산된 사회적 부의 직접적 전유를 제안하는 것이다.

『계획국가의 위기』 그 다음 장에서, 네그리는 노동자조직과 자본의 정치적 구성 사이의 관계에 관하여 언급하고 있다. 계획국가를, 자본의 생존을 위한 자유로운 **지배** 관리를 특징으로 하는 **위기국가**로 변형하는 것이 자본의 정치적 구성을 성격짓는다. 위기국가는 오늘날 다국적기업과의 관련 속에서 국민국가의 위기로 나타난다. 케인스주의라는 국내 정책의 형태를 폐지하고 다국적기업은 발전을 총괄적으로 지배한다. 이것은 대중 노동자의 행동에 대한 반응이다. 자본은 대중 노동자에 대항하여 노동의 분할을 재도입한다. 1920년대에 노동자투쟁의 직업적 토대에 대항하여 대중화를 사용했듯이, 이제 선택적 참여를 대중적 토대에 대항하여 사용한다. 공장노동에 대한 지배 규범이 전 사회에 유포되고 있다. 그러므로 프롤레타리아조직의 정치적 프로젝트는 자본의 정치적 지지물인 기업과 공장을 파괴해야만 한다. 아우토노미아의 주장이 전에는 잉여가치에 대한 필요노동의 비율이라는, 계획국가에 반대한 계급 행동이 지닌 속성이었듯이, 이제 직접적인 사회적 전유는 기업이 지배하고 '탈가치화'하는 국가에 대항하는 계급 행동의 속성이다.

네그리에게 노동의 생산적, 창조적, 창의적 주체라는 개념은 그 개념에서 필연적으로 유래하는 정치적 과업과 분리할 수 없다. 만약 노동이 가치와 부의 살아 있는 원천이고 또한 교환가치 겸 기업 지배가 부를 위한 그 생산 잠재력의 실현을 제한한다면, 혁명조직이라는 개념은 가치법칙의 규칙이 지닌 극악무도함을 의식함으로써 나타나는 창의적이고 잠재력이 풍부한 새로운 혁명적 주체의 성장에 대한 인식을 요구한다. 자본주의 경제 발전에 내재하는 경향에 대해 이렇게 전적으로 정치적으로 독해하는 것은 창의를 향한 계급 잠재력이 자본권력을 본질적으로 파괴하는 것이라고 본다. 자본은 노동을 포함하려고 시도하는데, 그것은 노동이 자본을 (결정하고) 포함하고 있기 때문일 뿐이다. 예를 들어 지배의 자의성은 국가와 노동조합 사이의 안정성의 파괴를 반영하고 국가의 제도적 기능의 불안정성을 나타내며, 노동자계급에 의해 국가가 빠져 든 극단적 상태를 폭로한다. 처음에는 노동자계급을 전적으로 자본의 내부에 있는 것으로 이해한 과정은 이제 자본을 전적으로 노동자계급 내부에 있는 것으로 이해한다.

맑스의 위기론에 관한 논문과 더불어, 네그리의 『노동에 반대하는 노동자당』(1974)은 아우토노미아이론의 핵심적인 텍스트다. 여기에서 네그리는 자주적인 노동자 대중운동에서 노동자당 조직으로 나아가는 문제를 검토한다.

그는 위기를 기계적인 쇠퇴가 아니라 계급들간의 세력관계와 그들의 국내적 정치 구성을 통해 이해할 수 있는 어떤 것으로 정의하면서 시작한다. 위기는 발전된 노동자계급 구성에 의해 야기된다. 만약 자본이 노동에게서 수탈한 가치에 의존한다면, 노동자계급이 자본을 위해 더 이상 가치를 증식시킬 수 없을 때 위기는 발생한다. 위기와 노동자계급 행동 사이의 관계 분석의 토대 위에서 노동자당 조직의 과제를 결정할 수 있다. 이 점에서 네그리는 레닌의 '특정 사회구성체' 개념을 높이 평가하지만, 또한 오늘날 노동자계급 구성이 새로운 조직 개념을 요구한다고 주장한다. 개량주의적 조직들(즉 CPI)은 계급 내부에서 조직의 지속성을 봉쇄하여 왔다. 새로운 조직은 적절한 방법으로 계급의 삶을 살아야 한다. 따라서 계급 구성에서 조직으로 나아가는 것이 필요할지라도, 그 역 또한 사실임에 틀림없다.

다음으로 네그리는 이윤율 하락이라는 노동자가 유발한 위기에 대응한 자본 행위의 결과로서 대중 노동자계급 주체의 출현을 묘사한다. 여기에서 네그리의 준거점은, 항상 그러하듯이, 『요강』에서 맑스가 서술한 것, 즉 가치와 노동의 체계를 폐지함으로써 그들이 생산한 가치를 노동자가 직접적으로 전유하는 공산주의다. 이윤율 하락은 생산량을 증가시킴으로써 해소될 수 있지만, 이것은 생산과 가치증식 사이의 모순을 분명하게 드러낸다. 왜냐하면 생산물의 가치가 모두 실현될 수 있는 것은 아니기 때문이다. 대량생산은 실현 및 과잉생산의 위기를 초래한다. 생산에서 통일된 노동자 주체의 필연적인 출현, 이윤율 하락에 대한 사회적 생산력의 대량화의 결과는 자본주의 과정의 단호한 메커니즘을 파괴한다. 이 주체는 점차적으로 근본적 관계 속에서 생산물의 전유라는 대안을 부여하는 힘으로 출현한다. 현대의 위기는 이윤율 하락과, 가치증식을 확보하기 위해 자본 자체가 포함하는 주체가 수행하는 대중 공격 양자의 조합이다. 노동자계급은 자본주의 발전에 근본적인 장애물이

되어 왔다. 네그리가 언급하듯이 자본의 파국은 노동자계급이다.

여기에서 가장 중요한 점은 확장되는 노동의 대량생산성과, 자본이 가치의 실현을 보장하기 위하여 생산성에 부과하는 한계 간의 모순이다. 생산력의 대량화는 이미 맑스가 묘사한 공산주의다. 단지 노동자들이 스스로 생산한 생산물을 직접적으로 점유하지 않을 뿐인 공산주의다. 자본가가 과잉생산이라고 보는 것은 단지 공산주의적 생산, 즉 충분히 발전된 사회적 개인을 보증하고 임노동의 필요성을 종식시키는 초과분이다. 그러나 생산의 대량화는 자본이 이러한 잠재적 공산주의에 가하는 제한들을 깨뜨릴 수 있는 주체를 형성한다.

노동자계급이 설정한 이윤 장애물들에 대한 자본의 대응은 계획과 개량주의이지만, 그러나 이것들은 (이윤율 하락에서 기인하는) 스태그플레이션과 (임금 요구에서 기인하는) 인플레이션의 결과로 분리되는데, 생산적 주체로 재통합된 새로운 프롤레타리아 대중에 의한 이윤 전유의 두 가지 징후들이다. 자본의 유일한 근거지로서 국가권력의 논리 즉 지배는 계획과 개량주의를 넘어서 있다. 가치 하락은 대중화한 계급의 투쟁 결과이며, 가치는 공장·기업을 사회적 생산물의 완전한 회복 계기로 만듦으로써 복원될 수 있을 뿐이다. 기업의 지배형태는 모든 사회에 적용된다. 그리하여 기업국가(enterprise state)는 위기를 수용하고 그 위기를 기초로 스스로를 재구성한다.

네그리는 오늘날 이탈리아 계급 구성의 근본적인 성격이 계급의 자주적 행위가 지닌 환원 불가능성이라고 주장한다. 그는 노동을 거부하는 대중적 경향――공장노동에서 3차산업 부문의 또는 서비스 부문에 이르는 운동, 추상적 노동을 위한 훈련체제에 대한 자발적인 거부――속에서 규율이 아닌 즐거움으로서, 자유롭고 창조적인 활동 속에서 노동의 부재로서 공산주의라는 맑스가 언급한 원형을 파악한다. 이와 관련해 볼 때, 노동조합과 개혁당들은 가치법칙의 재분배를 담당할 뿐이다.

네그리는 정치적 계급 구성에서 유래하는 정치적 요구와 스스로를 실현해 가는 과정에 있는 경향 양자를 계급의 통일, 임노동의 파괴, 전유를 위한 정치적 투쟁으로 인식한다.

현재 상황에서 작동하고 있는 두 가지 과정, 즉 생산력의 사회적 대중화와 사회조직 형태(코포라티즘)로서 기업의 부과라는 토대 위에서, 네그리는 프롤레타리아트의 전위는 대공장 노동자들이고 그들은 착취의 주된 대상이며 그들의 노동은 대개 가치증식적이라고 결론짓는다. (70년대 초 당시, '아우토노미아 영역' 내에서 가장 활동적인 노동자는 화학, 공작기계, 자동차 노동자들이었다. 네그리는 나중에 '사회적' 노동자의 출현에 비추어 이러한 입장을 바꿀 것이다.)

통제(command)가 자본주의 지배를 보장하는 수단으로서 가치법칙을 대체해 왔기 때문에, 노동자계급은 스스로를 조직화하는 데서 통제력(padroni)과 동등한 지배력 및 폭력을 발전시켜야 한다. 네그리는 '위로부터' 조직된 레닌주의적 당의 가능성을 고려해 보고 그것을 거부한다. 노동자동맹에 관한 레닌주의적 문제는 위로부터가 아니라 아래로부터 또는 내부로부터 프롤레타리아트의 내부 노선에 따른 통일의 문제로 전화되어 왔다. 그리고 노동 거부를 전제로 하기 때문에, 노동의 고도한 조직화로 인식된 사회주의로의 이행의 지도자라는 레닌주의적 당 개념을 거부해야 한다. 오늘날 공산주의는 모든 노동과정 논리의 외부에 그리고 그것을 넘어서, 축적된 부의 즉각적인 사용으로 이루어져 있다. 이는 자본 위기의 직접적 원인이자 노동자권력의 분명한 비상사태다. 따라서 현대 노동자조직의 테마인 전유는 봉기라는 레닌주의적 테마를, 경제적 위기를 유발하고 잠재적으로 자본의 통제(control)가 지닌 정치적 성격을 파괴하는 것으로 이해한다.

'경제적' 활동――전유――과 정치권력을 동일시하는 것은 아우토노미아 이론의 주요한 또 하나의 원칙이다. 이제 노동자조직은 투쟁의 기초를 (레닌의 정세론에서처럼) 지도자들의 실수가 아니라 오히려 조직 자체의 잠재력(potenza)에 둔다. 네그리는 이 새로운 조직에 '당'이라는 단어를 사용하는 것을 좋아하지 않는다. 왜냐하면 당이란 단어는 레닌주의적 당이 조직 형식적 성격, 당의 집중화, 규율 그리고 노동분업을 암시하기 때문이다. 그럼에도 불구하고 혁명의 연속적 성격뿐 아니라 조직으로서 프롤레타리아트의 독립성을 지시하기 때문에 그 단어를 사용해야 한다고 결론짓는다.

이 점에서 네그리는 정치적 과업이란 공장투쟁과 사회적 지형 내의 제투쟁 및 임금투쟁을 전복과 접합시키는 것이라고 주장한다(이 책은 이탈리아의 도시투쟁이 서비스, 공공 지출, 가사, 주택 등의 쟁점으로 확산되어 갈 당시에 쓰였다). 게다가 전위와 대중적 과정, 레닌과 룩셈부르크는 반드시 결합되어야 한다. 대중의 전위당이란 개념은 임금투쟁과 혁명적 권력투쟁을 통일시켜야 한다. 그것은 또한 무장투쟁을 포함해야 한다. 왜냐하면 가치법칙이란 일단 자본주의적 신비를 벗어 버리면, 단순한 힘관계라는 폭력 즉 테러리즘의 법칙임이 드러나기 때문이다. 자유주의 전통의 '법치국가'와 개량주의 전통의 '노동국가'가 이윤율 하락이란 재앙을 영원한 자본주의적 통제로 강제로 변형시켰기 때문에, 무장투쟁만이 권력구조를 교정할 수 있다.

이 점에 관해 네그리는 『노동에 반대하는 노동자당』에서 그러한 조직으로 자신이 의미하는 바를 자세히 설명해 나간다. 우리가 보아 왔듯이, 현재의 정치적 계급 구성에 기초를 둔 당은 상명하달식의 레닌주의적 당일 수 없다. 계급 구성은 계획에서 독립 변수의 구성이고 발전에서 장애물의 구성이다. 그러므로 당은 대중행동을 통해 아래로부터 가치법칙의 소멸이라는 자본주의적 지배의 전복에 착수해야 한다. 노동자계급은 자신의 자주성 속에서 이윤의 장애물이기 때문에, 당의 임무는 자본의 힘이 계급에 대해 가지고 있는 신비화한 상을 파괴하는 것, 자본의 지배를 파괴하는 것이다. 그리하여 사회 속에서 노동자계급 권력의 성장은 국가에 대항하는 노동자계급 권력의 주장과 분리할 수 없는 것으로 인정된다. 노동자계급의 자주적인 활동은 물질적 요구에 기초를 두기 때문에 정치강령의 공산주의적 내용은 계획적 결근(absenteeism), 사보타주, 그리고 직접적 전유에 이미 표현되고 있다. 당은 대표의 기능을 멈추며, 더 이상 그 계급의 의식이 아니다. 대중적 전위들은 자신들의 행동의 직접성 속에서 이미 그 행동들에서 유래하는 혁명적 결과들의 총체를 포함하고 있다. 또한 이 행동들은 이미 공산주의라는 기획을 표현하고 있는 노동자권력의 유기체들로 된다. 따라서 당은 단순히 노동자권력의 실행기관에 불과하다. 당은 자본주의적 가치증식의 대립물이다. 당의 공격 목표는 노동에 대한 지배로서의 가치법칙이다. 그리하여 당은 노동자의 자주성을 '비노동의 공산주의적 권력'으로 특권화하려고 한다.

네그리는 이것이 당을 신성화하는 것이 아니며, 오히려 '당기능의 최고의 필요성'을 인식하는 것이라고 주장한다. 국가와 더불어 당도 또한 소멸되어야 한다. 그 계기에 앞서 당은 노동자계급 운동에 종속된다. 네그리는 레닌의 볼셰비키당을 직업 노동자에 중요성을 두는 계급 구성에 기초를 둔 당으로 묘사한다. 그것은 혁명운동에 가치법칙과 직업 노동자의 규율을 부과했다. 1929년의 위기와 더불어 중앙당 시기는 끝났고, 이와 함께 직업 노동자의 사회주의도 끝났다. 유럽에서 노동자계급이 사회적 구성상 개선되고 1929년 이후 대중화함에 따라 당은 새로운 실천을 시작한다. 대중 수준에서 계급 전위들은 임금을 활용하고 민주주의투쟁과 정치투쟁을 일치시켜 나간다. 무진장한 임금 목표들과 공장 게릴라전이라는 유동성의 순환이 중심에 들어선다. 이 모든 것은 계급이 사회적으로 계획된 경제 속에서 가지고 있는(예컨대, 1948년 이후의 이탈리아) 새로운 의식에서 유래했다. 이것은 통일, 통합적이고 자주적인 주체, 대중 노동자, 대중의 전위에 대한 새로운 모습을 만들어 냈다. 서서히 이윤을 침식하는 이러한 자주성에 대응하여 자본은 마침내 지배의 분리를 발전시켰다.

이와 같은 정치적 계급 구성의 배치에 근거를 둔 전위 노동자들은 적군의 장교가 아니라 노동자권력의 기능 담당자들이다. 노동자계급이 스스로를 사회적 개인으로 구성하면 할수록, 권력 문제는 더욱 없어지고 당전위 대표는 더욱 용인될 수 없다. 이 점에서 노동자 재구성은 직접적으로 정치적이고, 계급이 자신의 권력을 다루는 것은 어떠한 매개도 필요로 하지 않는다. 당은 단지 이러한 필연성의 한 측면일 뿐이다. 노동자계급은 그것을 이용할 수 있지만, 단지 자신의 활동이 당을 지배할 때에만 그러하다.

네그리에 따르면 운동이 (1970년대 초에 들어오면서) 직면하고 있는 문제는 아우토노미아를 정치적 지향의 수준으로 고양하는 것이다. 그는 아우토노미아운동의 세 가지 국면을 기술한다. 첫번째 국면인 1960년대는 분자화한 투쟁 확산 단계였다. 이러한 확산은 1960년대 후반 두번째 국면 동안에 당내에서 재통일되는 경향이 있었다. 세번째 시기는 당을 위한 공격제도의 건설로, 그리고 무장투쟁 및 전유의 주기(cycle)를 건설하려는 시도로 이루어진다. 이 단계에서 문제점은 당을 물신화하지 않고 조직을 건설하는 방법이다. 다른 이탈리아 이론가들처럼, 네그리는 세계산업노동자(IWW, Industrial Workers of the World)의 예를 든다. 그러한 예들은 해방이란 공산주의를 기다리는 어떤 것이 아니라, 노동자권력의 결과 및 형태로서 투쟁 과정에서 성장할 수 있다는 것을 보여 준다.

『노동에 반대하는 노동자 당』과 함께 출판된 부록은 언급할 가치가 있다. 그 가운데 하나에는 '위기에 관한 테제들 : 다국적 노동자'라는 제목이 붙어 있다. 네그리는 케인스주의에 반대하는 우익의 공격과 그에 대한 노동자의 대응을 분석한다. 노동자의 대응은 생산성과 그에 기초를 둔 노동분업을 목적으로 한다. 자본가적 반격은 통화의 재조직이라는 국제적 수준에서 그리고 국제 노동분업의 발전 위에서 이루어진다. 다국적 기업의 위력은 국민주권 개념을 소멸시키고 '정치(적인 것)의 자율성'에 대한 어떤 개념(이탈리아에서는 개량주의적 주제인데, 여기서 그것은 기독교 민주주의자들과 함께 정부에 참여하는 것을 정당화하는 데 사용된다)도 폐기한다. 네그리는 사회민주주의를 다국적기업들의 특정한 테러형태로서, 노동에 대한 지배의 군사화로 묘사한다. 그는 계속하여 자본 국제화를 시장에 한정하여 설명하는 '국가독점자본주의'론을 비판한다. 이 이론은 부르주아지와의 혁명적 동맹의 빌진뿐 아니라 국내관계의 파시즘화 및 고립을 허용한다. 이 이론은 국제적인 자본주의 생산, 따라서 국제적 프롤레타리아트에 대한 인식을 결하고 있다. 자본주의 생산의 사회화에 전혀 주목하지 못함으로써, 이 이론은 사회화 없는 집중화를 목격하며, 따라서 국가는 파시스트적이고 테크노크라트적으로 보인다. 이 이론은 혁명은 모든 진보세력을 통합하는 민주적 재구성 전략(본질적으로 CPI의 전략)을 통해 국민적 토대에서 가능하다는 주장으로 나아간다. 네그리는 대신 노동자의 다국적 조직화를 그리고 사회민주주의적 테러리즘에 반대하는 자주성의 사용을 제안한다. 사회적 임금이라는 무기를 사용하고, 공장에서 사회로 이동하는 것이 본질적이라고 그는 생각한다. 다음에 임금투쟁은 전유를 위한(임노동이라는 등가 교환 없는 서비스나 사회적 임금 같은 공공 지출을 위한) 투쟁이 되고, 상품유통 속에서 이윤실현 과정에 대한 공격뿐 아니라 부르주아적 소유원리에 대한 공격이 된다. 자본은 노동을 분절함으로써, 사회적 임금을 삭감함으로써 대응한다. 공장은 사회로부터 분리되고 노동자들은 프롤레타리아트로부터 분리된다('생산적 노동'에 대한 CPI의 주장은 실업자들을 이렇게 배제하는 데에 동참하고 있다). 결론적으로 네그리는 투쟁하고 있는 주변화한 프롤레타리아트(학생, 실업자, 가사노동자)의 중요성을 강조한다.

임금투쟁은 자본측의 점증하는 경직성에 직면하기 때문에, 투쟁은 (재생산의 영역에서 이루어지는) 재전유의 지형으로 이동하게 된다. 그리고 네그리는 무장투쟁이 다국적 노동자의 필수품이 된다고 결론 내린다.

'한 걸음 앞으로, 두 걸음 뒤로 : 그룹들의 종말'은 1968년에 형성되어 1970년대 초 해체된 그룹들에 대한 비판이다. 네그리에 따르면 이들 투사들은 너무 개인적이어서 노동자운동과 접촉하지 않았다. 그들은 대중운동과 자신들을 연결해 주는 이론적 분석을 결여했다. 네그리는 1969년 봄부터 1973년 봄, 그리고 피아트 미라피오리(Fiat Mirafiori) 공장의 점령까지 그들의 역사를 3개의 국면으로 묘사한다. 첫번째 국면은 노동자 행위의 자주성으로 특징지어진다. 기획은 목표의 확인으로 통일되었기 때문이다. 목표는 평등주의였고, 운동 자체는 평등주의적이었다. 계약 거부와 노동 거부는 하나가 되었다. 전위는 대중과 상호 교류했다. 두번째 국면 동안에는 요구들은 보장임금(guaranteed wage)을 포함하는 것으로 확대되었다. 그러나 운동의 단절들(discontinilities)을 조정하려는 조직화 과정은 실패했다. 투사집단들은 대중적 지지 없이 계속 공격해 나갔고 마침내 패배했다. 1972년 봄은 그룹들의 종말을 보여 주었지만 프롤레타리아 및 노동자의 운동은 그들 없이도 계속되었다. 지속적이고 조직된 의식적 정치적 관계의 필요성을 절감한 때가 바로 이 당시였다. 1973년 미라피오리 공장 점거는 세번째 국면을 특징짓는다. 공격 방향은 전적으로 운동 내부에 존재했다. 네그리는 그 사건이 이 지점에서 조직의 핵심을 형성하기 시작한 통일화 기능을 나타내는 것으로 독해한다. 네그리가 언급했듯이, 아우토노미아는 자신의 '무엇을 할 것인가'를 쓰기 시작했다. 그것은 임금이 힘이라는 의식과 임금 요구의 부단한 확장에 논거하고 있다. 또한 그는 신참내기 젊은 노동자들이 공장투쟁과 공동체 내 투쟁 사이의 관계에 대해서뿐만 아니라 임금투쟁과 권력투쟁 사이의 관계에 대한 새로운 의식을 조직에 들여온다는 사실을 지적한다.

마지막 부록인 '조직적인 접합과 전체 조직 : 미라피오리 당'에서 네그리는 '노동자 당'이 의미하는 바의 실례를 제공한다. 그가 제기하는 문제는 공격의 제수준이 지닌 필연적인 탈구와 전체 조직 내 노동자권력의 수준 사이의 관계라는 문제다. 즉각적인 권력 행사를 포함하지 않는 당이라고 하는 노동자적 개념은 있을 수 없다. 이러한 견해에서 네오레닌주의적 제3인터내셔널의 파견 대표 개념을 탈신비화하는 것이 필요하다. 미라피오리 점거에서는 노동자들이 자신의 대중적 권력을 신뢰하는 장소로서 당이라는 대안을 보여 주었다. 네그리는, 지형을 설정하고 방향을 제시하는 전위의 의식적 주도를 통해 운동을 제기하고 해석했기 때문에 이 점거는 자생성을 반영하지는 않는다고 주장한다. 이제 필요한 것은 공격의 계기와 대중운동 사이의 관계에서 '지속적 단절'에 주의하는 것이다. 그리고 이것은 특히 공장에서 사회로 나아가는 데서, 탈구시키려는 자본의 시도에 대항하여 공격의 상이한 기능 담당자들(가사노동자, 실업자, 학생, 주변인)을 결합하는 데서 사실이다. 결론적으로 미라피오리의 경험 속에서 네그리가 특권화하는 것은 운동의 대중성, 즉 그 경험은 직접적인 노동자계급 조직이었으며, 공격 수준에서 (자생성을 극복하는) 대중적 수준으로 수직적으로 통합되었고 권력의 행사로서 직접적으로 정치적 성격을 지녔다는 것이다.

비록 1977년에서야 출판된, 레닌에 대한 네그리의 비판적 연구――『전략의 공장(*The Factory of Strategy*)』, 이것은 여러 측면에서 『노동에 반대하는 노동자당』의 자매편이다――는 원래 1973년에 행한 강의였다. 네그리는 레닌을 비판하지만 레닌의 저작에 대한 꼼꼼하고 일관된 독해를 통하여 자신의 혁명론에 가치 있는 많은 것을 발견한다.

네그리는 러시아 프롤레타리아트의 특수한 계급 구성에 부합하는 정치 조직의 형태를 정확하게 결정하는 레닌에 대하여 칭찬한다. 그러나 그는 또한 이탈리아 노동자계급의 구성은 매우 다르며, 이러한 역사적 변화로 인해 새로운 조직적 전략이 필요하다고 지적한다. 여기서 정치적 계급 구성이란 노동자계급이 주체로서 역사의 결정적 계기에 나타내는 요구, 행위, 정치의식 수준이 지닌 결정성을 의미한다. 네그리의 준거가 혁명적 대중 노동자인 반면, 레닌의 준거는 산업노동자의 전위였다. 전위(그 정치적 계급 구성)가 고립적이고 소수파라는 지위로 인해 프롤레타리아트에 외재적인 조직이 필요했다. 러시아에서 자생적 투쟁의 확산은 또한 분산된 투쟁을 통일하고 그들을 더욱 강력하고 파괴적인 힘으로 결집하기 위하여 중앙당을 필요로 했다. 레닌에게 당은 하나의 공장인데, 왜냐하면 그것은 노동자들의 혁명적 자생성에 증폭자로서 활동하고 이 원초적 반란의 재료를 혁명적 결집력으로 전환시키며 그것을 적에 대항하는 공격의 총체적 능력으로 전화시킬 수 있는 능력 때문이라고 네그리는 주장한다. 노동자들은 공장에서 당에 필요한 규율과 조직을 배운다. 그러므로 레닌이 공장이라는 비유를 사용하는 것은 당시 러시아의 기술적·정치적 계급 구성을 나타낸다. 계급 구성이 외적 지향에 대한 필요성을 결정했다. 그리고 러시아의 후진적 조건 때문에 착취에 대항하는 투쟁은 경제 발전을 지지하는 투쟁이 되었다. 네그리는 레닌주의를, 집단적 두뇌로 전화된 주체 의지인 당이 노동자들의 요구를 받아들이고 그것들을 적절한 조직 수단을 통하여 요구의 무능력에서 공격의 힘으로, 국가의 전복에서 권력의 행사로 전환할 수 있는 능력으로 정의한다. 이런 식으로 정의하면 레닌주의를 맑스주의 정치 프로젝트의 불변적 특징으로 볼 수 있게 된다.

이탈리아 프롤레타리아트의 현재의 정치적 계급 구성은 다소 다르며, 이것은 다른 조직형태가 필요함을 의미한다. 노동자계급은 더 이상 고립되어 있지 않다. 대중 노동자는 노동의 추상성을 전반적인, 부문간의, 지역적 이동성으로 바꾼다. 또한 계획은 자본의 성격을 변형시켜 왔다. 통제는 더 이상 집중되지는 않지만 대신 공장을 넘어서 전 사회로 확산된다. 러시아 전위의 고립성은 대규모 전자본주의적 부문 때문이었지만, 오늘날 자본주의에 외부는 없다. 레닌에게 모든 경제투쟁은 정치적이지만, 정치투쟁이 단지 경제적인 것만은 아니다. 현재는 경제투쟁과 정치투쟁이 완전히 동일시되고 있다. 특수(소수 전위)에서 일반(통일적 당)으로의 운동, 경제투쟁에서 정치투쟁으로의 운동은 현재 상황에서 모든 중요성을 상실하고 있다. 자본은 노동에 대한 실질적 포섭을 작동시키면서 사회를 정복하여 왔지만, 그렇게 하면서 그것은 직접적으로 공산주의를 가능케 하는 사회적 개인을 발전시켜 왔다. 지금은 계급 속에서 공산주의를 읽어 내는 것이 가능하다. 다른 한편 레닌의 당은 단지 노동의 형식적 포섭의 시기에 속하며, 이것은 공산주의를 가능케 하는 계급 구성이 달성되기 이전에 그 이상의 발전의 필요성을 부과했다. 오늘날 레닌의 전위는 대중의 전위가 된다. 조직 개념은 계급 구성에 필수적인 것으로 된다. 네그리는 이것이 (항상 주체와 객체를 분리하려고 한) 레닌의 개념보다 훨씬 더 변증법적인 관계 개념이라고 주장한다. 그러나 현대의 당은 더욱 고도한 계급 동질성에 의해 정의된다. 레닌의 당이 파견 대표로 이루어졌던 반면, 현대의 당은 노동자계급의 이익을 대표하는 사람들을 더 이상 필요로 하지 않는다. 노동자계급은 자주적으로 행동하면서 스스로 자본주의 발전에 대한 모순을 형성하는 장애물이 된다.

더욱 일반적 차원에서 네그리는 당 개념의 수정이 필요하다고 생각한다. 새로운 당은 대중에 의해 결정되는 조직인데, 네그리는 그에 대한 예로서 파리 코뮌과 미라피오리 점거를 지적한다. 직접적인 노동자권력의 조직으로서 러시아 소비에트는, 비록 그것이 러시아에서 지속될 수 없었지만, 대중 속에서 대중의 활동에 기초를 둔 정당한 권력의 원천을 나타내기 때문에 오늘날에도 적용될 수 있다. 레닌은 소비에트가 당내에서 조직된 전반적 반란 과정에 의해 매개되어야 한다고 믿었다. 오늘날 전통적인 당은 더 이상 해결책이 아니다. 이제는 자본의 탈집중화에 대항한 대중의 소비에트화가 있을 뿐이다. 레닌의 시대에 소비에트는, 권력 및 반란의 확산과 사회화 간의 모순, 그리고 (대표 없는) 대중의 소비에트주의 즉 노동자권력의 사회화와 반란의 매개적 조직화 사이의 모순이라는 두 가지 모순에 의해 특징지어졌다. 레닌은 자연적이고 비변증법적 절대자라는 권력에 대한 그의 정의——부르주아적 개념과 매우 밀접한 정의——때문에 이러한 모순들을 해결할 수 없었다. 첫번째 모순은 권력 개념을 변증법적 절대자, 세력관계라고 파악함으로써 해결될 수 있다. 두번째 모순은 한 가지 매개도구가 필요한 것이 아니라 내전에 대한 지속적이고 시기 적절한 관리 기능이 필요함을 인식함으로써 해결될 수 있다. 레닌주의적 단일 당봉기의 개념은 오늘날 항구적 내전(permanent civil war)의 개념으로 대치된다. 레닌은 독재에 대항하는 봉기를 위해 당을 통하여 자생성에서 소비에트로의 매개라는 일직선을 그었지만, 오늘날 아우토노미아는 대중의 소비에트주의에서, 부르주아독재의 현재적 형태에 대항한 내전을 통하여 노동 소멸을 스스로 조직화하는 프롤레타리아트로 나아간다. 아우토노미아는 다수의 조직망, 모든 합법적, 비합법적 투쟁의 동원, 모든 '분자적 망상조직'의 조정, 조우계기들의 전진적 축적으로 구성된다. 오늘날 최고의 계급의식은 권력의 대표나 대리자에게 있는 것이 아니라, 계급 그 자체에 있다는 것을 실현하는 데에 있다.

네그리에 따르면 레닌의 가장 큰 한계는 국가에 대항한 투쟁을 노동에 대항한 투쟁으로 제시하는 것이 불가능했다는 것이다. 발전에 대한 헤게모니는 레닌의 사회주의적 노동조직처럼 아직 발전으로부터 해방은 아니다. 그러나 오늘날 고도로 발전된 생산력 수준은 중간적인 '사회주의적' 단계를 건너뛰고 단번에 가치법칙을 소멸시켜, 직접 공산주의로 나아가는 것이 가능하다는 것을 의미한다. 계획이 레닌에게는 긍정적인 가치였던 반면에, 오늘날 그것은 단순히 자본주의적 지배의 한 형태이므로 공격해야 할 첫번째 것이다. 이러한 요구는 주체의 특수성, 그것이 지닌 이해의 독자적 특수성에서 생겨난 프롤레타리아 해방이라고 하는 현재의 아우토노미아가 지닌 중요성을 결정하는 근거다. 혁명이론에 레닌이 크게 기여한 것은 정치적 계급 구성에 따라 조직을 구축할 필요성, 현실을 변형시킬 수 있는 계급 주체 속에서 혁명적 잠재력을 설정하는 문제, 그리고 최량의 혁명방법이 현존 사회구성체에 대한 분석에 기초를 둔 이론적, 실천적 예상으로서 경향의 방법이라는 점이다. 러시아에서 그랬듯이, 비록 후진적인 계급 구성은 관계가 전도되어야 한다는 것을 의미할 수 있을지라도, 계급 구성은 조직을 규정한다.

『프롤레타리아와 국가(*Proletarians and the State*)』(1976)는 기독교민주당과 역사적 타협이라는 CPI(이탈리아공산당)의 전략에 대한 네그리의 비판이다. 그는 이윤율 저하와 그것에 대응한 자본의 재구조화라는 최근의 위기를 언급하면서 시작한다. 자본의 주요 대응전략은 사회화이고, 노동에 대한 지배를 유통 영역으로 확장하는 것이다. 지배는 화폐를 통한 위기의 계획화가 된다. 그러나 자본주의적 통제는 스태그플레이션에 직면하여 실패한다. 에너지와 자동화는 자본이 노동자투쟁을 넘어설 수 있게 도와 주는 부가적인 통제양식을 제공한다. 그러나 지금까지 가장 중요한 통제수단은 세계시장의 집중이다. 다국적기업은 자본 통제의 통일성을 탈구시키고 국가는 다국적기업에 의해 대체된다. 통제는 세계시장과 화폐를 통하여 이루어진다.

네그리는 역사적 타협을 생산관계에 대한 이러한 자본주의적 재구조화에 필수적인 요소로 본다. 자주적인 노동 거부에도 불구하고, 타협적 '사회주의'는 자본주의 발전의 규범에 개입하기 때문에 억압적일 수 있다. 타협은 노동의 이데올로기, 즉 고용과 생산적 노동의 이데올로기를 취한다. 그것은 실업이라는 무기로 위기를 통제하고, 그리하여 프롤레타리아트로부터 노동자를, 사회로부터 공장을 고립시키고, 프롤레타리아트의 통일을 방해한다. 새로운 계획국가는 노동자 착취에 노동자가 참가하는 것일 뿐이라고 네그리는 말한다. 그것은 국가는 장악할 수 있는 메커니즘이라는 국가의 중립성이라는 신비화에 의거하고 있는 것이다. 그러나 네그리는 국가는 사실상 자본주의 발전 및 세계시장과 유기적인 관계에 있다고 주장한다. CPI 이론가들이 설파하는 종류의 '정치(적인 것)의 자율성'이란 존재하지 않는다. 오늘날 정치와 구별되는 영역인 '시민사회'와 같은 것은 존재하지 않는다. 시민사회는 국가에 포섭되어 있기 때문이다. 생산을 위한 지배 중심으로서 국가와 프롤레타리아적인 사회적 생산력 간의 환원할 수 없는 적대 때문에, 국가 내에서 일어나는 모든 위로부터의 혁명들은 (타협과 같은) 필연적으로 다른 극, 즉 노동자계급에 반대하는 방향으로 나아갈 수밖에 없다. 그러므로 이제 계급투쟁은 반드시 국가에 대항하여, 따라서 개량주의가 국가의 일부인 만큼 개량주의에 대항해야 한다.

『프롤레타리아와 국가』의 그 다음 절에서, 네그리는 자본의 재구조화가 노동자계급에 끼치는 효과를 기술한다. 1960년대 노동자투쟁에 대응하여 자본은, 노동에 대항하고 더욱 유연성을 지니며 노동비용을 절감하기 위하여 스스로를 재구조화해 왔다. 재구조화는 점증하는 기술적 통제 및 분절, 개별 기업과 방계 기업의 통합(신용), 그리고 산업의 국제적 재조직화(노동의 분산) 형태를 취해 왔다. 이 모든 것은 결국 더 커다란 사회화, 서비스화(tertiarization), 그리고 유연성을 뜻한다. 그것은 실업자와 노동자의 분리, 기업간 분리, 사회적 노동자층의 프롤레타리아화, 서비스화를 통한 생산적 노동의 비생산화, 대량생산의 지역적 분산, 사회 전 부문에 자본주의 생산의 도입, 모든 노동자계급 집중의 파괴, 그리고 개량주의를 만들어 냈다. 그러나 그것은 또한 새로운 프롤레타리아트뿐만 아니라 사회적(대중과는 대립되는) 노동자의 출현을 의미한다.

노동자계급은 항상 자본의 의도에 역행해 왔기 때문에 분할에 대처하기 위해서는 더욱 큰 접합을 추구해야 한다. 운동은 더욱더 임금투쟁에서 생산 장악을 위한 투쟁으로 옮아가야 한다. 이제 투쟁은 전적으로 정치적인 것이 되며, 생산에 대한 지배 층위인 국가에 대항하여 움직인다.

역사적 타협은 이 재구조화 과정의 일부다. 네그리는 CPI를 명령과 노동의 당이라고 부르는데, 이것은 아우토노미아운동을 억압하기 위해 취해진 경찰국가적 조치들에 대해 공산당이 지지함으로써 확인된 주장이다. 당의 공적 관리는 계획된 착취의 관계를 합리화할 것이다. 1968년에 그리고 전후에 그랬듯이, 당은 노동자계급의 요구에 거역하여 활동한다. 계급의 노력은 **계급간** 도식 내에 삽입되기 때문에, 당의 기획은 단지 자본의 재구조화를 이롭게 하는 것으로 이해될 수 있다. 적대는 진정될 수 없다. 오늘날 국가는 항상 억압적이기 때문이다. 네그리는 CPI가 제안한 종류의 국가제도들을 노동자계급이 사용할 수 없다고 결론짓는다.

그 다음 절에서 네그리는 노동 및 계급 구성에 기초를 둔 정치학을 정교화하는 것이 아우토노미아이론의 핵심 쟁점이라고 서술한다. 대중노동자에서 사회적 노동자로의 이행은 그와 함께 새로운 욕구 지평을 가져온다. 그러나 교환가치의 지배하에서 증대된 욕구는 (수요의 증대를 통해) 자본의 힘을 증대시킨다. 작업·노동은 교환가치의 반영물이 아닌 사용가치다. 그것이 자본에 독립적인 부의 유일한 원천이다. 활동, 생산력, 그리고 창조성으로서 노동의 사용가치는 교환가치의 대립물이다. 노동의 사용가치가 교환가치에 종속되는 데에서 네그리는 반역의 유일한 가능성을 본다. 노동의 사용가치를 통해서만 자본에게서 자신에 대한 통제력을 빼앗을 수 있고, 그리하여 자본은 노동을 위한 사용가치가 된다. 그러면 욕구체계에 비추어 투쟁체계가 정의된다. 착취가 가장 강할 때, 반항은 가장 커진다. 노동은 지배적인 생산관계에 대립하는 유일한 생산력이다. 교환가치의 독재에 대립하는 것은 산 노동의 유용한 특수성이 지닌 헤게모니다. 이것은 노동이 욕구에서 투쟁으로 운동하면서 자본에 대항하여 자신을 가치증식시킬 수 있다는 가능성을 의미한다. 그러므로 계급 구성은 공산주의적 이행의 범주가 된다. 프롤레타리아트는 계급에 의한 성공적인 생산력 재전유의 주체가 된다. 즐거움의 실현이 혁명의 가능성을 포함하고 있다. 그러므로 구성은 조직화하는 경향이 있다는 것이 중요하다. 그러나 출현하고 있는 '당'을 전위로서가 아니라 대중투쟁체계의 변형 동력, 즉 권력의 대중적 재전유를 위한 기관——임노동에 대항하여 공산주의를 창출하는 것——으로 인식해야 한다고 네그리는 경고한다.

바로 이러한 맥락에서 임노동을 존속시키려는 역사적 타협의 의도를 이해해야 한다. 대신 투쟁은 임금을 통해 필요노동을 축소하는 방향으로 움직인다. 그리고 임금투쟁은 스스로 전유를 위한 투쟁으로 변형되는 경향이 있다. 프롤레타리아독재도 그러한 전유 밖에서는 이해할 수 없다고 네그리는 말한다. 그것은 국가자본주의를 의미하지 않는다. 프롤레타리아독재는 노동자권력의 창출을 위한 합법적 물질성 속으로 당을 해체하는 것을 의미하기 때문에, CPI는 프롤레타리아독재에 반대한다고 그는 주장한다. 반대로 아우토노미아는 직접적 전유를 함의한다. 새로운 계급 구성으로 인해 계급과의 관계에서 레닌적 당의 외재성을 강조하는 매개라는 주제에 대한 재규정이 필요하다. 이제 적대는 위임에 의해서, 또는 미래로 연기됨으로써 매개되지 않는다. 그리고 자본주의에 대안을 만들어 내는 쪽으로 나아가는 직접적으로 집합적이고 실천적인 지식이 계급의식의 매개를 대체한다. 의식은 물질적으로 실재화하며 추상적 이론의 매개를 부정하고 매개를 경향적 기능으로 축소한다. 역사적 타협은 또 다른 매개형태를 이룬다. 이에 비추어 프롤레타리아 행위는 당에서 중심을 옮긴다. 유일한 실질적 다원주의는 노동자권력의 조직들의 다원성이지 모두를 포괄하는 단일한 정부 속으로 모이는 선거 정당들의 다원성이 아니다.

노동자계급의 재구성은 임금에 초점을 두지만 새로운 생산양식에 대한 요구를 나타내는 더욱 광범위한 요구와 목표들(예를 들어 사회적 임금의 확대)로 나아간다. 노동 거부를 통해 이루어지는 노동의 자본 조종은 공산주의로의 이행의 근본법칙이 된다. 노동자계급이 자본을 자신의 행위에 종속시키고 경제 발전보다는 위기를 만들어 낼 때 그것은 가능해진다. 프롤레타리아트는 자신의 행위 속에서 개량주의적 매개고리를 파괴하는 경향이 있다. 그러나 억압은 자본에 유기적인 것이며, 개량주의자들은 타협을 통하여 억압에 참여한다. 덧붙여, 다국적 자본의 권력에 비추어 볼 때, 역사적 타협은 실패할 것이라고 네그리는 주장한다.

아우토노미아는 자신의 과업을 역사적 타협에 반대하여 규정한다. 아우토노미아는 노동의 주변적 탈구는 임금노동의 요구(사회적 임금, 서비스를 위한 공공지출)로 환원할 수 없는 새로운 요구들을 만들어 낸다는 것을 강조한다. 분리와 분할이라는 자본주의적 이미지에 반대하여 아우토노미아는 모두가 착취당한다고 주장한다. 정치적 관련에서 아우토노미아는 자본주의적 지배의 제제도들에 대항하여 행동하며, 제모순을 적대로 변형시키려고 한다. 그것은 정당성 위기에 대한 국가적 해결책들로 나타나는 모든 시도들이 어떻게 단지 착취의 증대에 불과한지를 보여주려고 노력한다. 아우토노미아는 경향적으로 당의 조직화를 향해 나아가고 있지만, 이것은 중립성이나 매개가 없이 투쟁의 축적으로 받아들여지는 활동하는 당일 수 있을 뿐이다. 실천에서 실천이론으로 나아가는 길이 있을 뿐이다. 네그리는 임금노동에 대항하는 공격, 재구조화(타협)의 정당성 파괴, 그리고 자본의 무력 사용에 대항한 전투적 투쟁의 준비라는 세 가지 공격 지점을 개괄하다. 그는 효과적인 지휘(directive) 기능이 발전한 당 형태를 제시하지만, 대중권력만이 이러한 지휘 능력을 결정할 수 있다고 첨언한다. 네그리의 다음 저작인 『국가형태(*The State Form*)』(1977)의 부제 ── '헌법의 정치경제학 비판을 위하여(*For a Critique of the Political Economy of the Constitution*)'는 이 책이 이탈리아공산당의 '시민사회론' 및 '정치의 자율성론'을 공격하는 데서 취한 방향을 보여준다. 국가형태, 특히 1948년의 이탈리아 헌법은 자본주의 경제 속에 아로새겨져 있다. 그러므로 이는 타협이라는 수단으로 점령할 수 있는 중립적인 정치메커니즘이 아니다. 국가는 정치경제의 직접적인 작용이며, 만약 자본주의를 극복하려면 반드시 비타협적으로 공격하여야 할 대상이다.

네그리는 입헌정부에 참여하려는 이탈리아공산당의 시도가 지닌 함의를 고찰하면서 시작한다. 그 현상은 새로운 형태를 띠었던 노동자 저항의 물결에 뒤이어, 시민사회를 국가 속으로 흡수하려는 새로운 지배형태 ── 조합국가 ── 의 발전을 나타낸다. 1960년대 노동자운동은 자본에 대항한 노동자의 자기가치증식, 대중 노동자의 자기 인식 그리고 사회적 노동자의 형성으로 특징지어진다. 네그리는 계급 구성을 근본적이라고 상정하기 때문에 국가의 헌법을 계급 구성의 변화에 따라 변하는 것으로 간주한다. 예를 들어 1968년에 대한 헌법적 반응은 위기국가의 발전이었다. 새로운 정당성 개념에 대한 요구는 헌법 및 행정이 자본 지배의 직접적인 기능으로 된다고 보는 사회민주주의적인 해결책인, 계급간의 조합적 상호 결정으로 나아갔다. 이것은 경제 발전에 반대하는 사람이면 누구든 범죄시할 수 있음을 의미했다. 새로운 헌법 개정은 정치적 정당성을 지닌 착취와 마찬가지였다. 따라서 정치경제학 비판은 필연적으로 행정, 헌법 그리고 국가에 대한 비판이다. 모든 법률은 사회적 관계의 변화와 관련되어 있다. 이러한 관점에서 1948년 헌법의 목적은 노동자계급을 무장 해제하는 것이었다. 이탈리아공산당의 시민사회론은 이러한 연관성을 파악하지 못했다. 그것은 시민사회가 자본의 재생산을 벗어나서 기능할 수 없음을 깨닫지 못하고 있다. 결과적으로 네그리는 헤게모니, 진지전, 역사적 타협, 민주주의, 정치의 자율성, 제도를 통한 대장정, 그리고 국가의 중립성이라는 개념을 지닌 '이탈리아 이데올로기'와 투쟁하기 위해서 '이론의 혁명적 기능'을 요구한다.

네그리는 헌법이 수사학적이고 개념적인 조작을 통하여 노동자계급을 무장 해제하는 방법에 강조점을 두고 이탈리아 헌법을 해석한다. 헌법은 이탈리아를 '노동에 기초를 둔 민주주의'라고 규정하지만, 생산적 노동에 기초를 둔다는 것은 부르주아지의 조건들 즉 자유로운 경제발전 속에서 부인된다. 노동은 부르주아적 범주로 된다. 헌법은 사회적 생산을 모두의 선을 위한 것인 양 묘사함으로써 계급 적대를 억누르고 있다. '사회주의적인' 노동 의무는 이리하여 부르주아지에 의해 민주주의 및 평등과 연결된다. 네그리는 헌법을 가진 이러한 '사회적 국가'는 시장의 경제적 자기 규제를 계급 통합으로 대체함으로써 법의 합리성과 자본주의적 축적의 비합리성 사이의 모순에 대한 해결책을 제시한다고 주장한다. 사회의 모든 것이 축적의 매개물 즉 사회적 공장(social factory)으로 된다.

법률의 구체적인 생산성은 투쟁과 갈등을 극복하는 데 있다. 이것은 노동을 사회적 생산의 기초로 만드는 기능이다. 노동의 예속은 사회조직 및 자본 축적의 조건이다. 자본은 유일한 부이기를 원하지만 부의 유일무이한 생산자인 노동과 결합해 있다. 이러한 모순은 노동의 가치증식을 인정하지만 동시에 사회공장 조직을 통하여 노동을 자본에 통합하는 헌법을 통해 극복된다. 그러나 자본 집중에는 필연적으로 노동자권력의 성장이 조응한다. 헌법은 통합을 추구하지만, 자본주의의 점증하는 가치증식 및 발전은 투쟁을 점증적으로 더 높은 수준에서 재생산한다. 이것은 합법성의 위기를 가져온다. 그래서 지배는 경제 발전의 총체적인 긴급 요구로 된다. 자본이 사회화할수록 법률과 현실 사이에 존재하는 적합성은 증대되고, 명령과 동의는 더욱 융합한다. 노동을 헌법에 통합하는 것은 그에 동반하는 종속을 의미한다. 여기서 국가의 사멸이라는 사회주의적 개념은 축적의 관리에 관한 전체적 합의라는 자본주의적인 유토피아로 된다.

이러한 조합적인 사회공장의 동질성은 근대적인 노동입법에 의해서 감춰질지 모르지만 바로 이러한 입법의 필요성은 갈등이 불가피함을 나타내는 듯하다. 자본은 타자의 존재 및 타자와의 갈등의 필연성을 인정하지 않을 수 없다. 그리하여 헌법은 수정 가능한 계약 협상을 집단적인 행정규범으로 대체한다. 법률 제정의 목적 —— 갈등의 해결 —— 은 보다 명확해진다. 법률은 협정에서 탄생하고, 또 조직적인 생산을 위해서 협정을 재생산한다. 네그리는 헌법이 스스로에 대해서 갖고 있는 가정 속에 존재하는 논리적 난점, 즉 해결 불가능한 모순을 지적하면서 결론을 내리고 있다. 만약, 헌법이 암묵적으로 인정하고 있듯이 노동이 가치 및 사회적 생산의 일반적인 기원이라면, 그리고 헌법이 자신을 일반적 과학으로 즉 법률로 내세운다면, 노동입법이란 사실을 단지 특수한 에피소드로 치부할 수는 없다. 그것은 전반적인 수준과 관련되어 있고, 또한 그것이 지시하는 것 —— 사회적 통합에 대한 헌법의 주장이 지닌 조합주의적인 신비화에 반대하여 —— 은 모순 및 계급 갈등의 필연성이다. 네그리는 이러한 논리적 난점을 변화하는 계급 구성과 관련시킨다. 헌법이 만들어질 때 자주성의 주체인 대중 노동자는 아직 자본주의적 생산에 의해 창출되지 않았다. 그래서 집단적 계약에 기초를 둔 사회 질서를 상상하는 것은 여전히 가능했다.

이러한 논리적 난점에 대한 해결책은 사회적 계획국가다. 네그리는 다음과 같은 방식으로 그것의 발생을 설명한다. 자본은 추상적인 일반 모형을 향하여 움직이는데, 이 모형은 사회적 수준에서 완전한 노동소외를 포함한다. 자본주의적인 기획은 항상 경쟁에 대응하면서 그것의 극복을 추구한다. 그리하여 대량생산이란 기반에서 자본에 필요한 추상노동에 대립하여, 추상적 노동이 총체적인 내용, 즉 산 노동으로 변형됨으로써 추상노동의 대중화(massification)는 영속적으로 위협받는다. 자본주의적 모델에서 경제 발전의 통일이 지니는 형식적인 강도의 대중화에는 불가피하게 노동력의 최대의 통일이 조응하여야만 한다. 헌법은 노동의 저항을 무시하려고 애쓴다. 노동은 헌법에서 구체적인 생산 조건에 대한 어떠한 분석도 없이 사회적 생산의 형식적인 계기로서 추상적인 것으로 나타난다. 헌법이 지닌 형식주의는 사회적 국가에 있는 사회적 생산의 헌법적인 모델이 지닌 추상적 일반성 속에 노동 경쟁이 도입할지도 모르는 우연성을 선험적으로 제거하는 기능을 한다.

문제는 헌법의 형식적 통일에서, 현실에서 통일이 지닌 기능적 효과로 나아가는 데서 법률체계의 형식성과 모순되는 갈등을 인정해야 한다는 것이다. 추상적인 것은 통일되지만 구체적인 것은 분리된다. 그리고 구체적인 것이 분리될수록(노동자 경쟁의 수준이 클수록), 추상적 노동의 통일을 향한 자본의 경향은 강화된다. 그러나 마찬가지로 추상적 노동은 필연적으로 자본과 관련하여 폭동과 저항을 나타낸다. 이때 문제는 입헌적 법률의 추상적인 형식적 일반성이 제공하는 총체성을 어떻게 회복할 것인가다. '자본은 자본에 대항하는 노동의 바로 그 유동성을 활용한다고 네그리는 주장한다. 자본은 노동의 권리 및 노동조합의 권리를 인정하며, 이러한 방식으로 갈등을 해결한다. 조합적인 사회적 생산이라는 형식적인 입헌적 모형은 오로지 부정의 부정(노동 경쟁)으로서만 실현될 수 있다. 긍정적인 결과는 축적을 보장하고 추상적 모델을 실현하며 사회적 규범성의 전체적인 활성화를 지향하고 가치증식 과정을 결정하는 데서 노동력의 독자성을 확증하는, 사회적 계획국가다. 계획국가는 '노동의 헌법화'를 완성한다. 계획국가는 전체 과정을 계획하고 질서지음으로써 노동을 사회적 국가의 기초로 삼는다. 변증법적 매개를 통하여 연속성은 성취된다. 경쟁과 갈등은 제거된다. 그리고 그것은 합의를 넘어선 곳에 권력이 있음을 보여 준다.

다음으로 추상적 노동과 구체적 노동, 형식적 통합과 실질적 갈등 사이에 이율배반이 존재한다. 헌법을 노동에 기초한 사회적 총체성을 공격하려는 욕망에 대항하여 작동하는 것으로 이해해야 한다. 오로지 권위만이 형식적 모델의 작동을 보장할 수 있다. 이것은 정언명제의 도움으로 자본의 이해에 규범성을 부여해 주는 법률과학의 기능이다. 이러한 모든 면에서 헌법의 역할은 자본이 요구하는 바의 사회의 연속성을 보장하는 것이다. 내전의 가능성을 줄여야 한다. 모든 갈등은 경제 발전에 이로운 방향으로 해결되어야만 한다. 추상적 노동과 구체적 노동의 모순은 국가의 초월성에 의해 매개된다. 그러나 국가의 통일성은 전복될 수 있다. 그러면 두 가지 형태의 노동이 지닌 환원 불가능한 모순만이 존재한다. 네그리는 부르주아 세계는 변증법적이고 통합적이지만 노동자투쟁의 세계는 모순을 개방하는 것에 의존하고 있기 때문에 그렇지 않다고 결론을 내린다.

『국가형태』의 또 다른 장에서 네그리는 파수카니스(Pasukanis)의 법이론 및 볼셰비키의 이행론에 대하여 이의를 제기하고 있다. 이것은 아우토노미아이론의 발전에서 또 하나의 핵심적인 계기다. 그는 법이 상부구조가 아니라고 주장한다. 법이라는 형태 속에 착취라는 자본의 지배가 실행되고 있다. 그리고 법과 잉여가치 사이에는 직접적인 연계가 있다. 법은 착취의 조직과 명령 사이의 관계형태다. 폭력과 명령으로서 법은 생산에 필수적이다. 생산관계는 법에 의해 생산된다. 그러나 이것은 법과 명령의 정체성이 획득된 것으로 보이는 바로 그 순간에 자본주의적 사회관계에 함축된 적대가 스스로를 표출한다는 것을 의미한다. 따라서 법은 권위의 확인임과 동시에 첫번째 위기 계열이기도 한다. 자본주의 사회의 통일성 내에 있는 이러한 적대와 관련하여, 법은 일반적인 지배로 된다. 프롤레타리아 법이란 존재하지 않는다. 그러므로 공산주의로의 이행에서 적대에 기초를 두고 있는 법은 소멸할 것이다. 법률국가는 더 이상 불가능하다. 네그리는 볼셰비키들이 이행을 단지 소유의 사회화로, 시장관계를 사회적 소유 및 사회적 노동의 조직화의 관계로 대체하는 것으로 파악했다고 비판한다. 이것만으로는 충분하지 않다. 노동자투쟁은 소유의 기초 그 자체, 착취의 규제자인 노동가치의 법칙에 대항하여 움직여야만 한다. 소유는 자본가적 지배, 가치법칙의 강제가 특정하게 집중된다. 이 지점에서 네그리는 맑스에게서 매우 의미 있는 한 구절을 인용한다. "사적 소유의 억압은 그것이 노동의 억압으로 받아들여질 때만이 실현된다. …… '노동의 조직화'는 따라서 모순이다." 파수카니스에게 법률은 가치증식 과정의 외부에 존재하는 사회적 노동이란 신화에 의해 구제된다. 그러나 네그리는 노동과정과 가치증식과정을 분리할 수 없다고 반박한다. 이행에서 법률은 착취와 분리될 수 없다. 노동 및 국가에 대항하는 공산주의적 투쟁은 국가 및 조직화한 노동 사이의 특정한 권위적인 관계형태인 법률에 대한 투쟁이어야만 한다.

이 지점에서 네그리는 공산당의 국가독점자본주의론을 그것이 지닌 정치적 결함을 보여 주기 위하여 다시 한번 도마 위에 올린다. 이 이론은 시민사회를 파시즘에 대한 방벽인 민주주의의 편에서 독점적인 국가에 대항하는 위치에 놓는다. 이 이론은 자본주의가 지닌 전체적인 사회적 재생산과정을 이해하는 데 실패했다. 대신에 이 이론은 과학 및 기술과 같은 특정한 영역에 집중하고 있다. 그것이 기획하고 있는 유일한 목적은 독점적인 일탈을 추방한 자본주의적 발전의 합리성의 회복——'사회주의'——이다. 이러한 시나리오에서는 착취에 대항하는 노동자들의 투쟁은 주변화한다.

맑스주의적인 대안은 국가를 자본주의적인 착취 및 축적과 통합된 것으로 파악하는 것이라고 네그리는 말하고 있다. 국가는 생산에서 분리되어 있지 않으며 계획국가는 특히 자본주의적인 가치증식에 필수적이다. '국독자'론은 이 점을 간과하고 시민사회를 물신화하고 있으며 반임노동투쟁을 유통투쟁으로 대체하고 있다. 국가의 상대적 자율성은 자본주의적 지배가 지닌 연속성 및 영속성일 뿐이다. 계획 속에서 객관화한 지배는 노동과정의 일부가 되며 자본주의적인 기계는 철저하게 '정치적'으로 된다.

네그리는 노동자가 국가통제의 한 형태 —— 공공 지출, 사회적 임금 —— 를 국가에 대항하여 사용할 수 있음을 주장하고 있다. 욕구의 양 및 요구의 수준을 증대시킴으로써 질적인 폭발의 지점인 '국가의 재정위기'에 도달할 수 있다. (노동 혹은 사회적 임금을 위한) 이러한 종류의 경제적 공격들은 동의와 생산을 연결하는 국가조직에 대항하는 것이기 때문에 곧바로 정치적이다. 동의(합의)는 생산관계의 내적인 기능이다. 정당성의 변화는 이윤율 저하에 대한 반응으로서 국가의 역할 증대를 가져온다. 국가는 공공 지출에 대한 과점적인 투자를 통하여 곧바로 생산적이 된다. 이것은 사회적 자본의 축적을 돕고, '생산성'은 전체 과정을 정당화하는 용어가 된다. 그러나 기업의 생산성('일반적 이익'이라는 것 속에서 자본주의 발전을 정당화하려는 슬로건)과 축적의 실제 영역(국가에 의해서 통제되는 협동하는 사회적 총체) 사이의 간극은 벌어지고, 생산성 감소를 통해 그리고 자본국가(capital State)의 사회적 축적이 지닌 역기능을 강조함으로써 이 간극은 투쟁의 장으로 된다. 노동임금과 사회적 임금 양자 모두 잠재적으로 파괴적이 된다. 그러나 이 투쟁은 정당성의 무기로서 생산성이라는 물신의 파괴뿐만 아니라, 사회를 공장으로, 국가를 사장으로 인식할 것을 요구한다. 대신에 정당성은 프롤레타리아트의 완전한 욕구와 관련될 수밖에 없다.

계급투쟁이 국가에 대항하여 나아가는 경향을 통해, 네그리는 그람시의 헤게모니 개념과 이 개념을 동맹과 타협을 촉구하는 데 이용한 이탈리아공산당에 대해서 비판한다. 헤게모니는 사실상 이윤을 위한 자본주의적 지배에 포섭되는데, 자본주의적 지배는 시민사회를 생산과정 및 권력구조의 프로젝트로 전화시켜 버린다. 시민사회는 죽는다. 시민사회는 자본주의 발전 속에, 그리고 생산적 노동의 사회적 통일성 속에 흡수된다. 다른 한편 네그리는 동의가 지닌 점증하는 권위주의적인 성격에 대항하여 발본적 민주주의를 위한 투쟁을 계급투쟁의 근본 문제라고 보는데, 그러한 투쟁이 필요노동과 잉여가치(전체 체계가 의거하고 있는 바) 사이의 관계에 영향을 주기 때문이다.

네그리는 이탈리아 사회주의를, 사회적 노동을 자본 속에 유토피아적으로 포섭하는 것이라고, 즉 계급투쟁의 한 계기라고 파악한다. 그것은 단지 노동과 자본 간의 새로운 적대를 한 차원 더 높은 수준으로 끌어올릴 따름이다. 오늘날의 바로 이러한 고차적인 수준에서 주체성은 공산주의적 예상 과정에 핵심이 되고 있다. 임금(상대적 임금, 사회적 임금 모두), 노동시간의 재전유, 자체 축소(대중 노동자의 고차원적 투쟁형태), 저항, 그리고 전유에 대한 점증하는 요구와 함께, 계급의식은 노동의 부를 즉각적으로 만회하는 것으로 나타난다. 그러므로 전유는 사회적 지배라는 사회주의적인 매개를 일소한다.

그런데 맑스주의 국가론은 하나의 경향을 하나의 혁명적 주체에 전가하는 것으로 이루어져 있다. 맑스주의 국가론은 생산관계의 필연적인 변형에 초점을 두고 있다. 네그리는 자신이 가치법칙의 발본적 변형이라는 용어로 정의한 프롤레타리아독재를 요구한다. 노동자계급에 대한 자본주의적 지배의 외피에 불과한 부르주아 민주주의와는 달리, 이 독재는 대중이 스스로 자신의 권력을 관리할 수 있는 능력일 뿐이다. 프롤레타리아독재는 동유럽에는 존재하지 않으며, 거기에는 대신 당관료제의 독재만이 존재한다. 소련에서는 아직도 가치법칙이 작동하고 있으며, 그곳의 노동자계급은 사회적 생산성을 높이는 데 익숙해져 있다.

네그리는 『국가형태』를 '실질적인 헌법 비판을 향하여 : 노동자 자기가치증식과 당 가설'이라는 부제가 달린 장으로 끝맺고 있다. 그는 자본과 노동자계급의 당 및 노동조합 사이의 공동 관리에 기초를 두고 있는 자본주의 발전에 대항하여, 노동력의 사회적 차원과 해방적 특질이라는 두 가지 힘이 작동한다고 주장한다. 이들 두 가지 힘은 사회적으로 협동하는 노동이 지닌 집단적 힘을 작동시키기에는 교환으로서는 부적합하다는 것을 증명한다. 가치법칙을 넘어선 공산주의적 생산만이 생산적 노동의 완전한 잠재력을 실현할 수 있기 때문이다. 1948년 헌법은 가치, 갈등 그리고 교환이라는 사회적 조직화에 기초를 두고 있다. 그러나 헌법은, 자본주의적 사회화에 따른 필요노동의 성장 및 고정화에 기인한 가치법칙의 실패와 함께 와해되었다. 노동자계급의 노동 거부는, 가치법칙이 기능하기 위하여 요구되는 균형을 깨뜨리는, 재생산되고 있는 노동자의 자기가치증식의 양식들(자본의 가치증식을 위해 노동을 제공하는 것과는 반대로)을 규정한다. 해결책은 지배와 공동경영이다. 복구된 조합적 형태는 헌법의 해체를 신비화하고 자본을 안정화한다.

자본이 사회화할수록 재생산은 적대 및 투쟁의 영역이 된다. 노동자의 재생산에 대한 자본의 의존은 자본주의 발전에 따라 노동자계급의 욕구, 소비 및 사용가치의 상대적 독립의 가능성을 열어 준다. 유통을 포괄하는 재생산과정은 적대의 조건들, 노동자계급의 독립성이 표출되는 조건들을 드러내 준다. 유통은 생산으로 환원되지만, 이것은 유통 역시 생산의 적대에 감염되어 있음을 의미한다.

네그리는 재생산을 파괴하는 것이 가능하다고 믿는다. 이것은 '색다른' 노동자운동의 역할이다.[3] 이러한 운동의 자주적인 특질(예를 들면,

3) 네그리가 종종 언급하고 있는 책인 『'색다른' 노동자운동(*Die 'andere' Arbeiterbewegung*)』(Karl-Heinz Roth, Munich, 1974)을 보라. 로트는 제2인터내셔널 시기부터 현재까지의 독일 노동자

이 운동은 '노동자'정당 및 조합과 같은 개량주의적인 기구들에게서 억압적으로 통제받는 것을 거부한다) 때문에, 자본은 중립성 및 민주적 봉쇄의 가능성과 임금이라는 양적인 무기를 상실한다. 그것은 억압적이 될 수밖에 없다. 억압이 취하는 형태는 공공행정이다. 오로지 불평등에 대한 공개적인 확인만이 위기를 극복할 수 있기 때문에 공장 · 기업 · 지배로서 기능하는 새로운 헌법형태들이 오늘날 요구되고 있다. 국가가 시민사회를 포섭했기 때문에(법, 자유 및 평등을 제거하면서) 노동자계급은 더 이상 시민사회의 일부분이 아니다. '색다른' 노동자운동은 자신들 속에 자신들의 사회(자기가치증식)를 건설한다. 더 이상 노동과 자본 사이의 교환이 존재하지 않는다. 지배가 그 자리를 차지한다.

네그리는 다양한 자기가치증식적인 자주적 노동자투쟁을 당으로 조직화할 것을 요구하면서 『국가형태』를 끝맺고 있다. 만약 국가가 자본의 당이라면 당은 노동자계급의 국가다. 당의 본질은 계급의 주체성이고, 당은 노동자들이 권력을 향한 질적인 도약으로 고양될 때까지 노동자들의 행동을 축적한다. 붕괴는 결코 자동적이지 않다. 오로지 당을 통한 노동자투쟁(노동 거부, 자기가치증식, 전유)만이 이를 가능하게 한다. 당의 과제는 다양한 프롤레타리아 부문들(노동자뿐만 아니라 실업자, 주부, 학생 등)을, 사회적 생산성을 완전히 재전유하기 위한 투쟁의 기초를 확산시키는 임금을 위한 프로젝트로 집중시켜 내는 것이다.

네그리는 테러주의에 대해 비판했음에도 불구하고 부당하게도 테러리스트로서 수감되었다. 이러한 죄명과 관련하여 그가 『국가형태』에서 특권화시킨 전술들에 대해서 주목해 보는 것은 재미있는 일이다. 그

계급운동의 역사를 통하여 독일에서의 '색다른' 자주적인 노동자운동을 통제하는 데 지금 사용되고 있는 방법들이 본질적으로 파시스트 시기 동안에 발전된 것들이라고 주장한다.

전술은 공장 전체 사보타주의 일환으로 기계에 너트 던져 넣기, 생산라인 지연시키기, '총 없는 도시 게릴라', 법 준수, 경영권 취득, 점거, 요약하자면 '합법성'이라는 무기다.

『지배와 사보타주』(1978)에서 네그리는 아우토노미아를 경제체제의 해체와 정치체제의 탈안정화라는 이중적인 프로젝트로 규정한다. 이러한 이중적인 프로젝트는 노동자계급 속에 있는 적대적인 요소를 제거하려는 자본측의 재구성 노력을 촉발시킨다. 그러나 노동자계급은 자본주의 발전 과정에서 자신을 분리시키고 자본주의적 가치증식을 거부하며 대신에 자기가치증식에 착수하는 경향이 있다. 이러한 것을 네그리는 여기서 선진적인 노동자주의적 입장에서 권력이 취하는 형태로, 국가의 폐지를 위한 봉기 계획이 지닌 포괄적이고 대중적이며 생산적인 형상으로 규정했다. 프롤레타리아적인 자기애가 계급적인 증오와 결합된다는 점에서 개인은 정치적이다.

네그리는 70년대에 프랑스에서 이탈리아로 전파된 불연속성(discontinuity)이라는 주제를 통해 자신의 주장을 정식화한다. 공산당의 사유에 기초를 제공해 왔던 정통적인 변증법이 상동성, 총체성 및 해결이라는 관점에서 작동하는 반면, 불연속의 철학은 비(非)상동적인 타자성 혹은 이질성, '총체성'의 파편화되고 불완전한 성격, 완전한 해결의 불가능성을 강조했다. 이것은 여러 가지 면에서 아우토노미아의 철학적 등가물이며, 프랑스에서는 들뢰즈(Deleuze), 데리다(Derrida), 푸코(Foucault) 및 료타르(Lyotard)의 이름과 결부되어 있다. 네그리는 차이와 타자성 그리고 계급운동의 타자성을 주장함으로써만 혁신의 희망을 제공하는 그런 종류의 파열이 있을 수 있다고 쓰고 있다. 노동자운동은 불연속적이다. 이 운동은 자신의 낡은 조직형태를 파괴함으로써 스스로를 계속해서 재형성할 수 있다. 스스로를 자본주의 발전의 총체성과는 다른 것으로 규정함으로써 그 운동은 자본주의 발전에 대한 해체 및 사보타주를 작동시킨다. 운동과 자본주의 발전 사이에는 어떠한 상동성도 있을 수 없다. 따라서 자본주의의 총체성은 '강요된 관계'로 간주된다. 그것은 프롤레타리아적 주체의 산물인 해체(destructuration)에 의해 구조화한다. 자본주의적인 재구조화의 목적은 이러한 해체에 최종성을 다시 부여하는 것이지만 노동계급의 자기가치증식은 환원 불가능하게 불연속적이다. 그것은 합리주의적 혹은 역사주의적 진보주의가 지닌 상동성들과는 아무런 관계가 없다. 아우토노미아로서는 경제 발전이란 목적을 거부한다. "계급 스스로의 생산력에 대한 파열 및 인식은 화해의 변증법에 대한 어떠한 가능성도 제거해 버린다."

자본주의적 권력은 생산 및 재생산과정의 동시성 속에 존재하지만 "프롤레타리아트에게 그것은 자신의 재생산과정에서의 독립성, 자신의 비내칭싱, 자신의 불연속성을 발전시키는 것을 의미한다." 네그리는 생산 및 재생산의 동시성을 분쇄시키기 위해 고안된 프로그램의 일환으로서 임금투쟁과 공공 지출을 위한 투쟁 사이의 연계를 요구한다. 이것은 노동자들을 여타의 프롤레타리아 부문으로부터 분할하고자 하는 자본가의 시도에 대항하여 생산적 노동의 통일을 발전시킬 것이다. 네그리는 실업자는 봉급 수입자의 오만에 대항해야 한다고 말한다. 공장 및 임금의 특권화한 지위는 프롤레타리아의 대다수를 포괄하는 방향으로 확대되어야만 한다. 네그리가 믿고 있듯이 만약 프롤레타리아운동이 권력 개념의 극단적인 해체를 대변한다면, 운동 내부에서 임금투쟁은 정치적, 전반적, 평등주의적이 되어야만 한다. 프롤레타리아운동은 전체 프롤레타리아트의 전반적인 재생산이라는 자기가치증식을 위해 원칙적으로 공공 지출의 지형 위에서 움직여야만 한다.

네그리는 자주적 조직의 문제로 돌아온다. 그는 당을 프롤레타리아 권력의 한 기능으로, 자기가치증식 과정의 보증자로, 그리고 프롤레타리아트의 독립성이 확보한 개척지들을 방어하는 군대로 규정한다. 그러나 오로지 노동자계급의 자기가치증식(임금 및 공공 지출의 압력으로서, 노동 거부로서 그리고 직접적인 전유 등으로서)만이 분리의 논리를 실행할 수 있으며, 이것은 프롤레타리아 권력의 유일한 원천이다. 네그리는 역사 속에서 당이 최고 권력이 되면 언제나 혁명은 종결된다고 지적한다. 아우토노미아에서 권력은 권력망(network of powers)으로 해체된다. 오로지 분산된 권력망만이 혁명적 민주주의를 조직할 수 있다. 계급의 독립성은 단일하고 개별적인 혁명운동의 자주성을 통하여 건설되어야만 한다. 통일성은 다원적인 권력이 지닌 계기들의 산물일 것이다.

네그리에게 폭력 문제는, 즉각적인 노동 거부, 자기 스스로의 재생산 메커니즘(공공 지출을 통하여)의 계급적 재전유를 통한 자본주의 위기의 유도 및 적의 종국적인 배제 등으로서, 근본적이다. '전체주의'에 대한 기습적인 고발이라고 하리만치 네그리는 또한 여기서 자기가치증식의 필수적 요소로서 민주주의와 자유에 대해서 말하고 있다는 점을 지적해야 한다. 민주주의와 자유의 목적은 부를 전적으로 집단적인 자유를 위해 사용하는 것이다. 부르주아지는 스스로 폭력을 행사할 때조차 폭력을 배제한다. 네그리에게 역사의 폭력을 극복하는 유일한 길은 그 폭력의 현실을 인정하는 것이다.

네그리는 이 책을 낙관주의적인 어조로 끝맺고 있다. 힘의 균형은 역전되었다고 그는 주장한다. 노동자계급은 이제 더욱 강력한 권력이다. 지배형태가 스스로 더욱 완전해질수록, 그것은 더욱 공허해지며, 노동자계급의 거부는 더욱 성장하여 합리성과 가치로 가득 차게 된다. 그리고 거부의 목적은 자본주의적 지배가 현재 제약하고 있는 프롤레타리아트의 생산적인 잠재력을 해방하는 것이다.

『맑스를 넘어선 맑스』(1979)는 아우토노미아이론에 대한 가장 포괄적인 진술이다. 스피노자에 대한 그의 다음번 저서를 이해하기 위해 명심할 필요가 있다고 네그리가 지적한 점은, 공산주의란 자본의 범주들 속에서 전도된 형태로 즉각적으로 주어져 있다는 사실이다. 예를 들어, 화폐의 종별적 성격(사회성, 집단적 생산성의 표상, 사회적 재산의 척도 및 상징)은 즉각적으로 공산주의로 전도될 수 있다. 자본주의 발전은 발본적이고 극단적인 대립물(해방, 욕구의 풍부함, '과잉'생산 위기의 전도)로서 공산주의 과정의 전도된 상이다. 대립이 극단화할 때 연합된 노동은 변형될 것이다. 대립적인 주체의 출현과 생산력의 해방은 자본주의적 지배가 더 이상 필요하지 않음을 선언할 것이다. 새로운 생산 및 발전 규칙들이 존재하게 될 것이다. 네그리가 그리고 있는 공산주의의 가장 중요한 두 가지 특징은 우선 그것이 구성 주체의 행동의 결과라는 것이고, 둘째로 공산주의는 이러한 주체의 노동이 자본주의적인 가치 및 노동형태에서의 해방으로 구성된다는 것이다. 공산주의의 미래는 오로지 건설될 수 있을 따름이다. 그것은 자본주의의 논리적 전개의 산물도 목적론도 아니며, 오히려 자본의 파괴와 현실의 변혁에 의한 새로운 주체의 형성 그 자체다(네그리가 제시하듯이 공산주의는 필연적이지 않다. 그러므로 그것은 더욱 필연적이다). 공산주의적인 노동 거부는 이 주체, 그 주체의 완전한 자주성이 지닌 자유로운 운동의 다양성을 해방한다. 그러나 살펴볼 필요가 있는 것은 이러한 다양성과 잠재적인 '과잉'생산성은 이미 자본주의 내에 내장되어 있다는 것이다(한계지어지고 폐쇄되어 있다는 이중적 의미에서). 역동적이고 구성적인 주체적 요소——인간의 생산적 잠재력——로서 공산주의는 자본주의 발전의 동력이다. 이것이 네그리가 그렇게도 낙관적인 이유다. 따라서 공산주의의 구체화(물질화)는 자본가치가 부과하는 한계를 넘어서 산 노동이 지닌 사용가치의 발전으로 이루어질 것이다. 공산주의로의 이행은 자주적인 주체가 구체적(물질적)으로 자기를 구성하는 것이다.

언뜻 보기에, 네그리가 수감중 저술한 스피노자 연구서인 『야만적 별종 : 바루흐 스피노자에게서 권력과 잠재력에 대한 에세이(*The Savage*

Anomaly : Essay on the Power and Potential in Baruch Spinoza)』(1980)는 그의 선행 연구들과 발본적인 단절을 기록하고 있는 듯이 보인다. 그 속에서 네그리는 그가 보다 열중했던 형태의 저술 작업을 수행하기 이전에 쓴 『정치적 데카르트(*Descartes politico*)』(1970)에서 자신의 관심사였던 17세기 정치학 및 철학에 대한 분석으로 되돌아간다. 그래도 『야만적 별종』은 완전히 별종은 아니다. 그 속에서 네그리는 그 자신의 정치적 철학적 입장을 정당화하는 스피노자 독해법을 구성한다.

네그리는 스피노자를 권력에 대항하여 '잠재력(potenza)'을 특권화한 것으로 독해하고 있다. 누구든 이러한 독해가 두 가지 권력형태인 가치법칙 및 자본주의적 노동으로부터 인간의 집단적 생산능력을 해방하는 것으로서 공산주의라는 네그리의 관념과 어떻게 관련되어 있는가를 즉각 알 수 있다. 스피노자에게서 잠재력은 존재의 물질적 생산 및 구성이다. 그것은 또한 집단적인 인간 행위를 세계 구성적 실천이라고 지칭한다. 잠재력은 존재론적인 차원과 정치적인 차원 양자를 갖고 있고 이 둘은 필연적으로 접합된다. 존재론적으로 잠재력은 세계를 자유롭고 역동적인 활동으로 생산해 내는 구성적이고 집단적인 실천을 묘사하고 있다. 집단성은 '대중(multitude)'이며, 활동성은 진보적 해방이다. 그러므로 정치적으로 잠재력은 동의에 의해서 구성되는 혁명적 민주주의의 기초다. 물질적 생산과 정치적 구성의 개념을 한데 엮어 냄으로써, 스피노자는 17세기 부르주아 절대국가의 철학적 기초, 즉 정신과 육체 및 정신과 세계라는 합리적인 관념론적 이원론을 탈신비화시켰다. 정신과 마찬가지로 물질적 생산의 세계를 넘어 고양된 국가는 대중의 집단적인 실천에 의한 결정을 넘어선 초월적인 지배력과 권력이 된다. 네그리가 스피노자의 정치이론을 실제로 그의 형이상학에서 발견할 수 있다고 논한 것은 바로 이러한 이유다. 비이원론적인 유물론적 철학에서 잠재력이라는 형이상학적 개념은 공화주의적인 정체와 해방의 정치학으로뿐만 아니라 필연적으로 욕구, 정념 및 관용의 윤리학으로 인도된다. 그래서 네그리는 스피노자가 생산의 문제 내에서, 동시에 국가에 대한 당시의 신비화에 대항하여 민주주의 문제를 물질적 기초 위에 놓는다고 주장한다. 스피노자의 저작이 대중에 의해 자유롭게 구성되지 않은 모든 질서에 대한 침범을 대표하고 있기 때문에, 그는 17세기의 새로운 자본주의적 생산 질서와 관련해 보면 비정상적이다. 그의 '새로운 합리성'은 욕구에 기초를 둔 구성적 존재론과 집단적 '상상'(창의적 생산의 원칙)의 조직으로 이루어져 있다. 그러므로 철학과 정치학은 구성과 생산처럼 스피노자에게는 불가분의 것이다. 정치적 논문인 『신학—정치학 논고(*Tractatus Theologico-politicus*)』의 저술이 철학적 문헌인 『윤리학(*Ethics*)』의 저술을 중단케 한다는 사실은 네그리로서는 결코 우연이 아니다. 그것은 발견의 행위가 행위의 발견을 흉내낸다는 것을 보여 줄 뿐이다.

나는 그 책에서 아우토노미아이론과 관련된 부분에 대해서만 토의할 것이다. 나는 역사적 혹은 문헌적인 세부 사항에까지 들어가지는 않을 것이다. 네그리가 순수히 유물론적이고 역사적 분석을 행했다는 사실을 말하는 것으로도 충분하다. 그는 스피노자 저작의 발전을 네덜란드 공화국의 정치경제학, 반종교개혁이란 문화적 환경 그리고 스피노자 자신의 답사에 비추어 서술하고 있다. 그리고 그는 이탈리아의 현재 상황에 분명히 적합한 적대적이고 이중적인 정치이론의 전통—— 홉스 · 루소 · 헤겔 대 마키아벨리 · 스피노자 · 맑스 —— 에 대해 개관하고 있다.

네그리에게 스피노자는 네덜란드 부르주아지의 이데올로기적인 요구를 못마땅히 여기며 저술했던 포스트부르주아적 철학자다. 위기에 직면한 자본주의적 시장을 단지 이상화할 뿐인 유토피아보다 스피노자는 욕구와 욕망 속에서 인간 생활의 실제적인 물질적 기초, 이러한 기초의 결과인 갈등, 그리고 그러한 갈등에 대해 유일하게 가능한 윤리적 해결책인 인간적 생산의 집단성을 승인하는 반유토피아(dystopia)에 대해서 쓰고 있다. 스피노자는 근본적으로 반선험적이다. 그의 방법은 차이와 갈등과 존재양식의 다양성을 권력의 확인이라는 추상적 해결책으로 매개하는 식의 종말목적론적인 변증법의 형태를 취하는 것이 아니라, 물질적 잠재력의 확산적 팽창을 따르고 있다. 스피노자에게서 잠재력은 언제나 권력과 싸우고 있다. 변증법적 매개의 힘은 개별적인 것을 보편적인 것에 포섭한다. 잠재력에 대한 강조는 정치학, 역사, 독자적이고 집단적인 생활에 대한 현상학 속에서, 세계 속의 개입과 양식의 다양성에 대한 고양을 촉진함으로써 이러한 선험적 형이상학을 전도시켜 버린다. 스피노자의 논리는 현실의 구성적인 과정을 따르고 있다. 그의 논리는 물질적 존재를 인간의 생산적 활동이 위치해 있는 잠재력으로, 활동으로, 건축물로 설정한다. 인간의 생산을 잠재력이라고 강조하는 것이 지닌 정치적 함의는 그러한 행위를 선험성 및 권력의 원리에 종속시키는 것에 반대한다는 점에 있다. 정치사회는 복종에 기초한 것일 수 없으며 오히려 동의에 기반할 것이다. 스피노자에게 국가는 법률에 기초한 것이 아니라 해방에 기초한 것이고, 그 해방은 구성, 즉 인간의 생산적 잠재력의 자유로운 확장과 동일한 것이다.

잠재력이라는 개념은 그것이 권력의 기초인 안정성과 절대성을 붕괴시키는 대체 및 변형의 원리를 전면에 제기하는 구성 및 생산의 개방성 및 반종말 목적성을 의미하기 때문에 권력에 대해서 전복적이다. 철학적 종말론은 언제나 역사적인 세계 질서를 해소할 수 없는 자연 질서인 것으로 파악한다. 이리하여 그것은 권력과 지배를 정당화한다. 활동, 건설의 주체 및 세계의 생산자라는 인간 개념은 특수한 세계 질서에 부과된 어떠한 종말 목적성도 탈구시킨다. 인간의 구성적 잠재력의 지평은 열려 있다. 세계는 현재까지의 상태가 아닌 것이다. 네그리에 따르면 이것이 스피노자를 17세기의 지배적인 문화라는 관점에서 별종으로 만든 것이다. 대중의 집단성에 대한 강조와 더불어 그리고 자본주의 시장의 완고한 개인주의에 대한 반대와 함께, 스피노자의 형이상학은 생산력을 부르주아 질서로 환원하는 것이 불가능하다는 선언이다. 그것은 인류의 생산력에 대한 확증이자 생산력에 대해 행사되는 지배를 은폐하는 모든 부르주아 이데올로기에 대한 탈신비화다. 자본가적 지배와 노동자 자주성 사이의 적대의 문제와 관련하여 네그리의 다른 저술에서와 마찬가지로, 생산력과 생산관계를 구분하는 문제가 핵심적인 것으로 나타난다. 스피노자에게서 생산력에서 생산관계를 분리시키는 것(17세기 부르주아지의 절대주의 국가에서와 같이)은 불가능하다. 그는 시민사회와 국가 사이의 구분을 부정한다. 시민사회와 정치는 완전히 한데 얽혀 있다.

이러한 논의는 아우토노미아이론 내에 반향을 불러일으키는 두 가지 중요한 결과를 지닌다. 첫째로는 경제적 위기의 결과로서 17세기적인 자본주의 발전의 질서는 생산적인 축적에 제한을 부과하는 금욕과 질서의 이데올로기를 요구했다. 잠재력을 개방된 채로 존재하는 건설적 생산의 무한한 활동으로 보는 스피노자 철학은 이러한 부르주아적인 필연성과 마주치게 되었다. 잠재력의 무한성을 권력이 부과한 제한들에 대항하여 설정한다. 두번째 결과는 권력을 '대중'의 사회적 잠재력에 종속된 것으로 규정할 수 있을 뿐이라는 것이다. 스피노자에게서 시민사회와 정치, 생산력과 생산관계 사이의 구분의 파괴는 국가권력이 오로지 입헌적으로 조직될 수밖에 없음을 의미한다. 이것은 절대주의 국가의 부정, 자본주의적 '본원적 축적'(초기 자본주의를 공고화하기 위한 국가 강제력의 사용)을 감행하는 국가를 사회에서 분리하는 것에 대한 부정이며, 권력과의 대립 및 자주성의 긍정에 기초를 둔 정체의 옹호다. 현실에 대한 정치적 구성이란 스피노자의 개념이 지닌 근대성은, 그 개념이 지닌 정치(적인 것)의 자율성이란 개념의 파괴 속에 그리고 대중의 집단적인 욕구가 지닌 헤게모니와 자주성에 대한 긍정 속에 내재한다.

그러므로 스피노자의 형이상학은 존재를 생산력으로 윤리학을 생산적 욕구의 현상학적 접합으로 표현한다. 그의 이론은 아우토노미아이론과 상당히 유사하게 생산력을 해방의 영역으로 긍정한다. 스피노자에게서 자주성, 생산 및 구성의 이론에서와 마찬가지로, 집단적인 인간의 생산적인 활동과 사회의 정치적 질서는 불가분한 것으로 나타난다. 생산은 존재구조의 내부에 존재하며 인간 활동은 생산을 제2의 본성(인류에 의해 창출된 어떤 것)으로 변형시킴으로써 그 자신의 본성을 확대한다. 스피노자에게서 정체는 본성에서 제2의 본성으로의 이행을 매개한다. 그러므로 네그리에 따르면 정체는 생산적 대중에 대한 초월성 및 통제로 인식되는 권력을 파괴하는 생산적 기계장치다. 이러한 틀 속에서 권력은 세계의 진실된 구성적 원리――즉 잠재력――와 관련해서 부수적인 것으로 간주된다. 지배의 정당화는 생산력과 생산관계 사이의 관계의 분리에 기초를 둔 것이고, 스피노자에게 그러한 분리는 통용될 수 없는 것이다. 부르주아적 생산관계의 제한에서 일단 해방된 생산력은 즉각 스스로를 구성적인 것으로 나타내며, 세계가 욕망에 따라 변형될 수 있다는 가능성을 보여 준다. 그리고 네그리가 그것을 자신의 정치적 저술에서 말하듯이, 이 마지막 문구가 아우토노미아이론의 결론이라고 말할 수 있을 것이다. "최소강령으로서의 공산주의".

네그리가 감옥에서 출판한 첫번째 주요 정치적 논문은 「계급정치 : 동력과 형태, 오늘날의 다섯 가지 캠페인("Class Politics : Motor and Form, The Five Campaigns Today")」이다. 이것은 『전쟁과 공산주의(*War and Communism*)』라는 발간 예정인 책의 부록이다. 그는 70년대에 대한 비판적인 재평가를 요구한다. 그는 붉은여단의 무장 테러리즘 전략에 대해서, 현재 운동이 처해 있는 곤란이 이들 때문이라고 비난한다. 그는 현재의 운동이 프롤레타리아적 실천이라는 구성적 활동을 의식적으로 매개하는 새로운 '계급 정치'를 요구하는 새로운 계급 구성 수준에 이르렀음을 주장한다. 순수한 자동가치증식의 시기는 끝났고 지금은 운동에 대한 정치적 매개를 통한 자동 결정을 요구하는 시기다. 그러므로 그가 개괄하는 '다섯번째 캠페인'은 공산주의운동의 지향과 그 운동의 역할에 대한 전략적 규정 및 계급투쟁의 정치적 매개를 위한 정치적 층(political stratum)의 형성을 요구한다. 다시 한번 자본주의 내부에서 노동 거부와 프롤레타리아트가 지닌 구성적인 공산주의적 잠재력을 주장하면서, 네그리는 이러한 정치적 매개는 계급 활동에서 직접적으로 성장할 수밖에 없음을 강조한다. 권력 장악은 이러한 구체적인 형태일 수밖에 없다. 계급 구성에 근거를 두지 않은 국가권력의 장악은 단지 정치의 부르주아적인 자동화를 재생산할 뿐이며, 전위를 대중 앞에 내세워 계획된 자본주의인 사회주의로 유도할 뿐이다.

네그리의 주장은 상당히 낙관적이다. 위기는 운동을 재건하기 위한 해결책으로 될 수밖에 없다고 쓰고 있다. 위기를 파국으로 파악해서는 안 되며, 오히려 창조의 원천으로 파악해야 한다. 누군가가 일단 위기 속에서 공산주의의 가능성을 본다면, 무장투쟁이 아닌 평화 그 자체가 자본주의 발전에 대한 무기로 된다. 혁명적 이행은 오로지 프롤레타리아트 계급 구성의 장구한 구체적 과정 속에서 성장할 수 있을 뿐이다. 그 계급 구성은 보다 높은 수준의 정치적 매개를 요구하는 보다 높은 수준에 도달했다. 그것은 1970년대 미시적 집단들의 수준이 아니라 더욱 단일한 성격이고, 당이 아니라 계급 주체의 구성적 유동성을 정치적 유동성으로 전환시킬 대항권력의 정치적 매개라는 수준이다.

현재 가능한 전략으로 제시되는 두 가지의 전통적인 선택지——참주살해 혹은 저항권——중에서 네그리는 붉은여단의 참주살해 방식을 거부하고 '대중 불복종을 통한 파괴'라는 저항을 선택한다. 집단적인 반역이 공산주의를 구성할 것이라고 네그리는 주장한다. 정치투쟁이 처음 나타나며 이것은 욕구의 직접성을 혁명적 이행에서 본질적인 계기로 상정한다. 그리고 거기에는 붉은여단의 테러주의나 이탈리아공산당의 국가주의적인 대안에서는 제시되지 않는, 풍요로움과 해방에 대한 프롤레타리아트의 정치적 욕구가 존재한다.

네그리는 오늘날 필요로 되는 다섯 가지 '캠페인'을 열거하면서 결론짓고 있다. 첫째, 대항권력의 행사로서 그리고 공산주의의 임박성으로서 노동에 대항하는 투쟁, 둘째, 프롤레타리아트의 자기 재생산에 영향을 미치는 서비스를 위한 공공 지출을 둘러싼 투쟁, 셋째, 핵 투쟁과 권력으로서 과학에 대한 비판, 넷째, 교육과 대중전선의 건설을 통한 권위주의적 국가에 대항한 투쟁, 마지막으로 운동을 지도하는 정치적 층의 창출. 이탈리아 운동에서 극심한 비관주의의 시대에 네그리는 아직도 억압의 내부에서 희망의 근거를 보고 있다. "모든 봉합선은 새로운 상처를 일으킨다"고 네그리는 쓰고 있다.

마이클 라이안.

■ 참고 문헌

1. 안토니오 네그리의 주요 저작들

1958 *Stato e diritto nel giovane Hegel*, Cedam, Padova.

1959 *Saggi sullo storicismo tedesco, Dilthey e Meinecke*, Istituro Giangacomo Feltrinelli, Milano.

1962 *Hegel, scritti di filosofia del diritto (traduzione e cura)*, Laterza, Bari.

—— *Alle origini del formalismo giuidico, Kant*, Cedam, Padova.

1970 *Descartes politico o della ragionevole ideologia*, Feltrinelli, Milano.

1972 *Operai e Stato*, Feltrinelli, Milano.

—— *Zyklus und Krise bei Marx*, Merve Verlag, Berlin.

1973 *Krise des Plan-Staats*, Merve Verlag, Berlin.

1974 *Crisi dello Stato-piano*, Feltrinelli, Milano.

—— *Crisi e organizzazione operaia* (con Bologna e Carpignano), Feltrinelli, Milano.

1976 *Proletari e Stato*, Feltrinelli, Milano.

1977 *La Fabbrica dela strategia, 33 lezioni du Lenin*, CLEUP, Padova.

—— *La Forma-Stato*, Feltrinelli, Milano.

—— *Staat in der Krise*, Merve Verlag, Berlin.

—— *Massenautonomie gegen historischen Kompromiss*, Trikont, Munchen.

1978 *La classe ouvrière contre l'État*, Galilee, Paris.

—— *Il dominio e il sabotaggio*, Feltrinelli, Milano.

—— *Manifattura, societa borghese e ideologia* (con Borkenau e Grossman, a cura di Schiera), Savelli, Roma.

—— *Lavoro produttivo, composizione di classe, egemonia* (a cura di A. Strati), Bertani, Verona.

1979 *Dall'operaio massa all'operaio sociale*, Multhipla, Milano.
—— *Marx oltre Marx*, Feltrinelli, Milano.
1980 *Politica di classe*, Machina libri, Milano.
1981 *L'anomalia selvaggia, saggio su potere e potenza in Spinoza*, Feltrinelli, Milano.
1982 *La Macchina-tempo*, Feltrinelli, Milano.
1983 *Pipe-Line, lettere da Rebibbia*, Einaudi, Torino.
1985 *Nouvelles Espaces de Liberte*, Paris.
1986 *Les Nouvelles Alliances*, Paris(with Felix Guattari).
1987 *Fabbriche del Soggetto*, Feltrinelli, Milano.
—— *Lenta Ginesstra*, Sugarco Edizioni, Milano.

2. 아우토노미아에 관한 영어 저작들

1971 Big Flame, "Italy : New Tactics and Organization", *Big Flame*, London.
—— Daghini, Giairo, "Lukacs' Theory of the Offensive", *Telos*, #10, Winter, Amherst, N. Y.
—— Lotta Continua, "Cultural Revolution", *Radical America*, Vol. 5, No. 5, Sept.~Oct., Boston.
—— Montano, Mario, "On the Methodology of Determinate Abstraction : Della Volpe's Marxism", *Telos*, #7, Spring, Amherst, N. Y.
—— Radical America, "Italy : New Tactics and Organization", *Radical America*, Vol. 5, No. 5, Sept.~Oct., Boston.
—— Il Manifesto, "For Communism : Theses of the *Il Manifesto Group*", *Politics and Society*.
1972 Baldi, Guido, "Theses on the Mass Worker and Social Capital", *Radical America*, Vol. 6, NO. 3, May~June, Boston.
—— Boggs, Carl, Jr., "The Italian Left : A New Political Synthesis", *Socialist*

Revolution, Vol. 2, No. 3, May~June, Oakland.

—— Bologna, Sergio, "Class Composition and Theory of the Party at the Origins of the Workers' Councils Movement", *Telos*, #13, Fall, St. Louis.

—— Dalla Costa, Maria Rosa and Selma James, *The Power of Women and the Subversion of the Community*, Falling Wall Press, Bristol, England.

—— Tronti, Mario, "Workers and Capital", *Telos*, #14, Winter, St. Louis.

—— Tronti, Mario, "The Struggle Against Labor", *Radical America*, May~June, Boston.

1973 Bock, Gisela, "Italian Analysis of Class Struggle and the State", *Kapitalistate*, #1, Berkeley.

—— Carlo, Antonio, "Lenin on the Party", *Telos*, #17, Fall, St. Louis.

—— Dowson, Ernest, "The Italian Background", *Radical America*, Vol. 7, No. 2, March~April, Boston.

—— Fleming, Susie, "The Family Allowance Under Attack", *Falling Wall Press*, June, Bristol, England.

—— James, Selma, "Women : the Unions and Work, or……What is Not to Be Done", *Radical America*, Vol. 7, Nos. 4 & 5, July~Oct., Boston.

—— Lotta Continua, "Take Over the City", *Radical America*, Vol. 7, No. 2, March~April, Boston.

—— Potere Operaio, "Italy 1973 : Workers' Struggle and the Capitalist Crisis", *Radical America*, Vol. 7, No. 2, March~April, Boston.

—— Ramirez, Bruno, "Interview with Guido Viale", *Radical America*, Vol. 7, No. 2, March~April, Boston.

—— Sofri, Adriano, "Organizing for Workers' Power", *Radical America*, Vol. 7, No. 2, March~April, Boston.

—— Stone, Katherine, "The Origins of Job Structures in the Steel Industry", *Radical America*, Vol. 7, No. 6, Nov.~Dec., Boston.

—— Tronti, Mario, "Social Capital", *Telos*, #17, Fall, St. Louis.

1974 James, Selma, "Sex, Race and Working Class Power", *Race Today*, Jan., London.

—— Modern Times, "The Social Factory", *Falling Wall Review*, #5, Bristol, England.

—— Toronto Collective, *Autonomous Struggles and the Capitalist Crisis*, Toronto Collective, Toronto.

1975 The Activist, *The Activist*, Vol. 15, Nos. 1 & 2, Oberlin, Ohio.

—— Caffentzis, George, "Throwing Away the Ladder : The Universities in the Crisis", *Zerowork*, #1, Dec., Brooklyn.

—— Carpignano, Paolo, "U. S. Class Composition in the Sixties", *Zerowork*, #1, Dec., Brooklyn.

—— Cleaver, William, "Wildcats in the Appalachian Coal Fields", *Zerowork*, #1, Dec., Brooklyn.

—— Cox, Nicole, and Silvia Federici, *Counter-Planning from the Kitchen*, Falling Wall Press, Bristol, England.

—— Edmond, Wendy, and Suzie Fleming, *All Work and No Pay : Women, Housework, and the Wages Due*, Falling Wall Press, Bristol, England.

—— Federici, Silvia, "When Wages for Housework Becomes a Perspective", *Wages for Housework Notebook*, #1, Montreal Power of Women Collective, Jan., Montreal.

—— James, Selma, *Sex, Race and Class*, Falling Wall Press, Bristol, England.

—— Linebaugh, Peter, and Bruno Ramirez, "Crisis in the Auto Sector", *Zerowork*, #1, Dec., Brooklyn.

—— Marramao, Giacomo, "Theory of the Crisis and the Problem of Constitution", *Telos*, #26, Winter, St. Louis.

—— Merrington, John, "Town and Country in the Transition to Capitalism", *New Left Review*, #93, Sept. ~Oct., London.

—— Montreal Wages for Housework Collective, *Wages for Housework Notebook*, #1, Montreal Power of Women Collective, Jan., Montreal.

—— New York Wages for Housework Collective, *Wages for Housework Notebook*, #2,

New York Wages for Housework Collective, New York.
—— Ramirez, Bruno, "The Working Class Struggle Against the Crisis : Self-Reduction in Prices in Italy", *Zerowork*, #1, Dec., Brooklyn.
—— Taylor, Peter, "The Sons of Bitches Just Won't Work : Postal Workers Against the State", *Zerowork*, #1, Dec., Brooklyn.
—— Toronto Wages for Housework Collective, *Women in Struggle*, #1 and #2, Toronto Wages for Housework Collective, Toronto.
—— Wages for Students Collective, *Wages for Students*, Falling Wall Press Bristol, England.
1976 Gambino, Ferruccio, "Workers' Struggles and the Development of Ford in Britain", *Bulletin of the Conference of Socialist Economists*, March, London.
—— Grant, Tim, "The Student as Worker : Wages for Homework", *The Sheaf*, March.
—— Guttman, Robby, and Christian Marazzi, "The Crisis of Social Capital : Money, State and the Labor Process", *Bulletin of the Conference of Socialist Economists*, July, London.
—— Linebaugh, Peter, "Karl Marx, the Theft of Wood, and Working Class Composition", *Crime and Social Justice*, Fall~Winter.
—— New York Struggle Against Work Collective, "If We're So Powerful, Why Aren't We Free? : White Men, the Total Wage and the Struggle Against Work", New York Struggle Against Work Collective, July, New York.
—— New York Struggle Against Work Collective, "We Want Everything : An Introduction to the Income Without Work Committee", New York Struggle Against Work Collective, New York.
—— Palloix, Christian, "The Labour Process : From Fordism to Neo-Fordism", *The Labor Process and Class Strategies*, Conference of Socialist Economists, London.
—— Panzieri, Raniero, "Surplus Value and Planning : Notes on the Reading of Capital", *The Labor Process and Class Strategies*, Conference of Socialist Economists, London.

—— Sohn-Rethel, Alfred, "The Dual Economics of Transition", *The Labor Process and Class Strategies*, Conference of Socialist Economists, London.

1977 Barkan, Joanne, "The Italian New Left in the Seventies : Introduction to Magri", *Socialist Revolution*, Vol. 7, No 6, Nov. ~Dec., Oakland.

—— Bell, Peter, "Marxist Theory, Class Struggle, and the Crisis of Capitalism", *The Subtle Anatomy of Capitalism*, ed. I. J. Schwartz, Goodyear, Santa Monica, California.

—— Cleaver, Harry, "Food, Famine and the International Crisis", *Zerowork*, #2, Fall, Brooklyn.

—— Cleaver, Harry, "Malaria, the Politics of Public Health and the International Crisis", *Review of Radical Political Economics*, Vol. 9. No. 1, Spring.

—— Domac, Donna, and Phil Mattera, "Developing and Underdeveloping New York : The 'Fiscal Crisis' and the Imposition of Austerity", *Zerowork*, #2, Fall, Brooklyn.

—— Fleming, Suzie, "Review of *Zerowork*", *Falling Wall Review*, #6, Bristol, England.

—— Magri, Lucio, "Italy, Social Democracy and Revolution in the West", *Socialist Revolution*, Vol. 7, No. 6, Nov. ~Dec., Oakland.

—— Marazzi, Christian, "Money in the World Crisis : The New Basis of Capitalist Power", *Zerowork*, #2, Fall, Brooklyn.

—— Mattera, Philip, "National Liberation, Socialism and the Struggle Against Work : The Case of Vietnam", *Zerowork*, #2, Fall, Brooklyn.

—— Socialist Revolution, "Editorial : Italian Communism and the New Left", *Socialist Revolution*, Vol. 7, No. 1, Jan. ~Feb., Oakland.

1978 Cleaver, Harry, *Reading Capital Politically*, University of Texas Press, Austin.

—— Midnight Notes Collective, *Strange Victories : The Anti-Nuclear Movement in the U. S. and Europe*, Midnight Notes Collective, Jamaica Plain, Mass.

—— Morris, Meaghan, "Eurocommunism vs. Semiological Delinquency", *Language, Sexuality, Subversion*, Feral Publications, Darlington, Australia.

—— Ramirez, Bruno, *When Workers Fight*, Greenwood Press, Westport, Conn.

—— Red Notes Collective, *Italy, 1977~78 : Living With an Earthquake*, Red Notes, London.

1979 Baldi, Guido, "Letter from Italy", *Radical America*, Vol. 13, No. 3, May~June, Boston.

—— Bologna, Sergio, "The Tribe of Moles : Class Composition and the Party System in Italy", *Working Class Autonomy and the Crisis*, Red Notes and CSE Books, London.

—— Committee Against Repression in Italy, *CARI Newsletter*, #1 and #2, Committee Against Repression in Italy, New York.

—— Conference of Socialist Economists, *Working Class Autonomy and the Crisis*, Red Notes and CSE Books, London.

—— CSE Labour Process/Left Strategy Group, "The Problem of Articulation in Left Strategy", CSE Conference Papers, Conference of Socialist Economists, London.

—— Midnight Notes Collective, *No Future Notes : The Work/Energy Crisis and the Anti-Nuclear Movement*, Midnight Notes Collective, Jamaica Plain, Mass.

—— Negri, Antonio, "One Step Foreward, Two Steps Back : The End of the Groups", *Working Class Autonomy and the Crisis*, Red Notes and CSE Books, London.

—— Negri, Antonio, "Capitalist Domination and Working Class Sabotage", *Working Class Autonomy and the Crisis*, Red Notes and CSE Books, London.

—— Negri, Antonio, "Reformism and Restructuration : Terrorism of the State-as-Factory Command", *Working Class Autonomy and the Crisis*, Red Notes and CSE Books, London.

—— Negri, Antonio, "Theses on the Crisis : The Working Class Multinational", *Working Class Autonomy and the Crisis*, Red Notes and CSE Books, London.

—— Negri, Antonio, "The Workers' Party of Mirafiori", *Working Class Autonomy and the Crisis*, Red Notes and CSE Books, London.

—— Red Notes, *Working Class Autonomy and the Crisis*, Red Notes and CSE Books,

London.

—— Sheehan, Thomas, "Italy : Behind the Ski Mask", *New York Review of Books*, August 11, New York.

—— Tronti, Mario, "Lenin in England", *Working Class Autonomy and the Crisis*, Red Notes and CSE Books, London.

—— Tronti, Mario, "The Strategy of Refusal", *Working Class Autonomy and the Crisis*, Red Notes and CSE Books, London.

1980 Alliez, Eric, "Hegel and the Wobblies", *Autonomia : Post-Political Politics*, Semiotext(e), New York.

—— Barkan, Joanne, "Eight Hours a Day at Fiat", *Radical America*, Vol. 14, No. 4, July~August, Boston.

—— Berardi, Franco (Bifo), "Anatomy of Autonomy", *Autonomia : Post-Political Politics*, Semiotext(e), New York.

—— Bologna, Sergio, "Workerist Publications and Bios", *Autonomia : Post-Political Politics*, Semiotext(e), New York.

—— Cacciari, Massimo, "Sorry, It's Exactly the Opposite", *Autonomia : Post-Political Politics*, Semiotext(e), New York.

—— Castellano, Lucio, "Living With Guerilla Warfare", *Autonomia : Post-Political Politics*, Semiotext(e), New York.

—— Censor, "What the Communists Really Are", *Autonomia : Post-Political Politics*, Semiotext(e), New York.

—— Cherki, Eddi, "Autoreduction Movements in Turin", *Autonomia : Post-Political Politics*, Semiotext(e), New York.

—— Committee Against Repression in Italy, *CARI Bulletin*, #3 and #4, Committee Against Repression in Italy, New York.

—— Deleuze, Gilles, "Open Letter on Negri's Judges", *Autonomia : Post-Political Politics*, Semiotext(e), New York.

—— Fo, Dario, "The Sandstorm Method", *Autonomia : Post-Political Politics*, Semiotext

(e), New York.
—— Gambino, Ferruccio, "ANSA Story", *Autonomia : Post-Political Politics*, Semiotext(e), New York.
—— Guattari, Felix, "The Proliferation of Margins", *Autonomia : Post-Political Politics*, Semiotext(e), New York.
—— Guattari, Felix, "Why Italy?", *Autonomia : Post-Political Politics*, Semiotext(e), New York.
—— Lotringer, Sylvere, and Christian Marazzi, "The Return of Politics", *Autonomia : Post-Political Politics*, Semiotext(e), New York.
—— Magale, Lia, "The City in the Female Gender", *Autonomia : Post-Political Politics*, Semiotext(e), New York.
—— Malina, Judith, "Nonviolence in Bologna", *Autonomia : Post-Political Politics*, Semiotext(e), New York.
—— Mattera, Philip, "Small Is Not Beautiful", *Redical America*, Vol. 14. No. 5, Sept.~Oct., Boston.
—— Midnight Notes Collective, *Work/Energy Crisis and the Apocalypse*, Midnight Notes Collective, Jamaica Plain, Mass.
—— Negri, Antonio, "Interrogation", *Autonomia : Post-Political Politics*, Semiotext(e), New York.
—— Negri, Antonio, "I, Toni Negri", *Autonomia : Post-Political Politics*, Semiotext(e), New York.
—— Negri, Antonio, "J'Accuse", *Autonomia : Post-Political Politics*, Semiotext(e), New York.
—— Pace, Lafranco, "The Recognition of the Armed Party", *Autonomia : Post-Political Politics*, Semiotext(e), New York.
—— Pansa, Giampaolo, "Fiat Has Branded Me", *Autonomia : Post-Political Politics*, Semiotext(e), New York.
—— Piperno, Franco, "The Naked Truth About Moro's Detention", *Autonomia : Post-*

Political Politics, Semiotext(e), New York.

—— Piperno, Franco, "From Terrorism to Guerilla Warfare", *Autonomia : Post-Political Politics*, Semiotext(e), New York.

—— Scalfari, Eugenio, "Interview of Toni Negri", *Autonomia : Post-Political Politics*, Semiotext(e), New York.

—— Scalzone, Oreste, "From Guaranteeism to Armed Politics", *Autonomia : Post-Political Politics*, Semiotext(e), New York.

—— Scalzone, Oreste, "Beyond Terrorism", *Autonomia : Post-Political Politics*, Semiotext(e), New York.

—— Sciascia, Leonardo, "The Red Harvest", *Autonomia : Post-Political Politics*, Semiotext(e), New York.

—— Torealta, Maurizio, "Painted Politics", *Autonomia : Post-Political Politics*, Semiotext(e), New York.

—— Virno, Paolo, "Dreamers of a Successful Life", *Autonomia : Post-Political Politics*, Semiotext(e), New York.

—— Virno, Paolo, "On Armed Struggle", *Autonomia : Post-Political Politics*, Semiotext(e), New York.

—— Virilio, Paul, "Popular Defense and Popular Assault", *Autonomia : Post-Political Politics*, Semiotext(e), New York.

—— Wieviorka, Michel, "Autoreduction Movements in Turin", *Autonomia : Post-Political Politics*, Semiotext(e), New York.

1981 Colletti, Lucio, "Three Faces of Italian Communism", *Telos*, #42, Winter, St. Louis.

—— Committee Against Repression in Italy, *CARI Bulletin*, #5 and #6, Committee Against Repression in Italy, New York.

—— Gambino, Ferruccio, "Spaces for Marxism in Italy", *URPE Newsletter*, Vol. 13, NO. 6. Nov.~Dec., New York.

—— Levidow, Les, and Robert Young, *Science, Technology and the Labor Process*,

Humanities Press, Atlantic Highlands, N. J.

—— Midnight Notes Collective, *Space Notes*, Vol. 2, No. 1, Midnight Notes Collective, Jamaica Plain, Mass.

—— Red Notes, *Italy 1980~81 : After Marx, Jail!* , Red Notes, London.

—— Sterling, Claire, *The Terror Network*, Holt, Rinehart Winston, New York.

—— Switch Group, "Third Tango in Winnemucca", *Switch*, No. 2, New York.

1982 Butrer, Hugo, "From the Pleasure Principle to the Wolves' Philosophy", *The German Issue*, Semiotext(e), New York.

—— Committee Against Repression in Italy, *CARI Bulletin*, #7 and #8, Committee Against Repression in Italy, New York.

—— Committee Against Repression in Italy, *The Italian Inquisition*, Red Notes, London.

—— Gorz, Andre, *Farewell to the Working Class*, South End Press, Boston.

—— Midnight Notes Collective, *Computer State Notes*, Vol. 111, No. 1, Midnight Notes Collective, Jamaica Plain, Mass.

—— Ryan, Michael, *Marxism and Deconstruction*, Johns Hopkins University Press, Baltimore.

—— Semiotext(e), *The German Issue*, Semiotext(e), .New York.

1983 Allen, Judith, and Paul Patton, eds., *Beyond Marxism : Interventions After Marx*, Intervention Publications, Leichhardt, Australia.

—— Deleuze, Gilles, and Felix Guattari, *On the Line*, Semiotext(e), New York.

—— Committee Against Repression in Italy, *CARI Bulletin*, #9, Committee Against Repression in Italy, New York.

—— Committee Against Repression in Italy, *Dossier on Torture and Prison Conditions in Italy*: 1979~1983, Committee Against Repression in Italy, New York.

—— Red Notes, *Dario Fo and Franca Rame : Theater Workshops*, Red Notes, London.

—— Virilio, Paul, *Pure War*, Semiotext(e), New York.

1984 Fortunati, Leopoldina, *The Arcane of Reproduction : Housework, Prostitution, Labor and Capital*, Autonomedia, Brooklyn *(Forthcoming)*.

—— Negri, Antonio, and Mario Tronti, *The Social Factory*, Semiotext(e), New York.

—— Virilio, Paul, *Popular Defense and Ecological Struggles*, Semiotext(e), New York.

—— Virilio, Paul, *Speed and Politics*, Semiotext(e)/Autonomedia, New York *(Forthcoming)*.

1986 Negri, Antonio, "Is There a Marxist Doctrine of the State?", (Noberto Bobbio), *Which Socialism*, pp. 121~138.

1988 Negri, Antonio, *Revolution Retrieved*, Red Notes, London.

1989 Negri, Antonio, *The Politics of Subversion*, Polity Press, Cambridge UK.

1990 Negri, Antonio and Felix Guattari, *Communists Like Us*, Semiotext(e), New York.

1992 Negri, Antonio, "Interpretation of the Class Situation Today : Methodological Aspects", Werner Bonefeld et al., eds., *Open Marxism*, Pluto.

■옮기고 나서

맑스를 넘어선 맑스라? 아직도 맑스를 운위하느냐 하는 사람들이 있을 것이다. 맑스를 버리고 맑스주의를 버리고 맑스를 짝사랑했던 것과 맑스주의에 일시나마 빠졌던 것을 후회하고 이제는 그런 짓 하지 않겠다고 고백하고 돌아서는 것이 유행이 아닌가? 현실사회주의는 무너졌고 따라서 공산주의는 끝났으니까! 맑스를 운위하는 것은 시대에 뒤지는 길이다. 다만 그를 버리기 위해서라면 괜찮겠지만.

누군가 또는 무엇이 옳은 것 같을 때 추종하다가 좀더 나은 (대개는 다른) 설명이 나왔다고 이전 것을 쉽게 버리고 다른 것을 좇아가는 모습들이 보인다. 여기 옮겨 놓은 안토니오 네그리의 『맑스를 넘어선 맑스』는 짚어 보고 넘어설 것을, 전향이 아니라 전화를 요구한다.

네그리에 대해서는 영역자들의 서설과 에필로그를 참조하면 될 것이다. 한국의 사회과학계에 이탈리아 맑스주의에 대한 소개는 주로 그람시를 중심으로 한 헤게모니론/시민사회론과 보비오 논쟁을 통한 사회주의/민주주의 문제가 소개된 바 있다. 복잡한 계보를 지니고 있는 이탈리아 맑스주의에 대한 지식이 일천한 관계로 네그리를 위시한 아우토노미아 집단을 이해하는 데는 어려움이 많았다. 앞으로 이탈리아 맑스주의에 대한 좀더 많은 소개와 평주 들이 나올 것을 기대해 본다.

『맑스를 넘어선 맑스』는 이탈리아 맑스주의 좌파(비의회 활동)의 일부인 아우토노미아(오페라이즈모)의 가장 중심적인 이론적 저작이라고 알려져 있다. 이것은 실은 프랑스 파리고등사범학교에서 맑스의 『정치경제학 비판 요강』에 대해 행한 강의다. 청년 맑스를 강조하는 인간주의적 맑스 해석에서 벗어나고, 후기 저작인 『자본』의 과학성이나 경제학적 저술로서의 완성도에 집착하지 않고, 오히려 맑스의 혁명사상의 진면목을 보여줄 수 있는 『요강』에 주목하고 있다. 더 나아가 변화하는 현대 자본주의의 흐름을 쫓아가면서 맑스의 혁명적 사상을 살린 채 맑스의 분석 내용들을 변형시키고 있다. 이러한 구도 속에서 화폐에 대한 문제 제기, 가치론에 대한 문제 제기도 가능하게 된다. 적대의 문제설정 속에서 계급투쟁을 축으로 하여 화폐론, 가치론, 잉여가치론에 대한 정치적 독해를 제기하는 네그리의 논지는, 자본의 통일을 확보해 주는 변증법, 지배의 변증법에서 벗어나 노동의 분리 논리 위에서 노동 거부(노동폐지)와 노동자계급의 자기가치증식을 통한 새로운 사회로의 전망을 제시한다.

그리고 더 나아가 『맑스를 넘어선 맑스』에서 제기된 주제들이 현실적인 변화와 관련하여 『전복의 정치학(*The Politics of Subversion*)』(Polity Press, 1989)에서 개진되고 있으며, 새로운 주제들도 다루어지고 있다. 새로운 주체 문제, 의사소통체계를 기간으로 전체화를 향해 치닫고 있는 20세기 말, 대중 노동자에서 사회적 노동자로의 변화, 공장에서 사회로 나아가 생태학적 공장(장치)으로의 변화, 사회적 노동자의 세계경제 문제, 성숙한 자본주의에서 착취의 문제, 주체의 적대적 생산 문제, 자주성을 기반으로 한 당으로 나아가는 문제 등이 개진되고 있다. 그 외에 사회적 실천, 시민사회, 실질적 포섭 단계에서의 계급과 국가, 핵국가 개념, 모스트모던 문제 등을 언급하고 있다.

언급한 주제들에서도 알 수 있듯이 다양한 사회운동을 포괄하면서도 자본주의의 변화에 대한 분석에 기초를 두어 발본적인 문제 제기를 하고 있다. 그만큼 포괄하는 학문적 영역이 워낙 광범한 데다가 우리 학계에는 이제 막 소개되고 있는 프랑스 쪽의 흐름까지 흡수하고 있어서 독해하기가 아주 어렵다.

그러나 맑스주의의 위기를 비켜 가지 않고 맑스를 되짚어 보면서 맑스를 넘어서 변형시켜 가는 맑스로 나아가려는 네그리의 의지 속에서 혁명적 사상의 실현을 위한 진지한 탐색이 우러나오고 있다.

이 책은 서문 및 서설과 에필로그를 먼저 읽고 네그리의 강의 내용을 읽어 나가는 것이 나을 것이다. 이 책은 프랑스어본도 있으나 영역본을 대본으로 했고, 중간중간 『요강』의 인용문은 독일어본(Karl Marx, *Grundrisse der Kritik der politischen Ökonomie*, Dietz Verlag, Berlin, 1974)을 대조하여 교정했다. 그리고 영역본 이후 확인 가능한 참고 문헌을 첨가했다. 너무 난해한 책인 데다가 짧은 어학 실력이 바닥나고 말았다. 엄밀한 번역 작업을 하도록 일깨워 주시고 직접 일부 교정해 주신 시관모 선배님께 감사 드리고, 멀리 광주에 와서 고향을 되찾도록 해주신 주위의 여러 교수님들, 사회학과와 정치학과 대학원생들 모두에게 감사드린다.

용봉동 연구실에서 윤수종.

중원문화 아카데미 新書

1 한국근대 사회와 사상
• 일본 교토대학교 연구소 엮음

2 걸어다니는 철학
• 황세연 저

3 반듀링론
• F.엥겔스/김민석 역

4 헤겔 법철학 입문
• 꼬우즈미 따다시 지음

5 이성과 혁명
• H.마르쿠제/김현일 외 역

6 정치경제학 교과서 I-1
• 짜골로프 외/윤소영 엮음

7 정치경제학 교과서 I-2
• 짜골로프 외/윤소영 엮음

8 정치경제학 교과서 I-3
• 짜골로프 외/윤소영 엮음

9 이탈리아 맑스주의
• K.프리스터/윤수종 옮김

10 걸어다니는 경제사
• 황세연 편저

11 자본론에 관한 서한집
• K.마르크스와 F.엥겔스 저

12 지배와 사보타지
• 안토니오 네그리/윤수종 옮김

13 과학기술사
• 석동호 편저

14 저개발과 의약품
• M. 멜러/우연재 옮김

15 맑스주의의 세 갈래길
• W. 레온하르트/하기락 옮김

16 역사적 맑스주의
• R.알튀세르/서관모 옮김

17 경제학의 선구자들
• 일본경제신문사/김종호 옮김

18 근현대 사회사상가 101
• 이마무라 히도시/안효상 옮김

19 맑스를 넘어선 맑스
• 안토니오 네그리/윤수종 옮김

20 교육과 의식화
• P.프레이리/채광석 역

21 정치경제학 교과서 II-1
• 짜골로프 외/윤소영 엮음

22 정치경제학 교과서 II-2
• 짜골로프 외/윤소영 엮음

23 청년 마르크스의 휴머니즘
• H.포피츠/황태연 역

24 사회를 어떻게 볼 것인가?
• 황세연 편저

25 헤겔연구②
• 임석진 외저 (절판)

26 칸트 철학입문
• W.O.되에링/김용정 역

27 노동조합 입문
• 양원직 편저

28 마르크스에서 쏘비에트 이데올로기로
• I.페처/황태연 역

29 소유의 위기
• E.K.헌트/최완규 역

30 변증법의 현대적 전개①
• W.뢰트/임재진 역

31 변증법의 현대적 전개②
• W.뢰르/임재진 역

32 모순의 변증법
• G.슈틸러/김재용 역

33 헤겔연구③
• 임석진 외저 (절판)

34 국제무역론
• 久保新一/김선기 역

35 칸 트
• 코플스톤/임재진 역

36 자연과학과 철학
• H.라이헨바하/김회빈 옮김

37 철학 입문
• 황세연 편역

38 맑스주의의 역사 ①
• P. 브르니츠기/이성백 옮김

39 맑스주의의 역사 ②
• P. 브르니츠기/이성백 옮김

40 한국사회와 자본론
• 황태연 저

41 정치경제학 비판을 위하여
• K.마르크스/김호균 역

42 과학기술 혁명시대의 자본주의와 사회주의
• 황태연 저/허상수 엮음

43 혁명운동의 문제들
• S. P.노보셀로프/이창휘 옮김

44 마키아벨리의 고독
• 루이 알튀세르/김민석 역

45 들뢰즈와 가타리
• 로널드 보그/이정우 옮김

46 과학적 사회주의
• G.그로서/송주명 옮김

47 맑스-레닌주의 철학의 본질
• F. V. 콘스탄티노프/김창선 역

48 철학의 기초(1)
• A. 라키토프/김신현 옮김

중원문화 아카데미 新書